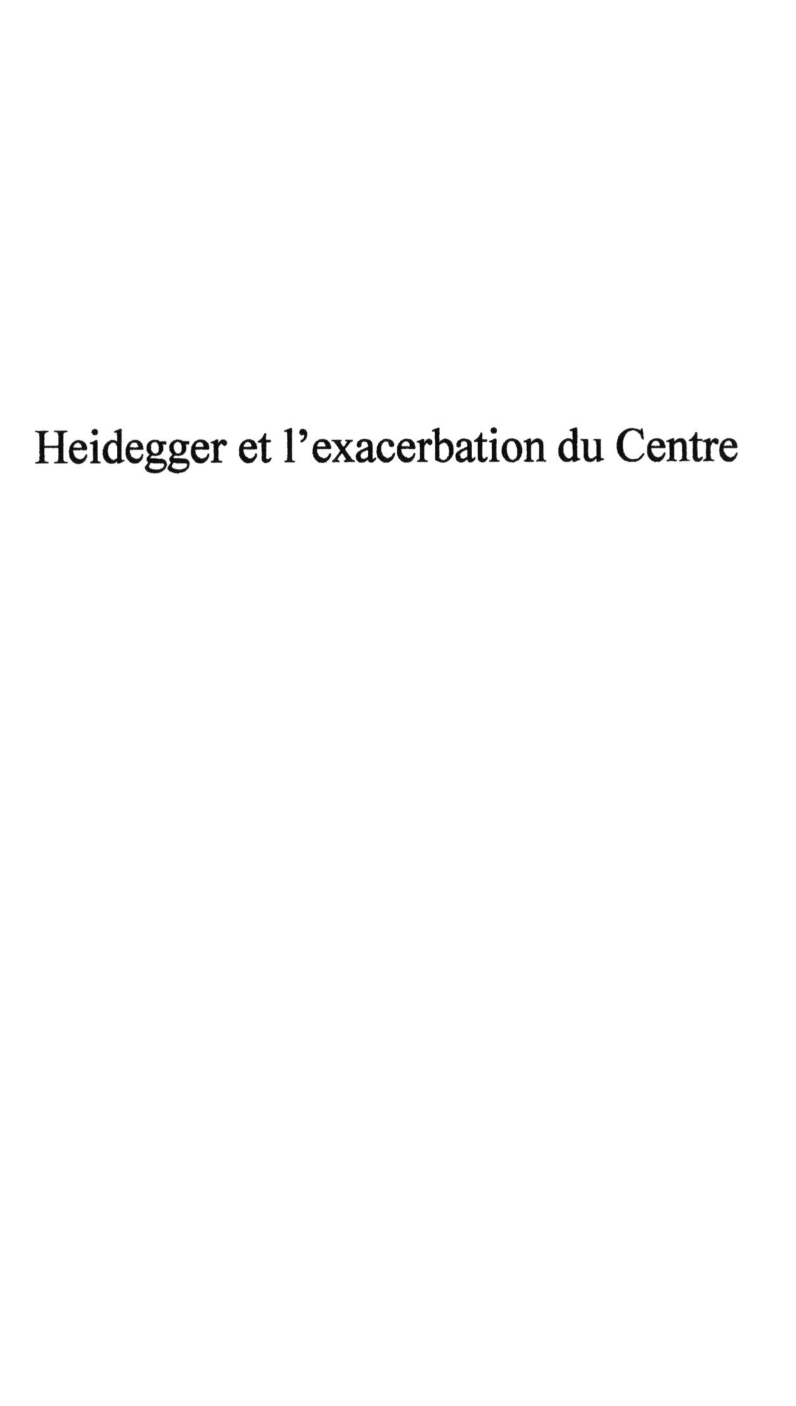

Heidegger et l'exacerbation du Centre

ISBN : 2-7475-7463-6
EAN : 9782747574631

Renaud DENUIT

Heidegger et l'exacerbation du Centre

Aux fondements de l'authenticité nazie ?

L'Harmattan
5-7,rue de l'École-
Polytechnique
75005 Paris
FRANCE

L'Harmattan Hongrie
Kossuth L. u. 14-16
1053 Budapest
HONGRIE

L'Harmattan Italia
Via Degli Artisti, 15
10124 Torino
ITALIE

Du même auteur

Ressembler à l'Homme, Maison internationale de la Poésie, Bruxelles, 1972.
Le feu de tous, Maison internationale de la Poésie, Bruxelles, 1974.
Palais d'origine, Maison internationale de la Poésie, Bruxelles, 1977.
L'impraticable, Editions Saint-Germain-des-Prés, Paris, 1981 (épuisé).
Décoloniser Bruxelles (en collaboration avec Guy BRASSEUR), Editions Vie ouvrière, Bruxelles, 1982.
Ce qui est demeure du temps, Editions Saint-Germain-des-Prés, Paris, 1985 (épuisé).
Des Grecs et de l'Etat-nation à l'économie-monde. Ruses de l'histoire et philosophie politique, revue *Accès international*, Brest, 2002.
La société harmonieuse selon Marx. Science totale et révolution, Mols, Bierges, 2003.
Passé récent, futur présent. Regards sur la politique belge et internationale, Havaux, Nivelles, 2003.
L'aube de l'Un. L'articulation entre ontologie et centralisme politique d'Héraclite à Aristote, I, L'Harmattan, Paris, 2003.
Le cercle accompli. L'articulation entre ontologie et centralisme politique d'Héraclite à Aristote, II, L'Harmattan, Paris, 2003.
Nietzsche-à-Nice, petit traité de logique européenne, Bruxelles, 2004 (à paraître).

"Le centre est le seuil.
Reb Naman disait : "Dieu est le Centre ; c'est pourquoi des esprits forts ont proclamé qu'Il n'existait pas, car si le centre d'une pomme ou de l'étoile est le cœur de l'astre ou du fruit *quel est le vrai milieu du verger et de la nuit ?"*

....

Et Yukel dit :
Le centre est l'échec...
"Où est le centre ?
– Sous la cendre."
REB SELAH

....

"Le centre est le deuil."
JABES

INTRODUCTION

La question politique est la question même de la philosophie en tant que discours institué, mené au jour de la publicité. Ce constat, advenant avec l'examen de l'histoire de la philosophie, va s'amplifiant à mesure que cette histoire se déploie et progresse vers sa *fin*. Cette question, dans tout système, dans toute œuvre, semble guetter le moment propice à sa manifestation, plus sûrement que celles de la perception, de la connaissance, de la logique, de la vie bonne, de l'histoire. Seule la construction d'une politique normative semble alors garantir l'accomplissement recon-nu d'une grande œuvre philosophique, tout le reste apparaissant alors comme des travaux préparatoires, ainsi qu'on peut l'observer de Platon à Marx et même, selon une certaine exigence d'acuité, à Nietzsche et à Derrida. Le point de vue scolaire rétorquera peut-être que la discipline "philosophie" a nécessairement ses sous-ensembles stables (parmi lesquels, à rang égal, sans plus, la dénommée "philosophie politique") et qu'il serait contraire à son essence, à son mandat clarificateur, de mélan-ger les genres, au risque de retomber en obscurantisme. Ou bien que la philosophie garde au moins, en son saint des saints, un noyau irréductible à l'intrusion de la "chose publique", un champ de questionnements par essence a-politique : la métaphysique.

C'est dans ce type de débat protéiforme que le heideggerianisme vient prendre une place à la mesure – et à la démesure – de l'enjeu ; à la fois dans une série chronologique de penseurs (l'histoire de la philosophie), comme récapitulation transcendant cette chronologie, comme brouillage des sous-ensembles, comme dévoilement de la connivence à construire et déconstruire entre ontologie et politique.

C'est par la *Lettre sur l'humanisme* que, comme beaucoup, je suis entré, à la fin des années 60, dans l'œuvre de Martin Heidegger, qui jouissait alors d'un prestige sobre et sûr dans l'intelligentsia latine européenne, car cette pensée était créditée (à tort) d'un humanisme plus profond et exigeant que l'humanisme même. Comme Sartre et Camus, Heidegger faisait entendre une voix de liberté et de morale non religieuse, rendue par le terme générique d'existentialisme, mais rehaussée de la rigueur, de la noblesse, voire du mystère, propres à la philosophie allemande. Par la *Lettre*, par le militantisme de son destinataire, Jean Beaufret, notamment, un public lettré était attiré à lire davantage. Les Facultés de philosophie s'en ressentaient : la tonalité dominante était néo-marxiste ou heideggerienne.

Heidegger, ce n'était pas seulement une œuvre, c'était aussi, clin d'œil du sol, une terre : l'amour d'une nature alpestre, aussi intacte que possible, ou la restitution mythique *et* logique, du paysage grec originaire. Le voisinage du chant poétique, avec Hölderlin, Rilke, Trakl, George, Hebel, sans oublier Nietzsche..., complétait la fresque esthétique. Un mode d'être-au-monde gagnait du terrain où la philosophie s'éclairait de littérature et où le poète trouverait ses mots à partir d'une méditation initiale et initiatrice. Les protocoles des séminaires du Thor, publiés en 1976 par Gallimard[1] répondirent à l'aridité de la *Lettre* et surtout, pour ceux qui s'y risquaient, de *Sein und Zeit*, en un temps où les écrits politiques restaient méconnus, et pour cause. En pays de Provence, l'amitié de René Char semblait conférer à Heidegger une onction d'accessibilité (démocratique) et de chaleur. L'atmosphère de ces séminaires a été admirablement rendue par Safranski :

> "Le matin, assis devant la maison, sous les platanes, on explique, dans le chant des cigales, un fragment d'Héraclite, une phrase de Hegel (...), le concept grec de destin, ou – en 1969 – la onzième thèse sur Feuerbach de Marx (...). Au cours de ces matinées à l'ombre des platanes, tous s'accordent à penser qu'il faudrait interpréter le monde de manière à pouvoir enfin l'épargner. Tous les propos sont pris en note, même si le mistral fait quelquefois voler les feuilles. (...). L'après-midi était consacré à des excursions dans les environs, à Avignon, dans les vignes du Vaucluse et surtout à la montagne Sainte-Victoire, chère à Cézanne. C'est le chemin de Cézanne auquel correspond, *à sa manière, mon propre chemin de pensée, de ses débuts à sa fin*, dit Heidegger. Il restait longuement assis sur un bloc de pierre et regardait la montagne. Dans ce lieu, Cézanne avait parlé un jour d'un "instant d'équilibre du monde". Le cercle d'amis se souvenait aussi de Socrate, qui pouvait rester immobile pendant des heures, plongé dans ses pensées. Le soir, on se réunissait chez René Char. Heidegger disait qu'en ce lieu, la parole et les gestes de René Char faisaient revivre l'ancienne Grèce."[2]

Faire revivre l'ancienne Grèce, c'était bien de cela qu'il s'agissait, depuis longtemps, de décennie en décennie, le plus énorme étant que le rôle tenu tardivement par Char avait été joué plus tôt par des acteurs dont le poète – c'est peu dire – ne partageait pas l'injonction. Au tableau bucolique s'accrochaient des ombres lourdes, et le fleuve de l'œuvre recelait sa part d'eaux troubles. Ma suspicion a pu commencer d'être alertée à partir d'une lecture *interne* du *logos* heideggerien initiée par le jeu, tout en finesse contrapuntique, du Derrida de cette époque, jeu auquel il y aura plus tard à redire.

Pourtant, c'est Sartre qui dès 1946, avait mis le doigt sur l'enjeu tenu discret, en même temps qu'il esquissait un programme, voire lançait un appel aux candidatures, en ces termes :

---

[1] M. HEIDEGGER, *Questions IV*, Gallimard, Paris, 1976.

[2] R. SAFRANSKI, *Heidegger et son temps*, trad. Kalinowski, Grasset (coll. *Livre de Poche*), Paris, 2000, pp. 567-568. Pour une évocation plus complète des séminaires du Thor, cf. D. JANICAUD, *Heidegger en France*, T. 1, *Récit*, Albin Michel, Paris, 2001, pp. 240-251.

> "Il est possible, il sera nécessaire de rechercher *ce qui* dans l'existentialisme de Heidegger pouvait motiver l'acceptation du nazisme, comme on a pu rechercher ce qui, dans l'hégélianisme, rendait possible le ralliement de Hegel à la monarchie prussienne et le Hegel réactionnaire de la dernière période."[3]

Cependant, outre qu'il ne savait pas complètement de quoi il retournait en parlant d'acceptation, Sartre escomptait présomptueusement de cette enquête, qu'elle lavât toute politique réputée existentialiste (donc directement ou indirectement la sienne) d'une quelconque suspicion de sympathie national-socialiste, prenant en exemple cette pensée dialectique qui, dans l'hégélianisme, signifiait la rémission. Or, les choses se sont avérées plus compliquées que Sartre, probablement, ne l'imaginait ; et beaucoup de temps a été perdu depuis lors.

Car si l'on considère la téléologie unificatrice qui meut, *in fine*, la dialectique, il faut convenir que l'argument par celle-ci, ne rachète rien des fautes qu'amène un penchant pour le mode dictatorial. Et que partant, à rapprocher la dialectique de la philosophie de l'existence, celle-ci n'en sort pas nécessairement indemne. Mais surtout, un temps précieux a été perdu en stratégies retorses et polémiques de chapelles (ardentes), s'évertuant à passer à côté de la question, à moins que l'on crût le problème résolu, qui en fermant la parenthèse du rectorat, qui en repérant l'erreur d'aiguillage au § 74 de *Sein und Zeit*. Et pourtant, quoi de plus ontologiquement heideggerien qu'une méditation (authentique, bien entendu) sur l'histoire de la philosophie ? C'est en ce lieu, voire ce sens, qu'il fallait orienter les recherches, là où les pieux disciples ne suivraient pas le Maître jusqu'au bout et où les réticents se révéleraient, plus que les disciples, en phase avec l'esprit du Maître ou, au moins, plus près de "l'essence de sa vérité".

Car cela fait sens, d'étudier les correspondances entre la conception de l'Etre et les principes de la cité préconisée, à vérifier que chez les grands penseurs, cette vision (comme Un, plein, noyau, centro-circularité-sphéricité), appelait invariablement une transposition selon une structuration semblable dans l'ordre générique de la πόλις. J'en ai déjà esquissé les motivations et les résultats dans des ouvrages antérieurs, consacrés à la philosophie ancienne[4]. Outre une mise à jour des parentés métaphysiques profondes entre toutes les dictatures, publiques et privées, traditionalistes, marxistes et néo-conservatrices, il s'agirait, finalement, d'argumenter en faveur d'une valorisation garantie, d'une réévaluation résolue du cosmopolitisme, des πολλοί, des périphériques, des masses avec leur "sens commun", des faibles, pris individuellement et socialement, dans l'ordre tant économique et politique, et, par là, de participer aux

[3] *Les Temps modernes*, n° 4, 1946, p. 713. Sur ces questions, cf. JANICAUD, *op. cit.*, pp. 104-109.

[4] Voir *L'aube de l'Un* et *Le Cercle accompli*.

prolégomènes possibles de formes plus avancées, plus transnationales de la démocratie, y compris dans sa dimension sociale, qui pourraient advenir au cours de ce nouveau siècle. Un tel travail sollicite sans doute de nouveaux relais critiques et de futures recherches ; par exemple, il serait pertinent d'observer jusqu'à quel point une approche par la réciprocité ontologie-centralisme questionne les clivages connus entre libéraux et communautariens, tradition et modernité, nation-génie et nation-contrat, après la visite de leurs communs soubassements.

Il y a (*es gibt*) de l'Etat stable fondé sur un droit public et une légitimité populaire selon le mode de l'auto-convergence, laquelle est métaphysiquement inéluctable et indiscutable ; *il y a* de l'Etre (suprême, Un, Esprit, Absolu...) ramenant les disséminés dans le même, conférant l'autorité dernière à la sphère publique en tant que centro-circularité ontologique. Cette révolution (en mode de repos ou de mouvement), a ses princes, ses archontes, ses prêtres, ses héros, ses martyrs. Voici l'*Imperium*. Voici l'Etat moderne. Voici la grande armée, la grande administration, la grande entreprise.

Pourtant, hors le domaine spéculatif, entretenant le Modèle, des luttes concrètes – paysannes, ouvrières, anti-esclavagistes – minent la Domination identitaire ; des régimes sont renversés au nom de l'insaisissable périphérie, du δημος, de la marche égalitaire à la base, faisant reculer le champ de la raison d'Etat. Cet effort de promotion collective inspire les constitutions républicaines (et même certaines monarchies parlementaires), la proclamation et la défense des droits de l'Homme, le progressisme social. Mais il est des subversions irrécupérables, dans la logique hégélienne, en tant que moments réconciliés dans l'Histoire de l'Absolu : alors le particulier blessé est exalté dans sa dignité (la valeur infinie de la subjectivité), au besoin dans une solidarité *hors éthicité*, et l'universalité à l'œuvre transcende le national.

Cette dignité, une théorie d'apparence internationaliste va précisément la vouloir : le visage d'autrui contre la logique du Pouvoir, en commençant par les sans-pouvoirs, les travailleurs. Vient l'entreprise marxienne. Cette science pourtant, vise à dévoiler et à (ré)instaurer le règne d'une Φυσις totale, en laissant à la nature son libre cours dans l'ensemble de la vie collective. Par le deuil qu'il fait graduellement de l'internationalisme et par le statut qu'il confère à sa science nouvelle – statut en vérité métaphysique – Marx rejoint une ontologie plus hellénique et plus fondamentale que ses prédécesseurs : l'Etre-Centre à identifier et faire venir en mots, puis en histoire, prend le visage et la légitimité de la φυσις en tant que force agissante et productive, travail global du monde et de l'homme[5].

Après des philosophes tendant à instaurer et considérer l'Etat-nation ou à feindre de s'en libérer, l'on eût pu imaginer qu'apparût à l'horizon

[5] Voir *La Cité harmonieuse selon Marx. Science totale et révolution.*

intellectuel européen une véritable ontologie politique du transnational : c'eût été un premier signal fort du dépassement (fût-il provisoire) de la Métaphysique. Un second signal – qui pouvait ou devait aller de pair avec le premier – eût été une réflexion spéculative sur la concentration économique (entamée par Hegel, poursuivie et amplifiée par le marxisme-léninisme) qui prît en compte la dimension inter-étatique de son essence (transcendance du national, globalisation) et cessât de la tenir pour un mal d'où peut venir un bien, c'est-à-dire un phénomène justifiable, voire souhaitable, du point de vue de la "loi de Nature".

Or, une telle ontologie n'est pas apparue – sauf par bribes à travers les fulgurances nietzschéennes et vers la fin du XXe siècle, à supposer que le mot "ontologie" fût encore approprié. Si (et seulement si) la vocation de la philosophie était de transformer le monde, cette vocation s'est révélée encore plus illusoire qu'au XIXe siècle, du simple fait que la philosophie, au moins jusqu'au deuxième tiers du XXe siècle, ne s'est pas équipée elle-même pour penser les changements profonds de ce monde – je veux dire : multipolarité, dissémination, métissage et cosmopolitisme.

Au contraire le nouveau "dépassement" de la métaphysique qui fait suite à Marx, va consister à retrouver un cadre stato-national et une centralité beaucoup plus forts, ontologiquement et "archaïquement" plus fondés que tous ceux qui ont précédé. Dans la mesure où il n'y a pas, au moins dans la première moitié du XXe siècle, de système spirituel élaboré qui puisse contrebalancer le heideggerianisme et son rayonnement jusqu'à l'effet d'évidence qu'il acquit, alors il faut constater que la philosophie première semble comme rivée au concept du national, à la centro-circularité étatique, et surtout que la décomposition de celle-ci *va* (ou irait ?) *avec* une subversion de celle-là.

Au terme de l'enquête ici proposée, l'amateur de sagesse sera peut-être saisi d'un basculement multiséculaire de la toile de fond de ses références, s'il s'avère que Heidegger a entraîné (le surplomb de) la philosophie dans un abîme infini, rendu seulement possible par les fissures répétées d'une terre exaltée par lui, bientôt affaissée en son milieu sous les bottes et les marches à la mort, induites par une conviction du sol : *um Sein oder um Nicht-sein.*

Elle pourrait s'appeler *crépuscule*, cette aventure de l'expression de la pensée allemande du XXe siècle, qui consista à renouer avec le matin grec puis s'autoriser de plein droit, la dite inaugurale du déclin de "la" philosophie. Mot faussement facile : du latin *creperus* (douteux), il met de l'incertitude dans les Lumières, accompagne le coucher du soleil, s'étire, allonge les ombres, garde la faible flamme le plus longtemps possible. Comment celui qui a vu le Soleil bénéfique *couché* peut-il retourner dans la caverne, créer un Etat ?

Crépuscule des dieux (Wagner), des idoles (Nietzsche), c'est le feu qui précède le couvre-feu. A la veillée, au logis du *Logos*, la pensée est l'Obscure, assumant conjointement la chute du jour et la tombée de la nuit. En vérité, c'est un très grand soir, celui des ultimes hallucinations. A *Lichtung* basse, regards obliques. Il est question du trouble de l'authentique, de la *Führung* en centre et du *Geist* en cendres, de la brunante dans l'histoire de la philosophie, la nôtre. Quand l'Un-Centre, mythe solaire, astre mort, jette ses derniers feux, qu'en est-il de la pensée, de l'Etat, du Prince, du Cercle, de l'imaginaire social – chez nous, parfaitement *occidentaux* ?

Mais le langage surprend encore ; en français, *crépuscule* peut se dire aussi de la lueur incertaine précédant le lever du soleil : de l'aube au crépuscule, il n'y a qu'un pas : en arrière, en avant ? Cela étant, le crépuscule advient avant l'aurore : tout est à recommencer ! Il n'était pas le *bon mot*. Comme *humanisme*, d'ailleurs, selon la *Lettre* – dépassée par la *Carte postale*, celle-ci elle-même dépassée etc. Recommencer, c'est reprendre, surprendre, et d'abord comprendre : voir tel quel le nœud gordien entre ontologie et πολιτεία, d'où tirent leur sens présumé engagement et désengagement, expérience et discours, injonction et réception.

C'est bien d'un nouveau départ qu'il fut question dans ces années 20 saisie d'une sorte de tremblement de terre esthétique et philosophique qui allait, sous peu, obtenir sa traduction éthico-politique. Car le propre d'un grand philosophe ne réside pas seulement dans sa puissance innovatrice, sa rigueur pédagogique, sa majesté d'œuvre ou son encyclopédie ; il est de se trouver en phase avec les attentes spirituelles d'une addition de cerveaux individuels jusqu'à exprimer, mieux que quiconque et, partant, à façonner "l'air du temps". En ceci, il s'y entendait, le chercheur Heidegger – et sans doute ce témoignage de Gadamer, l'ancien élève, traduit-il le mieux l'effet d'*avent* et l'inauguration de l'extrême, qu'induisait alors le λογος d'un fascinant *chargé de cours* :

> "Au début des années vingt, la *puissance émanant de l'énergie concentrée* de Heidegger a tellement emporté la génération qui revenait de la Première Guerre mondiale et celle qui commençait ses études qu'on avait l'impression qu'une *rupture totale* avec la philosophie universitaire traditionnelle s'était produite avec son *apparition fulgurante* sur la scène philosophique, et cela bien avant que la pensée de Heidegger n'en vienne elle-même à parler de rupture. C'était comme une *nouvelle irruption* vers l'inconnu qui opposait quelque chose d'inédit aux simples forces culturelles de l'Occident chrétien. Une génération secouée par l'effondrement de toute une époque était en quête d'un *nouveau commencement* et ne voulait rien conserver des anciennes valeurs."[6]

[6] H.-G. GADAMER, *Les chemins de Heidegger*, trad. Grondin, Vrin, Paris, 2002, p. 89. Souligné par moi.

Il y a un imaginaire, instituant de l'identification et de l'auto-convergence ethico-ethnique, qui, général en Europe, va spécialement s'exalter en *Mittel Europa*, selon un axe culturel hellénico-germanique. La *Weltanschauung* et la mise en scène nazies fonctionnent aussi comme anamnèse d'un certain "passé" germanique et gréco-dorique mythifiés.

Au-delà de la phénoménalité social-historique de l'Allemagne pré-nazie et nazie (chapitre I), s'imposait à l'étude, l'expression paroxystique d'une puissance s'ex-porte simultanément dans les champs politique et philosophique pur – la pensée heideggerienne. Alors, le travail critique exige à travers une lecture interne et chronologique de l'œuvre, de passer tour à tour de l'être de l'Etat (chapitre II) à l'état de l'Etre (chapitre III), pour enfin s'interroger sur l'ἀρχη du philosophe (chapitre IV). Autrement dit, d'examiner comment la quête du Centre le plus originaire fonctionne comme retour de flamme dans un Peuple-Etat, en cercle, concept recteur qui s'embrase, puis, exacerbé, *part* en fumée.

CHAPITRE I : GERMANITE ET CENTRO-CIRCULARITE

Dans l'Europe s'étendant jusqu'au *limes* de l'ancien Empire romain (et singulièrement en France) l'humanisme génère et développe l'idéologie de la Raison universelle, de la liberté individuelle et de la souveraineté populaire à travers un processus électif. Au-delà du *limes*, l'Allemagne n'est pas *pénétrée* de l'universalisme et du christianisme romains ; elle conserve en mémoire les conversions forcées de l'époque carolingienne : aussi la Réforme apparaît-elle comme un phénomène national allemand dirigé contre Rome et relativement à l'écart du mouvement humaniste général. Luther, écrit Vermeil, "semble détourner du côté de la foi protestante et vers l'ordre politico-social qu'elle implique les ambitions que caressèrent autrefois Othon 1er et Barberousse. Dieu s'adresse à l'Allemagne par sa parole traduite en Allemand, donc par l'Allemagne à tous les hommes. L'universalisme passe après la nation."[1]. Ce qui était vrai dans l'ordre du discours religieux au seizième siècle se retrouve au dix-neuvième dans l'ordre philosophique allemand.

Tandis que la tradition centralisatrice latine s'est régénérée par un renversement du principe de légitimité qui découle directement des Lumières, c'est en réaction à celles-ci, et particulièrement à leur rationalité, leurs méthodes, leur technicité, que se développe le romantisme allemand qui, se propageant, va inspirer le processus unificateur. Le centralisme français, originellement monarchique, perdure par le Jacobinisme et se développe dans l'éthique républicaine (modèles 1789 et suivants) par laquelle le Centre représente, en quelque sorte techniquement (contrôle électif) l'auto-perception du peuple comme totalité. Mais la longue marche vers l'unité allemande s'effectue, sur un fond culturel irrationaliste, "par le fer et par le sang" (Bismarck) à partir de rapport de forces entre "blocs de peuples" gérés encore sur le mode féodal.

Au moment où s'épanouissent les Lumières, l'Etat, en France et en Angleterre est "déjà là". En Germanie, il est comme un paradis perdu : le premier Etat allemand, le plus ancien royaume d'Europe, remonte au neuvième siècle et s'écroule en 1250. Ses métamorphoses (Saint Empire germanique, Empire austro-hongrois) n'en reprendront jamais les contours : il est *désaxé* vers le sud. Retrouver un Etat, voilà ce à quoi s'attelle la pensée religieuse puis philosophique. Entre le premier et le deuxième

[1] Cité par P. BEHAR, *Du Ier au IVe Reich*, Desjonquères, Paris, 1990, p. 35. Si le livre est remarquable, l'expression "quatrième Reich" paraît cependant inadéquate et – faut-il le dire ? – le concept de "germanité" ici employé ne désigne pas l'Allemagne fédérale actuelle, modèle de démocratie bien pensée et bien vécue. Pour divers aspects de ce chapitre, voir aussi N. PARFAIT, *Une certaine idée de l'Allemagne. L'identité allemande et ses penseurs de Luther à Heidegger*, Desjonquères, Paris, 1999.

Reich s'écoulent plusieurs siècles, mais entre les deux derniers, une parenthèse de quinze ans à peine, qui signifie que la forme impériale authentiquement allemande avait été préparée, non seulement par la dynamique prussienne, mais par une *pensée nouvelle*, qui ne procédait plus du champ médiéval et catholique-romain sur lequel s'était établi Othon. Ni la grande Guerre ni la brève et instable république de Weimar ne modifient les structures mentales et économiques de base, en ce sens que l'idéologie de l'unification, de la centralisation et de l'autochtonie radicale est une *continuité* depuis, au moins, le début du dix-neuvième siècle jusqu'à la chute de Hitler. La spécificité de cette idéologie mérite un développement.

Les Lumières, en Germanie, ramènent à l'authenticité ; au seizième siècle, elle s'écrivait "autentiquité" : l'authentique est ce qui est le même que l'antique, c'est-à-dire réel, sûr, avéré, indiscutable. Dans le mouvement vers l'authenticité (germanique) naturelle, la philosophie/l'Allemagne devait retrouver au plus profond de soi, en arrière de soi, quelque chose d'originaire, *l'originaire même*, beaucoup plus originaire que le cosmopolitisme, la technicité, la rationalité, la religion romaine.

Cette quête, qui était la condition même de son unité nationale, n'intéresserait que l'histoire, la géopolitique etc., si l'on ne reconnaissait comme une évidence que ce qui, de fondamental dans la philosophie européenne, est apparu depuis deux siècles, était essentiellement *commandé* par ce qui venait d'Allemagne. Cela veut dire, évidemment, Kant, Fichte, Hegel, Schelling, Schopenhauer, Feuerbach, Marx, Nietzsche, Husserl, Heidegger. Mais cela signifie surtout que la "patrie philosophique" répondant à l'appel de la philosophie même, devint un Etat et que celui-ci eut un destin à la fois profondément *conforme* et singulièrement *inédit*. La puissance intellectuelle de ce qui s'avérait allemand était établie, lorsque s'érigea, comme son prolongement, une puissance politique et militaire : à l'une et l'autre, la position géopolitique conféra une dimension originale dans l'Histoire. Située au centre de l'Europe, celle-ci étant elle-même désormais au centre, entre deux empires mondiaux – l'Allemagne et *a fortiori son Centre*, pouvait prétendre assumer le destin de l'Occident.

En Allemagne, le nationalisme culturel s'épanouit d'autant mieux que la structure politique fait défaut ; par deux fois, il comble un vide. D'abord à la Réforme, par un phénomène de compensation formidable : "A l'ordre italien et païen de l'humanisme s'est substitué l'ordre allemand et chrétien de la Réforme. La supériorité de l'Allemand est métaphysique. Avec Luther apparaît la compensation de l'abaissement politique de la nation par son exaltation intellectuelle. C'est là une réaction humaine commune ; mais les malheurs de la nation étant appelés à se prolonger, le procédé connaîtra en Allemagne une exceptionnelle fortune."[2]. Sur cette supériorité métaphysique, en effet, les Allemands ne reviendront plus.

---

[2] BEHAR, *op. cit.*, p. 37.

Le deuxième moment se situe après l'écrasement de la Prusse par les armées napoléoniennes.

> "La Prusse gagnait en influence sur les esprits ce qu'elle perdait en pouvoir sur les corps. Elle devint l'âme de la résistance allemande. (...). C'est au plus profond de l'abaissement de la Prusse, pendant l'hiver 1807-1808, dans Berlin occupé par les troupes françaises (...) que Fichte tient à l'Académie ses *Discours à la Nation allemande*. (...). C'est à ce moment que l'universalisme, se concentrant en un peuple, s'inverse en individualisme, c'est-à-dire, politiquement, en nationalisme. L'Allemagne, à Berlin, est conçue *par opposition* aux principes de l'humanisme latin. Hegel n'aura qu'à recueillir cet héritage pour l'inscrire dans le dynamisme de l'histoire, dont le terme est la réalisation de l'Esprit universel dans la patrie allemande, incarnation concrète de l'Universel, dont l'Etat en soi qu'est la Prusse est comme l'âme. Les autorités ne s'y trompent pas : Fichte sera le premier recteur de l'Université nouvelle fondée à Berlin par Humboldt ; Hegel en recevra la chaire de philosophie jusqu'à sa mort. La philosophie consacre les noces de la Prusse et de l'Allemagne."[3]

La philosophie ne peut pas dire qu'elle n'était pas *là* : où donc auraitelle pu se trouver ? Belle esquive, mensonge exemplaire que de la situer "nulle part" ou dans les hauteurs permanentes de la pure pensée ! La philosophie ne peut pas faire non plus l'économie de son propre questionnement sur son site géopolitique (qui est aussi ce en quoi la biographie des philosophes devient philosophiquement intéressante).

L'unité politique, spirituelle, économique, administrative de l'Allemagne atteignit son apogée sous le troisième Reich, comme le fruit d'une longue maturation, la réalisation d'une puissant désir séculaire dont témoignent d'innombrables écrits. Le sens de la chute du Reich et de la double division du pays va bien au-delà de l'effondrement d'un clan ou d'un régime : il est la fin d'une *histoire*, celle d'un Etat un, autonome, pur, centralisé sous une *Führung* forte, assurant la suprématie d'un peuple (*Volk*) sur tous les autres au nom d'une mission de l'Esprit (*Geist*) qui l'a investi. C'est pourquoi l'irruption de cette *Führung*, sa montée, son paroxysme, sa chute et leurs conséquences constituent les événements *philosophiques* capitaux du vingtième siècle – et les autres dictatures, quels qu'en soient les caractères, ne possèdent pas cette dimension.

La débâcle de l'Allemagne comme "peuple de l'Etre" n'est donc pas une affaire seulement militaire, géopolitique, ni même une tragédie humaine plus ample ou plus atroce que d'autres : c'est une affaire qui concerne l'histoire de la philosophie de façon au moins aussi profonde que la démocratie grecque, l'apparition du christianisme ou l'esprit scientifique expérimental. N'est-il pas troublant non seulement que le "plus grand" philosophe du siècle célèbre le caractère allemand du

---

[3] BEHAR, *op. cit.*, pp. 117-119.

questionnement authentique et la supériorité de la nation allemande lorsqu'elle se centre et s'auto-affirme, mais encore que sa pensée du déclin de la philosophie coïncide avec la fin de cette Allemagne ? N'est-il pas troublant que depuis l'après-guerre, la philosophie ne parvienne plus vraiment à se remettre *über alles* par rapport aux autres disciplines de l'esprit ?

Les philosophes et écrivains allemands antérieurs n'ont sans doute "pas voulu ça". Mais aucun peuple au monde ne possède une tradition philosophique aussi riche par l'exaltation de l'Etat comme Centre, du Peuple comme Tout, de la Race comme pure unité, en même temps que par la subsomption des valeurs morales universalistes à partir du surgissement du Peuple en histoire et du Chef. La mise en marche de cette réalisation historique fut nourrie dans les œuvres et les universités.

Je suis ainsi amené à proposer les distinctions suivantes : l'Etre-Un du Peuple en Etat en tant que fondement naturel faisant l'objet d'une *quête* intellectuelle (§ 1), l'Etre-Un du Peuple en Etat comme *réalisation* d'un espace politique et racial (§ 2) et la dimension *philosophique* du national-socialisme (§ 3). Ces trois préalables relevant de "l'histoire culturelle" sont nécessaires avant d'entrer dans la question décisive de la réciprocité ontologie-centralisme au vingtième siècle.

§ 1. L'Etre-Un du Peuple en Etat : le fondement naturel (la quête)

Les deux faces de cette problématique sont : la philosophie allemande de la Nature comme fond culturel général d'une quête de l'Etre du Peuple, d'une part et l'anthropologie d'autre part. L'anthropologie allemande mérite à son tour d'être observée d'abord sous l'aspect de la négativité, ensuite selon la positivité. Selon le premier aspect, il s'agit de l'auto-identification et du rejet de l'allogène, c'est à dire l'inégalité des races en général, puis l'antisémitisme radical en particulier. Selon le second aspect, il s'agit, positivement, de l'aryanité et du pan-germanisme.

a) Philosophie de la Nature

La pérennité quasi anormale du caractère agraire de la société et de l'économie allemandes a certainement contribué à ce que la Nature occupe une place éminente dans le nouveau système de pensée qui s'édifiait. La Nature, c'est la fraîcheur matinale par laquelle le premier âge (bientôt identifié comme grec) se donne et se redonne à penser ; c'est aussi la "pureté naturelle", l'absence de mélange, comme critère d'identification d'une nation.

Intellectuellement, le processus doit son origine lointaine à la "philosophie de la nature", au romantisme et à la théosophie, à Jacob

Boehme, Sebastian Franck, Valentin Weigel, Samuel Richter, Georg von Welling, mais aussi Novalis et Goethe, puis surtout Franz von Baader et Friedrich Wilhelm Schelling, ainsi que Lorenz Oken et Gotthilf Heinrich von Schubert – sans oublier les médecins tels que Gustav Fechner, Karl Gustav Carus, Justinius Kerner, Dietrich Kieser etc.[4] On pourrait encore voir une préfiguration du *Da-sein* désubjectivé dans ce que Trotignon constate à propos du *Werther* de Goethe : “Le centre de la pensée n'est pas le moi qui pense, mais la nature, la vie de la nature”[5] – d'où une filière spirituelle qui irait de Goethe au national-socialisme en passant, notamment par Baader :

> “L'idée que l'être de la métaphysique n'est peut-être que le déguisement du néant, nous la verrions ainsi commencer sa carrière dans les rêveries de Werther sous la lune. Les nocturnes de la musique romantique sont la mythologie des temps modernes, la méditation sur la Mère universelle, la Nuit dont tout est sorti et où tout retourne. Une telle pensée est à la racine de tout ce qui se fit de grand dans le siècle qui suivit, et aussi de tout ce qui se fit d'atroce et de barbare aux origines du XXe siècle. A cet égard l'œuvre de Franz von Baader est un témoignage exemplaire. Ne serait ce que par la dualité de la vie de Baader, qui, ingénieur et industriel, mais passionné d'occultisme et d'alchimie, préfigure le mélange de volonté de puissance industrielle et les rêveries régressives dont sortira le nazisme.”[6]

Cette mise en marche impliquait aussi une attention particulière à l'identité du *Volk*, donc de la Race dans sa pureté originelle, une suspicion à l'égard de l'allogène et de l'errant, facteurs de contamination de l'autochtonie du Peuple s'auto-affirmant, enfin une désédimentation, intense et délibérée, de la tradition judéo-chrétienne et latine, pour renouer avec les vieux mythes germaniques (démarche populiste ou musicale) et l'esthétisme grec (élitisme philosophique, architecture). A l'intérieur même de l'univers grec, elle remonterait encore au stade *pré-éthique* : Nietzsche avait frayé (peut-être malgré lui) ce chemin qui mène quelque part, Heidegger allait s'y tenir.

---

[4] Cf. A. FAIVRE “La philosophie de la nature dans le romantisme allemand” dans Y. BELAVAL (dir.), *Histoire de la philosophie*, T. III, Gallimard (coll. *Encyclopédie de la Pléiade*), Paris, 1974, pp. 36-37 et 41-42 notamment.

[5] P. TROTIGNON, “De Goethe à Schopenhauer”, dans *Histoire de la philosophie, op. cit.*, p. 6.

[6] P. TROTIGNON, *art. cit.* dans *Histoire de la philosophie, op. cit.*, p. 7.

b) Anthropologie. Négativement : identification et rejet de l'allogène – inégalité des races en général

La supériorité de la race allemande implique d'abord celle de l'homme blanc, de l'Europe, sur le reste du monde que l'on découvre – conception qui est assez généralement partagée sur le Continent. L'anthropologie des Lumières est avant tout une somme de jugements différentiels sur les hommes et les peuples du monde, que les grandes découvertes ont soudain portés à la connaissance des Européens. Le développement du colonialisme au dix-huitième siècle va de pair avec celui du préjugé de couleur. Or il est remarquable que les grands penseurs le confortent plutôt qu'ils ne le combattent. Montesquieu ne peut imaginer que Dieu ait mis une âme dans un corps noir[7]. Voltaire écrit que « la race des nègres est une espèce d'hommes différente de la nôtre, comme la race des épagneuls l'est des lévriers »[8]. Buffon voit en l'homme blanc la nature humaine, tandis que les autres races représentent une dégénérescence etc. Il faudra attendre Rousseau et les Encyclopédistes pour voir apparaître d'autres conceptions.

En Allemagne, l'idée d'inégalité des races est un *continuum* que rien ne vient briser jusqu'au vingtième siècle, et qui va s'amplifiant. Philosophes et scientifiques y participent. Kant rédige un *Mémoire sur les différentes races humaines*. Dans son *Anthropologie du point de vue pragmatique*, il analyse les caractéristiques des peuples en termes de "composition du sang" et juge le "mélange des souches" non profitable au genre humain[9]. Christoph Meiners (1745-1810) enseigne à Göttingen la distinction radicale entre "la race claire et belle" et "la race foncée et laide" ; il place les maîtres allemands au sommet du genre humain et sera considéré par les idéologues du troisième Reich comme le fondateur de la théorie de la race[10]. Hegel oppose l'"esprit" incarné par les Germains, à une "nature" représentée surtout par les Noirs[11]. Dans sa *Philosophie de la mythologie*, Schelling partage l'humanité en deux grandes masses, l'une représentative de l'humanité (race blanche essentiellement) et l'autre étant constituée des tribus proches de l'animalité ou genres intermédiaires

---

[7] Cf. MONTESQUIEU, *L'Esprit des Lois* (livre XV, chapitre 7) dans *Œuvres complètes*, T. 2, Gallimard (coll. *Bibliothèque de la Pléiade*), Paris, 1949-51, p. 494.

[8] VOLTAIRE, *Essai sur les mœurs*, cité par SALMON, *Le racisme devant l'Histoire*, Labor, Bruxelles, 1980, p. 55.

[9] Cf. L. POLIAKOV, *Le mythe aryen*, Calmann-Lévy, Paris, 1971, pp. 169-170. L'idée d'éviter la contamination qui abâtardit à jamais (télégonie) se trouvera renforcée par les travaux du français Claude Bernard (1813-1878), des anglais Darwin (1809-1882) et Spencer (1820-1903).

[10] Cf. POLIAKOV, *op. cit.*, pp. 177-179.

[11] "Le nègre représente l'homme naturel dans toute sa barbarie et son absence de discipline" (HEGEL, *La Raison dans l'Histoire*, trad. Papaioannou, Plon (coll. *10-18*), Paris, 1965, p. 251).

(Afrique, Amérique, Asie). Le naturaliste Lorenz Oken (1779-1851) hiérarchise les races humaines à partir de l'allégorie du corps[12]. Avec ses *Thèses sur la réforme de la philosophie*, Feuerbach oppose la masculinité germanique à la féminité française. Marx et Engels jugent la race blanche plus douée que les autres, particulièrement la noire[13].

A la fin du dix-neuvième siècle, les idées des anthropologues allemands, dont les travaux ont des connotations nettement racistes, commencent à être largement diffusées : Gustav Klemm (1802-1867), qui élabore la première théorie évolutionniste de la civilisation, Rudolf Virchow (1821-1902) médecin qui se livre à des études statistiques sur le teint, les cheveux, les yeux... des enfants des écoles, Adolf Bastian (1826-1905), Ludwig Büchner (1824-1899), pour ne citer que les principaux.

Antisémitisme radical en particulier

L'antisémitisme poussé jusqu'aux chambres à gaz, l'extermination des Slaves, des Tziganes, des psychopathes, des homosexuels, des êtres imparfaits, procèdent d'une démarche plus spécifique que le simple préjugé de couleur. Sans prétendre ici expliquer et donc réduire ces événements qui doivent continuer de produire révolte, condamnation et question, essayons de comprendre en quoi une structure ontologico-étatique (donc à la fois mentale et politique) peut conduire à ce type de "*praxis*".

Sans doute le christianisme, comme religion concurrente du judaïsme, dans sa prétention à l'universalité, entraîna-t-il, de la part de ses cadres, une attitude aussi bien théologique que sociale qui mena à la marginalisation et à des persécutions. Mais d'une part l'antisémitisme existait déjà, avant le christianisme, dans le monde hellénistique et romain, notamment chez Tacite[14], d'autre part jamais l'Eglise ne programma une extermination. En tenant *seulement* compte du Moyen-âge et de la Renaissance – et donc des "hauts" comme des "bas" du comportement antisémite collectif – il n'est pas possible de *comprendre* que la présence des Juifs ait pu devenir, dans l'esprit du peuple allemand et de celui qu'il avait porté au pouvoir, une incompatibilité radicale (eux ou nous), une question de vie ou de mort.

Il faut donc chercher à savoir pourquoi une idéologie nationaliste fut plus antisémite qu'une idéologie religieuse, et ensuite, pourquoi l'idéologie nationaliste allemande fut plus gravement antisémite que les autres idéologies nationalistes (française, italienne, soviétique, espagnole etc.).

---

[12] Cf. POLIAKOV, *op. cit.*, p. 247.
[13] Cf. POLIAKOV, *op. cit.*, pp. 251-252.
[14] Cf. SALMON, *op. cit.*, pp. 24-26. Et pas seulement Tacite : Hécatée d'Abdère (trois siècles avant J.C.) , Posidonius d'Apamée, Apollonius Molon, Apon, Philostrate, Juvénal, Cicéron, Sénèque… (cf. A. HERTZBERG, *Les origines de l'antisémitisme moderne*, Presses de la Renaissance, Paris, 2004, pp. 304-305).

Universelle dans ses principes et son organisation, l'Eglise romaine fut la première société multinationale, la première institution cosmopolite : à l'intérieur de ce champ culturel, le critère de l'appartenance à une patrie n'est pas premier, la race non plus ; le Juif est accepté comme membre de l'humanité : il est homme avant d'être juif (Grégoire) ; il n'est rejeté que comme non-chrétien, rétif à l'adhésion (la conversion, le baptême) ; il ne menace pas l'institution, puisqu'il reste à l'extérieur. La communauté juive est donc toujours périphérique à l'institution ecclésiastique, mais celle-ci cherche à annexer celle-là. Le Juif n'est pas identifié par ses caractères "biologiques", mais d'abord par son appartenance religieuse.

Dans une forte idéologie nationaliste, en revanche, le Juif se trouve à l'intérieur d'un cercle onto-étatique en quête d'identification parfaite à soi. La nation des Lumières et du Romantisme se définit, non par rapport à l'ensemble de ceux qui vivent sur un territoire déterminé, mais par rapport à un peuple (*Volk*) qui a conscience de soi. Pour que le peuple, dans sa pureté, se regroupe en un tout *homogène*, pour qu'il soit dans *son* Etat, bref pour que l'Etre du Peuple *soit* en vérité, il faut donc que les éléments étrangers soit repoussés à la périphérie ou au-delà. Cette idée est déjà présente chez les Grecs vis-à-vis des Métèques. Il y a un fondement dans la pensée grecque, non précisément à l'antisémitisme, mais certes à l'expulsion (de l'autre)[15].

Le critère religieux était un critère d'identification relativement "sûr" ; à mesure que décline l'autorité religieuse (et donc la référence à ses critères) et que, simultanément, les sciences anthropologiques se développent, le discours sur les différences entre les hommes ne porte plus tant sur leurs conceptions du monde que sur leurs caractéristiques biologiques, traditions culturelles et conditions sociales et économiques, comme l'observe Poliakov :

> "à l'âge de la science, l'argument théologique de la malédiction n'était plus de mise pour réclamer le rétablissement des ghettos, et c'est ainsi que la

---

[15] Les écrivains latins se révèlent, les premiers, ouvertement antisémites (spécialement Pline le Jeune, Strabon, Tacite). "Il me semble, écrit Jean-François Lyotard, pour abréger, je m'en excuse, que "les juifs" sont dans l'"esprit" de l'Occident, occupé à se fonder, ce qui résiste à cet esprit ; dans sa volonté, la volonté de vouloir, ce qui entrave la volonté ; dans son accomplissement, projet et progrès, ce qui ne cesse de rouvrir la plaie de l'inaccompli. Qu'ils sont l'irrémissible dans son mouvement de rémission et de remise. Qu'ils sont le non-domesticable dans l'obsession de dominer, dans la compulsion à l'emprise domaniale, dans la passion de l'empire, récurrente depuis la Grèce hellénistique et la Rome chrétienne, "les juifs" jamais chez eux là où ils se trouvent, inintégrables, inconvertibles, inexpulsables. Et aussi toujours hors d'eux quand ils sont chez eux, dans leur tradition dite propre, car elle comporte l'exode comme son commencement, l'excision, l'impropriété et le respect de l'oubli. Requis plus que guidés par le nuage d'énergie libre qu'ils désespèrent de comprendre, même de voir, nuée dans le désert du Sinaï. Ils ne peuvent s'assimiler, disait Hannah Arendt (...) qu'en assimilant aussi l'antisémitisme." (J.-F. LYOTARD, *Heidegger et "les juifs"*, Galilée, Paris, 1988, pp. 45-46).

caste "déicide" juive se transmuta, au lendemain de son émancipation, en race "inférieure". La nouvelle anthropologie des Lumières fournissait le cadre général d'un phénomène sémantico-social (...) qui se laisse résumer en quelques mots : *des sentiments et ressentiments indéracinables de l'Occident chrétien s'exprimèrent désormais en un nouveau vocabulaire*. En Allemagne, où l'émancipation des Juifs, parce que survenue sous l'occupation française, était doublement impopulaire, le patriotisme germanomane était voué à prendre, ne fût-ce que secondairement, un tour "anti-sémite". Ainsi, l'antisémitisme préexistait à l'idée aryenne, et favorisait son emprise."[16]

Le discours sur les caractères biologiques a donné lieu, jusqu'à nos jours, aux théories les plus fumeuses et fantasques. C'est que, s'il est relativement aisé de déterminer l'inférieur et le supérieur sur une échelle sociale, ou dans une hiérarchie militaire ou ecclésiastique, il ne l'est pas quand il s'agit de l'humanité elle-même. Le discours et l'acte racistes visent, en la personne, des critères qui sont en deçà de ses choix ou événements personnels (religieux, politiques, économiques) c'est-à-dire des critères *pré-éthiques*.

Confronter l'évolution de l'antisémitisme à l'histoire de la constitution des Etats peut se révéler riche d'enseignements[17]. C'est dans l'Espagne du quinzième siècle qu'apparaît le passage de la haine confessionnelle à la haine raciale et le fantasme d'un complot mondial des Juifs. Ceux du pays sont expulsés en 1492. Les grandes découvertes entraînent, pour l'Europe, le problème de se "repositionner", et l'on sait comment elle le résout pendant près de cinq siècles : européanocentrisme, appuyé sur un ethnocentrisme proclamé par l'anthropologie naissante : voir Buffon, Cuvier, Quatrefages, Comte. Ainsi fut justifié, à la périphérie du nouveau Cercle, d'abord par des raisons religieuses, puis, de plus en plus, (l'intervention du Pape Paul III en 1537 et le plaidoyer de Las Casas en 1542 marquant sans doute le tournant) pour des raisons économiques et raciales, la pratique du massacre et de l'esclavage à grande échelle. La tendance générale de l'anthropologie conforte le préjugé de couleur et suspecte le mélange des races. Au seizième siècle encore, Venise force les Juifs à résider dans un quartier de résidence déterminé (*ghetto*).

Mais le fait même de fonder sur le biologique l'ex-pulsion et l'extermination de ce qui ne procède pas du Centre-Cercle "Europe" a des

---

[16] POLIAKOV, *op. cit.*, p. 195.

[17] Ainsi, s'agissant de la France, l'expulsion "définitive" de 1394 prive les Juifs de toute existence légale dans le royaume, mesure qui s'applique ensuite à la Provence du XVe siècle dans la mesure où elle se "francise". Si l'on accepte la subsistance d'une petite communauté *marrane* à Paris, la présence juive dans l'Etat français jusqu'à la Révolution est périphérique (Bordeaux et Bayonne avec les Sépharades majoritairement venus d'Espagne et du Portugal, Metz avec les Ashkénazes, etc.). Le décret d'expulsion de Marie de Médicis (1615) n'eut pas d'effet concret et les situations varièrent, à la périphérie (voir p. ex. le contraste entre Metz et Strasbourg) jusqu'à l'unification administrative post-révolutionnaire. Sur ces questions, cf. A. HERTZBERG, *op. cit.*, spécialement pp. 5-33.

effets induits à l'intérieur de chaque cercle national en structuration. Or, à ce niveau, la seule "race" différente qui y soit significativement représentée est la "race" juive. Il eût été "logique" que les Etats-nations en pleine constitution, prissent de dispositions administratives de plus en plus précises de marginalisation des Juifs, un peu comme ils le firent vis-à-vis des fous au nom de la Raison[18]. Cette tendance fut contrebalancée par d'autres puissants facteurs.

En Angleterre, la vieille tradition d'attachement au peuple de la Bible dont procèderaient directement, selon une mythologie répandue, les premiers habitants des Iles, est promotrice de tolérance à l'égard des Juifs ; le protestantisme institué, le parlementarisme développé confortent cette attitude générale, que troublent seulement quelques écrits anthropologiques, tel *The Races of Men* (1850) du Docteur Knox, qualifié de fondateur du racisme britannique[19], ou l'œuvre d'un Chamberlain, qui inspira directement le nazisme[20].

En France, la "pensée des droits de l'Homme" issue des Lumières inspire un cadre législatif de sauvegarde et d'émancipation. Certes, les écrits antisémites et/ou pro-aryens de grands auteurs (Voltaire[21], Michelet[22], Proudhon[23], Renan[24], Gobineau bien sûr[25]) sont nets et nombreux. Mais, dans l'autre filière, on trouve Montesquieu[26], Rousseau[27], Diderot[28] avec l'Encyclopédie[29] qui maintient, contre les modes, que l'hébreu devait être la langue originaire[30]. Le mouvement de la Révolution est donc déterminant, encore qu'au prix de douloureux débats, à partir de l'émancipation des Protestants en 1789.

---

[18] Cf. M. FOUCAULT, *Histoire de la folie à l'âge classique*, Plon (coll. *10-18*), Paris, 1961, pp. 54-81. Sur l'effet "centre" dans la conception des pénitenciers, voir aussi les plans publiés dans FOUCAULT, *Surveiller et punir*, Gallimard (coll. *Tel*), Paris, 1975.

[19] Cf. POLIAKOV, *op. cit.*, p. 238.

[20] Cf. *infra* et W.L. SHIRER, *Le troisième Reich*, Stock/Livre de Poche, Paris, 1966, T. 1, pp. 139 svv.

[21] Cf. POLIAKOV, *Histoire de l'antisémitisme*, Calmann-Levy/Livre de Poche (coll. *Pluriel*), Paris, 1981, T. II, pp. 31-40.

[22] Cf. POLIAKOV, *Le mythe aryen, op. cit.*, pp. 201-202.

[23] Cf. POLIAKOV, *Le mythe aryen, op. cit.*, p. 203.

[24] Cf. POLIAKOV, *le mythe aryen, op. cit.*, p. 209-211 et OLENDER, *op. cit.*, pp. 75-111.

[25] Cf. POLIAKOV, *Le mythe aryen, op. cit.*, pp., 239-244, et SALMON, *op. cit.*, pp. 89-92.

[26] Cf. MONTESQUIEU, *Lettres persanes*, LX (*op. cit.*, T. 1, pp. 218-219), et *L'esprit des Lois*, XXI, 20 et XXV, 13 (*op. cit.*, T. 2, pp. 639-641, et 746-749). Cf. aussi *Mes Pensées* (*op. cit.*, T. 1, p. 1179-1180 et 1560-1562).

[27] Cf. POLIAKOV, *Histoire de l'antisémitisme, op. cit.*, pp. 40-46.

[28] Cf. POLIAKOV, *Histoire de l'antisémitisme, op. cit.*, pp. 46-47. Diderot est toutefois assez ambigu ; seuls semblent trouver grâce à ses yeux les Juifs riches et éclairés (voir HERTZBERG, *op. cit.*, pp. 282-283, 310-311 notamment).

[29] Voir l'origine grecque du mot : ἐγκυκλιος παιδεια, instruction circulaire, "instruction embrassant tout le cycle du savoir", cycle qui, à tout prendre, n'est peut-être pas si éloigné du cercle du Savoir absolu hégélien.

[30] Cf. POLIAKOV, *Le mythe aryen, op. cit.*, p. 188.

Le problème se posait en ces termes : les Juifs étaient des hommes et avaient donc des droits de citoyens, mais ils risquaient de concurrencer, voire de "contaminer", ce *nouveau Tout*, sacré, la Nation – d'où la saisissante formule de Clermont-Tonnerre : "Il faut tout refuser aux Juifs en tant que nation, mais il faut tout leur donner en tant qu'individus ; il faut qu'ils deviennent des citoyens."[31]. Ce n'est qu'après la chute de l'*imago* du Roi (Varennes, garde du roi, multiplication des destructions de statues et symboles royaux) que l'émancipation complète des Juifs devient concevable : "tout se passait, constate Poliakov, comme si le processus qui mènera au *régicide* contribuait d'ores et déjà à disculper le peuple *déicide*"[32]. A l'été 1791, le Cercle-France n'a plus de centre fixe et le dernier geste de la Constituante, avant de *se dissoudre* elle-même sera celui-là, bien résumé par Salmon : "Le 27 septembre 1791, l'Assemblée constituante, avant de se séparer, décrète, à la quasi-unanimité, l'émancipation complète des Juifs. Les autres nations d'Europe occidentale suivent l'une après l'autre l'exemple français. En Allemagne, les Juifs restent, toutefois, des citoyens de seconde zone."[33].

Ceci n'empêche pas en France les comportements ultérieurs (le plus célèbre étant l'affaire Dreyfus) ni les théories antisémites. Charcot (1825-1893), par exemple, assimile l'errance à une forme de névropathie, le Juif errant, typifiant ce "besoin irrésistible de se déplacer, de voyager, sans pouvoir se fixer nulle part"[34]. Mais jusqu'en 1940, il n'y a pas d'antisémitisme *d'Etat* : la loi opère dans une certaine mesure, comme un garde-fou qui contrebalance les effets d'une république éprise d'autochtonie. Et surtout, la production intellectuelle, en ce qu'elle vise la question nationale, n'est pas monolithique, pour suspecter le Sémite ou postuler un fondement ethnique fortement autochtone et originaire : la république continue de se vouloir plurielle et "absorbe" l'immigrant.

Le cas allemand est complètement différent. D'abord, l'expansionnisme colonial est moins développé, et, partant, la pensée scientifique, quand elle se pose la question des races, se focalise beaucoup moins sur les rapports entre Européens et non-Européens, *qu'entre races différentes sur le territoire même de l'Europe*. La question de l'Européanocentrisme dans le monde s'avère beaucoup moins aiguë que celle du "germanocentrisme" à l'intérieur de l'Europe.

Ensuite, la rencontre inédite entre un système de pensée exaltant la Nature ainsi que l'unification (à venir) d'un peuple pur en expansion, et le

---

[31] Cf. HERTZBERG, *op. cit.*, p. 357.

[32] POLIAKOV, *Histoire de l'antisémitisme, op. cit.*, p. 109.

[33] SALMON, *op. cit.*, p. 72. Sur l'émancipation des Juifs portugais, espagnols ou avignonnais décrétée le 28 janvier 1790, cf. HERTZBERG, *op. cit.*, pp. 5 et 315-364.

[34] CHARCOT, *Leçons du mardi à la Salpêtrière*, Paris, 1889 (p. 348), cité par POLIAKOV, *Le mythe aryen, op. cit.*, p. 296. Mandaté par Charcot pour étudier le Juif errant, le Dr Meige parle des "Israéliens névropathes" et de "maladie du voyage" (cf. p. 297).

développement de théories “scientifiques” sur les races s'est produite en Allemagne au dix-neuvième siècle – ces théories pouvant avoir été élaborées ailleurs, mais répandues en Allemagne, tels que l'*Essai sur l'inégalité des races humaines* (1853-55) de Joseph Arthur de Gobineau (1816-1882) (presque inaperçu à l'époque en France, mais dont Renan et Tocqueville avaient prévu le retentissement outre-Rhin[35]) ou *Les Origines indo-européennes ou les Aryas primitifs* (1859) du genevois Adolphe Pictet (1799-1875) chantre lyrique d'un monothéisme primitif incarné par cette race conquérante, bien distincte des Hébreux[36].

Si, au début des Lumières, certains jeunes écrivains allemands plaident la cause des Juifs, si l'émancipation de ceux-ci se réalise progressivement au dix-neuvième siècle (mais sans avoir le même support étatique qu'en France), l'attitude hostile se fait ensuite constante, partagée tant par les masses que par l'élite philosophique. Kant qualifie les Juifs d'escrocs, qui ne peuvent constituer une nation[37]. Fichte les considère comme un Etat dans l'Etat :

> “Au sein de presque tous les pays de l'Europe s'étend un Etat puissant, animé de sentiments hostiles, qui est continuellement en guerre avec tous les autres, et qui, dans certains, opprime terriblement les citoyens ; je veux parler des Juifs. Je ne crois pas et j'espère démontrer par la suite que si cet Etat est à ce point redoutable, ce n'est pas parce qu'il forme un Etat séparé et fortement uni, mais parce qu'il est fondé sur la haine de tout le genre humain. (...). Ne vous vient-il pas à l'esprit que, si les Juifs, qui, sans vous, sont citoyens d'un Etat plus fort et plus puissant que tous les vôtres, reçoivent encore droit de cité dans vos Etats, ils fouleront à leurs pieds tous vos autres concitoyens (...). Mais quant à leur donner des droits civils, je n'en vois pour ma part aucun autre moyen que de leur couper la tête à tous une belle nuit et d'en mettre à la place une autre où il n'y ait plus aucune idée juive. Autrement je ne sache pas de moyen de nous défendre contre eux, sinon de conquérir pour eux leur terre promise et de les y envoyer tous.”[38]

Dans ses écrits théologiques de jeunesse puis les *Leçons sur la philosophie de l'Histoire* en particulier, Hegel attaque vivement les Juifs pour incapacité d'avoir la conscience du divin[39]. Schelling les tient pour

---

[35] Cf. POLIAKOV, *Le mythe aryen*, *op. cit.*, p. 244. A citer également, de Gobineau, *Les Religions et les Philosophies dans l'Asie centrale* (1865), exemplaire du lien effectué chez un même auteur entre le sentiment d'inégalité des races et l'intérêt pour une souche religieuse primitive du côté de l'Inde.

[36] Cf. OLENDER, *op. cit.*, pp. 127-134.

[37] Cf. POLIAKOV, *Histoire de l'antisémitisme*, *op. cit.*, pp. 82-83.

[38] J.G. FICHTE, *Considérations sur la révolution française (Beitrage zur Berichtigung der Urteile über die französische Revolution)*, trad. Berni, Payot, Paris, 1974, pp. 160-161.

[39] Cf. SALMON, *op. cit.*, p. 86 et POLIAKOV, *Le mythe aryen*, *op. cit.*, p. 249. Pour une lecture (subtile) de la relation de Hegel au judaïsme, voir J. DERRIDA, *Glas*, Galilée, Paris, 1974, pp. 38-107, 238-239.

un "non-peuple"[40]. Schopenhauer dénonce la "puanteur juive" qui asphyxie l'Europe : "Nous sommes donc en droit d'espérer qu'il viendra aussi un temps où l'Europe sera purifiée de toute mythologie juive. Peut-être sommes-nous au siècle où les peuples asiatiques de race japhétique, rentreront aussi en possession des saintes religions de leur patrie ; après un long égarement, ils sont redevenus mûrs pour elles."[41].

Dans *L'essence du Christianisme*, Feuerbach assimile judaïsme, monothéisme et égoïsme : "Les juifs se sont maintenus dans leur particularité jusqu'à aujourd'hui. Leur principe, leur Dieu, est le principe le plus *pratique* du monde – l'égoïsme, à savoir *l'égoïsme sous la forme de la religion* (...). Pour les Juifs la nature n'était qu'un moyen en vue de leurs fins, un simple objet de la volonté."[42]. *La Question juive* de Marx répand l'idée, promise à un bel avenir, d'une internationale juive détentrice du grand capital[43]. Professeur à Berlin, l'historien pro-bismarckien et pangermaniste Heinrich von Treitschke (1834-1896), auteur de la formule "les Juifs sont notre malheur", fait beaucoup pour développer l'esprit antisémite dans les universités, notamment en assimilant *juifs* et *modernité*[44]. Le compositeur Richard Wagner (1813-1883) publie en 1850 un essai *Le judaïsme dans la musique* instillant l'idée d'une pollution de la culture allemande, de son "âme", par des sonorités yiddish ou des démarches commerciales[45]. Le géographe Richard Andree, dans *Zur Volkskunde der Juden* (Leipzig, 1881) cite en exemple le sang juif comme celui qui a pu éviter le mélange, se préserver, et donc être "repérable" en longue période. Célébré par des anti-cartésiens tels que le philosophe Franz Böhm[46], Paul de Lagarde (1827-1891), un allemand d'origine lorraine (donc, à ses propres yeux, germanique) élabore un programme pour le parti conservateur prussien, qui suggère l'extermination de plusieurs peuples slaves et une destruction du judaïsme à l'échelle européenne : "Chaque Juif est une preuve de la faiblesse de notre vie nationale et du peu de valeur de ce que nous appelons religion chrétienne"[47] ; il rêve de les voir exilés à Madagascar.

---

[40] Cf. POLIAKOV, *Le mythe aryen, op. cit.*, p. 246.

[41] A. SCHOPENHAUER, *Ethique, droit et politique*, trad. Dietrich de *Parerga und Paralipomena* ("Zur Ethik", § 115), Alcan, Paris, 1909, p. 58.

[42] L. FEUERBACH, *L'essence du christianisme*, trad. Osier, Maspero, Paris, 1973, pp. 246-247.

[43] Cf. MARX, *Œuvres*, T. 3, Gallimard (coll. *Bibliothèque de la Pléiade*), Paris, 1982, pp. 326, et surtout 1579 et 1580.

[44] Cf. P. BOURDIEU, *L'ontologie politique de Martin Heidegger*, Ed. de Minuit, Paris, 1988, p. 61. Von Trietschke publia un réquisitoire contre l'émancipation : *Ein Wort über unser Judentum* (1880) (cf. E. TRAVERSO, *Les Juifs et l'Allemagne. De la "symbiose judéo-allemande" à la mémoire d'Auschwitz*, La découverte, Paris, 1992, pp. 35-36).

[45] Cf. TRAVERSO, *op. cit.*, pp. 36-37.

[46] Cf. BOURDIEU, *op. cit.*, p. 37.

[47] DE LAGARDE P., *Über die gegenwärtige Aufgaben der deutschen Politik* (1853), cité par POLIAKOV, *Le mythe aryen, op. cit.*, pp. 326-327.

Le processus d'assimilation des Juifs à la culture allemande ne débouche nullement sur une synthèse, une fécondation mutuelle. Ainsi Enzo Traverso peut-il constater à regret :

> "Les chercheurs qui se sont penchés sur l'histoire du "dialogue judéo-allemand" se sont vite aperçus qu'ils étudiaient l'histoire d'un *mythe*. Juste après avoir été amorcé, ce dialogue fut interrompu dès la seconde moitié du XIXe siècle lorsque les Juifs, désormais assimilés, demeurèrent les seuls adeptes (ou presque) de l'*Aufklärung*, face à une intelligentsia allemande de plus en plus polarisée autour du mythe du *Volk* germanique (...). Né avec le yiddish et la traduction de la Bible par Luther (témoignant à son avis du "mélange de l'esprit juif avec l'esprit allemand"), poursuivi par Mendelssohn, Goethe et Heine, le dialogue judéo-allemand avait été coupé, à la fin du XIXe siècle, par le triomphe d'une modernité perverse au pathos wagnérien, remplaçant la Raison par le mythe."[48]

Cette tendance s'amplifie au début du vingtième siècle. Le Juif calculateur et destructeur de la nature est dépeint comme l'antithèse du Germain généreux, spontané, engendré par la forêt profonde, dans *Les Juifs et la vie économique* (1911) de Werner Sombart (1863-1941), l'un des représentants de la "révolution conservatrice". Ce théoricien, qui influence la rédaction de *Mein Kampf* et rallie le nazisme, pourfend à la fois la démocratie libérale et le capitalisme d'une part, le socialisme marxiste d'autre part, en prônant, comme Carl Schmitt, Möller van den Bruck et Ernst Jünger, une "troisième voie" ; il s'en prend également à la sociologie, qualifiée de "science juive" et voit "l'esprit juif" à la base du marxisme[49]. Dans un livre au titre modeste *Wenn ich der Kaiser wär* (Leipzig, 1912), Heinrich Class[50] préconise, pour préserver le sang allemand, une dictature militaire et une lutte implacable à la fois contre la social-démocratie et contre les Juifs, qu'il suggère déjà d'expulser en Palestine, afin de les séparer du peuple aryen.

L'œuvre la plus déterminante dans ce contexte et très largement diffusée pendant quarante ans est sans doute celle du gendre de Richard Wagner, Houston Stewart Chamberlain (1855-1927). Lecteur de Kant et de Goethe, et auteur d'une somme, *Les fondements du XIXe siècle*[51], il attaque à la fois la stérilité religieuse et la puissance financière et scientifique des Juifs et l'an-aryanité de l'Eglise catholique (et plus particulièrement des jésuites, adversaire-type de l'esprit germanique). Il influence durablement Hitler mais auparavant Guillaume II, qui lui écrit en 1901 : "Je

---

[48] TRAVERSO, *op. cit.*, pp. 20-21.

[49] Cf. BOURDIEU, *op. cit.*, pp. 10, 24, 34, 39-40 et TRAVERSO, *op. cit.*, pp. 42-43.

[50] Chef, depuis 1908, de l'*Alldeutscher Verband*, dont l'influence fut grande dans la République de Weimar, Class publia cet ouvrage à Leipzig en 1912 ; il rencontra Hitler jeune (1920).

[51] *Grundlagen des Neunzehnten Jahrhunderts*, publié à Vienne en 1899.

sentais d'instinct que nous, les jeunes, avions besoin d'une autre formation, pour servir le nouveau Reich. (...). Ainsi donc, l'aryanisme germanique originel qui sommeillait dans les profondeurs de mon âme devait s'affirmer au prix d'un dur combat."[52].

Le sociologue Max Weber, dans *L'éthique protestante et l'esprit du capitalisme* (1904-1905) et ses écrits ultérieurs qualifie les Juifs de *Pariavolk* (peuple paria) réfractaire à l'innovation économique, à la rationalité productive[53]. Professeur à Fribourg (1905), mais d'origine prussienne, Goerg von Below se distingue par ses positions anti-démocratiques, anti-sémites et ultra-nationalistes, et publie, avec Chamberlain la revue *Deutschlands Erneuerung*, qui se prononce très tôt en faveur du national-socialisme[54].

Sans doute le Berlin du début du siècle, puis ce qu'on appela "la culture de Weimar" constituent-ils encore, pour un bref moment, des lieux, limités, où Juifs et Allemands se rencontrent pour une fécondité intellectuelle réciproque, sans humiliations[55]. Certains penseurs tels que Franz Rosenzweig (*L'étoile de la rédemption*) et Hermann Cohen (*Les sources juives de la religion et de la raison*) ont tenté d'identifier des racines judaïques à l'idéalisme allemand. D'autre part, essentiellement à Francfort, des élites juives ont joué un rôle important dans l'étude et la diffusion du kantisme (Salomon Maimon, Arthur Liebert, Richard Königswald, Emil Lask, Jonas Cohn, Otto Liebmann) et, via Hegel et/ou Marx, de la dialectique de la Raison (Theodor Adorno, Walter Benjamin, Ernst Bloch, Martin Buber, Ernst Cassirer, Max Horkheimer, György Lukacs, Herbert Marcuse ...)[56]. Mais les deux filières ont en commun l'exercice de l'interprétation allégorique et la confiance dans *l'universalité* de la raison qui se déploient contre les "monstres mythiques" (dont parle un Cassirer dans son dernier livre, *Le Mythe de l'Etat*[57]), et contre l'idéologie de l'enracinement et de l'authenticité. Et malgré l'ampleur de cette contribution, ou plutôt à cause d'elle, Jünger assène : "Touchant la vie de l'Allemagne, le Juif ne peut en rien jouer un rôle créateur quel qu'il soit, ni en bien ni en mal."[58].

---

[52] Cité par POLIAKOV, *ibid.*, p. 338.

[53] Cf. TRAVERSO, *op. cit.*, pp. 64-654. Cette expression de paria sera réutilisée, mais avec d'autres significations, par Hannah Arendt et Bernard Lazare.

[54] A ce bref inventaire des théoriciens, il faudrait ajouter les romans vulgairement antisémites, dont le succès de vente fut impressionnant : *Soll und Haben (Débit et crédit*) de Gustav Freytag, *Die Sünde wider das Blut (Les péchés contre le sang*) d'Arthur Dinter, *Deutschland ohne Deutsche* (*l'Allemagne sans les Allemands*), de Hans Heyck etc. (cf. TRAVERSO, *op. cit.*, pp. 35 et 49).

[55] Cf. J. HABERMAS, *Profils philosophiques et politiques*, Gallimard (coll. *Tel*), Paris, 1987, p. 53.

[56] Cf. HABERMAS, *op. cit.*, pp. 53-86, SAFRANSKI, *op. cit.*, pp. 264-265.

[57] Cf. HABERMAS, *op. cit.*, p. 71.

[58] Cité par HABERMAS, *Profils...*, *op. cit.*, p. 53.

S'il y a un humanisme dans la grande philosophie allemande, il est essentiellement révélé, conforté, déployé, justifié par les intellectuels juifs ; sur la flèche du temps, il partirait du kantisme pour aller jusqu'au colloque de Davos (1929), mettant ainsi aux prises Heidegger et Cassirer[59], dernier grand rendez-vous académique avant la prise de pouvoir par les Nazis. Contre lui ne cesse de jouer, et finit par gagner, l'axe germano-grec. En ce sens, Habermas écrit, non sans raison, qu'"un retour aux Grecs – là où il a été tenté par certains intellectuels juifs – a toujours présenté quelque trait d'impuissance"[60].

Il faut aussi observer la part qu'ont prise les Juifs allemands dans le développement des sciences économiques, juridiques et sociales – disciplines auxquelles le *Discours de Rectorat* reprochera leur manque d'enracinement. Maurice Blanchot écrit que "les Juifs incarnent (...) le rejet des mythes, le renoncement aux idoles, la reconnaissance d'un ordre éthique qui se manifeste par le respect de la loi. Dans le Juif, dans le "mythe du Juif", ce que veut anéantir Hitler, c'est précisément l'homme libéré des mythes."[61]. Or quel mythe plus prééminent, plus enveloppant, plus puissant – et en même temps plus fragile intellectuellement – que celui de l'unité et de la supériorité du peuple allemand, autour de son *Führer* dans son Etat ? L'antisémitisme nazi ne saurait être réduit à un racisme classique poussé à bout, ni même à un biologisme démentiel sorti d'on ne sait où : il recouvre au contraire un enjeu philosophique à comprendre.

Positivement : aryanité et pan-germanisme

Si l'Etre-Un du Peuple en Etat se manifeste négativement, en repérant un autre à repousser hors de soi, il se cherche aussi, plus mythiquement que jamais, dans une "source" ethnique propre. Le besoin allemand d'une genèse *non* judéo-chrétienne et d'un centre originaire *spécifique* explique l'engouement, surtout à partir du début du dix-neuvième siècle, pour l'idée d'une "race aryenne", dont l'exaltation s'abreuverait à une mythologie confuse de l'Inde d'antan, pour y placer (dans quelque Himalaya ou sur les hauts plateaux d'Iran), le couple primitif, se dégageant ainsi de la cosmogonie biblique (et donc hébraïque).

---

[59] Cf. *Débat sur le kantisme et la philosophie*, Davos, mars 1929 (cf. BOURDIEU, *op. cit.*, pp. 71-79, SAFRANSKI, *op. cit.*, pp. 241, 264-271 et R. WOLIN, *La politique de l'être. La pensée politique de Martin Heidegger*, Kimé, Paris, 1992, pp. 110 et 192).
[60] HABERMAS, *op. cit.*, pp. 71-72.
[61] M. BLANCHOT, "Les intellectuels en question", revue *Le Débat*, n° 33, mai 1984, cité par Ph. LACOUE-LABARTHE, *La Fiction du politique*, Christian Bourgeois, Paris, 1987, p. 138.

Déjà Kant se demandait si l'origine des sciences et des arts ne provenait pas du Tibet[62]. Johann Gottfried Herder (1744-1803) évoque amplement, dans ses *Idées pour la philosophie de l'histoire de l'Humanité*, le rapprochement possible entre les peuples allemand et perse ou hindou, et une "montagne primitive de l'Asie", plus ancienne que les contrées bibliques, et qui aurait servi de premier établissement au genre humain[63]. Bien que ne prisant pas la thèse d'un grand peuple originel ou de la dégradation d'une culture primordiale, Hegel considère, dans *La Raison dans l'Histoire*, que la découverte du sanscrit – l'argument linguistique l'emporte chez lui sur le biologique, ou le mythique – "a suggéré en particulier l'idée d'une liaison historique des peuples germaniques avec les peuples de l'Inde ; c'est là une thèse qui comporte toute la certitude qu'on peut exiger en de telles matières."[64].

Le terme "aryen" (au sens moderne et "allemand") est introduit en 1819 par l'historien romantique Friedrich von Schlegel (1772-1829), déjà auteur, en 1808, d'un essai *Sur la langue et la sagesse des Indiens*. Peu après, alors que les chercheurs parlent partout ailleurs de peuples indo-européens, c'est le terme "indo-germains" qui est adopté en Allemagne[65]. L'idée d'une "révélation naturelle indienne" est diffusée par la presse d'Eckstein à partir de 1824. Elève de Schlegel, Christian Lassen écrit en 1845 que les Indo-germains, ou Aryens, avaient montré depuis les temps les plus reculés leur supériorité sur les Sémites :

> "Parmi les peuples caucasiens, nous devons certainement accorder la palme aux Indo-Germains. Nous ne pensons pas que cela est dû au hasard, mais nous croyons que cela doit découler de leurs talents supérieurs et plus vastes. L'histoire nous apprend que les Sémites ne disposent pas de l'équilibre harmonieux que toutes leurs forces de l'âme qui caractérise les Indo-Germains. La philosophie, elle aussi, n'est pas l'affaire des Sémites..."[66]

Schopenhauer exalte la sagesse hindoue et juge les Indiens d'autrefois "le peuple le plus noble et le plus ancien"[67]. La plus vive acuité provient de Nietzsche, qui réécrit et "transmute" la philosophie de Zoroastre ; mais, s'agissant de l'aryanisme, il répercute aussi, dans *Le Crépuscule des idoles*, l'idéologie dominante de son temps :

---

[62] Cf. POLIAKOV, *Le mythe aryen, op. cit.*, p. 186.
[63] Cf. J.G. HERDER, *Idées pour la philosophie de l'histoire de l'humanité*, trad. Ronché, Aubier, Paris, 1962, pp. 164-167. Sur la richesse et la diversité de l'apport de Herder, cf. OLENDER, *op. cit.*, pp. 51-74. Heidegger cite Herder qui évoque le "souffle divin" qui entoure de "son feu" ("Pourquoi les poètes ?" dans *Chemins qui ne mènent nulle part*, Gallimard, coll. *Idées*, Paris, 1980, pp. 381-382).
[64] HEGEL, *La Raison dans l'Histoire*, *op. cit.*, p. 192.
[65] Cf. POLIAKOV, *Le mythe aryen, op. cit.* p. 194.
[66] Cité par POLIAKOV, *Le mythe aryen, op. cit.*, p. 198.
[67] SCHOPENHAUER, *Le monde comme volonté et comme représentation*, § 68 (cité par POLIAKOV, *Le mythe aryen, op. cit.*, p. 255).

"Ces prescriptions sont assez instructives : nous voyons en elle l'humanité *arienne* absolument pure, absolument primitive – nous voyons que l'idée de "pur sang" est le contraire d'une idée inoffensive. D'autre part, on aperçoit clairement dans *quel* peuple elle est devenue religion, elle est devenue *génie* (...). Le christianisme, né de racines judaïques, intelligible seulement comme une plante de ce sol, représente le *mouvement d'opposition* contre toute morale d'élevage, de la race et du privilège : – il est la religion *anti-arienne* par excellence : le christianisme, la transmutation de toutes les valeurs ariennes, la victoire des évaluations des Tchândâla, l'évangile des pauvres et des humbles proclamé, l'insurrection générale de tous les opprimés, des misérables, des ratés, des déshérités, leur insurrection contre la "race", – l'immortelle vengeance des Tchândâla devenue *religion de l'amour...*"[68]

Il s'agit, pour une Europe centrale cherchant à se ressourcer, d'aller le plus loin possible *en amont de l'héritage judéo-chrétien.* Des travaux comme ceux de l'orientaliste et philologue Friedrich Max Müller (1823-1900) entretiennent l'intérêt du monde scientifique pour les origines primitives de la religion et du langage[69]. D'autres chercheurs importants (Ritten, Rhode, Westphal, Grau[70], Grimm[71], ...) travaillent dans le même sens au dix-neuvième siècle, à la fin duquel des philologues (Bergmann, Pott, Schleicher etc.) arrivent en force pour célébrer la langue *une* et *indo-germanique.* Toutefois, à partir de cette époque et surtout au vingtième siècle, l'expression "aryen" se dépouille peu à peu de ses connotations indiennes ou perses pour évoquer la "pure germanité" ; d'ailleurs, les penseurs "germanomanes" n'étaient pas tous fascinés par l'Inde ou le sanscrit.

Tout se passe comme si pendant près d'un siècle, le mythe aryen ou indo-germain avait été une *médiation temporaire* pour permettre à la pensée germanique en auto-affirmation, de se penser au-delà, ou en deçà, de ce qui lui restait de tradition judéo-chrétienne et latine. Sous le troisième Reich, un "aryen" – pour faire court – est un allemand, par opposition à un slave, un juif, un tzigane. Un éminent représentant de l'anthropologie hitlérienne, G. Heberer, déclarera en 1943 : "Nous cultivons un héritage qui nous appartient en propre, il ne nous est pas venu de l'extérieur, il ne nous est pas venu de l'Orient. C'est ici qu'il s'est constitué et qu'il s'est

---

[68] F. NIETZSCHE, *Le Crépuscule des Idoles*, trad. H. Albert, Denoël-Gonthier, Paris, 1970, p. 63.

[69] Cf. OLENDER, *op. cit.*, pp. 113-126. Pictet, déjà cité, est influencé par Müller, mais radicalise la distinction entre Hébreux et Aryas.

[70] Cf. OLENDER, *op. cit.*, pp. 143-151.

[71] Jakob GRIMM (1785-1863), célèbre auteur de contes, est aussi considéré comme le fondateur de la philologie allemande ; outre cette fécondité académique, il y a lieu de noter son influence sur Richard Wagner, notamment à travers ses essais *Légende héroïque allemande* (1829) et *Mythologie germanique* (1835).

développé, le long des millénaires."[72]. La Germanie s'affirme venant de soi, engendrée de soi par soi, origine pure au cœur de l'Europe.

Le signifiant généralisé du national-socialisme compte moins par son "aryanité" que par ce que révèle la sémiologie : le sens intime de la circularité qu'il projette. La croix gammée (*svastika*) fut reprise aux lointaines traditions aryennes répandues dans l'Inde du Nord : *svatsi* signifiant "salut", le sens premier de *svastika* est "de bonne augure". Cette croix à branches coudées, toujours imprimée dans un cercle, fait penser à une roue stylisée, à une couronne "détraquée". Les axes diamétralement opposés du cercle sont comme brisés dans leur chemin vers la périphérie, mais cette brisure est chaque fois symétrique et donne une impression de mouvement rotatif. Le mot "gammée" fait illusion : il signale que les bras de la croix sont coudés en forme de *gamma* ; la troisième lettre de l'alphabet grec désigne aussi, sous le nom de *point gamma*, l'intersection de l'éclipse avec le plan de l'équateur : l'écliptique est le grand cercle d'intersection du plan de l'orbite terrestre avec la sphère céleste, ou ce plan lui-même. Le point *gamma* est ainsi une sorte de "centre du centre". Cette croix prétend sauver, mais elle n'a ni la verticalité ni l'asymétrie (partielle) de la croix chrétienne.

Le pan-germanisme traduit le "complexe de supériorité" sans limitation morale ou religieuse, que les Allemands ont dans leurs esprits sous l'effet conjugué de leurs penseurs, de leur culture commune et de leur puissance militaire. La dynamique d'affirmation de soi du Peuple, la croissance de l'Etat se réalisent sans avoir de compte à rendre à Dieu ou à l'humanité. Tel est le grand enseignement politique de Frédéric II, adulé par les esprits forts qui en France se réclamaient des Lumières et saluaient sa conception laïque du pouvoir face à l'Autriche et à la Pologne catholiques et obscurantistes : le Peuple-Etat en marche est à lui-même sa propre fin.

A ce titre encore, les théoriciens annonciateurs du nazisme ne manquent pas. S'inscrivant dans la ligne de Gobineau, Darwin et Chamberlain, Klaus Wagner préconise "une "politique de puissance raciale" aux fins de l'élargissement du *Lebensraum* allemand, de l'éviction des *Fremdlinge* (étrangers), et de la fusion de toutes les tribus germaniques apparentées en une seule entité politico-raciale"[73]. S'inspirant des précités, mais aussi de Klemm, Carus, Lapouge et Woltmann, *Ein Pangermanistisches Deutschland* de Josef Reimer décrit prophétiquement la domination germanique sur l'Europe, distinguant les éléments non-germanisables (*a-germains*) ou sous-hommes tels que juifs et slaves, à exclure de la communauté et interdire de procréation, et les germanisables comme les Français[74].

---

[72] Cité par POLIAKOV, *Le mythe aryen, op. cit.*, p. 278.
[73] POLIAKOV, *Le mythe aryen, op. cit.*, p. 318.
[74] Cf. POLIAKOV, *Le mythe aryen, op. cit.*, p. 319.

§ 2. L'Etre-Un du Peuple en Etat : un espace politique et racial (la réalisation)

a) Une nouvelle religion

Le nazisme ne fut pas seulement un régime hors normes ; il constitua aussi et peut-être d'abord une expérience religieuse, comme l'ont avoué beaucoup de ceux qui le vécurent de l'intérieur. La réalisation longtemps pressentie, attendue, désirée de l'Etre-Un du peuple dans l'Etat nouveau se produit, il faut avoir l'honnêteté de reconnaître, dans un mouvement de *joie*. Processions aux flambeaux, écoute de la parole du *Führer*, fastes politiques, architecturaux, sportifs, militaires : le peuple communie avec soi-même, il fait l'expérience de la vérité de son essence. La proximité de la mort, la terreur policière, la logique de la tyrannie donnent à cette communion comme une sensation de paroxysme et d'immense oblation.

On ne fonde pas si aisément une nouvelle religion ; pourtant, en cinq siècles, l'Allemagne en connut deux, et fut le seul pays d'Europe où se produisit un tel phénomène. Alors qu'ailleurs en Europe, les Lumières tendent à séparer l'Eglise de l'Etat – c'est-à-dire de distinguer la gestion des affaires religieuses et celle de la société civile – en Allemagne, la mise à distance de l'Eglise s'effectue par la création d'une église concurrente qui *se soumet ou s'insère dans le politique*.

L'absence de séparation entre les pouvoirs politique et religieux domine et définit largement l'histoire allemande : elle se manifeste dans les anciennes tribus germaniques et par le Saint-Empire mais aussi, au quatorzième siècle dans l'Etat teutonique, ancêtre de la Prusse et, au seizième, dans la Réforme elle-même : “en remettant aux princes allemands, non seulement le pouvoir temporel mais également le pouvoir spirituel, Luther fondait, sinon en droit, du moins en fait, une religion proprement nationale, qui rompait avec l'universalisme de l'église latine.”[75]. Insidieusement, la religion devient allemande avant d'être chrétienne ; tous les grands écrits philosophiques ou anthropologiques postérieurs à la Réforme vont accentuer cette tendance.

La nostalgie de la Grèce antique, avant même qu'elle fasse la jonction avec le nationalisme militant et qu'elle exprime une forme concurrente de l'Origine hébraïque, connote l'idéalisme allemand d'une réserve critique à l'égard du christianisme à la fois comme pensée “tardive” et comme système de représentations religieuses institué. La *Naturphilosophie*, quand elle intègre la dimension de la foi, débouche sur le panthéisme plutôt que sur l'identification d'un Dieu paternel, distinct et immuable. La figure du Christ s'en trouve évidemment relativisée (comme en témoignent, chacune dans son registre, les œuvres de Hölderlin et Nietzsche) ou germani-

[75] BEHAR, *op. cit.*, p. 53.

sée : Chamberlain affirme sans détours l'aryanité de Jésus.

Très significativement, Paul de Lagarde met d'un côté les Juifs et les églises – “l'Eglise catholique étant l'adversaire de tous les Etats et de toutes les nations”[76] – de l'autre, la foi et l'authenticité allemandes. Il esquisse négativement la recherche d'une religion nouvelle que d'autres formuleront positivement : Richard Wagner (la *Tétralogie*, *Tannhauser*, *Parsifal*, la *Festspielhaus* de Bayreuth)[77], Edouard von Hartmann (1847-1906) (*L'Autodécomposition du christianisme et la religion de l'avenir*, 1874), Eugen Dühring (*Le remplacement de la religion par quelque chose de plus parfait et l'élimination du judaïsme par l'esprit des peuples modernes*, 1885) ou encore Arthur Drews (*La Religion en tant que conscience de soi-même de Dieu*, 1906), puis Léopold von Schröder (*Le parachèvement du mythe aryen à Bayreuth*, 1911, et *La Religion aryenne*, 1914).

Lorsque le Tout-national s'est fermement constitué, il apparaît donc logique que le christianisme soit attaqué, d'abord à travers ses églises, ensuite comme opinion et système de valeurs. Une fois l'empire proclamé, Bismarck développe, à partir de 1872, le *Kulturkampf* qui vise à rendre le catholicisme plus national, plus dépendant de l'autorité étatique. L'anthropologue raciste Virchow y participe activement.

Mais le national-socialisme fera beaucoup mieux, et ce au moins autant à cause du climat d'irrationalisme qui lui préexiste[78] que grâce à la puissance des émotions sociales et de l'appareil répressif qu'il génère. Plusieurs groupes nationalistes protestants se constituent assez tôt (Ligue pour une Eglise Allemande, Chrétiens-Allemands de Thuringe, Mouvement chrétien-allemand...) dans la mouvance nazie, puis fusionnent en 1932, pour donner des bases strictement germaniques et non-juives à la religion, sous un régime autoritaire. Dès juillet 1933, le pouvoir crée une

---

[76] Cité par POLIAKOV, *Le mythe aryen, op. cit.*, p. 326.

[77] “Nourri d'un christianisme qu'il venait de perdre, Wagner rêve de germaniser le miracle grec et d'offrir à l'Allemagne un nouveau théâtre divin, en transposant dans une dramaturgie sonore les mythes ancestraux que les sciences romantiques venaient de lui révéler. C'est là, dans son univers peuplé de figures célestes (le cercle de Wotan) et d'êtres souterrains (les Nibelungen), que nous rencontrons un héros solitaire, le beau Siegfried. Face à lui, Mime le forgeron, le nain monstrueux, son père nourricier. Si le “sale nain” a toutes les allures d'un maître, il n'en a pas les talents. Détenteur d'un savoir caduc, il est impuissant à transmettre quoi que ce soit (...). Entre un maître incapable de rien communiquer et un disciple qui finit par le trucider, les “circuits du savoir” sont sans cesse brouillés. Theodor W. Adorno (1903-1969) propose de reconnaître sous les traits de Mime, et aussi ceux de son frère le monstre Alberich, le masque du juif qui hante les visions antisémites de Wagner. Hors de la scène académique, on découvre aussi une allégorie qui illustre une course dramatique à la filiation. Là où d'autres s'adonnent entre science et théologie à la quête généalogique, Wagner illustre dans son poème, par le choix de ses sources savantes et par leur mise en scène lyrique, un aspect important du débat aryano-sémite dans le siècle.” (OLENDER, *op. cit.*, p. 183). Sans prêter à Nietzsche un antisémitisme (qui n'est pas fondé), il y aurait une comparaison intéressante à effectuer entre la figure du nain chez Wagner et dans *Zarathoustra*, et l'exploitation possible de cette figure au plan philosophique (voir mon chapitre III, § 3).

[78] Cf. aussi *infra*, § 3.

"Eglise du *Reich*" qui unifie et transforme, structurellement et idéologiquement, les églises réformées. La répression s'engage contre les adversaires de l'opération, regroupés dans l'Eglise confessante (Neimöller, Bonhoeffer, etc.). Si l'Eglise catholique, pour sa part, avait vu, un moment, dans le sudiste Hitler, un restaurateur possible de l'impérial catholicisme austro-hongrois, si elle nourrit encore quelque illusion en signant le concordat de 1933, l'encyclique *Mit brennender Sorge* de 1937 marque la rupture idéologique[79] avec le régime ; les persécutions des chrétiens résistants iront s'amplifiant, tandis que le Vatican observera une prudence coupable.

Au début, c'est en privé qu'Hitler se demande "si le peuple allemand va persister dans la religion judéo-chrétienne avec sa morale ramollissante fondée sur la pitié ou s'il va adopter une foi héroïque et forte : la Nature, le Peuple, le Destin, le Sang étant les seuls Dieux."[80]. Mais en 1941, il déclare son intention de "déraciner totalement le christianisme d'Allemagne. On est chrétien ou allemand. Pas les deux à la fois."[81]. Vont évidemment dans le même sens, les théories néo-paganistes de Erich Ludendorff et Alfred Rosenberg, les déclarations de Hans Kerrl, ministre des Affaires ecclésiastiques ("Le vrai christianisme est représenté par le parti... Le Führer est le héraut d'une nouvelle Révélation"[82]) ou de Martin Bormann ("Le national-socialisme et le christianisme sont inconciliables"[83]), les diatribes de Heinrich Himmler contre la "prêtraille"[84], etc. Notons aussi, dans la publication rassemblant les hommages à Hölderlin (1943), cette phrase de Kurt Hildebrandt, pour qui Hölderlin représente "la réalisation de l'essence du peuple allemand et du *Führerprinzip*, le prophète et le créateur d'un nouvelle religion allemande."[85].

b) Un cercle onto-étatique fort

La réalisation de l'Etre-Un peut être qualifiée de "religieuse" parce

---

[79] Cf. A. GROSSER, *Dix leçons sur le nazisme*, Complexe, Bruxelles, 1984, pp. 131-154.

[80] *Entretiens avec Rauschning*, cité par S. BERNSTEIN, *Le nazisme*, éditions M.A., Paris, 1985, p. 31. Jusqu'à sa prise de pouvoir, Hitler ménage les églises. Ainsi, *Mein Kampf* contient-il des pages qui leur sont plutôt favorables ; mais on comprend qu'elles aient un but avant tout tactique, quand on relève cette analyse critique du mouvement chrétien social autrichien de Lueger : "L'antisémitisme du nouveau mouvement se basait sur des conceptions religieuses et non sur des principes racistes. La même raison qui fit commettre cette erreur provoqua aussi une seconde erreur." (A. HITLER, *Mein Kampf. Mon combat*, Nouvelles éditions latines, Paris, 1979, p. 123). Cette "seconde erreur" fut la tentative de mobiliser des ethnies différentes contre les Juifs à Vienne. Dès les années 20, Hitler pose à son action politique un fondement totalement distinct du christianisme (même réinterprété).

[81] Cf. GROSSER, *op. cit.*, p. 137.

[82] Cité par BERNSTEIN, *op. cit.*, p. 42.

[83] *Ibid.*

[84] Cf. H. HIMMLER, *Discours secrets*, Gallimard, Paris, 1978, pp. 64, 93 etc.

[85] Cité par V. FARIAS, *Heidegger et le nazisme*, Verdier, Paris, 1987, p. 283.

qu'elle célèbre un Centre absolu autour duquel le peuple converge ; mais la réciproque est vraie aussi : c'est seulement lorsque la force politique et surtout sociale qui structure le cercle onto-étatique est de nature religieuse, que l'Etre-Un réalise l'unification du Peuple-Etat en *plénitude*. Cette réalisation a une triple caractéristique : concentration (convergence du périphérique vers le centre), expansion (déploiement du centre à partir de soi) et extermination (déportation et annihilation d'éléments tant internes qu'externes au cercle). La mise en œuvre de ces trois caractéristiques a atteint un niveau de perfection qu'aucun autre totalitarisme n'a encore pu égaler.

Concentration. La tradition autoritaire repose historiquement et spirituellement, sur quatre piliers : les pratiques germaniques pré-chrétiennes, le luthéranisme, l'idéalisme absolu et l'organisation prussienne. Il est remarquable que Luther légitimise d'avance toute tyrannie allemande : “Les princes du monde, des dieux ; le vulgaire, Satan. (...). Mieux vaut que les tyrans commettent cent injustices contre le peuple, plutôt que le peuple une seule injustice contre les tyrans.”[86]. Par la suite, la grande philosophie allemande légitimise, elle aussi, la monarchie centralisatrice.

L'organisation prussienne découle elle-même d'une pensée, qu'elle a généralisé à toute l'Allemagne, à partir du deuxième Reich. L'Etat prussien naît des conquêtes des chevaliers teutoniques, c'est-à-dire d'une véritable *tabula rasa* effectuée dans le sang ; cet Etat “ne suit pas son peuple, il le précède ; il n'en résulte pas, il l'engendre”[87]. L'ordre teutonique, qui fonde le premier état “rationnel” moderne, est, en fait, d'inspiration sparto-platonicienne ; il “ignore toute distinction entre pouvoir politique, pouvoir militaire et pouvoir religieux”[88]. Au XVIIIe siècle, profondément développée et étendue, la Prusse joue encore un rôle d'avant-garde en Europe par la conception “laïcisée” de l'Etat qu'elle promeut, et qui contraste singulièrement avec les idées révolutionnaires :

> “A la fois incarnation de cet “Etat” transcendant et son premier serviteur, Frédéric porte en lui ce nouveau dieu dont il est le grand-prêtre. D'une certaine façon, sa conception du principe et de l'exercice du pouvoir n'est que le dernier avatar de la conception indissolublement religieuse et politique qu'en avaient les anciens Germains. Il était dans la nature des choses qu'elle resurgît sur les terres de Prusse et de Brandebourg, où la conception chrétienne du pouvoir affirmée au long du Moyen Age ne s'était jamais pleinement implantée...”[89]

---

[86] M. LUTHER, *Propos de table*, cité par BEHAR, *op. cit.*, p. 54.
[87] BEHAR, *op. cit.*, p. 87.
[88] BEHAR, *op. cit.*, p. 88.
[89] BEHAR, *op. cit.*, pp. 109-110.

Il faut se rappeler que, dépourvue de frontières naturelles, l'Allemagne se définissait "géographiquement" par rapport aux lignes de défense de ses voisins (on en trouve trace jusque dans la philosophie, et singulièrement dans le "se poser en s'opposant" hégélien) et qu'en outre, le repérage de son centre (capitale) fut longtemps problématique. Par rapport à l'Allemagne même, l'Empire eut un caractère ex-centrique, périphérique, multinational. Lorsque le centre fut trouvé (Berlin), la cristallisation put enfin s'opérer et le reste suivit.

Le phénomène nationaliste allemand, et surtout sa réalisation en πόλις-Etat, allaient donc donner à la tradition multiséculaire d'autochtonie voulue, de racisme et d'antisémitisme, une ampleur et une argumentation nouvelles au XIXe siècle : "L'exaltation patriotique des guerres napoléoniennes, la glorification de la langue, de la religion et du sang des Germains, trouvait son terrain le plus favorable dans les universités, et dans les milieux révolutionnaires, qui rêvaient d'une Allemagne unifiée, dont seraient exclus les allogènes, c'est-à-dire les Welches et les Juifs, déjà boycottés par la plupart des corporations estudiantines."[90]. En effet, l'université applique une forme d'"antisémitisme d'Etat" dès la fin du XIXe siècle (exclusion des fraternités) et ce d'abord dans le Sud de l'Allemagne et en Autriche[91]. Les éléments étrangers dans un Etat étaient donc perçus comme des freins à l'unité de celui-ci, à son affirmation ; ils devenaient anti-Etat.

De cette spécifique conjonction va naître et mûrir le "fascisme allemand", qui le distingue sensiblement des fascismes italien (restauration de la "grandeur romaine", impérialisme, persécutions politiques mais guère de mesures antisémites avant le "pacte d'acier" de 1938) et espagnol (restauration de l'Espagne catholique, pas d'idéologie raciale, pas d'expansionnisme).

Dès le début du troisième Reich, la logique du Centre travaille le nouveau régime comme aucun auparavant. Repérons quelques signifiants révélateurs. Hindenburg appelle Hitler à constituer un "gouvernement de concentration nationale". La *Gleichschaltung* s'inspire de la formule claire : "Ein Volk, Ein Reich, Ein Führer". Le *Führerprinzip* est appliqué à tous les niveaux. La loi de Cartellisation obligatoire centralise l'économie, la loi sur la Reconstitution du *Reich* supprime l'autonomie des *Länder*, ce qui entraînera la suppression du *Reichsrat*. Les structures centrales sont, en revanche, suffisamment complexes, ambiguës, voire concurrentes pour que l'arbitrage effectif revienne au Führer. Les SS, fer de lance du régime, sont organisés en cercles concentriques. L'un des buts essentiels

---

[90] POLIAKOV, *Le mythe aryen, op. cit.*, p. 256.
[91] Cf. BOURDIEU, *op. cit.*, p. 59.

du *Reich*, que l'on oublie souvent, était de ramener à soi les Germains disséminés en Europe[92].

Expansion. Le “surgissement” de l'authenticité germanique porte en soi le germe de la guerre dès l'origine. Dans *Deutschland und der nächste Krieg* (1911) Friedrich von Bernhardi (1849-1930) s'appuie sur Héraclite pour arguer l'idée que la guerre est une nécessité biologique et un facteur indispensable de civilisation. Von Treitschke réactive la conception hégélienne de l'Etat et la dépasse, au point de faire du peuple le “sujet, l'”esclave” de l'Etat : le concept de l'Etat implique celui de la guerre, car l'essence de l'Etat est la puissance”[93]. Paul Natorp (1854-1924) voit dans la guerre un “réveil” de l'Allemagne et, partant de toute l'humanité, les Allemands se sentant alors “comme les soldats de Dieu en lutte contre un monde plein de démons, comme des guerriers ayant pour mission d'être des prophètes de toute l'humanité.”[94]. Max Scheler lui-même publie *Le génie de la guerre et la guerre allemande* (1915) parlant d'“éveil métaphysique” à son propos[95]. Dans *Le secret de notre force. Réflexions sur la Grande Guerre* (1916)[96], Engelbert Krebs[97] voit en la religion un élément de la guerre. Simultanément, la guerre stimule les organisateurs les plus efficaces car elle représente le défi parfait. Elle opère la jonction entre

---

[92] Cf. HIMMLER, *op. cit.*, p. 15, pp. 121-122. Sur la question du centralisme dans la pensée nazie, *Mein Kampf* est également éclairant. Dès le premier chapitre, évoquant la nécessité pour les Allemands d'Autriche de combattre pour rester eux-mêmes, Hitler écrit : “Aujourd'hui seulement que cette triste nécessité est celle de plusieurs millions de nos frères qui, hors du Reich, sous une domination étrangère, rêvent de la patrie commune, *tournent vers elle* leurs aspirations, essaient d'obtenir au moins le droit sacré à la langue maternelle, c'est dans un *cercle* plus étendu que l'on comprend ce que signifie : devoir combattre pour sa race.” (HITLER, *Mein Kampf, op. cit.*, p. 23. Souligné par moi.). Sur l'empire autrichien : “Si l'on voulait sérieusement accepter la lutte et combattre pour le maintien de cet Etat, seule une centralisation persévérante et ferme pouvait mener au but.” (p. 78). Sur Vienne : “Plus je vivais dans cette ville, plus ma haine devenait vive contre ce mélange de peuples étrangers qui commençait à entamer ce vieux centre de culture allemande.” (p. 127). S'il attaque la centralisation allemande, c'est uniquement dans la mesure où elle s'opère au profit du régime qu'il veut abattre, des Juifs etc. (cf. pp. 561 svv.) et il conclut sur ce chapitre sans ambiguïté : “la doctrine nationale-socialiste n'est pas la servante des intérêts politiques des Etats confédérés ; elle doit être un jour reine et maîtresse de la nation allemande.” (p. 574). Le parti national-socialiste à ses débuts est également décrit comme un “petit cercle” (cf. pp. 353, 358 notamment) doté d'une “force centrale pratiquant l'autorité absolue dans le commandement” (p. 360) et qui doit s'étendre de plus en plus grâce au rayonnement de la parole (cf. pp. 461 svv.).

[93] Cité par SHIRER, *op. cit.*, T. 1, p. 132.

[94] Cité par FARIAS, *op. cit.*, pp. 70-71.Sur l'appui de Natorp à Heidegger, cf. SAFRANSKI, *op. cit.*, pp. 178, 185-186.

[95] Cf. SAFRANSKI, *op. cit.*, pp. 92-93 et FARIAS, *op. cit.*, p. 65.

[96] Cf. FARIAS, *op. cit.*, p. 60. L'expression “grande guerre” (*grosse Krieg*) sera reprise par Heidegger dans les années 30.

[97] Krebs était membre du *Comité permanent pour la défense des intérêts allemands et catholiques dans la Guerre mondiale*. Il enseignait à la Faculté de théologie de Fribourg et appuya Heidegger en 1913 (cf. OTT, *op. cit.*, p. 81, SAFRANSKI, *op. cit.*, pp. 71, 75, 91, 99-104, 108, 158-159.).

mysticisme et management : "la guerre est une organisatrice de grand style", disait Otto Neurath[98]. Pour les responsables militaires toujours à l'affût d'une justification de leur métier et d'un déploiement de leur réserve de puissance, les options politiques des nationaux-socialistes se révéleraient tôt ou tard, les plus excitantes. Le général Ludendorff (1865-1937) est à cet égard exemplaire de son temps : proche collaborateur de Hindenburg, partisan de la guerre à outrance, il rallie les nazis et est élu député en 1924.

En tant que "peuple supérieur", l'Etat germain/aryen se juge en "droit", pour gagner son espace vital, d'asservir d'autres peuples, à commencer par les Slaves (le mot "esclave" vient du latin *sclavus*, de *slavus*, slave – qui remonte aux anciennes conquêtes romaines sur les Slaves). Ceux-ci (les inférieurs en général) sont gagnés par le cercle onto-étatique en expansion, mais ils demeureront à sa périphérie (ils doivent travailler pour le centre). Dans la mesure où ils ne se tournent pas vers le Centre (résistance), ils sont soit éliminés soit placés en camps de concentration, appelés encore camps de rassemblement, dont le but originel n'est pas la mort, mais le travail – la mort découlant des conditions pénibles ou de mauvais traitements.

Extermination. Les Juifs sous Hitler ne représentaient ni une force homogène ni une menace réelle pour le *Reich* : "Ils n'étaient une menace, en tant que *décrétés* Juifs, c'est-à-dire élément hétérogène, que pour une nation en souffrance de sa propre identité ou de son existence et en effet, affrontée, d'autre part à des menaces intérieures et extérieures très réelles."[99]. Jusqu'à l'été 1941, le projet global visant les Juifs est de les faire *sortir* du cercle onto-étatique (vers Madagascar, l'Europe orientale, la Sibérie, la Palestine ; tous projets qui se révèlent impraticables en raison de la situation internationale). On videra ainsi la région d'Auschwitz de ses habitants juifs pour les envoyer hors de l'empire avant d'en faire revenir en 1942 pour les éliminer. Depuis 1933, la place des Juifs dans l'appareil d'Etat a fait l'objet de mesures radicales et discriminatoires, mais la pureté de l'Etat appelle, plutôt que l'extermination systématique, l'incitation au départ, l'expulsion dans un lieu qui n'aurait "rien à voir" avec le cercle onto-étatique, la grande Germanie. Tant que le cercle onto-étatique est en expansion et peut "ramener à soi" des peuples et des territoires, orienter de force la périphérie vers le centre, le but est de mettre hors de soi le "tout-autre".

---

[98] Ce sociologue et économiste d'origine autrichienne fit, dans les années 20, de la consultance auprès des putschistes de Munich épris à l'époque de "socialisation". (Cf. à ce sujet R. LOURAU, *L'Etat inconscient*, Ed. de Minuit, Paris, 1978, p. 150. L'auteur observe que "la guerre totale est synonyme d'organisation paroxystique"). Par la suite, Neurath évolua vers la logique et l'histoire des sciences.

[99] LACOUE-LABARTHE, *op. cit.*, p. 61.

Le retournement de l'automne 1941, *à partir duquel l'ordre d'extermination à l'intérieur du cercle est lancé*[100] correspond au renversement de la situation militaire à la périphérie, avec les premiers sérieux revers en Russie, et aux signes annonciateurs de l'entrée en guerre des Etats-Unis, c'est-à-dire de la guerre totale et de l'encerclement inéluctable du Reich. Le pouvoir allemand se retrouve donc, avec les Juifs, "entre soi" sur une aire assiégée de l'extérieur, et qui ne cessera de se rétrécir ; c'est alors que commencent – responsabilités personnalisables de l'innommable Horreur – les massacres à grande échelle par les *Einsatzgruppen* en Europe orientale, les chambres à gaz mobiles, puis les camps d'extermination, décidés sous le nom de "solution finale" et que la mise à mort massive prend la dimension d'une industrie et d'une administration[101]. Mais en se rétractant toujours davantage, le cercle onto-étatique "porte" de plus en plus la mort à l'intérieur de soi, spirale de mort qui entraîne finalement le Centre même (suicide du *Führer*).

Pour les dirigeants allemands, les Juifs ne figurent plus seulement l'Autre, l'irrécupérable, la race inférieure... mais, de surcroît, le symbole même de *l'internationalisation* (du conflit). Le génocide devient une revanche anticipée du sang versé par le peuple allemand, revanche qui vise finalement toute l'humanité, l'Allemagne étant seule contre tous. Plus que jamais, le peuple juif représente donc très exactement *l'humanité entière, l'humanitas de l'homme* et, en ce sens *aussi*, les crimes perpétrés contre lui sont des crimes contre l'humanité.

Mais, outre la masse des juifs, furent gazés des centaines de milliers de Tziganes, homosexuels, malades mentaux, êtres imparfaits – minorité dans la minorité anéantie. Comment conceptualiser l'élimination de ces autres parmi les autres ? Qu'y a-t-il finalement de commun entre eux tous ? Ils ne sont pas du peuple-un, ils n'ont pas de place fixe, attribuable dans le cercle, ni au centre, ni à la périphérie, ni en deçà, ni au-delà : sans *Heimat*, ils ne sont nulle part, ils vagabondent, sans sol, échappent à l'homogénéité – *ils appartiennent à ces "races errantes" dénoncées*

---

100 Cf. spécialement A.J. MAYER, *La "solution finale" dans l'histoire*, La Découverte, Paris, 1990-2002, pp. 313-357 et Ph. BURRIN, *Hitler et les Juifs, Genèse d'un génocide*, Paris, Seuil, 1989.

101 L'opposition entre explication intentionnaliste et thèse fonctionnaliste se trouve ainsi dépassée : car il ne s'agit effectivement ni de la réalisation d'un programme longuement mûri ou d'une vieille prophétie, décidée par le seul individu Hitler, ni de l'emballement soudain et immotivé d'une machine administrative anonyme et irresponsable. Tout en prenant en compte les facteurs idéologiques, sociaux, culturels et militaires, la plupart des historiens soulignent l'importance du contexte de la guerre. Les *parias* nombreux traditionnellement disséminés, repoussés, paient le prix d'un encerclement inéluctable : par la guerre totale qui est ainsi décidée, l'Autre radical perd même son statut d'autre que le Centre avait "besoin" de repousser ; dans l'annihilation de cet autre, l'Un-Centre *sait* qu'il est fini. La "solution finale" est effectivement une *résolution*, à la fois au sens décisionnel extrême et au sens d'une dilution de la négativité. (Sur ces questions, cf. notamment TRAVERSO, *op. cit.*, pp. 147-166).

depuis l'aube de la pensé européenne[102]. Nous revoici dans l'ontologie fondamentale si tant est que nous l'ayions quittée.

§ 3. Dimension philosophique du national-socialisme

Ce qui frappe finalement, c'est le nombre élevé de penseurs allemands – importants ou mineurs – qui donnent dans le nationalisme, le bellicisme, le centralisme et l'antisémitisme jusqu'à l'aube du nazisme, mais aussi la convergence de leurs vues à partir de disciplines parfois diverses (philosophie, littérature, anthropologie, médecine, histoire, science politique etc.) et l'effet multiplicateur de leurs écrits. L'évocation que je crois ici indispensable, fût-elle énumérative ou trop rapide, rappelle ou met à jour, si besoin en était, les profondes sédimentations spirituelles du national-socialisme et rend futile une distinction vertueuse entre d'une part, une idéologie nazie, ou même allemande, surgie brusquement à partir de conditions économiques et sociales déterminées, et d'autre part, l'histoire de la Pensée qui, au pire, n'aurait que flirté ça et là avec la bête immonde.

Curieusement, la “philosophie nazie” s'est nourrie non seulement de ce qui devait nécessairement la conforter, mais aussi de son contraire. L'expressionnisme qui s'empare des arts à partir du début du siècle jusqu'à la fin des années 20 pressent et annonce le nazisme : “Sans maître et sans école, l'expressionnisme fut le cri de toute une jeunesse contre un monde qui la précipitait vers l'abîme”, écrit Palmier, qui identifie ainsi les thèmes communs hantant les œuvres : “la vie moderne, géante, effrayante et misérable, l'homme sans cœur, protégé et pétrifié, la décadence, la mort, le déclin et le spectre de la guerre, l'Apocalypse et la résurrection, l'homme nouveau.”[103].

Par certains côtés (émergence d'une culture prolétarienne, reflet de la misère, pacifisme anarchique, cosmopolitisme berlinois...), l'expressionnisme fournit des matériaux culturels de “résistance” au nazisme – qui en détruira les œuvres et poursuivra nombre de ses auteurs. Mais, par d'autres, il préfigure le nazisme : rayonnement recouvrant la zone d'influence germanique, irrationalisme d'un Ludwig Klages, d'un Gottfried Benn[104] ou d'un Ernst, idéologie du sang et du sol chez Hans Johst (installé plus tard, par les nazis, à la tête de l'Académie prussienne), messianisme élitiste d'un Stefan George (auteur commenté par Heidegger dans *Acheminement vers la parole*), exaltation de l'héroïsme et de la mobilisation totale par Junger[105] (auquel Heidegger rend hommage dans *Contribution à la question de l'être*), obsession de la mort chez Georg Trakl (1881-1914,

---

[102] Cf. *L'aube de l'Un*, pp. 175-176 et *Le Cercle accompli*, pp. 132-135.

[103] J.M. PALMIER, *L'expressionnisme comme révolte*, Payot, Paris, 1983, p. 23.

[104] Cf. PALMIER, *op. cit.*, pp. 161-171.

[105] Cf. PALMIER, *op. cit.*, p. 52 et SAFRANSKI, *op. cit.*, pp. 264 et 322.

poète autrichien, également analysé dans *Acheminement vers la parole*). Lukacks a montré comment l'expres-sionnisme a participé du mouvement plus puissant d'irrationalisme (utopique ou mystique) qui a gagné l'intelligentsia allemande dans l'ère "impérialiste" qui succède à la période néo-kantienne[106] et qui contribue, selon lui, à la démobilisation de la classe ouvrière, sapant la compréhension dialectique du réel et donc de la totalité du processus social.

D'autres courants ont certainement joué un rôle plus déterminant dans la genèse du national-socialisme. Ainsi les *anti-modernistes* réactualisent, notamment dans les universités[107], la soif d'authenticité et le rôle de l'intuition primitive : un anthropologue comme Virchow, un sociologue comme Von Wiese, ou Aloys Fischer, qui propose de réformer les universités en se basant sur la formation du caractère et la réhabilitation de l'intuition. Relèvent aussi de ce courant Léopold Ziegler, auteur du *Saint-Empire des Allemands* (1925)[108], Natorp, déjà cité pour son bellicisme, Alfred Vierkandt (1867-1953) qui, dans *Naturvölker und Kulturvölker* (1896) départage les peuples primitifs et civilisés, ainsi que Lebmann, Kerschensteiner, voire Max Scheler.

Les tenants de la "révolution conservatrice", surtout en Allemagne méridionale et en Autriche, propagent des idées, héritières, en un sens, de la philosophie de la nature, de l'idéal impérial, mais intégrant les nouveaux paramètres sociaux et économiques, qui y feront germer le national-socialisme : ainsi van der Bruck[109], Sombart, Jünger, ou l'intégriste catholique von Kralik[110]. Voir l'idéologie *völkisch*[111] et l'exaltation du terroir (*Heimatkunde*), qui s'accompagne d'une hostilité à la civilisation de masse, exprimée par exemple dans le *Deutscher Geist* (1932) de Güntert, et à la grande métropole ainsi qu'au nivellement démocratique, dénoncés par Ernst Troeltsch, professeur à Berlin (1852-1922)[112]. Le néo-romantique Klages (1872-1956) développe une argumentation anti-intellectualiste

---

[106] Cf. PALMIER, *op. cit.*, pp. 273 svv.

[107] Sur l'antimodernisme du mandarinat intellectuel allemand, avec son apologie de l'apolitisme (antidémocratique), de la "culture" allemande contre la "civilisation" (internationale, capitaliste, matérialiste), cf. WOLIN, *op. cit.*, pp. 48-54.

[108] Cf. FARIAS, *op. cit.*, pp. 80-81 et SAFRANSKI, *op. cit.*, p. 277.

[109] Cf. BOURDIEU, *op. cit.*, p. 39.

[110] Cf. SAFRANSKI, *op. cit.*, p. 37 et FARIAS, *op. cit.*, p. 53.

[111] Mot archaïque remis au goût du jour par les conservateurs pan-germanistes, il signifie d'abord "nationaliste", puis, vers 1900, va remplacer "anti-sémite", qui ne semble pas politiquement porteur. Sur cette question, voir notamment JANICAUD, *Heidegger en France*, *op. cit.*, T. 2, pp. 138-142, où Jean-Pierre FAYE argumente en faveur de sa traduction de "völkisch" par "raciste".

[112] Cf. BOURDIEU, *op. cit.*, p. 20. Cet universitaire de haut niveau, auteur de *Deutscher Geist und West-Europa* (1925) "voit dans l'enthousiasme suscité par la guerre un 'retour de la foi en l'esprit', qui triomphe sur la 'divinisation de l'agent', sur l''hésitation sceptique', l''obsession de la jouissance' et la 'veule servitude à l'égard des lois de la nature'." (SAFRANSKI, *op. cit.*, p. 93).

et anti-technicienne[113]. A travers ses œuvres célèbres, *Le Déclin de l'Occident* (1916-1920), *Prussianisme et Socialisme* (1920) et *L'homme et la technique* (1933), Oswald Spengler (1880-1936) oppose à l'idée de progrès une vision cyclique de l'histoire, insiste sur le rôle historique de l'Allemagne et annonce, sous une forme pré-philosophique, les positions heideggeriennes sur l'*instant* décisif[114] et sur la technique. Citons encore des universitaires comme Edgar Salin, Othmar Spann (1878-1950) qui avec sa théorie psycho-sociologique de la *Ganzheit* s'inspire de Platon[115], von Hartmann et son psychologisme cosmique, Julius Langbehn[116], Adam Müller, Eugen Diederichs..., ces "révolutionnaires conservateurs" ont à la fois une conception militariste et esthétisante de la chose publique, et un goût des situations extrêmes où l'on retrouve l'influence de Nietzsche[117].

Il revint à des théoriciens formellement engagés dans le national-socialisme de rassembler, en un fleuve spirituel unique et puissant, des thèmes que charriaient depuis des décennies, sinon des siècles, des courants aux ramifications diverses, parfois manifestes, souvent souterrains, mais qui semblaient destinés au même "sens".

C'est évidemment *Mein Kampf*, où affleure l'inspiration de Gottfried Feder (qui opère la jonction entre l'antisémitisme et l'hostilité au capitalisme spéculatif et international) et où Hitler affirme avec force et netteté le fondement de son action politique : "nous allons, par l'établissement d'une *nouvelle conception philosophique* et l'inébranlable et fanatique défense de ses principes, construire pour notre peuple les degrés par lesquels il pourra un jour s'élever de nouveau vers le temple de la liberté."[118]. On ne saurait, en effet, assez insister sur le rôle "philosophique" que Hitler s'attribue. Il écrit encore : "C'est à partir de concepts généraux que l'on doit bâtir un programme politique et c'est sur la base d'un système philosophique que l'on doit appuyer un dogme politique déterminé (...). Cette transmutation d'un système philosophique idéalement vrai en une communauté politique de foi et de combat nettement définis, organisée rigidement, animée d'une seule croyance et d'une seule volonté, voilà le problème essentiel."[119]. Hitler s'est donné pour tâche de "dégager de la riche et informe substance d'une conception philosophique générale les idées essentielles, de les mettre sous une forme plus ou moins dogmatique", de telle sorte que le parti nazi, tirant "les caractères essentiels d'une conception raciste de l'univers" en fasse "un ensemble doctri-

---

[113] Cf. BOURDIEU, *op. cit.*, p. 56 et SAFRANSKI, *op. cit.*, p. 277.
[114] Cf. SAFRANSKI, *op. cit.*, p. 251.
[115] Cf. BOURDIEU, *op. cit.*, p. 40.
[116] Cf. TRAVERSO, *op. cit.*, p. 167 et SAFRANSKI, *op. cit.*, p. 40.
[117] A propos de l'influence nietzschéenne sur les révolutionnaires-conservateurs, et en particulier Junger, Scheler, Schmitt, voir WOLIN, *op. cit.*, pp. 58-61.
[118] HITLER, *Mein Kampf*, *op. cit.*, p. 376. Souligné par moi.
[119] HITLER, *op. cit.*, pp. 378-379.

nal politique qui pose dès lors lui-même, en une organisation aussi rigide que possible des grandes masses humaines, les bases du triomphe final de cette conception philosophique."[120].

C'est aussi *Le mythe du XXe siècle* et *Sang et honneur* d'Alfred Rosenberg (1893-1946), qui dessinent circulairement l'argumentation et la topologie du mythe : "la liberté de l'âme est *Gestalt*. La *Gestalt* est toujours plastiquement limitée. Cette limitation <qui détache la figure et trace le contour du type> est conditionnée par la race. Mais cette race est la figure extérieure d'une âme déterminée."[121]. C'est encore *La paysannerie comme source vitale de la race nordique* (1929) et *Nouvelle noblesse issue du sang et de la terre* (1930) de Walter Darré (1895-1953). Ce sont aussi des journaux et périodiques : *Der Stürmer*, hystériquement antisémite, de Julius Streicher (1885-1946), la revue *Auf gut deutsch* et l'hebdomadaire *Völkischer Beobachter* de Dietrich Eckart (1868-1923), puis le quotidien *Der Angriff* de Joseph Goebbels, la revue *Das Volk* de Adolf Ehrt, auteur de *La rébellion armée* (1933) et *Le Juif comme délinquant* (1937)[122], les revues *Blätter für Deutsche Philosophie* de Heinz Heimsoeth[123] ou encore *Das innere Reich, Die Neue Literatur, Wille und Macht*, et celle de Ernst Krieck, *Volk im Werden*[124], etc.

Cela donne des centaines de grandes figures universitaires continuant une production intellectuelle à la dévotion du régime, à l'exemple de Carl Schmitt[125], sans parler des multiples théoriciens racistes mineurs, tels que Fritsch, Ranke, Treitsche, von Ehrenfels, Ploetz, Schallmayer, ou encore l'ethnologue fribourgeois Hans Gunther ("Le Nordique (...) est l'espèce royale parmi les êtres humains"[126]). Cela donne aussi l'Institut d'hygiène raciale du professeur Eugen Fischer[127].

On aurait tort, du reste, de s'en tenir aux écrits. Les arts, le théâtre, l'architecture et la musique en particulier jouent un rôle fondamental dans

---

[120] HITLER, *op. cit.*, p. 383. Et les passages cités ne sont que des échantillons. Sur l'influence de Feder, cf. aussi *Mein Kampf*, pp. 208-213.

[121] Extrait du *Mythe du XXe siècle*, trad. J.L. Nancy, cité par LACOUE-LABARTHE, *op. cit.*, p. 136.

[122] Cf. FARIAS, *op. cit.*, p. 252.

[123] Cf. FARIAS, *op. cit.*, p. 251.

[124] Cf. SAFRANSKI, *op. cit.*, pp. 335-336 et FARIAS, *op. cit.*, p. 185. Il sera encore question de Krieck plus loin quant à sa relation à Heidegger. D'une façon générale, voir aussi W. HOFER, *Le national-socialisme par les textes*, Plon, Paris, 1963, qui révèle encore les principes théoriques du mouvement à travers des extraits de lois, discours, traités, communiqués, documents administratifs etc.

[125] Sur l'apport de C. Schmitt comme théoricien de l'Etat nazi, cf. TRAVERSO, *op. cit.*, pp. 58-59, 169 et HOFER, *op. cit.*, pp. 69 et 112-117. Pour l'influence de C. Schmitt exercée sur la pensée de Heidegger dans les années 20, voir SAFRANSKI, *op. cit.*, spécialement à propos de la mystique de l'instant, du décisionisme (pp. 249-253).

[126] Cité par M. HILLEL, *Au nom de la race*, Fayard, Paris, 1975, p. 17.

[127] Fribourgeois et ami fidèle de Heidegger, cf. A. MÜNSTER, *Heidegger, la "science allemande" et le national-socialisme*, Kimé, Paris, 2002, pp. 21-32, SAFRANSKI, *op. cit.*, p. 470 et FARIAS, *op. cit.*, p. 79.

la mise en scène nazie, qui fonctionne comme anamnèse d'un certain passé grec :

> "le modèle politique du national-socialisme est le *Gesamtkunstwerk* parce que comme le savait très bien le Dr Goebbels, le *Gesamtkunstwerk* est un projet politique, le *Festspiel* de Bayreuth devant être pour l'Allemagne ce que les grandes Dionysies avaient été pour Athènes et la Grèce entière : le lieu où un peuple, rassemblé dans son Etat, se donne à lui-même la représentation de ce qu'il est, et de ce qui le fonde, comme tel. Ce qui ne veut pas simplement dire que l'œuvre d'art (la tragédie, le drame musical) offre la vérité de la *polis* ou de l'Etat, mais que le politique lui-même s'institue et se constitue (et se re-fonde régulièrement) dans et comme l'œuvre d'art."[128]

Malgré l'étendue, la profondeur, l'épaisseur des bases intellectuelles du national-socialisme, et alors qu'Hitler, Goebbels, Rosenberg, Himmler et autres pouvaient souffrir sans difficulté la comparaison avec des "gens cultivés" d'alors et argumenter leur *Weltanschauung*, on a pourtant aujourd'hui coutume, dans la prose philosophique, de dépeindre les dirigeants nazis comme intellectuellement nuls et le régime comme culturellement "vide". Cette attitude est confortable pour disculper à l'avance les travaux de l'esprit (sciences et philosophie surtout) apparentés à cette atroce aventure politique. Elle culmine dans le débat autour de l'attitude politique de Heidegger ; ainsi, oppose-t-on à une *Pensée,* un bric-à-brac idéologique fait de slogans, de perversions de mots et de valeurs, de grossièreté, de médiocrité, de veulerie. Moins l'idéologie nazie sera philosophique, plus pure s'en dégagera la philosophie (de Heidegger), plus improbable sera la collusion, d'où, par exemple, ces considérations de Palmier : "L'analyse de l'attitude de Heidegger ressortit plus à la sociologie de l'intelligentsia allemande qu'à l'histoire de la philosophie. Cette analyse nécessite aussi bien l'étude du caractère hétéroclite des thèmes véhiculés, pervertis, dénaturés par l'idéologie nazie, que de l'apolitisme des intellectuels, du caractères réactionnaire de l'Université."[129]. Ainsi y a-t-il des thèmes, purs en soi, qui furent pervertis, ou naturels en soi, que

---

[128] LACOUE-LABARTHE, *op. cit.*, pp. 97-98. Voir aussi du même, en collaboration avec J.-L. NANCY, *Le mythe nazi*, Editions de l'Aube, La Tour d'Aignes, 1991. Sur le lien entre architecture et politique, cf. notamment A. SPEER, *Au cœur du troisième Reich*, Livre de Poche, Paris, 1972, p. 111.

[129] PALMIER, "Heidegger et le national-socialisme", dans M. HAAR (dir.), *Heidegger*, Cahier de l'Herne, Poche, Paris, 1983, pp. 438-439. Dans son livre, *L'ombre de cette pensée – Heidegger et la question politique* (Millon, Grenoble, 1990), Dominique JANICAUD effectue une analyse honnête et nuancée, mais reposant sur des prémisses qui (1) minimisent le poids des actes et des faits, (2) effectuent le double départ entre les écrits politiques et le reste (99%) de l'œuvre heideggerienne et entre le magma idéologique national-socialiste et une production intellectuelle qui se respecte. J'aurai l'occasion d'y revenir. Mais le lecteur aura compris que je ne partage pas la première étape de son argumentation, consistant à "désintellectualiser" le nazisme.

voici dénaturés : la terre, le sang, la langue etc. La philosophie les utilise ou les retrouve en dehors de toute perversion et en pleine nature ; elle est altière quand le régime est bas, pure quand le texte nazi est composite, élégante face au vulgaire. Le problème est que le nazisme repose aussi sur des textes, que ses dirigeants avaient lu les penseurs allemands, qu'ils s'inspirèrent de poètes, musiciens et anthropologues reconnus, et que, finalement, Hitler ne fut pas moins "penseur" que Mao, Roosevelt ou de Gaulle[130].

En portant un regard sur l'histoire culturelle allemande jusqu'au début des années 30, j'ai moins cherché à présenter un descriptif des racines idéologiques du totalitarisme nazi – travail qui a déjà été réalisé avec pertinence par de nombreux auteurs – qu'à indiquer comment la "pensée du Centre" trouvait en Allemagne son exaltation et son accomplissement. Ce cadrage effectué, il est possible d'aborder cette pensée dans sa texture philosophique. S'agissant de la pensée de Heidegger et de l'idéologie national-socialiste, l'intéressant est d'observer les recoupements et le découplage de ces deux discours, comme l'a souligné Derrida notamment.

A supposer même que l'on considère que le "paquet idéologique" nazi soit d'un poids relatif ou déclinant dans ce qui se produisit historiquement, il reste indispensable de tenter d'en comprendre les *ressorts* "moraux" les plus profonds. C'est sous cet angle que Franz Neuman, dans *Behemoth*, fournit l'analyse suivante :

> "Qu'est-ce qui reste pour justifier le [grand] Reich ? Pas le racisme, pas l'idée de Saint Empire Romain, et certainement pas quelque absurdité démocratique comme la souveraineté du peuple ou l'autodétermination. Il ne reste que le Reich lui-même. Il est sa propre justification. Les racines philosophiques de cet argument se trouvant dans l'existentialisme de Heidegger. Dans le domaine politique, l'existentialisme affirme que la puissance et la force sont vraies : la puissance est une base théorique suffisante pour [exiger] plus de puissance. L'Allemagne se trouve au centre, elle est potentiellement la plus grande puissance d'Europe et elle est déjà en passe de devenir l'Etat le plus puissant. Par conséquent, cela l'autorise à construire l'ordre nouveau. Un critique avisé a remarqué, à propos de [Christophe] Steding [auteur de *Das Reich und die Krankheit der europäischen Kultur* (1938)] : "Avec les restes de ce qui, chez Heidegger, était encore un véritable solipsisme transcendental, ses disciples construisirent un solipsisme national."[131]

---

[130] Pour abjecte qu'elle soit, la pensée de *Mein Kampf* a sa cohérence interne et s'appuie fréquemment, non seulement sur des répétitions, mais sur des argumentations articulées, dans lesquelles Hitler se réfère à des penseurs tels que Marx, bien sûr, abondamment cité, mais aussi Schopenhauer, Clausewitz, Goethe, Schiller, Wagner... et à de nombreuses figures historiques.
[131] Cité par WOLIN, *op. cit.*, pp. 171-172.

Quelle que soit la justesse de cette position, il y a, au terme de ce chapitre, assez d'éléments permettant de passer à une investigation méthodique sur l'heideggerianisme, dont je puisse espérer qu'elle apporte une contribution originale à la recherche qui lui est consacrée depuis plusieurs décennies, même si la littérature critique est déjà immense.

Cela consiste donc ici à observer l'articulation entre la *pensée* et les *événements* politiques, qui s'étale sur une période désormais significative ; en d'autres termes, à partir du moment où le nazisme du *citoyen* Heidegger est plus qu'un instant (d'égarement ?), le suivi du cheminement du penseur devrait peut-être s'éclairer autrement. De cette manière pourrait peut-être mieux se comprendre, notamment, (sa position sur) le déclin de la philosophie. Ceci suppose d'examiner les textes de Heidegger en tenant compte de la chronologie, et même, plutôt que de parler d'*une* pensée, de se demander si plusieurs pensées ne se succèdent pas, voire ne s'enchevêtrent ou se concurrencent.

Cette lecture ferait précisément émerger aussi en quoi “la” philosophie de Heidegger n'est justement pas nazie ; elle pourrait peut-être montrer comment sa propre pensée le conduit comme malgré lui (ou elle) vers un lieu imprévu et peut-être impensé, qui serait l'exact opposé du fondement du nazisme.

CHAPITRE II : L'ETRE DE L'ETAT

Le découpage que j'effectue ici comprend quatre périodes[1] : des débuts au rectorat, rectorat, de la démission à la fin de la guerre, de l'après-guerre à la fin. Chaque période couvre non seulement des caractéristiques historico-biographiques différentes, mais aussi des inflexions de pensée assez déterminantes. Je reprendrai la même subdivision dans le chapitre suivant, intitulé “L'Etat de l'Etre”. Le lecteur peut aussi assimiler ces deux chapitres en découvrant les paragraphes de chacun simultanément (§ 1 de chaque chapitre, puis § 2 etc.), s'il lui plaît d'examiner, période par période, la réciprocité entre centralisme et ontologie. Je commence par les écrits et paroles à connotation politique ; le titre “l'Etre de l'Etat” car “l'Etat” est un concept approprié pour les quatre périodes, contrairement à *Führung*, peuple, etc. Qu'il y ait une conception heideggerienne de l'Etat (et singulièrement de l'Etat non-démocratique), c'est une évidence que nul ne peut contourner. Mais que l'essence, le cœur, le point central de l'Etat soit (plus ou moins) “performant” pour aider à penser l'Etre lui-même, tel est le cheminement que l'approche par période permet d'accomplir et de découvrir, justifiant l'expression “Etre *de* l'Etat”, le “de” pouvant signifier l'appartenance ou la provenance :

> “La réflexion politique dans l'œuvre de Heidegger prend principalement la forme d'une justification de l'Etat en tant que porteur suprême de la vérité ontologique. L'Etat joue donc un rôle méta-ontologique indispensable dans le dévoilement de l'étant. Pourquoi “*méta*-ontologique” ? Parce que l'Etat en tant qu'œuvre apparaît comme le préalable essentiel, la condition *sine qua non* de tout travail ultérieur de dévoilement. Ainsi, Heidegger s'exprime parfois comme si l'Etre de l'Etat était plus “primordial” – *ursprünglicher* – que celui de toutes les autres œuvres – l'œuvre poétique, architecturale – et même philosophique.”[2]

---

[1] L'idée de distinguer des périodes dans l'œuvre de Heidegger n'est ni neuve ni, dans son principe, contestée. Le schéma de Richardson (Heidegger I/Heidegger II) est connu et largement partagé. Janicaud observe plutôt quatre moments : “l'apolitisme du premier Heidegger, “la politique ontologique” des années d'engagement, la “transition ambiguë” (de 1936 à 1945) vers l'a-politique historiale-destinale des trente dernières années.” (JANICAUD, *L'ombre ...*, *op. cit.*, p. 168). La transition des années 1944-46 me paraît aussi importante que celles qui précède et qui suit le Rectorat. Evidemment, comme le pense Janicaud lui-même, avec d'autres, dont je suis, la qualité d'une grille d'interprétation fondée sur un découpage dans le temps, même si elle est pertinente, a aussi ses limites : l'œuvre est faite de tournants, de répétitions, de retours en arrière, suivis de brusques et décisives inflexions. Pour une présentation synthétique de qualité de la pensée de M. Heidegger, voir P. TROTIGNON, *Heidegger*, P.U.F., Paris, 1974 et, plus récent, J.-M. SALANSKIS, *Heidegger*, Les belles Lettres, Paris, 2003.

[2] WOLIN, *op. cit.*, pp. 177-178.

§ 1. Le Centre attendu (des débuts au rectorat)

On peut distinguer, de façon générale, trois grands courants d'influence intellectuelle sur le jeune Heidegger : la théologie, essentiellement catholique[3] (avec des figures comme Duns Scot, auquel il consacre sa thèse d'habilitation, Saint Augustin, Pascal, le moine et prédicateur Abraham à Sancta Clara (1644-1709), l'archevêque Konrad Gröber, les théologiens J. Weiss, E. Krebs et J. Sauer, plusieurs pères jésuites etc., mais aussi Bultmann) ; le nationalisme populiste avec le mouvement chrétien social, dérivé du romantisme catholique du sud, ainsi que la "révolution conservatrice" (Finke[4], von Below, Lueger, von Kralik[5], Bertsche, Nadler, Natorp[6], et plus puissamment sans doute Spengler et Jünger) ; enfin la mouvance pré-phénoménologique et la phénoménologie (Brentano, Husserl, Scheler). Un terreau triplement complexe pour une re-floraison de la "tenue" grecque.

Des travaux récents ont mis en évidence l'importance de la foi catholique (Ott, Safranski, Greisch, Zarader) et de l'idéologie nationale-conservatrice (Derrida, Bourdieu, Faye, Lacoue-Labarthe, Wolin, Farias), en particulier dans les écrits de cette première période, mais l'abondante littérature philosophique consacrée à Heidegger et l'intéressé lui-même déploient généralement leur emphase sur la troisième source, non seulement parce que c'est principalement d'elle que "découle" *Sein und Zeit*, tout en la révolutionnant et la dépassant, mais aussi parce que les deux autres ne correspondent pas aux critères actuels de l'appartenance au champ philosophique. Ce départ est exprimé par l'exigence (universitaire) de Heidegger lui-même, comme l'a relevé Bourdieu :

---

[3] Pour cet aspect, cf. surtout H. OTT, *Martin Heidegger, Eléments pour une biographie*, Payot, Paris, 1990, JANICAUD, *L'ombre..., op. cit.*, pp. 136-141 et M. ZARADER, *La dette impensée. Heidegger et l'héritage hébraïque*, Seuil, Paris, 1990. Dans le domaine de la religion judéo-chrétienne, observe cet auteur, la culture heideggerienne est quasi-exclusivement néotestamentaire ; Zarader en identifie la cause dans l'enseignement théologique du début du siècle, plutôt que dans un manque de curiosité intellectuelle ou un choix politique de Heidegger. Son propos est cependant de déceler des parentés thématiques entre la pensée de l'Etre et l'héritage vétérotestamentaire, en particulier chez le Heidegger (très) tardif, bien que celui-ci n'en ait jamais rien dit.

[4] Professeur d'histoire à Fribourg, Heinrich Finke était un spécialiste de l'histoire religieuse mais insistait sur l'importance capitale de la fondation du Reich par Bismarck. Ott le dépeint comme "l'homme fort de la faculté de philosophie". Il joua un rôle essentiel dans le soutien et la promotion du jeune Heidegger, de 1913 à 1916. (Cf. OTT, *op. cit.*, pp. 81 svv.) et SAFRANSKI, *op. cit.*, pp. 75, 90, 94, 100).

[5] Cf. SAFRANSKI, *op. cit.*, p. 37 et FARIAS, *op. cit.*, p. 53.

[6] Cf. SAFRANSKI, *op. cit.*, pp. 61-62 et OTT, *op. cit.*, p. 102. Sur les apports historiographiques de Farias et Ott, voir aussi les appréciations nuancées de WOLIN, *op. cit.*, pp. 8 et 17. Dans son important ouvrage de philosophie critique, l'auteur s'appuie aussi sur des témoignages et études publiés en Allemagne et en Suisse (Habermas, Löwith, Pöggeler, Jaspers, Franzen, etc.), ainsi qu'aux Etats-Unis (Sheehan, etc.).

"Penseur philosophiquement subversif, Heidegger connaît et reconnaît assez les enjeux légitimes du champ philosophique (...) et il respecte assez profondément la coupure absolue que l'ethos académique établit entre la culture et la politique pour soumettre ses phantasmes sociaux et ses dispositions éthiques ou politiques, sans même avoir à le vouloir, à une restructuration propre à les rendre *méconnaissables*. Contemporain de Spengler et de Jünger dans le temps exotérique de la politique, Heidegger est le contemporain de Cassirer et de Husserl dans l'histoire autonome du champ philosophique. Si, comme on vient de le voir, il *est situé* en un moment déterminé de l'histoire politique de l'Allemagne, il *se situe* en un moment de l'histoire interne de la philosophie..."[7]

La coupure n'est peut-être pas si rigoureusement appliquée, dès lors que l'on peut débusquer dans *toute* l'œuvre des *prises de position* de caractère idéologique ou politique, généralement liées au contexte historique de l'enseignement dispensé. Mais surtout, une lecture, toujours interne mais plus globale de la philosophie (politique) de Heidegger fait sauter la sélection, largement académique, qui porte en pleine lumière les "grands textes" philosophiques et laisse dans la pénombre des écrits ou discours (arbitrairement jugés) mineurs. Au contraire, ceux-ci ainsi que les digressions et *lapsus linguae* des œuvres maîtresses aident à relire – et avec une acuité de regard politique – les thèses fondamentales : "mettre en forme philosophiquement, c'est mettre des formes politiquement, et la transformation que suppose le transfert d'un espace social, inséparable d'un espace mental, à un autre, tend à rendre méconnaissable la relation entre le produit final et les déterminants sociaux qui sont à son principe, une prise de position philosophique n'étant jamais n'étant jamais que l'homologue, au système près, d'une prise de position éthico-politique "naïve"."[8].

A force d'autonomiser à tout prix la production philosophique, on en vient à susciter l'appel à un examen critique, qui viserait un lieu spéculativement plus fondamental que celui de Heidegger et où s'éclaireraient globalement, dans un jeu de réciprocités multiples, les faits historiques, structures économiques et sociales, valeurs éthiques, discours politique, littérature et arts et, sur le même pied, textes "philosophiques" – le tout formant ce qu'on appellerait, faute de mieux, l'idéologie générale d'une époque et d'un espace géopolitique donné, ou la "conception du monde" d'une société, ou l'esprit du temps[9]. C'est peut-être, précisément, en

[7] BOURDIEU, *op. cit.*, pp. 51-52.

[8] BOURDIEU, *op. cit.*, p. 53.

[9] L'idée exprimée ici ne signifie nullement que les structures économiques commandent la nature de l'interrogation philosophique d'une époque, non plus que l'inverse. Plus près de Castoriadis que de Hegel, on pourrait dire que les idées, les structures et les faits forment un ensemble d'interactions dont on ne peut extraire artificiellement et définitivement la philosophie, pas plus que d'autres expressions culturelles.

brisant, au moins temporairement, le tabou de l'autonomie, en "sortant" (en mode de lecture) la Philosophie de son langage propre que l'on peut mieux en comprendre les textes – et c'est la part explicitement *politique* d'une œuvre philosophique qui peut évidemment constituer le point de jonction.

L'invariant : patrie et conservation

La nécessité de l'enracinement dans une patrie (*Heimat*) – condition de possibilité de toute grande œuvre – est un trait constant de la pensée heideggerienne, jusque dans les derniers écrits. Avec la nécessité d'un retour au plus antérieur (version philosophique de l'antimodernisme) elle n'est jamais mise en question.

Un texte très ancien, *Abraham a Sancta Clara. A propos de l'inauguration de son monument à Kreenhainstetten le 15 août 1910*, publié la même année dans la revue catholique munichoise *Allgemeine Rundschau*, d'inspiration luegerienne[10], annonce déjà la célébration de la patrie locale rude et saine et la "pensée du retour" comme restauration spirituelle d'un peuple menacé dans son authenticité :

> "Si seulement notre époque de culture purement superficielle, éprise de changements rapides, pouvait envisager l'avenir en tournant son regard davantage vers le passé ! Cette rage d'innover qui renverse les fondements, cette folle négligence du contenu spirituel profond de la vie et de l'art, cette conception moderne de la vie tournée vers la succession rapide des plaisirs de l'instant, (...) autant d'indices qui témoignent d'une décadence, d'un triste reniement de la santé et du caractère transcendant de la vie. (...). Des personnages comme Abraham a Sancta Clara doivent demeurer vivants en nous, œuvrant silencieusement dans l'âme du peuple. Plaise à Dieu que ses écrits circulent encore davantage parmi nous, que son esprit (...) devienne un ferment puissant pour la conservation de la santé et, là où la nécessité se fait pressante, pour le rétablissement de la santé du peuple."[11]

En 1928, Heidegger écrit à Matthäus Lang, enseignant au foyer Saint-Conrad : "J'évoque avec plaisir et gratitude le début de mes études au foyer Saint-Conrad et je sens toujours davantage comment toutes mes expériences s'enracinent profondément dans le sol natal."[12]. Ces expériences sont essentiellement intellectuelles : l'articulation pensée-*Heimat* est claire. L'année suivante, la leçon inaugurale de Fribourg, *Was ist Metaphysik ?* appelle à un retour au fondement de la métaphysique, c'est-à-dire au *sol* où elle s'enracine[13].

---

[10] Cf. SAFRANSKI, *op. cit.*, pp. 37-40 et FARIAS, *op. cit.*, pp. 50-51.
[11] Cité par FARIAS, *op. cit.*, pp. 48-49.
[12] Cité par OTT, *op. cit.*, p. 57.
[13] Cf. HEIDEGGER, *Questions I*, Gallimard, Paris, 1987, p. 23.

Mais qu'est-ce que la conservation ? Heidegger en fournit une définition lumineuse dans *Kant et le problème de la métaphysique* : "Nous entendons par répétition d'un problème fondamental la mise à jour des possibilités qu'il recèle. Le développement de celles-ci a pour effet de transformer le problème considéré et, par là même, de lui conserver son contenu authentique. Conserver un problème signifie libérer et sauvegarder la force intérieure qui est à la source de son essence et qui le rend possible comme problème."[14]. Cette définition est valable, par analogie, pour l'existence. Par rapport à l'idéologie conservatrice "classique", Heidegger ajoute la dimension de la "libération", lui ôtant ainsi tout caractère "statique".

Le rêve : la libération de la puissance

Cette force à libérer, on la (re)trouve dans *Etre et Temps*. A la liberté vis-à-vis de la mort qui y est exaltée, est liée la puissance :

> "Si le *Dasein* en marche laisse la mort exercer sa puissance en lui, il est libre vis-à-vis d'elle et s'entend d'autant mieux dans le *surcroît de puissance* qui est celui de sa liberté finie pour assumer grâce à celle-ci, qui n'"est" chaque fois que par ce que le choix a de tranché, l'*impuissance* de l'abandonnement à lui-même et pour s'armer de lucidité face aux hasards de la situation qui se découvre."[15]

Cette puissance – thème qui sera plus tard remis en question, et questionné, dans l'étude approfondie de Nietzsche (bien que celui-ci soit déjà présent dans *Etre et Temps*, comme l'a fait valoir Taminiaux[16]) – possède une dimension individuelle et collective, dans un peuple historial. La force, découvre aussi Heidegger chez Hegel, est "l'indifférent *à l'égard de* la loi."[17].

---

[14] HEIDEGGER, *Kant et le problème de la Métaphysique*, Gallimard (coll. *Tel*), Paris, 1981, p. 262.

[15] HEIDEGGER, *Etre et Temps*, Gallimard, Paris, 1986, p. 449. Je m'appuie sur la traduction de Vezin, plus complète et plus récente que celle de Boehm-De Waelhens ; je ne dispose pas de celle de Martineau (édition pirate). Ceci n'implique pas que je prenne position contre la version Martineau, ni que j'approuve certains comportements dogmatiques de Vezin, ni souscrive entièrement à tous les néologismes introduits par lui, générateurs d'obscurités qui ont été critiquées par plusieurs personnalités académiques (Lettre collective publiée par *Le Monde* du 16.1.1987, à laquelle répond Vezin le 6.2.1987). Sur le problème de la traduction de Heidegger, cf. aussi *La Quinzaine Littéraire* des 16-31 juillet 1985 et 16-31 décembre 1986, le *Magazine littéraire* de septembre 1985 et novembre 1986, et JANICAUD, *Heidegger en France*, *op. cit.*, T. 1, spécialement pp. 317-334. Sous ma plume, *Etre et Temps* sera parfois remplacé par *S.u.Z.*, comme le fait Heidegger lui-même, dans ses écrits ultérieurs.

[16] J. TAMINIAUX, "La présence de Nietzsche dans "Etre et Temps"", dans *"Etre et Temps" de Martin Heidegger. Questions de méthode et voies de recherche*, Sud, Marseille, 1989.

[17] HEIDEGGER, *La "Phénoménologie de l'esprit" de Hegel*, Gallimard, Paris, 1984, p. 189.

La puissance se révèle en-deçà de l'éthique, ou *a-éthique*, comme le montrera aussi *Vom Wesen des Grundes*[18]. L'engagement pour un dessein fait sentir sa force dans la réalité-humaine et éprouver la liberté réelle.

Centrage contre dispersion : l'appropriation

Etre et Temps veut marquer une rupture, par rapport à une culture de la déchéance, de la dépossession, appelée ici la "tradition", au nom de quelque chose de plus originaire qui en même temps porte l'avenir. La tradition ôte au *Dasein* "le pouvoir de se prendre en main, de se poser des questions et de faire des choix."[19]. Heidegger vise l'idéologie dominante de son temps, et peut-être plus particulièrement les sciences, la scolastique, l'Eglise de Rome...

> "La tradition coupe l'historialité du *Dasein* de ses propres racines jusqu'à ce que celui-ci ne tourne plus son intérêt que vers des types, des courants et des points de vue possibles pour philosopher dont il va pêcher la variété et les pittoresque dans les cultures les plus éloignées et les plus étranges, cherchant à se cacher par là son manque de base. En conséquence, le *Dasein*, tout à son intérêt historique et à son ardeur pour l'"objectivité" d'une interprétation philologique, en vient à ne plus entendre les conditions les plus élémentaires qui seules rendent possible un retour positif au passé dans le sens d'une appropriation productive de celui-ci."[20]

Contre l'aliénation dans le divers, le périphérique, et finalement l'étranger, Heidegger en appelle à la restauration de *l'élémentaire central*, d'où procède l'agir véritable. La démarche fondamentale d'appropriation est une manière de se centrer, d'échapper aux forces centrifuges du quotidien par un "acte" suprême de volonté :

> "Le *Dasein* quotidien est dispersé dans la variété de tout ce qui "se passe" à longueur de journée. (...). Le *Dasein* existant improprement part de son occupation pour prendre finalement en compte son histoire. Et c'est de là, où ses "affaires ne lui laissent aucun répit, qu'il lui faut s'arracher à la *dispersion* et au *décousu* de ce qui précisément "se passe", pour d'abord se *reprendre*, s'il veut en revenir à lui-même ; c'est pourquoi le seul horizon d'entente qui est celui de l'historialité impropre est celui dans lequel, pour remédier à ce décousu, finit par se poser la *question* d'installer sur ses bases un

---

[18] Cf. *infra*.

[19] HEIDEGGER, *Etre et Temps, op. cit.*, p. 47. La déchéance du *Dasein* n'est pas irréversible, pourvu qu'éprouvant l'angoisse, il se reprenne par la révolution et le bouleversement du mode d'être. De là, Ferry et Renaut peuvent en déduire un certain "activisme" qui annoncerait déjà l'engagement du *Discours de Rectorat* (cf. L. FERRY & A. RENAUT, *Heidegger et les Modernes*, Grasset (coll. *Livre de Poche*), Paris, 1988/2001, spécialement pp. 68-75).

[20] *Ibid.*

"ensemble" du *Dasein,* au sens des vécus du sujet qui sont "eux aussi" là-devant."[21]

Le *on* se caractérise par la fuite devant la mort, en tant qu'échéance à la fois inéluctable et "déjà-là", tandis que le *Dasein* qui s'assume, se reprend, se rassemble et décide : "La résolution du soi-même, par opposition à l'inconstance de la dispersion, est déjà par elle-même la *constance extensive* par laquelle le *Dasein* comme destin "intègre" à son existence naissance et mort ainsi que leur "entre deux", de telle sorte que, dans une telle constance, il est présent dans l'instant pour le monde-historial qui est chaque fois celui de sa situation."[22]. Cette présence totale est donc réelle, accessible à partir de l'appropriation du *Dasein* (homme, peuple) dans son authenticité : une telle présence conduit à se centrer, et ce faisant, à rendre possible la vision extensive intégrant naissance-vie-mort.

Dans *Vom Wesen des Grundes* – les notes en bas de pages sont souvent révélatrices – Heidegger se défend de tout point de vue "anthropocentriste", répliquant par la même à certaines interprétations de *S. u. Z.* : en négligeant d'examiner à fond la ligne et le but de cet ouvrage, "on s'interdit alors de comprendre comment précisément, grâce à un effort qui fait ressortir la transcendance de la réalité-humaine, l'"être humain" est bien amené au "centre", mais en un sens tel que sa négativité *(Nichtigkeit)* dans l'ensemble de l'existant puisse et doive avant tout devenir un *problème.* Quels dangers recèle donc un "point de vue anthropocentrique", dont *tout l'effort* consiste justement et *uniquement* à montrer que l'*essence* de la réalité-humaine qui est là, "au centre", est ek-statique, c'est-à-dire "ex-centrique" ?"[23].

Le fait que le "dernier mot (ou le premier) ne soit pas à "l'être humain", à l'essence de la réalité-humaine mais à la transcendance dont il résulte qu'il est "jeté" dans l'existence, signifie précisément que l'homme n'est pas *au* centre, mais en état de dépendance par rapport à celui-ci – et Heidegger récuse avec raison toute lecture anthropocentriste de son œuvre.

---

[21] HEIDEGGER, *Etre et Temps, op. cit.*, p. 454.

[22] HEIDEGGER, *Etre et Temps, op. cit.*, p. 455. Sur le "décisionnisme" heideggerien, sa parenté avec Hobbes, son nihilisme par rapport aux normes éthiques héritées, cf. WOLIN, *op. cit.*, pp. 69-72 et 107-108. Une lecture "libertaire" des thématiques de la structure existentiale et de la résolution existentielle du *Dasein* est possible (cf. J.-E. ANDRE, *Heidegger et la liberté. Le projet politique de "Sein und Zeit"*, L'Harmattan, Paris, 2001), mais avec une dimension provisoire, si l'on considère l'importance de l'héroïsme et du peuple qui, déjà présente dans *S.u.Z.*, va s'amplifier au-delà.

[23] HEIDEGGER, *Questions I, op. cit.*, pp. 140-141. Cette explication affaiblit la position des exégètes qui assertent que la "métaphysique de la subjectivité" est encore à l'œuvre dans *S.u.Z.* A mettre aussi en regard de la *Lettre sur l'humanisme* qui s'interroge sur la nécessité de garder le mot. Cf. mes chapitres II, § 4 et III, § 4.

Plus troublante encore est l'allusion à la négativité – non explicitée – de "l'être-humain" comme ce qui est digne de devenir avant tout problème. Enfin l'équation ex-centrique = ek-statique se révèle d'une grande fécondité pour une relecture de l'œuvre. En effet, si l'ekstase est assimilable à une ex-centricité, cela revient à asserter que le "centre" véritable du *Da-sein* non seulement n'est pas en lui-même, mais en l'Etre, et donc que l'Etre est pensé comme centre. Cela apparaît très clairement dans l'Introduction de 1949 à *Was ist Metaphysik ?* où l'homme existe, comme étant particulier signalé à partir d'un centre, l'Etre, auprès duquel il "gravite"[24].

Dans *S.u.Z.*, la dispersion est bien un processus d'ex-centricité, de déperdition du rapport centre/périphérie : "Dès lors que l'attendance se lance à sa poursuite, l'apprésentation est de plus en plus abandonnée à elle-même. Elle apprésente le présent pour le présent. S'empêtrant ainsi en elle-même, l'instabilité dispersée vire à la *bougeotte*. Ce mode du présent est le phénomène le plus diamétralement opposé à l'*instant*. Dans *celle-là* le *Da-sein* est partout et nulle part. *Celui-ci* met l'existence au cœur de la situation et découvre le "là" propre.[25].

Le clivage propre/impropre se définit aussi par le critère de la temporation de la temporellité (pour reprendre les néologismes de Vezin, encore) : l'impropre perd son temps et n'en a jamais, le propre est prêt à l'instant : "extension d'un bout à l'autre destinale, au sens de la propre constance historiale du soi-même"[26]. Autrement dit, l'*héroïsme*. En effet :

> "La plus propre possibilité, celle qui est sans relation, est *indépassable*. L'être envers elle fait entendre au *Dasein* qu'elle l'attend comme possibilité extrême de l'existence, celle de renoncer à soi-même. mais la marche d'avance n'esquive pas l'indépassabilité comme le fait l'être vers la mort impropre ; au contraire, elle s'offre *librement à* l'indépassabilité. Devenir en y marchant libre *pour* la mort qui me revient affranchit de la perte dans les possibilités s'enchevêtrant fortuitement de telle sorte que cela laisse avant tout entendre proprement et choisir les possibilités factives antérieures à la possibilité indépassable."[27]

Qu'est-ce sinon la disponibilité au sacrifice, exprimée historialement par le glorieux *va-t'en-guerre* ? L'appel *du Centre* se fait entendre à celui qui "se reprend" authentiquement par la liberté devant la mort :

> "La caractérisation de l'être propre vers la mort dans sa projection existentiale se résume ainsi : *la marche d'avance révèle au Dasein la perte dans le nous-on et le place devant la possibilité d'être soi-même sans*

---

[24] HEIDEGGER, *Questions I, op. cit.*, p. 35.
[25] HEIDEGGER, *Etre et Temps, op. cit.*, p. 409.
[26] HEIDEGGER, *Etre et Temps, op. cit.*, p. 477.
[27] HEIDEGGER, *Etre et Temps, op. cit.*, p. 319.

attendre de soutien du souci mutuel qui se préoccupe – mais d'être soi-même dans cette liberté passionnée, débarrassée des illusions du on, factive, certaine d'elle-même et s'angoissant : la liberté envers la mort. (...). La définition projectivement existentiale de la marche d'avance a fait voir la possibilité *ontologique* d'un propre être vers la mort existentiel. Mais avec cela se fait alors jour la possibilité d'un pouvoir-être entier propre du *Dasein* – *mais pourtant seulement à titre de possibilité ontologique.*"[28]

Non seulement l'héroïsme a un fondement ontologique, mais aussi et surtout, la seule attitude qui soit *conforme* à l'ancrage ontologique – et qui donne authenticité, existence propre etc. – est la disponibilité pour la mort et en un sens, l'indifférence à elle. Jamais peut-être dans la littérature allemande l'articulation entre "appel de l'être" et pulsion de mort n'avait été aussi solidement argumentée, aussi puissamment développée, aussi clairement établie.

Certes le héros est essentiellement solitaire, en rupture vis-à-vis de la foule anonyme : "Seule la marche à la mort chasse toute possibilité fortuite et "provisoire". Etre libre *vis-à-vis* de la mort donne seul au *Dasein* le but par excellence et confronte l'existence à sa finitude. Sitôt saisie la finitude de l'existence, c'en est fait des possibilités d'agrément, de facilité, de dérobade qui s'offre tout de suite à elle en foule, le *Dasein* se voit placé dans la simplicité de son *destin.*"[29]. Mais en même temps cette mort à soi-même signifie résurrection en peuple historial.

Le peuple historial : authenticité et destin

Par rapport à l'idéologie social-chrétienne ou révolutionnaire-conservatrice, *Sein und Zeit* innove encore quant à la profondeur de l'identification du peuple, qui tranche sur les conceptions traditionalistes, bourgeoises ou marxistes de son temps. La pensée heideggerienne relative au peuple apparaît d'abord négativement, par les longs et célèbres réquisitoires contre le "on", mais elle est aussi affirmée positivement : ce peuple naît de la mise en commun, de l'expérience commune des authenticités du *Dasein* ayant réalisé son appropriation.

La haine (le mot n'est pas trop fort) du "on" se déploie sans doute comme la catégorie politique la plus importante et la plus révélatrice du

---

[28] HEIDEGGER, *Etre et Temps, op. cit.*, p. 321.

[29] HEIDEGGER, *Etre et Temps, op. cit.*, p. 448. Sur ces aspects, voir notamment F. DASTUR, *Heidegger et la question anthropologique*, Editions de l'Institut Supérieur de philosophie, Louvain-la-Neuve & Editions Peeters, Louvain, 2003, pp. 11-30. Pour une analyse de *S.u.Z.* comme idéologie montifère, cf. l'irremplaçable *Jargon de l'authenticité*, de Th. ADORNO (Payot, Paris, 1989). Sur la figure du héros heideggerien, proche de l'*Übermensch* (Nietzsche) et antithèse du "commerçant" (Sombart) ou du "bourgeois", et sur l'absence de critère permettant de distinguer le héros authentique, voir WOLIN, *op. cit.*, pp. 104-105.

livre. Le *on*, c'est le neutre, l'anonymat, la médiocrité, le nivellement social :

> "La tendance de l'être-avec que nous avons nommée la distantialité repose sur l'être-en-compagnie qui comme tel est préoccupé par l'*être-dans-la-moyenne*. Celui-ci est un caractère existential du on. (...). Toute primauté est sourdement ravalée. (...). Le souci d'être-dans-la-moyenne révèle une autre tendance essentielle au *Dasein* que nous appelons l'*égalisation* de toutes les possibilités d'être."[30].

Le *on* est le lieu, non seulement, de l'égalisation, mais aussi de la dissémination et de l'errance : "En tant que nous-on, le *Dasein* est chaque fois *dispersé* dans le on et doit commencer par se trouver. Cette dispersion caractérise le "sujet" dont le genre d'être nous est connu comme immersion préoccupée dans le monde qui se rencontre au plus près."[31]. Ainsi Bourdieu peut-il observer : "Tyrannique ("la dictature du on"), inquisiteur (le "on" se mêle de tout") et niveleur, le "on", *das Man*, le "commun" se dérobe aux responsabilités, se décharge de sa liberté : assisté qui vit par procuration, en irresponsable, il s'en remet à la société, ou à l'"Etat providence" qui, à travers notamment l'"assistance sociale" (*Sozialfürsorge*) prend soin de lui et se soucie à sa place de son avenir."[32].

L'action "morale" ne découle que de l'appel ontologique, auquel est précisément insensible le *Dasein* englué dans le *on* : "Se perdant dans la publicité du on et du on-dit, il fait, à force d'écouter le nous-on, la *sourde oreille* au soi-même propre."[33]. Il y a donc lieu de *ramener* l'errant à l'écoute propre : "La conscience morale hèle le soi-même du *Dasein* pour le tirer de sa perte dans le on."[34]. Parce qu'elle ne peut que s'adresser chaque fois à moi, en une détermination, elle se distingue clairement de la morale universaliste, de la "conscience morale toute à tous" qui n'est rien d'autre que "la voix du on"[35].

Elle a sa manière bien à elle de parler – et de réprimer la parole dispersée, périphérique du *on* : "La conscience morale n'appelle qu'en silence, c'est-à-dire que l'appel s'élève du fond de l'étrangeté sans voix et amène le Dasein qu'il interpelle à se retrouver calmement en paix avec soi-même. Le parti-d'y-voir-clair-en-conscience entend ainsi cette parole silencieuse de la seule manière qui lui convienne, dans le silence gardé. Elle cloue le bec au on-dit et au bon sens du on."[36]. Ce n'est pas que Heidegger retrouve la "subjectivité" dans l'appropriation et la morale qui

---

[30] HEIDEGGER, *Etre et Temps, op. cit.*, p. 170.
[31] HEIDEGGER, *Etre et Temps, op. cit.*, p. 172.
[32] BOURDIEU, *op. cit.*, p. 91.
[33] HEIDEGGER, *Etre et Temps, op. cit.*, p. 327.
[34] HEIDEGGER, *Etre et Temps, op. cit.*, p. 331.
[35] HEIDEGGER, *Etre et Temps, op. cit.*, p. 335.
[36] HEIDEGGER, *Etre et Temps, op. cit.*, p. 355.

s'en déduit : il dépasse l'opposition entre subjectivité et objectivité ; le "véritable être soi-même" est aussi en opposition "à la misère du moi-je"[37].

L'authenticité implique une rupture à l'égard du mode du *on*, qui recouvre ici le vécu sociétaire habituel, l'organisation collective à finalité sociale (donc, indirectement vie urbaine, cosmopolitisme, syndicalisme, social-démocratie, sécurité sociale et même démocratie parlementaire) et la prise de décision *indistincte* parce que trop collective : "Le on est omniprésent à ceci près qu'il s'est toujours déjà dérobé là où le *Dasein* est acculé à une décision. Toutefois, comme le on fournit d'avance tout jugement et toute décision, il ne laisse plus aucune responsabilité."[38].

La parole publique qui "exprime" le *on* est bien l'exact opposé de l'ancrage ontologique – on en revient à l'antique charge contre la sophistique et la rhétorique : il faut lire cette phrase en pensant "publicité" au sens de Habermas pour la comprendre comme "issue" politique : "La publicité comme genre d'être du on (cf. § 72) n'a pas seulement son être-disposé, mais il lui faut l'humeur et elle la "crée" pour elle-même. L'orateur qui prend la parole baigne en elle et parle à partir d'elle. Il a besoin de s'entendre aux possibilité de l'humeur pour l'éveiller et la diriger dans le sens qui convient."[39]. L'importance accordée au comte d'Yorck à la fin de *S.u.Z.* valorise aussi les théories tendant à dénier tout rôle à l'opinion publique dans la cité[40].

L'assistance sociale elle-même est évoquée, de façon évidemment détournée, comme une manifestation de l'être-avec banal et moyen : la traduction Vezin s'avère peu explicite : "la "mutualité" (*Fürsorge*) par exemple en tant qu'institution sociale factive se fonde sur la constitution d'être qu'est l'être-avec. Son urgence factive a son motif en ce que le *Dasein* se tient d'abord et le plus souvent dans les modes déficients du souci mutuel."[41]. La traduction Boehm/De Waelhens était, en revanche, plus éclairante : "L'"assistance" comme on parle en fait de l'"assistance

---

[37] HEIDEGGER, *Etre et Temps, op. cit.*, p. 158.
[38] HEIDEGGER, *Etre et Temps, op. cit.*, p. 170.
[39] HEIDEGGER, *Etre et Temps, op. cit.*, p. 183.
[40] "Yorck et Heidegger ne prônent pas seulement une distinction entre "la masse" et "la vérité", mais la dégradation, voire l'élimination de l'opinion publique en tant qu'instance jouant un rôle important dans la société et l'Etat. Et ils soutiennent corrélativement que seules quelques personnes ont et doivent avoir accès à "la vérité", et en conséquence diriger et organiser la société et l'Etat." (FARIAS, *op. cit.*, p. 76). Si cette vision est exacte, elle n'est pas sans rappeler Platon. Les choses sont cependant plus complexes, en raison du rôle spécifique qu'attribue Heidegger aux universités et de sa conception du "peuple" – et par là il renouvelle et radicalise Platon. Sur l'interprétation de *Etre et Temps* par Farias, interprétation qui, on l'a vu, et on le verra (cf. chapitre III) n'alimente pas mon argumentation, voir aussi JANICAUD, *L'ombre...*, *op. cit.*, pp. 55-57.
[41] HEIDEGGER, *Etre et Temps, op. cit.*, pp. 163-164.

sociale" est motivée par le fait que l'être-là demeure de prime abord et le plus souvent dans les modes déficients de l'assistance."[42].

Le décodage politique de ces passages permet, de proche en proche, une lecture rénovée et plus dérangeante du livre lui-même. Il y a celle que propose Bourdieu : "La référence voyante et invisible, invisible à force d'être voyante, contribue à masquer que *l'on n'a jamais cessé de parler d'assistance sociale* dans tout un ouvrage *officiellement* consacré à une propriété ontologique de l'être-là dont le "besoin empirique" (c'est-à-dire ordinaire, vulgaire, banal) d'assistance n'est qu'une manifestation événementielle."[43]. Il y a aussi celle de Wolin :

> "Le monde social, tel que le conçoit Heidegger, est donc radicalement dichotomique. D'un côté, il y a la "quotidienneté", qui semble irrémédiablement caractérisée par les modes inauthentiques du Dasein : la "publicité", le "bavardage", l'"ambiguïté", etc. Un gouffre infranchissable, toutefois semble réparer cette sphère du domaine de l'authenticité qui, comme nous l'avons vu, fuit complètement le "publicité", à tel point que la "réticence" est préférable au fait de parler un langage qui a été souillé par le vulgaire On-même. En effet, le Dasein authentique subsiste dans une sphère au-dessus et à l'écart du monde social, tellement ce dernier est dégradé par les *Existenzialen* de l'inauthenticité. (...). En fait, les prétendues catégories "éternelles" de l'ontologie fondamentale semblent être fondées sur une dangereuse anthropologie antihumaniste, dont les implications politiques sont nettement suspectes. (...). Sur base de l'anthropologie philosophique établie par Heidegger, la conception moderne de la souveraineté populaire devient tout à fait inconséquente, car les occupants de la sphère publique de la quotidienneté sont considérés comme essentiellement incapables de se gouverner. (...). Pour l'essentiel, il <Heidegger> réitère, en accord avec ses parti-pris anti-modernistes, une stratégie issue de la philosophie politique de Platon : puisque le majorité des hommes et des femmes sont incapables de se gouverner eux-mêmes, étant donné que la partie inférieure de leur âme les pousse à chercher de basses satisfactions, nous leur rendons en fait service en les dirigeant d'en haut."[44]

Etre et Temps effectue donc le départ entre une élite (qui par sa résolution accède à l'existence authentique) et le reste des humains (qui, massifiés dans le *on*, la moyenne, la sécurité sociale etc. ont démissionné de l'Etre), mais fournit quand même, selon moi, une piste pour que l'authenticité puisse acquérir une certaine dimension collective : c'est ce que Heidegger appelle *l'engagement commun*.

L'opposition entre l'être-en-compagnie et l'engagement commun, fonctionne comme le clivage impropre/propre, inauthentique/authentique : "L'être-en-compagnie de ceux qui sont employés à la même tâche ne se

---

[42] HEIDEGGER, *Etre et Temps, op. cit.*, p. 153.
[43] BOURDIEU, *op. cit.*, p. 98. Cf. aussi pp. 88-89.
[44] WOLIN, *op. cit.*, pp. 79-81.

nourrit souvent que de méfiance. Au contraire, l'engagement commun dans la même tâche se détermine à partir du *Dasein* qui se prend chaque fois proprement en main. Cette façon d'être *authentiquement* liés ensemble permet seule un rapport direct à la tâche entreprise, elle met l'autre face à sa liberté pour lui-même."[45].

La camaraderie de combat peut devenir effective à la condition de cette façon propre de se tenir, et de la résolution d'oser à fond être soi-même : "C'est de l'être proprement soi-même de la résolution et de lui seul que naît le propre être-en-compagnie et non d'arrangements équivoques et jaloux et de fraternisations bavardes dans le on, ni non plus de ses velléités d'entreprise."[46]. Cette mise en commun n'est pas une "addition de subjectivités", ni non plus l'être-en-compagnie ou l'être-dans-la-moyenne de la social-démocratie, mais le partage d'une aventure insérant la dimension historique :

> "Or si le *Dasein* est destinal, s'il existe essentiellement comme être-au-monde dans l'être-avec en compagnie des autres, son aventure est une aventure partagée et elle se définit comme *destin commun.* Par là nous désignons l'aventure de la communauté, du peuple. (...). Dans l'être en compagnie au sein d'un même monde et dans la résolution à des possibilités données, les destins ont déjà d'avance leur direction. C'est dans la communication et dans le combat que se libère toute la puissance du destin commun. C'est le destin commun partagé dans et avec sa "génération" qui constitue, en ce qu'il a de destinal pour le *Dasein*, la pleine et propre aventure du *Dasein.*"[47]

La "morale réalisée" d'un peuple résulte donc de sa capacité d'être libre vis-à-vis de la mort dans l'appropriation de son authenticité.

Vers la politisation positive : l'expérience centrale du fondement

A partir de 1929, Heidegger franchit une étape supplémentaire vers la formulation des positions de 1933. Alors que *S.u.Z.* était encore dominé par la problématique du *Dasein* individuel, la question du peuple et de l'historialisation commune devient maintenant plus importante, derrière les mots de *métaphysique*, *réalité humaine*, *expérience*, *transcendance*, etc. La Métaphysique, enseigne la conférence de Fribourg, est (aussi) le dépassement de l'existant qui "s'historialise dans l'essence de la réalité-

---

[45] HEIDEGGER, *Etre et Temps, op. cit.*, p. 165.

[46] HEIDEGGER, *Etre et Temps, op. cit.*, p. 357.

[47] HEIDEGGER, *Etre et Temps, op. cit.*, p. 449. Sur ce passage, voir aussi JANICAUD (*L'ombre…, op. cit.*, p. 56) qui souligne que la "communication" (*Mitteilung*) est équivalente au combat (*Kampf*). Quoiqu'il en soit, il semble difficile d'affirmer avec P. Aubenque, que *S.u.Z.* soit une œuvre résolument *apolitique* (cf. p. 58).

humaine"[48] ; elle est "l'historial qui, fondement de la réalité-humaine, s'historialise comme-humaine."[49]. *Vom Wesen des Grundes*[50] développe sensiblement le caractère collectif-affectif de l'expérience du fondement.

Ce texte contient d'emblée une référence au mot ἀρχη, tel qu'il est utilisé chez Aristote ; fondement, principe (de l'essence, de l'existence, de la vérité) c'est-à-dire chaque fois "le premier à partir duquel..."[51]. Apparemment, la recherche bifurque ensuite vers la question de la vérité chez Kant et Leibniz. Mais le fondement a d'ores et déjà été entendu comme pré-éminence et origine (*ce d'où part...*). Ainsi comprend-on mieux ce passage dont le contenu politique ne serait pas évident de prime abord :

> "Pour être possible, la prédication doit avoir son siège dans un acte de manifestation qui *n'ait point* lui-même un *caractère prédicatif.* La vérité de la proposition est enracinée dans une vérité (une mise à découvert) *plus haute en origine*, dans un état manifeste de *l'existant* qui est anté-prédicatif, et que nous appellerons *vérité ontique*. Sa manifestation possible aussi bien que la manière correspondante de la déterminer en l'interprétant, ont un caractère qui varie selon les différentes espèces et régions de l'existant."[52]

Cet "état manifeste" – dont il n'est pas encore dit ici qu'il puisse être vécu de manière éminente en Allemagne – ne peut être acquis par la représentation anté-prédicative, fût-elle la plus intuitive, la plus simple ; à la représentation doit être opposée l'enracinement affectif : en effet "la révélation ontique elle-même se produit dans une *situation-éprouvée* au milieu de l'existant, selon une certaine tonalité-affective, selon certaines impulsions ; elle se produit dans les comportements envers l'existant, comportements intentionnels, visées et aspirations, qui se trouvent simultanément fondés dans cette situation affective."[53]. L'expression "au milieu de l'existant" fut peut-être involontaire (car trop évidente) ou insuffisamment pensée ; s'il n'y a de révélation ontique qu'au milieu de l'existant et selon des impulsions et tonalité affective déterminées, ce pourrait n'être que dans un certain type d'expérience et de structure *sociétaires*.

---

48 HEIDEGGER, *Questions I, op. cit.*, p. 71. La leçon inaugurale de Fribourg *Was ist Metaphysik ?* est prononcée en 1929, mais ne sera publiée qu'en 1938.
49 *Ibid.*
50 Egalement rédigé en 1929, ce texte n'est aussi publié qu'en 1938. Disponible en langue française dans *Questions I, Vom Wesen des Grundes* a été traduit par Corbin, par *Ce qui fait l'être-essentiel d'un fondement ou "raison"*. Le lecteur comprendra que par commodité j'utilise de préférence le titre allemand.
51 Cf. HEIDEGGER, *Questions I, op. cit.*, p. 88.
52 HEIDEGGER, *Questions I, op. cit.*, p. 96.
53 HEIDEGGER, *Questions I, op. cit.*, p. 97.

Heidegger ne dit pas “sociétaire” mais “naturelle” ; plus loin, dans une note relative à la notion de *monde*, il dévoile l'articulation intime entre nature et expérience affective du milieu :

> “Si la Nature est manifestée originairement dans la réalité humaine, c'est que cette dernière existe comme toujours accordée à un certain ton affectif *au milieu* de l'existant. C'est dans la mesure où l'existence humaine comporte essentiellement une certaine tonalité affective (son abandon au monde où elle a été jetée) et où cette tonalité s'exprime dans l'unité du concept total de *Souci*, qu'alors seulement peut être trouvée la *base* du *problème* de la *Nature*.”[54]

Mais la correction vient aussitôt, en ce sens que la validité de ces comportement et expérience n'est donnée que *par* et *dans* la *Führung* de l'Etre : “pourtant, qu'on les interprète comme anté-prédicatifs ou comme prédicatifs, ces comportements seraient incapables de nous rendre l'existant accessible en lui-même, si la révélation qu'ils provoquent n'était d'ores et déjà illuminée toujours et guidée par une compréhension de l'être de l'existant, une compréhension de la structure de son être : essence (*quid*) et modalité *(quomodo)*. C'est seulement parce que l'*être* est dévoilé qu'il devient possible à l'*existant* de se manifester.”[55].

Cette compréhension, “celle qui éclaire et qui guide en la précédant toute relation avec l'existant (*logos* a un sens très large)”[56], n'est pas encore conceptuelle, mais peut être qualifiée de pré-ontologique ou même d'ontologique au sens premier. N'est-ce pas celle que les Présocratiques vivaient, et à laquelle se référera, avec de plus en plus d'insistance, le Heidegger d'après-guerre ?

La transcendance a-thée

La conception traditionnelle de la transcendance fait appel à Dieu, c'est-à-dire à une prééminence intérieure et extérieure à l'homme pour régler sa conduite. Mais cette transcendance est “personnalisée” et implique la liberté d'un sujet : de tels caractères disparaissent dans la conception heideggerienne.

Déjà dans *Sein und Zeit*, la transcendance est première par rapport à l'intentionnalité du *Dasein* : “Pour que soit possible la thématisation de l'étant là-devant, la projection scientifique de la nature, *le Dasein doit transcender* l'étant thématisé. La transcendance ne consiste pas dans l'objectivation ; c'est celle-ci qui présuppose celle-là.”[57].

---

[54] HEIDEGGER, *Questions I, op. cit.*, pp. 130-131.
[55] HEIDEGGER, *Questions I, op. cit.*, p. 97.
[56] HEIDEGGER, *Questions I, op. cit.*, p. 98.
[57] HEIDEGGER, *Etre et Temps, op. cit.*, p. 426.

Reprenons *Vom Wesen des Grundes* où nous l'avions laissé. La compréhension de l'être/existant est pré-conceptuelle et pré-représentative, mais ce qui ne saurait lui faire défaut, c'est une expérience affective d'une manifestation (dévoilement de l'être/manifestation de l'existant) de certains comportements et impulsions marqués, au milieu de l'existant, par la prééminence, l'illumination et la guidance – ainsi s'explique l'ἀρχη évoqué au début. Voilà pourquoi Heidegger va "déplacer" la question du fondement vers celle de la transcendance (dépassement) :

> "Si l'on caractérise tout *rapport* avec l'existant comme intentionnel, *l'intentionnalité* n'est alors possible que *sur le fondement de la transcendance*, mais elle n'est pas identique avec celle-ci et surtout ce n'est pas elle qui, inversement, rendrait possible la transcendance. Les quelques pas essentiels accomplis jusqu'ici tendraient uniquement à montrer que l'essence de la vérité doit être recherchée en une origine plus lointaine que ne voulait l'admettre la définition traditionnelle, pour qui la vérité est une propriété des jugements. Or, si l'être essentiel du fondement a un rapport intime avec l'essence de la vérité, à son tour le problème du fondement ne peut être à sa place que là où l'essence de la vérité puise sa possibilité interne, à savoir dans l'essence de la transcendance. La question concernant l'être-essentiel du fondement devient le *problème de la transcendance*."[58]

La transcendance (dépassement) est "un événement qui est propre à chaque existant"[59] et "la structure fondamentale de la subjectivité"[60]. Elle est donc bien antérieure à la manifestation et à la compréhension de la subjectivité, celle-ci impliquant "que déjà se trouve décidé si nous concevons en définitive ce qu'est la "subjectivité" ou bien si nous ne mettons pour ainsi dire en ligne de compte qu'une carcasse de sujet"[61]. L'alternative, dont la formulation est apparemment curieuse, illustre bien l'évolution du heideggerianisme sur la notion de sujet.

La transcendance, qui attribue l'identité (ou ipséité) est *décisive* : "c'est dans la transcendance et par elle qu'il est possible de distinguer à l'intérieur de l'existant et de décider "qui est un soi-même" et comment est un "soi-même", et ce qui ne l'est pas."[62]. En outre, "la transcendance se produit en totalité"[63] et peut elle-même être définie "comme *être-dans-le-monde*"[64], le monde (κοσμος) tel que compris à partir du fragment 89 d'Héraclite[65], étant un mode d'être de l'existant qui détermine celui-ci dans

---

[58] HEIDEGGER, *Questions I, op. cit.*, p. 101.
[59] HEIDEGGER, *Questions I, op. cit.*, p. 104.
[60] HEIDEGGER, *Questions I, op. cit.*, p. 105.
[61] *Ibid.*
[62] HEIDEGGER, *Questions I, op. cit.*, p. 106.
[63] HEIDEGGER, *Questions I, op. cit.*, p. 107.
[64] *Ibid.*
[65] Cf. HEIDEGGER, *Questions I, op. cit.*, pp. 112-113. Dans la traduction de Conche, le fragment 89 s'énonce comme suit : "(Héraclite dit qu') il y a pour les éveillés un monde

son ensemble, et non (la totalité de) l'existant lui-même, comme le conçoit la métaphysique "traditionnelle" qui parcourt la théologie catholique et, d'une certaine façon, le kantisme.

Le *monde* fait plutôt partie d'une structure relationnelle indissociable (être au monde) de la réalité humaine : "Le monde comme totalité "est" non pas un existant, mais cela même d'où la réalité *se fait annoncer* avec quel existant elle *peut* avoir des rapports et comment elle le peut."[66]. La réalité-humaine produit devant soi-même "du monde", elle transcende, elle "est *configuratrice d'un monde*"[67] et en un sens particulier "elle fait qu'un monde s'historialise"[68]. Le concept de "monde" apparaît ici, en fait, comme une "médiation" entre définition de la transcendance et évocation de l'historialité, comme opération de la transcendance *sur* l'existant.

La "πόλις ontologique"

La finalité proprement politique de la "valorisation" de la transcendance se décode relativement aisément avec le passage de l'étude sur l'historialisation/temporalité comme *surgissement*, passage après lequel Heidegger enchaîne sur le rôle de la transcendance dans la πόλις platonicienne :

> "C'est à la seule condition que dans sa totalité d'existant, l'existant s'"existencifie" *(seiender wird)* à la manière dont se temporalise une réalité-humaine, que sonnent le jour et l'heure de l'entrée-au-monde de l'existant. Et c'est à la seule condition que s'*historialise* cette "proto-histoire" (*Urgeschichte)*, la transcendance, c'est-à-dire à la seule condition qu'un existant fasse, par le caractère de l'Etre-dans-le-monde, irruption dans l'existant, c'est à cette seule condition, disons-nous, qu'il est possible que l'existant se manifeste."[69].

Il y a donc nécessairement une proto-histoire, qui doit s'historialiser, un existant qui doit faire irruption, pour qu'il y ait de l'existant manifeste, dans une temporalité qui, cette fois, est bien repérée en termes de jour et d'heure qui "sonnent", c'est-à-dire donnant à penser un *moment* (historique).

Grâce à ce détour par Platon, la dimension sociétaire de ce surgissement s'éclaire. Se référant à la *République* (VI, 509, B), Heidegger écrit :

---

unique et commun mais (que) chacun des endormis se détourne dans un monde particulier." (HERACLITE, *Fragments*, trad. & comm. M. Conche, P.U.F. (coll. *Epiméthée*), Paris, 1986, p. 63). Voir *L'aube de l'Un*, pp. 96-98.

[66] HEIDEGGER, *Questions I, op. cit.*, p. 132.

[67] HEIDEGGER, *Questions I, op. cit.*, p. 135.

[68] *Ibid.*

[69] HEIDEGGER, *Questions I, op. cit.*, p. 136.

> "La transcendance est évoquée en propres termes, chez Platon, dans l'ἐπέκεινα της οὐσιας. Mais est-il possible d'interpréter le "Bien", το ἀγαθον, comme la transcendance *de la réalité humaine* ? Un simple coup d'œil sur le contexte à l'intérieur duquel Platon discute le problème de l'ἀγαθον, doit suffire à dissiper les hésitations. Le problème de l'ἀγαθον n'est que l'apogée d'une question centrale et concrète : la possibilité fondamentale de l'*existence de la réalité-humaine* dans la *polis*."[70]

Du même coup, la dimension traditionnellement éthique (l'Un-Bien source du pouvoir etc.) s'estompe devant la question de la réalité humaine en cité, d'autant que l'ἀγαθον est "indéterminé quant à son contenu matériel"[71]. Il faut donc remonter au stade *pré-éthique* lui-même, celui de la condition de possibilité, c'est-à-dire *de la puissance* : "L'essence de l'ἀγαθον consiste à être en puissance de soi-même comme οὖ ἑνεκα (ce en vue de quoi) – comme le "dessein" ; il est la source de la possibilité comme telle."[72].

Tout ceci ne veut pas dire que Platon ait *compris* la transcendance, ni la problématique du dessein et de la réalité-humaine, tels que les entend Heidegger. La transcendance se fourvoie dans les Idées, d'abord objets supérieurement objectifs puis, ultérieurement, innées chez le sujet, mais plus subjectives que lui. C'est pourquoi Heidegger, renvoyant dos à dos "subjectivisme" et "objectivisme", en conclut que la transcendance ne peut être saisie et dévoilée "que par l'interprétation ontologique de la subjectivité du sujet"[73].

Par cette brève allusion à la πόλις de Platon, Heidegger se démarque d'une pensée qui aurait échoué dans la prétention – esquissée par l'ἀγαθον – à rendre compte de la possibilité de la réalité-humaine. L'opération s'effectue par le questionnement de ce qui se passerait en-deçà des Idées (et donc en-deçà du clivage moderne objectivisme/subjectivisme), mais aussi en-deçà de l'Un-Bien, c'est-à-dire en trouvant une source plus originaire, une transcendance plus radicale que l'Un-Bien : mais du même coup cette source, cette transcendance est dénuée de toute représentation éthique, tout simplement parce qu'elle est *pré-éthique* et qu'elle est *célébrée à ce niveau.*

Platon pense l'Un-Bien comme centre et en déduit la structure de sa πόλις idéale, en ce compris la soumission absolue de la réalité-humaine à cette transcendance, laquelle est encore une *norme*[74]. Que Heidegger fasse le jour sur une transcendance plus originaire implique-t-il une subversion de la structure Centre/cercle ? Justement pas, mais ce qui est neuf, c'est le

---

[70] HEIDEGGER, *Questions I, op. cit.*, pp. 136-137.
[71] HEIDEGGER, *Questions I, op. cit.*, p. 137.
[72] HEIDEGGER, *Questions I, op. cit.*, p. 138.
[73] HEIDEGGER, *Questions I, op. cit.*, p. 139.
[74] Voir *Le Cercle accompli*, pp. 83-104.

dépouillement de tout attribut *moral* au Centre – attribut qui subsistait de Platon à Marx, en passant évidemment par Hegel. Il n'est pas nécessaire que Heidegger ait écrit ses *Lois* ou sa *République* pour que cela soit, il suffit de pratiquer une relecture "politique" (du point de vue ontologique) des écrits, surtout ceux qui paraissent les moins politiques, et chaque fois que la préoccupation "historiale" affleure.

La liberté découlant du Centre, en amont de l'éthique

Ayant, toujours dans le même opuscule, traité de la transcendance comme "être dans le monde" d'une réalité-humaine, Heidegger en vient à éclaircir *l'être essentiel* du fondement ou "raison", qu'il ne peut concevoir qu'*à l'intérieur* de cette transcendance[75]. Ici c'est le thème de la liberté qui va servir de point de passage pour formuler ce qui fonde, et cette liberté est évoquée en dehors de tout questionnement éthique :

> "De cette manière, la réalité-humaine ne peut avoir de rapport avec elle-même comme telle, qu'à la condition de "se" transcender dans le "dessein". Ce dépassement intentionnel n'advient que par une "in-tention", un "vouloir", qui se projette en une ébauche de ses propres possibilités. Cette volonté, qui essentiellement pro-jette *devant* la réalité-humaine *par-delà* elle-même son propre "dessein", ne peut être par conséquent un vouloir déterminé, un "acte de volition" qui s'opposerait à d'autres comportements (tels que représentation, jugement, allégresse) ; toutes ces attitudes sont enracinées dans la transcendance. Mais il faut que ce soit cette in-tention, cette volonté elle-même qui "forme" en tant que transcendance et par la transcendance, le "dessein". Or, ce qui de par son essence projette, en ébauchant, quelque chose de tel qu'un "dessein", et ne le produit pas comme un simple fruit occasionnel, c'est cela que nous appelons *liberté*."[76]

La liberté ne doit donc pas être pensée comme causalité, comme spontanéité etc., conceptions qui renvoient à l'ipséité, au "par soi-même", lesquels ne peuvent être que dans la transcendance, dans la possibilité de faire régner un monde.

> *"Liberté signifie liberté pour fonder.* Le rapport qui, dès l'origine, unit liberté et fondement, liberté et "raison", nous le désignons comme l'*acte de "fonder" (gründen)*. Dans cet acte de fonder, la liberté *donne* et *prend* elle-même un fondement. Mais cet acte de fonder qui s'enracine dans la transcendance se ramifie en variations multiples. Trois d'entre elles se présentent ainsi : 1° Fonder, au sens d'ériger, d'instituer *(stiften)*. 2° Fonder,

---

[75] Cf. HEIDEGGER, *Questions I, op. cit.*, p. 141.
[76] HEIDEGGER, *Questions I, op. cit.*, pp. 141-142.

au sens de prendre-base, de “se fonder” *(Boden-nehmen)*. 3° Fonder, au sens de donner un fondement, de “motiver” *(begründen)*.”[77]

La liberté ne fait pas ce qu'elle veut ; elle n'est telle, qu'enracinée (dans un sol ?). L'emphase autour du *Gründen* et du *Boden*, si typique de la philosophie allemande, apparaît ici à un niveau inégalé. Mais quant aux trois sens ici donnés, Heidegger va en montrer la complémentarité.

Le premier – l'institution – relève du dessein, du *pro-jet*. Au second sens, “fonder” réalise, pourvu qu'il y ait un “rapport de pouvoir” et que la réalité humaine soit, en tant que projetante, au milieu de l'existant :

> ““Etre-au-milieu de...”, cela appartient (...) à la transcendance. *Ce qui transcende*, et qui de la sorte s'exhausse, doit, en tant qu'être qui transcende, *se sentir* au milieu de l'existant. La réalité-humaine, dans cette situation affective, est si bien *investie* par l'existant que, lui appartenant, elle est *accordée au ton* de cet existant qui la pénètre. *La transcendance signifie ici le pro-jet et l'ébauche d'un monde, mais de telle sorte que Ce-qui-projette est commandé par le règne de cet existant qu'il transcende, et est d'ores et déjà accordé à son ton.* Puisque la transcendance comporte pour la réalité-humaine le fait d'*être investie* par l'existant, celle-ci a pris base dans l'existant, elle a trouvé un ‘fondement’.”[78]

Ce qui transcende s'exhausse en transcendant pour autant qu'il se sente au milieu (de l'existant). Traduit en langage politique : le centre-transcendant qui projette (institution) est “commandé” par un peuple (l'existant qui règne) et accordé au ton de celui-ci, mais simultanément, la réalité humaine (l'homme individuel) est investie, dans une situation toute affective, par le peuple, auquel elle appartient et où elle trouve son fondement. En cela, la réalité humaine se trouve au milieu de l'existant, c'est-à-dire (reliée au) Centre.

La condition, pour que la réalité humaine soit pénétrée par la tonalité de l'existant, “être environnée par lui, être prise par lui, être traversée par son rythme”[79], est que cet investissement soit “accompagné par l'éclosion d'un monde, ne fût-ce même encore que l'aurore d'un monde”[80]. Pour instituer un monde, la réalité humaine doit se fonder (ou se fondre ?) au milieu de l'existant ; mais ce faisant, elle prend un essor en même temps qu'elle renonce, se prive.

Ce retrait est “négatif” du point de vue de la liberté, mais positif quant à la saisie “réelle” du monde : “C'est grâce à ce retrait que l'engagement

---

[77] HEIDEGGER, *Questions I, op. cit.*, p. 144. Sur la liberté comme essence de la vérité, telle qu'elle se dégage de ce texte, cf. C.-E. DE SAINT GERMAIN, *L'avènement de la vérité. Hegel-Kierkegaard-Heidegger*, L'Harmattan, Paris, 2003, pp. 234-239.
[78] HEIDEGGER, *Questions I, op. cit.*, p. 145.
[79] HEIDEGGER, *Questions I, op. cit.*, p. 146.
[80] *Ibid.*

signifié par le pro-jet ébauché et qui demeure, peut faire sentir sa force sans la sphère d'existence de la réalité humaine."[81]. La force du projet gagne donc sur la liberté, qui, en tant que fondatrice, s'est du même coup reconnue comme finie :

> "Que le projet du monde, tout en signifiant chaque fois un essor, n'acquière de puissance et ne devienne une possession que par la privation, c'est là un "témoignage" transcendental de la *finitude* qui est propre à la liberté de l'être de l'homme. Et n'est-ce pas même l'essence *finie* de la liberté en général qui est attestée ici ?"[82].

A présent que la liberté a ainsi été redéfinie (et son sens vulgaire d'autodétermination etc., évacué), le troisième sens de "fonder" peut être proposé – il est actualisé par les deux premiers. Motiver (*begrunden*) ne doit pas s'entendre au sens démonstratif, mais de "*rendre possible la question "pourquoi ?"* comme telle."[83]. Or cette question n'est possible que par rapport au possible de l'essor donné par le projet du monde évoqué plus haut "et dans le fait d'être investi par l'existant, par le réel, dont la pression se fait sentir de tous côtés dans la situation-affective."[84]. C'est la notion de l'être qui rend possible le *pourquoi* et contient à la fois la question préliminaire et la réponse ultime.

Cette dernière façon de fonder coexiste avec les deux premières. La motivation (par l'être) agit comme une légitimation (le mot revient ensuite souvent chez Heidegger) de toute révélation ontique, dans laquelle peut se présenter l'existant. Ainsi Heidegger prétend-il retrouver l'unité[85] des fondements transcendentaux (premiers principes, principes suprêmes ...) par un examen de la triple dimension du *Grunden*, dont l'esquisse de finalité historiale n'est pas le moindre aspect.

Cette conception nouvelle de la liberté implique, insensiblement, une modification de la question éthique, et peut-être même sa mise entre parenthèses. On observera que dès *Etre et Temps*, le sens de l'authenticité est tellement exacerbé qu'il se place en deçà de toute préoccupation morale et relègue ce type de questionnement au sens commun, au *on* :

> "*le Dasein est comme tel en faute*, si du moins la détermination existentiale formelle de la faute comme être-à-l'origine d'une négative est solidement justifiée. (...). Un étant dont l'être est souci ne peut pas seulement se charger de faute factive, au contraire il *est*, à l'origine de son être, en faute, cet

[81] HEIDEGGER, *Questions I, op. cit.*, p. 147.
[82] *Ibid.*
[83] HEIDEGGER, *Questions I, op. cit.*, p. 149.
[84] *Ibid.*
[85] HEIDEGGER, *Questions I, op. cit.*, p. 152.

être en faute donnant avant tout la condition ontologique de possibilité pour que le *Dasein* puisse en existant factivement devenir fautif."[86]

Dans cette "condition ontologique" surgit un mystérieux *appel* (*Ruf des Gewissens*) :

"Le sens de l'appel se comprend clairement si l'entente qu'on en a, au lieu de prendre base sur le concept dérivé de faute au sens de faute commise "un jour" par action ou par omission, s'en tient au sens existential d'être en faute. (...). Ecouter l'interpellation comme il faut revient alors à s'entendre soi-même en son pouvoir-être le plus propre, c'est-à-dire à se projeter soi-même sur le véritable pouvoir-devenir en faute *le plus propre* (...). Le bon sens du on ne connaît rien de plus que ce qui satisfait ou ne satisfait pas à la règle pratique et à la norme en vigueur. Il fait le compte des infractions à celles-ci et en recherche le dédommagement. (...). Entendre l'appel, c'est choisir – non pas choisir la conscience morale qui, comme telle, ne peut être choisie. Est choisi d'y *voir clair* en conscience au sens d'être libre pour l'être en faute le plus propre."[87]

La question de la liberté continue d'intéresser Heidegger, puisqu'il y consacre le cours du semestre d'été 1930, publié en langue française, sous le titre *De l'essence de la liberté humaine*, dans lequel il commente longuement Kant. La conclusion a laquelle il parvient se situe dans le droit fil des écrits précédents ; il n'évoque plus un "appel" mais un "vouloir pur" qui est "la praxis, par laquelle et en laquelle la loi fondamentale de la raison pure pratique a seulement son effectivité. La volonté pure n'est pas un événement psychique qui se révélerait conforme à la loi pour une soi-disant "vision de la valeur" d'une loi subsistant en soi, mais la volonté pure constitue seule la factualité de la loi de la raison pure pratique. C'est seulement parce que et dans la mesure où elle veut, que la loi existe."[88].

Pour parler ici comme Monsieur-tout-le-monde, nous dirions que la volonté n'a plus de compte à rendre : c'est seulement avec le recul des décennies que l'on mesure à quelles conséquences atroces ce type de prémisses peut conduire et surtout à quel point, sur ce thème, comme sur d'autres, Heidegger fut prophète.

---

[86] HEIDEGGER, *Etre et Temps, op. cit.*, p. 343.

[87] HEIDEGGER, *Etre et Temps, op. cit.*, p. 345. Wolin souligne le caractère imprécis, nébuleux, évasif de cet "appel de la conscience", qui, selon lui "prend la forme d'une force hétéronome, impénétrable à la raison et à la volonté humaines" (*op. cit.*, p. 74) dont le contenu est incommunicable et qui "témoigne d'une prédilection certaine pour les forces irrationnelles." (*op. cit.*, p. 77).

[88] HEIDEGGER, *De l'essence de la liberté humaine*, trad. E. Martineau, Gallimard, Paris, 1987, p. 271.

Pas plus que les autres écrits de l'époque, *Etre et Temps* ne brandit une "philosophie de l'Etat" ; au contraire, la suspicion distillée à l'égard de l'Etat-Providence, de la Publicité etc., le situerait, par rapport à la question de l'Etat, tout à fait ailleurs. Du reste, le thème de l'Etat est-il déterminant ? N'est-ce pas au *Volk* que l'Etat doit être remis, soumis ? Mais trop de signaux ont déjà été émis (le peuple historial et l'héroïsme supplantant le *on*, la transcendance et la volonté pure, l'expérience affective du fondement, l'historialité plutôt que la rationalité et la subjectivité) pour que la πόλις à fonder ne soit pas, en creux sans doute, mais d'autant plus intensément, *le* questionnement de *S.u.Z.* et des œuvres qui suivent.

Sein und Zeit annonce une pensée politique "hors de" la question de l'Etat et surtout du Droit, annonce un lieu où s'exerce le politique comme attitude existentiale (voire religieuse) et comme esthétique. Ainsi que l'observe Bourdieu :

> "Heidegger ramène sur le terrain de la pensée philosophique universitairement recevable (et le débat avec les néo-kantiens contribue beaucoup à lui assurer cette respectabilité) une thématique et des modes d'expression – et en particulier un style incantatoire et prophétique – jusque là repoussés aux marge du champ de la philosophie universitaire, vers ces sectes où se mêlent Nietzsche et Kierkegaard, George et Dostoïevski, le mysticisme politique et l'enthousiasme religieux. Ce faisant, il produit une position philosophique jusque là impossible, qui se situe par rapport au marxisme et au néo-kantisme comme les "révolutionnaires conservateurs" se situent dans le champ idéologico-politique par rapport aux socialistes et aux libéraux. Et rien n'atteste mieux cette homologie (...) que la place conférée à la *résolution (Entschlossenheit)*, affrontement libre et quasi désespéré des limites existentielles qui s'oppose aussi bien à la médiation rationnelle qu'au dépassement dialectique."[89].

Pari gagné : phénoménologie et néo-kantisme se trouvent dépassés et révolutionnés par des textes qui donnent précisément à la culture "révolutionnaire-conservatrice" une traduction et une amplification philosophiques et académiques de très haut niveau.

Lorsque Heidegger achève *Etre et Temps* à Todtnauberg le 8 avril 1926, la République de Weimar enregistre quelques succès : une stabilisation politique et financière s'opère, c'est le creux de la vague pour les nationaux-socialistes, même si *Mein Kampf* commence à se diffuser. Mais quand il enseigne à Fribourg, l'université se nazifie à vive allure, plus rapidement que le pays lui-même. L'air du temps correspond-il à ses attentes philosophiques ?

---

[89] BOURDIEU, *op. cit.*, pp. 80-81.

Pour illustrer l'attitude heideggerienne, Ott parle d'un "avent perpétuel"[90], comme si le penseur avait transposé dans le champ philosophique/politique sécularisé l'attitude fondamentale que sa foi d'enfance lui commandait – d'où mon titre "le Centre attendu" pour identifier cette période. En 1932, Heidegger écrit à Jaspers, peu avant Noël : "Réussira-t-on, pour les décennies à venir, à ménager à la philosophie un sol et un espace ? Viendra-t-il des hommes portant en eux une lointaine injonction ?"[91].

D'aucuns s'étonnent peut-être de ce que, Heidegger, évoquant Hegel, mentionne si fréquemment l'arrivée de Napoléon à cheval dans Iéna. C'est que, comme Hegel, il a vu, ou cru voir, la réalisation de sa propre pensée dans l'histoire de son temps, et en a joui. Mais – à tout seigneur tout honneur – les événements auxquels assiste Heidegger paraissent, du point de vue de l'Esprit autrement importants ; et il y joue un rôle proactif, à l'inverse de Hegel. Les hommes portant la lointaine injonction sont venus : sur eux, sur leur œuvre, le philosophe/la philosophie a une vue imprenable.

§ 2. Le Centre surgi (période du rectorat)

En examinant l'ensemble des textes disponibles de cette période (discours, articles, cours...), l'on est en mesure de dégager les principes généraux de ce qui eût pu être la *République* ou les *Lois* de Heidegger, si d'aventure il eût choisi d'écrire un traité politique. Cette période de sa carrière académique peut en effet être qualifiée de national-socialiste, ce que même les hagiographes assument. Elle se caractérise par une explicitation de la conception du peuple et de l'Etat, l'exaltation de la *Führung*, le développement d'une "philosophie sociale" la concrétisation historique du thème de la mort et de l'héroïsme, la célébration de l'alémanité et de la patrie souabe. L'origine centrale de l'"appel" auparavant désirée, postulée, se manifeste à présent dans son brusque surgissement[92].

---

[90] Cf. OTT, *op. cit.*, pp. 26 svv.

[91] OTT, *op. cit.*, p. 28.

[92] Pour faciliter la lecture, je rappelle ici la chronologie des textes. Mai 1933 : allocution consécutive au "discours de la paix" de Hitler (17) ; hommage à Schlageter (26) ; discours de Rectorat (27) ; juin : éloge du service du travail (16) (publ. dans le *Studentenzeitung* de Fribourg le 20) ; exortation du solstice (24) ; conférence de Heidelberg sur *L'Université dans le nouveau Reich* (30) ; été : cours *La question fondamentale de la philosophie* ; début août : discours à l'Institut d'Anatomie Pathologique de l'Université de Fribourg ; novembre : appel aux étudiants (3) ; appel aux Allemands (10) ; discours à la manifestation de Leipzig précédant le plébiscite (11) ; discours *L'Etudiant allemand comme travailleur* prononcé à l'occasion de la cérémonie de l'immatriculation (25) ; article dans le *Studentenzeitung* de Fribourg, conférence de Tübingen sur *L'Université dans l'Etat national-socialiste* (30) ; janvier 1934 : article à l'occasion du 150e anniversaire du *Freiburger Zeitung* (6) ; allocution aux travailleurs (22) ; appel au service du travail et article dans le *Studentenzeitung* (23) ;

C'est sans doute dans le *Discours de Rectorat* que Heidegger parle pour la première fois officiellement du *Volk*, de l'Etat et de leur interaction. Le mot "Etat" pourrait être utilisé avec minuscule au sens de "se savoir dans un tel état" : cela voudrait dire que *l'Etat est un état du peuple*, et précisément *le sien propre, essentiellement*. Dans cette perspective, l'expression "Etat de droit" n'a pas de sens, ou l'a par un autre tour de folie, puisque l'Etat n'est pas un cadre d'existence commune, mais la "situation" propre d'un peuple historial :

> "L'auto-affirmation de l'université allemande, c'est la volonté originelle, commune, de son essence. L'université allemande vaut pour nous comme cette haute école qui, à partir de la science et à travers la science, éduque et élève les guides et gardiens du destin du peuple allemand. Vouloir l'essence de l'université allemande, c'est vouloir la science, au sens de vouloir la mission spirituelle historiale du peuple allemand en tant que *peuple qui se sait lui-même dans son Etat.*"[93]

On retrouve du même coup, la chance de réaliser le rêve de puissance déjà présent dans *Etre et Temps*. "Science et destin allemand doivent, dans cette volonté de l'essence, parvenir *en même temps* à la puissance. C'est ce qu'ils feront si – et seulement si – nous, corps enseignant et corps enseigné, exposons *d'une part* la science à sa nécessité la plus intime, et

mars : diffusion par la radio de Fribourg (2) et publication par *Der Allemane* (7) de *Pourquoi nous restons en province* (déjà enregistré et diffusé à l'automne 33 par la *Berliner Rundfunk*). Je laisse ici de côté la correspondance, qui pourra, le cas échéant, être évoquée au chapitre IV.

[93] HEIDEGGER M., *L'auto-affirmation de l'Université allemande*, trad. Granel, Ed. Trans-europ-express, 1982, pp. 6-7. Souligné par moi. Parmi d'autres traductions, signalons celle de Fédier dans M. HEIDEGGER, *Ecrits politiques 1933-1966*, Gallimard (coll. *Bibliothèque de Philosophie*), traduction qui rend le titre du discours par *L'université allemande envers et contre tout elle-même*, et J.P. FAYE, *Le piège. La philosophie heideggerienne et le nazisme*, Balland, Paris, 1994, pp. 72-77. Le lecteur observera que le *Discours de Rectorat* n'est pas ici "monté en épingle", mais inscrit dans une continuité. Une surconnotation de la philosophie politique de Martin Heidegger à partir du seul *Discours* ne serait pas seulement intellectuellement malhonnête : elle n'est, surtout, pas nécessaire. Mais l'attitude inverse – la relativisation – est-elle pour autant défendable ? Cette relativisation s'est exprimée long-temps par l'argument de l'égarement, de la "parenthèse" vite refermée ; elle est formulée plus subtilement en assumant les textes mais en les qualifiant de "philosophiquement caricaturaux" – l'expression est de Janicaud, qui écrit : "Le plus pénible dans cette relecture n'est pas le constat de l'enthousiasme (la prise de parti en elle-même avait peut-être des circonstances atténuantes), mais c'est la nature de l'argumentation mise au service de l'idéo-logie nazie. C'est alors Heidegger lui-même qui réduit sa philosophie et ses mots essentiels (*Dasein*, *Geschichtlichkeit*, *Entscheidung*, etc.) à leur plus radicale traduction–trahison politico-idéologique." (JANICAUD, *L'ombre...*, *op. cit.*, p. 47).

que *d'autre part* nous endurions le destin allemand dans sa plus extrême détresse."[94].

Pour que l'Allemagne renoue avec son destin, le chemin à suivre est celui du retour à l'essence, qui s'avère grecque. Ainsi s'exprime, avec force, une identité hellénico-allemande : le commencement de l'existence spirituo-historiale (du peuple allemand) s'identifie comme surgissement de cette pensée grecque. Pour un peuple qu'un cadre politique neuf vient de pénétrer de sa propre grandeur, il pourrait paraître paradoxal d'aller chercher ce "commencement" sur une autre terre et chez un autre peuple. Mais ceci correspond pourtant à une constante, depuis le début de l'idéalisme allemand, ainsi que le souligne un Lacoue-Labarthe :

> "Nietzsche, par exemple, qui dans les années de la *Naissance de la tragédie* avait une intuition toute semblable, ne portait, à la différence de Hegel, qu'une attention très limitée à la démocratie et au droit. Il n'empêche que l'un comme l'autre, s'agissant des Grecs, ont identifié le politique à l'esthétique et qu'une telle identification est au départ de l'*agôn* mimétique où l'un comme l'autre (mais beaucoup d'autres avec eux, et à vrai dire pratiquement tous, jusqu'à Heidegger compris) ont vu l'unique chance pour l'Allemagne ne pouvoir s'identifier et de parvenir à l'existence. (...). Dans l'*agôn* mimétique qu'elle livre avec l'Ancien, l'Allemagne, dans la volonté qu'elle affiche depuis le *Sturm und Drang* de se démarquer de *l'imitatio* de style "latin" (à l'italienne et, surtout, à la française : l'enjeu politique est immense) cherche une autre Grèce que celle, tardive, qui s'est transmise à l'Europe moderne à travers le filtrage romain. (...). C'est pourquoi l'Allemagne, ayant découvert le fond oriental (mystique, enthousiaste, nocturne, sauvage – *naturel*) de la Grèce, s'est régulièrement identifiée à ce qu'on pourrait appeler, d'un point de vue historico-politique, l'"ordre dorique" de la Grèce."[95].

---

[94] HEIDEGGER, *L'auto-affirmation..., op. cit.*, p. 7.

[95] LACOUE-LABARTHE, *op. cit.*, pp. 106-107. Plus tard, dans son cours de 1941 sur Nietzsche, Heidegger s'inscrira en faux contre toute résurrection "romaine" de l'hellénisme et contre la germanité médiévale, encore métaphysique (cf. *Nietzsche II*, Gallimard, Paris, 1971, p. 332). Pour rappel, le style dorique correspond à ce qu'il y a de plus archaïque dans l'art "occidental" de la Grèce : monumental, puissant, massif, il est *continental* (comme l'Allemagne) et contraste avec le raffinement ionique. L'art dorique s'épanouit essentiellement à l'époque des Présocratiques, mais il est célébré par Platon et Aristote. Quant à Hitler, on sait ses ambitions artistiques de jeunesse, non seulement la peinture, mais aussi l'architecture ; ce passage, comme certains actes manqués, en dit davantage que de longs écrits théoriques : "Comme cela était bien naturel, je m'adonnais en outre avec passion à l'architecture. Je l'estimais, à l'égal de la musique, la reine des arts. (...). Et ma croyance se fortifiait que mon beau rêve d'avenir se réaliserait, quand je devrais attendre de longues années. J'étais fermement convaincu de me faire un nom comme architecte. A côté de cela le grand intérêt que je portais à la politique ne me paraissait pas signifier grand'chose." (HITLER, *op. cit.*, p. 43). Plus loin dans *Mein Kampf*, Hitler exprime même la jonction entre architecture, antiquité grecque et politique ; il visite le Parlement autrichien : "... je pénétrais pour la première fois dans ces lieux aussi vénérables que décriés. D'ailleurs, je ne les vénérais qu'en raison de la noblesse magnifique de l'édifice : une merveille grecque en terre allemande." (p. 83). Dans ses mémoires, l'architecte officiel du troisième Reich, Albert

Si Rome et la France, dans leur régimes, "cherchent le Centre" avec avidité, c'est la Germanie heideggerienne qui va le plus loin dans la *radicalité* de cette quête. A l'inverse de certains idéologues du régime qui se réfèrent plus volontiers aux mythes germaniques païens, Heidegger, après et avec d'autres, dessine et certifie un axe gréco-allemand : la leçon de l'été 1933 va jusqu'à affirmer que "le tronc ethnique (*Stammesart*) et la langue <du peuple grec> possèdent une origine commune avec nous, les Allemands."[96]. Le fondement, exprimé philosophiquement, se résume en un événement initial : l'homme occidental a authentiquement affaire à l'étant.

Une telle expérience n'a été possible *qu'à partir* du génie d'un peuple et dans la langue de celui-ci. L'épreuve ontologique – et c'est une première dans le discours heideggerien – ne peut donc survenir, véritablement et intensément, que si le génie et la langue *d'un peuple* sont *déjà là* :

> "C'est à la seule condition que nous nous placions à nouveau sous la puissance du *commencement* de notre existence spirituo-historiale. Ce commencement est l'irruption de la philosophie grecque. C'est là que pour la première fois l'homme occidental, à partir du génie du peuple et grâce à la langue de ce peuple, se dresse en face de l'*étant en totalité*, qu'il l'interroge et le saisit comme l'étant tel qu'il est. Toute science est philosophie, qu'elle le sache ou non, qu'elle le veuille ou non. Toute science reste affectée par ce commencement de la philosophie. C'est de lui qu'elle puise la force de son essence, supposé qu'elle reste encore en général à la hauteur de ce commencement."[97]

Speer, écrit ceci : "Mon premier voyage à l'étranger en mai 1935, me conduisit où ma prédilection pour le monde dorique le commandait, c'est-à-dire que je n'allai point en Italie retrouver dans ces palais de la Renaissance et ces constructions romaines le style colossal qui en faisait mes modèles historiques, mais que, avec une naïveté caractéristique de cette époque de ma vie, je me tournai vers la Grèce. Ma femme et moi y cherchions surtout des témoignages du monde dorique et je n'oublierai jamais combien nous fûmes impressionnés par le stade d'Athènes alors reconstruit. Quand, deux ans plus tard, il me fallut concevoir un projet de stade, je repris son plan en fer à cheval. A Delphes, je crus avoir découvert à quelle allure la richesse acquise dans les colonies de l'Asie ionique avait corrompu la pureté des créations de l'art grec. Cette évolution démontrait quel degré de vulnérabilité atteint une haute conscience artistique, dont les représentations idéales devenaient méconnaissables dès que la moindre force étrangère fait pression sur elles. Ces réflexions ne me troublaient pas le moins du monde, persuadé que j'étais que mes propres travaux échappaient à ces dangers." (SPEER, *op. cit.*, pp. 87-88).

[96] HEIDEGGER, *La question fondamentale de la philosophie (Die Grundfrage der Philosophie)*, leçon du semestre d'été 1933. Cité par FARIAS, *op. cit.*, p. 146. On ne possède que des notes d'étudiants textuelles, mais fragmentaires de ce cours (Archives Hélène Weiss) : l'interprétation doit donc s'effectuer avec prudence. Sur cette parenté philosophique entre l'hellénique et l'allemand, citons aussi les travaux publiés dans D. MONTET & F. FISCHBACH (dir.), *La Grèce au miroir de l'Allemagne*, revue Kairos n° 16, Toulouse, 2000.

[97] HEIDEGGER, *L'auto-affirmation...*, *op. cit.*, p. 8.

D'où l'importance accordée à la force hellénique dont il est dit qu'elle fait irruption (dans l'histoire) : la thématique du surgissement s'applique donc à la philosophie elle-même. Le ressourcement spirituel en Grèce dorique est la condition de l'ἀρχη authentique. Le Recteur invite les Allemands à se remettre sous la puissance du "commencement-grec", c'est-à-dire à refaire (en dehors de la Grèce géographique) l'expérience ontologique parfaite (qui fut grecque) ; il ne s'agit point de faire revivre le passé, mais de considérer le commencement devant nous (où il se dresse) et non derrière nous[98].

Le "peuple historial" désiré dans *Etre et Temps* paraît maintenant à portée de la main : dans la péroraison du *Discours de Rectorat*, il est demandé aux Allemands (c'est-à-dire à la communauté de savoir qui écoute le Recteur et qui exprime, en microcosme – et en mieux – l'ensemble du peuple) *s'ils se veulent* à nouveau en tant que peuple historial ou s'ils le refusent. Mais à la fin de novembre 1933, la question ne se pose plus, ils *le deviennent* effectivement :

> "Quelle est la nouvelle réalité ? Les Allemands deviennent un peuple historique : non pas qu'ils n'aient pas eu une histoire longue et mouvementée. Mais avoir une histoire ne signifie pas être historique. Etre historique, c'est savoir – en tant que totalité du peuple – que l'histoire n'est ni le passé, ni le présent, mais cette action, cette interrogation qui, qui, née de l'irruption du futur, pénètre le présent. Le futur ne consiste pas en ce qui n'est pas, il advient dans la décision prise en toute connaissance par laquelle un peuple cherche à se saisir de lui-même. Etre historique, cela signifie être en sachant, pour libérer ainsi ce que le passé recèle de force qui nous engage et de grandeur porteuse de changements (...). Devenir historique, c'est agir au sein des grandes puissances de l'existence qui sont placées dans l'Etat. Ce faisant, le peuple revendique son droit à posséder son Etat, à savoir ce qu'il en est de lui-même et des grandes puissances de l'existence."[99]

Cette authenticité allemande ne se réalise pas seulement dans un "questionnement", mais dans des choix politiques précis. Ainsi Heidegger marque-t-il son soutien public au "discours de la paix" de Hitler, puis, ultérieurement, au retrait de l'Allemagne de la *Société des Nations* ; cela aussi a un sens philosophique : cette authenticité est résolument négatrice de toute "communauté internationale". Il oppose donc les Allemands à tous les autres peuples : "Nous autres, nous *sommes* décidés. Nous sommes résolus à prendre le chemin le plus difficile de notre histoire, celui qui est exigé par l'honneur de la nation et la grandeur du peuple. Nous sommes décidés, et nous connaissons ce que présuppose cette

---

[98] Cf. HEIDEGGER, *L'auto-affirmation...*, *op. cit.*, p. 11.

[99] HEIDEGGER, *Conférence prononcée à l'Université de Tübingen* le 30/11/1933 (cité sur base de la reproduction intégrale dans la *Tübinger Chronik*, par FARIAS, *op. cit.*, p. 158). Ce texte n'a pas été repris en français dans les *Ecrits politiques*.

résolution. Cela implique deux choses : la disponibilité à aller au bout du possible et la camaraderie jusqu'à la dernière extrémité."[100]. Le peuple allemand qui a déjà *décidé*, sait déjà avant les autres, il est donc en avance, il éclaire les autres peuples en même temps qu'il ne se sent plus concerné par ce qu'eux pourraient faire. En sortant de la SDN, l'Allemagne clarifie son identité, renforce son autochtonie, dévoile son propre centre – et se situe comme centre pour le reste du monde, qui n'a qu'à se déterminer à partir de ce fait.

Le processus historique en cours est décrit dans *La question fondamentale de la philosophie*[101] :

> "Le peuple allemand se retrouve lui-même et trouve à sa tête un grand commandement (*Führung*). Grâce à celui-ci, le peuple qui est retourné à lui-même crée son Etat. Le peuple qui prend forme dans son Etat grandit et s'élève jusqu'à sa propre nation. Et cette nation assume le destin de son peuple. Et un peuple tel, conquiert sa mission spirituelle au milieu des peuples et se forge son histoire."[102]

Revoici l'esprit, centre parmi tous les peuples et, par le retour en soi-même du peuple, fondement de l'Etat.

La profondeur de ce changement intervenu dans l'Etat et le *Dasein* du peuple allemands a aussi été célébré dans l'*Appel aux étudiants* du 3 novembre[103], dans l'intervention de Leipzig[104], puis dans la conférence de Tübingen : "Entre-temps, est arrivée, chez nous, la révolution. L'Etat s'est transformé. Cette révolution ne fut pas l'avènement d'un pouvoir existant au sein de l'Etat ou d'un parti politique. La révolution national-socialiste signifie plutôt un bouleversement radical de toute l'existence allemande."[105]. Heidegger apparaît ainsi comme un penseur révolutionnaire maximaliste : sa déception sera à la mesure de ses illusions.

Ce Peuple doit-il faire la preuve de son autochtonie jusque dans la pureté raciale ? Heidegger n'est pas franchement explicite à cet égard,

---

[100] HEIDEGGER, *Ecrits politiques*, *op. cit.*, p. 113 (autres traductions dans MÜNSTER, *op. cit.*, p. 43 et FARIAS, *op. cit.*, p. 128).

[101] Pour rappel, tel est l'intitulé du cours de l'été 1933.

[102] Cité par FARIAS, *op. cit.*, p. 144.

[103] Cf. HEIDEGGER, *Ecrits politiques*, *op. cit.*, p. 117.

[104] Il s'agissait d'une manifestation solennelle appelée "Profession de foi des professeurs d'université envers Adolf Hitler". Extrait de l'allocution prononcée le 11 novembre 1933 : "...la révolution nationale-socialiste n'est pas simplement la prise en charge d'un pouvoir existant déjà dans l'Etat par un autre parti ayant suffisamment grandi dans ce but. Au contraire, cette révolution entraîne le bouleversement complet de notre existence d'Allemands." (OTT, *op. cit.*, pp. 210-211). Fédier traduit : "La révolution du socialisme national n'est pas simplement la prise en charge d'un pouvoir existant déjà dans l'Etat par un autre parti ayant suffisamment grandi dans ce but. Au contraire, cette révolution mène au *bouleversement complet de notre existence (Dasein) d'Allemands.*" (HEIDEGGER, *Ecrits politiques*, *op. cit.*, p. 124).

[105] Cité par FARIAS, *op. cit.*, p. 156.

mais il faut toutefois verser au dossier son intervention d'août 1933 devant l'Institut d'Anatomie Pathologique de l'Université de Fribourg, où, après avoir stigmatisé la vision traditionnelle et bourgeoise de la médecine (comme technique de soulagement de la maladie), il déclare que "ce qui est sain et ce qui est malade doit être déterminé sous la forme d'une loi par le peuple et par l'époque selon la grandeur de son Etre-là."[106].

Heidegger s'appuie sur un passage de la *République* de Platon à connotation eugéniste[107]. "C'est le peuple qui détermine l'essence de la santé, poursuit-il. Et chaque peuple a la garantie première de son authenticité et de sa grandeur dans le sang, le sol et la croissance corporelle."[108].

Logique identitaire : le Führer (Centre) est le Tout

Au début du semestre d'hiver 1933-34, Heidegger écrit dans le journal des étudiants fribourgeois :

> "Que croisse sans cesse en vous le courage de vous sacrifier pour sauver l'essence et pour élever la force la plus intime de notre peuple dans son Etat. Que les règles de votre être ne soient pas des dogmes et des "idées". Le Führer lui-même et à lui seul *est* la réalité allemande, présente et future, et sa loi. Apprenez à savoir toujours plus profondément : désormais, toute chose exige décision et tout acte responsabilité. *Heil Hitler.*"[109]

N'ayant encore lu aucune analyse philosophique sur ce passage, Hugo Ott, bien que non spécialiste, effectue une tentative : "Ce *est*, mis en relief par Martin Heidegger par les caractères italiques, cèle en lui l'énoncé de l'Etre. Par un formidable effort de rassemblement et de concentration, le philosophe, comme recteur (...) a concrétisé sa pensée dans la formule adéquate. C'est l'affluence de l'Etre dans l'éclaircie, dans l' ἀληθεια, dans la vérité."[110]. Ott observe la dimension surhumaine, et disons-le, métaphysique qu'a acquise Hitler aux yeux de Heidegger et ajoute : "Quiconque connaît, ou croît connaître, même approximativement, l'essence de la pensée heideggerienne, sait que la mise en relief de "est", cette copule, signifie chez Heidegger plus qu'une simple forme conjuguée du verbe

---

[106] Cité par MÜNSTER, *op. cit.*, p. 25. Publié dans le volume XVI des Œuvres complètes (*Gesamtausgabe*) à la fin de 2000, c'est-à-dire bien postérieurement à l'édition française des *Ecrits politiques*.

[107] Après avoir évoqué le genre de vie et de médecine conforme à l'intérêt de la cité, Platon manifeste de la compréhension pour l'absence de soins et de "possibilité de procréer" quand un homme est gâté par la maladie (407 d) et considère qu'un homme incapable de vivre la durée normale de son existence ne doit pas être soigné "car cet homme-là n'est de nul avantage, ni pour soi-même, ni pour la Cité" (407 e) (PLATON, *Œuvres complètes*, Gallimard, *Bibliothèque de la Pléiade*, Paris, 1940, T. 1, p. 965).

[108] Cité par MÜNSTER, *op. cit.*, pp. 26-27.

[109] Appel aux étudiants du 3 novembre 1933. Cité par OTT, *op. cit.*, p. 170.

[110] OTT, *op. cit.*, p. 172.

"être", qu'elle recèle plutôt "l'Etre" en tant que tel : 'la réalité allemande, présente et future'"[111].

Dans l'interview au *Spiegel*, publiée à titre posthume, Heidegger se rétracte formellement : "Je n'écrirais plus aujourd'hui les phrases citées. Je n'ai plus rien dit de ce genre dès 1934."[112]. A supposer que ceci traduise exactement sa pensée, il reste à comprendre à la fois pourquoi il a prononcé publiquement, à un moment donné, une phrase du genre "Hitler = réalité allemande et sa loi" – l'on sait que Heidegger ne parle jamais à la légère – et pourquoi cette phrase lui est apparue, par la suite, comme un écart.

Le manque de discernement est une réponse – et une excuse – souvent avancée jusqu'aujourd'hui. Palmier, par exemple, écrit que le penseur "s'illusionne complètement sur la personne de Hitler"[113]. Mais ce n'est justement pas la *personne* qui est en cause. Heidegger n'écrit pas : "M. Adolf Hitler est la réalité allemande pour telle et telle raison"– ce qui serait précisément un retour au subjectivisme et au rationalisme dénoncés abondamment par ailleurs. L'acte d'adhésion est d'abord le constat d'un dévoilement : la réalité allemande est advenue, et elle est advenue en *Présence*. Le *Führer* incarne cette arrivée en présence, non parce qu'il s'appellerait Adolf Hitler ou qu'il aurait telle ou telle "compétence", mais *parce qu'il est le Führer*, parce que la venue de cette réalité allemande, de cette authenticité s'ancre, se fonde, s'origine dans un Centre unique qui récapitule le Tout dans l'extrême singulier (le *Führer*, à *lui tout seul*). Ce *Führer* est aussi la loi de la réalité allemande, ce qui veut dire qu'au-dessus, ou en deçà de la Loi, comme on l'a vu dans les textes de la première période, il y a *l'Origine qui régit.*

L'identification du Chef politique ou du Chef d'Etat à la Nation – phénomène banal : n'a-t-on pas dit que de Gaulle *était* la France, Peron l'Argentine etc. ? – est un processus qui découle de l'imaginaire métaphysique (avec autant d'efficacité dans les têtes des universitaires que des masses laborieuses). Elle est, dans le cas de Heidegger, d'autant plus compréhensible qu'elle constitue comme le point d'aboutissement de ses écrits de 1926 à 1932 : la réalité humaine-affective, l'authenticité du *Da-*

---

[111] OTT, *op. cit.*, p. 249.

[112] HEIDEGGER, *Réponses et questions sur l'histoire et la politique*, Mercure de France, Paris, 1988, p. 21. Cette traduction, due à J. Launay, a été reprise dans les *Ecrits politiques* (*op. cit.*, pp. 239-272), moyennant quelques modifications et ajouts de Fédier. Ainsi, partout où Launay écrit "affirmation de soi" (de l'Université), Fédier donne "fidélité à elle-même". Le passage sur la rétractation est complété, dans la version de Fédier, par des phrases qu'aurait supprimées le *Spiegel* : "Mais je reprendrais aujourd'hui encore, aujourd'hui plus décidément que jamais cette formulation : "La fidélité à elle-même de l'Université allemande", sans référence toutefois au nationalisme. La société a pris la place du "peuple". De toute façon, c'est un discours qui ne serait pas mieux entendu aujourd'hui qu'alors." (HEIDEGGER, *Ecrits politiques*, *op. cit.*, pp. 246-247).

[113] Postface à l'ouvrage de Ott, *op. cit.*, p. 398.

sein, le peuple historial ne sont rien – du néant – sans la force d'un Centre où ils puisent. Sur ce point, Heidegger ne "révolutionne" ni ne "dépasse" la métaphysique, il la ré-introduit et la radicalise, durant cette période.

Dans l'*Appel aux Allemands*, publié par le Journal des étudiants de Fribourg le 10 novembre 1933, dans la perspective du plébiscite du 12 novembre, Heidegger commence par ces mots :

> "Allemands, Allemandes !
> Le peuple allemand est appelé par le *Führer* à voter. Mais le *Führer* ne sollicite rien du peuple. Il *donne* bien plutôt au peuple la possibilité la plus directe de la décision libre et suprême : le peuple tout entier veut-il sa propre existence (*Dasein*) ou bien ne la veut-il *pas* ?"[114]

Le discours, prononcé à la manifestation solennelle du monde universitaire en faveur de Hitler du 11 novembre, va dans le même sens :

> "Le peuple allemand est appelé au vote pour le guide (*Führer*) ; mais le *Führer* ne sollicite rien du peuple, il donne bien plutôt au peuple la possibilité la plus immédiate de la décision libre la plus haute : <savoir> si le peuple tout entier veut sa propre existence ou s'il n'en veut pas. (...). Cette décision ultime atteint jusqu'aux limites extrêmes de l'existence de notre peuple. Et quelle est cette frontière ? Elle consiste en cette existence originelle (*Urforderung*) de tout Etre, qu'il préserve et secoure sa propre essence."[115]

Décodé, ce message indique, selon l'invariable structure ontologique, que l'essence (*le Führer*) comme centre – de l'Etre (le Peuple) comme cercle, n'a pas à "solliciter" ce dernier, mais que celui-ci, au contraire, se préserve en son existence propre en se resserrant *pour* le Centre, autour de lui. La volonté du peuple tend à l'Un – grâce au fait que le *Führer* ait organisé un plébiscite (qui, du reste, ne changera rien à sa ligne politique) :

> "Le choix que le peuple allemand a maintenant à faire, *comme simple événement*, et indépendamment du résultat, est déjà ce qui atteste le plus fortement la nouvelle réalité allemande, celle de l'Etat national-socialiste (...). Cette volonté, le *Führer* l'a pleinement éveillée dans le peuple tout entier ; c'est elle qu'il a soudée pour en faire une *unique* décision. Nul ne peut s'abstenir le jour où doit se déclarer cette volonté. *Heil Hitler !*"[116]

La dialectique ici déployée est assez subtile : le *Führer* ne procède pas du Peuple, mais il lui propose d'exister ; et il est bien placé puisqu'il a

---

[114] HEIDEGGER, *Ecrits politiques*, *op. cit.*, p. 119.
[115] Cité par FARIAS, *op. cit.*, p. 172. Pour la version Fédier, cf. HEIDEGGER, *Ecrits politiques*, *op. cit.*, p. 121.
[116] Cité par OTT, *op. cit.*, p. 211. Pour la version Fédier, cf. *ibid.*, p. 124.

éveillé l'Un dans le peuple tout entier. Donc, il faut aller voter pour déclarer le vouloir-Un ; s'abstenir, ce n'est pas : refuser sa confiance au gestionnaire public Hitler, mais se dérober au mouvement du Peuple-Un, se marginaliser, s'ex-centrer.

Cette pensée du *Führer* ne s'estompera pas après la démission du Rectorat, mais elle sera métamorphosée, dans un registre plus poétique et théologique ; contre la lecture chrétienne du message de Hölderlin, Heidegger signifiera que le Christ ne peut être qualifié d'unique véritable *Führer* car "Etre un Guide (*Führer*) est un destin et, par conséquent, un être fini"[117], mais aussi, du même coup, que le *Führer* créateur d'Etat, comme le penseur ou le poète, fait signe vers le domaine des demi-dieux : "Il faut en prendre acte, écrit Janicaud : en 1934, Heidegger place l'être du *Führer* dans l'axe d'une mission poétique et sacrée dont le penseur se fait lui-même le médiateur en déposant les hymnes de Hölderlin sur l'autel de la Germanie et en dégageant leur destination historiale."[118].

Structuration de l'Etat heideggerien

Pour l'heure, l'Etat heideggerien ne se caractérise pas seulement par son "authenticité" en peuple, ou son centralisme mystique, mais aussi par une structuration qui rappelle un peu la proportionnalité de la πόλις platonicienne. En effet, le contexte politique amène Heidegger à s'adresser à des travailleurs et à aborder la question des classes sociales. Au cours du semestre d'hiver 1933-34, l'université de Fribourg organise une formation intellectuelle et politique pour les chômeurs remis au travail par la ville et la région. A cette occasion, le Recteur prononce un discours qui dévoile sa "philosophie sociale" :

> "L'attribution du travail doit rendre en tout premier lieu le compatriote sans travail et sans ressources capable d'exister dans l'Etat et pour l'Etat et par là pour la totalité du peuple (*das Volksganze*) (...). Tout travailleur de notre peuple doit savoir pourquoi et à quelle fin il se trouve là où il se trouve. Ce n'est que par ce savoir vivant et toujours présent que sa vie s'enracine dans la totalité du peuple et dans le destin du peuple (…). Savoir et possession du savoir, comme le national-socialisme entend ces mots, ne divise pas en classes, mais relie et unit les compatriotes et les corps de métier dans l'unique grande volonté de l'Etat. Tout comme les mots "savoir" et "science" les mots "travailleur" et "travail" ont un sens métamorphosé et une sonorité nouvelle. Le "travailleur" n'est pas comme le marxisme le voulait un simple objet de l'exploitation. Le corps des travailleurs n'est pas la classe des

[117] HEIDEGGER, *Gesamtausgabe* 39, p. 210. Cité par JANICAUD, *L'ombre…*, *op. cit.*, p. 145.

[118] *Ibid.* Cette remarque conduit à nuancer la rétractation de Heidegger sur le *Führer* publiée dans l'entretien avec le *Spiegel*. Pour l'analyse proprement dite des poèmes de Hölderlin, voir plus loin dans le présent chapitre (§ 2) et le suivant (§ 3).

déshérités qui s'avancent pour la lutte des classes généralisée (...). “Travail” c'est pour nous le titre pour toute action et toute activité réglées portées par la responsabilité de chacun isolément, du groupe et de l'Etat et qui est ainsi au service du peuple.”[119]

Par le langage transmuté, une réalité nouvelle est créée ; le travailleur est perçu et se perçoit autrement : partie du Tout du Peuple-Etat. Il était étranger à lui-même et errant, le voici authentique et enraciné. Il avait une conscience de classe, c'est l'Un qui l'emporte sur la division.

Quant aux étudiants, ils sont appelés à s'investir dans cette innovation du régime national-socialiste, les chantiers ou camps du travail où se retrouvent intellectuels et manuels. Cette initiative est en phase avec la dénonciation heideggerienne de la spécialisation et de la division du travail lors du *Discours de Rectorat.* Ainsi, dans un article intitulé *Le service du travail et l'Université*, publié le 20 juin 1933 dans le Journal des étudiants de Fribourg, le Recteur apporte sa contribution :

> “A l'avenir, l'école n'aura plus le monopole exclusif de l'éducation. Une nouvelle instance d'éducation, d'importance décisive, vient de faire son apparition avec le *service du travail.* Le chantier de travail vient prendre place à côté de la maison familiale, du mouvement de jeunesse, du service de défense et de l'école. (...).
> Notre université dispose dans ses environs immédiats de plusieurs chantiers de travail où les maîtres apporteront leur contribution à l'encadrement.
> Dans le chantier de travail, c'est une nouvelle réalité qui est là. Elle symbolise l'ouverture de notre université à la nouvelle instance d'éducation qu'est le service du travail. Chantier et Université ont bien l'intention, chacun son tour prenant l'un de l'autre et donnant l'un à l'autre, de réunir les instances éducatives de notre peuple en une unité ayant retrouvé son enracinement, et à partir de laquelle le peuple se fait un devoir, en son Etat, d'agir pour son destin.”[120]

Par la suite, Heidegger va ériger tout travail en “travail de l'esprit”, au nom d'un unique “genre de vie” (*Lebensstand*) allemand, dans lequel l'étudiant est appelé à s'engager résolument jusqu'à former une sorte d'élite de l'Etre-Un (et non plus intellectuelle au sens traditionnel).

---

[119] Cité par FARIAS, *op. cit.*, pp. 139-142. Farias date ce discours du 30 octobre 1933, Fédier, du 22 janvier 1934. Pour la traduction de celui-ci, cf. HEIDEGGER, *Ecrits politiques*, *op. cit.*, pp. 136-141. Le texte se termine par une péroraison établissant un lien intime entre la volonté collective de création de travail et de savoir et le “vouloir éminent de notre *Führer*”, générateur d'unité et de grandeur, péroraison se terminant comme suit : “Pour l'homme de ce vouloir inouï, pour notre *Führer* Adolf Hitler, un triple *Sieg Heil* !” (p. 141). Phrase prononcée en 1934 !

[120] HEIDEGGER, *Ecrits politiques*, *op. cit.*, pp. 115-117. Sur l'expérience du camp de Todtnauberg, voir plus loin, mon chapitre IV, § 1.

Dans l'*Appel au service du travail* publié le 23 janvier 1934, Heidegger décrit une micro-société étudiante au travail, qui représente l'avant-garde de l'Etat nouveau, et dont le ton n'est pas sans rappeler la camaraderie (engagement commun) célébrée dans *Etre et Temps* :

> "Un tel service procure l'expérience de base (...) d'une existence quotidienne fermement réglée par la discipline du travail dans la communauté du camp. Un tel service procure l'expérience de base de la purification (...) et de la consolidation journellement mise à l'épreuve de la provenance selon les professions et les couches sociales (...) et de la responsabilité de chacun à partir de la commune appartenance de tous au même peuple."[121]

Le camp se révèle bien le lieu de l'apprentissage du Tout-Un, le noviciat de l'héroïsme qui va au-devant de la mort, la dissolution de l'intellectualisme dans l'expérience. Les couches ou classes sociales n'existent donc pas réellement dans l'Etat nouveau, puisque celui-ci les transcende au point de supprimer tout antagonisme entre elles. Encore une fois, sans le présupposé du Peuple comme Un, de telles affirmations sont inconcevables : "Il n'existe *qu'une seule* "couche vitale", qu'un seul corps social vivant (*Lebensstand*) enraciné dans le fond porteur du peuple et s'échafaudant librement dans la volonté historique dont l'empreinte est préformée dans le mouvement du *parti* allemand national-socialiste *du travail*."[122].

La marche à la mort : l'héroïsme

La conception de la mort comme "lieu" en amont duquel est possible l'existence authentique a également une réalisation historique dans l'Etat "de guerre" et ses héros. Un exemple est l'hommage solennel à Schlageter, combattant contre l'occupation française des territoires du Rhin, fusillé en 1923 et consacré "premier soldat nationaliste-allemand"[123]. Le

---

[121] Cité par FARIAS, *op. cit.*, p. 135. Pour la version Fédier (qui traduit par *chantier* au lieu de *camp*, *devenir plus lucide* au lieu de *purification*), cf. HEIDEGGER, *Ecrits politiques*, *op. cit.*, p. 142.

[122] Cité par FARIAS, *op. cit.*, p. 136. Pour d'autres traductions, cf. HEIDEGGER, *Ecrits politiques*, *op. cit.*, p. 143 et FAYE, *op. cit.*, p. 96. Là où Fédier traduit "*Lebenstand*" par "genre de vie" (au sens de condition de vie, précise-t-il en note), Faye emploie l'expression "classe de vie", signifiant par là que toutes les classes ont fusionné en une seule, cumulant *vie* et *travail*.

[123] En fait, Schlageter était nationaliste catholique, et non militant national-socialiste. Cf. HEIDEGGER, *Ecrits politiques*, *op. cit.*, p. 295 (note de Fédier) et FARIAS, *op. cit.*, p. 101. Heidegger ne paraît pas soucieux d'investiguer sur le Schlageter historique, personnage moins brillant que ce qu'en fit le mythe érigé par les nazis. Palmier, bon connaisseur de cette Allemagne, écrit même que "Schlageter tenta de sauver sa vie en dénonçant tous ses camarades" (PALMIER, *L'expressionnisme comme révolte*, *op. cit.*, p. 426). Son combat effectif fut aussi dirigé contre l'ennemi de l'intérieur (les ouvriers communistes). Hanns JOHST, expressionniste devenu écrivain officiel du régime nazi, publia une tragédie, dédiée

discours de Heidegger du 26 mai 1933 rappelle donc *S.u.Z.*, mais aussi la pensée de Héraclite sur le héros et la mort au combat[124] :

> "Sans défense, face aux fusils, il sut, du plus profond de lui-même, lancer héroïquement son regard bien au-dessus des armes pointées sur lui, pour gagner la lumière et les cimes de son pays, afin de mourir pour le peuple allemand et son Etat, les yeux fixés, sur le pays alémanique. La volonté tranchante et le cœur lucide, Albert Leo Schlageter a connu la mort qui fut la sienne : la plus dure et la plus grande. Etudiant de Fribourg ! Que la montagne natale de ce héros donne tout l'afflux de sa force à ta volonté ! Etudiant de Fribourg ! Que le soleil d'automne brillant sur la vallée, au pays de ce héros, inonde de force ton cœur ! Garde-les tous deux en toi, pour transmettre ce tranchant de la volonté et cette lucidité du cœur à tes camarades des universités allemandes. C'est ici même que passait Schlageter quand il était étudiant à Fribourg., Mais pour lui, cela n'a pas duré longtemps. Il *fallait* qu'il aille dans les pays Baltes ; il *fallait* qu'il aille en haute-Silésie ; il *fallait* qu'il aille dans la Ruhr. Il ne pouvait se dérober à son destin qui était de mourir de la mort la plus dure et la plus grande, avec une volonté tranchante et un cœur lucide. Rendons hommage à ce héros, et levons en silence la main pour le saluer."[125]

L'orateur ignore le *catholique* en Schlageter, pour en faire un héros *allemand*. Ayant encore une dimension "in-fondable" dans *Etre et Temps*, la mort est à présent justifiée en ce qu'elle est donnée pour la patrie/le peuple (allemand) : elle est la plus difficile et la plus grande – celle d'un homme désarmé, abattu par l'ennemi, mais en qui le sol natal a mis la dureté du vouloir. Cette dureté peut être atteinte et transmise à qui laisse parler en soi la Nature du pays natal (la région de Fribourg). Quant à la clarté du cœur, il s'agit bien d'une lumière centrale donnée par le Feu de la nature, le feu sacré, célébré plus tard dans la lecture de Hölderlin. Le *Logos*-feu s'est manifesté chez un individu (héros en puissance) qui, l'un des premiers de son temps, a pu entendre son appel – en l'occurrence un nouveau mouvement national et *völkisch*[126].

Cet appel est à la fois impératif catégorique et nécessité, μοίρα (martèlement du "il *fallait*") et donc, par lui, le *Dasein* a "trouvé" sa liberté, son existence authentique et un fondement à sa mort : "L'imprécision de l'"appel" dans *Etre et Temps* (une "appel" qui ne visait personne)

à Hitler, intitulée *Schlageter*, qui "fut représentée pour la première fois à l'occasion de l'anniversaire d'Hitler, le 21 avril 1933, dans plus de mille villes" et utilisée "comme moyen de propagande du parti nazi." (PALMIER, *ibid.*, pp. 424-425). Le retentissement de la figure de Schlageter dans la culture et la presse nazies était considérable : il était le symbole du refus, jusque dans la mort, du Traité de Versailles.

[124] Cf. *L'aube de l'Un*, pp. 77-81.

[125] HEIDEGGER, *Ecrits politiques*, *op. cit.*, p. 115. Voir aussi FAYE, *op. cit.*, pp. 70-71 et FARIAS, *op. cit.*, pp. 105-106 pour une autre traduction.

[126] Sur l'importance politique du feu, cf. *infra*, mon chapitre III, § 2.

peut maintenant s'articuler avec l'"appel" qui rend concrets le peuple et son passé et que constituent (font *être*) – peuple exemplaire – ses Führer et ses héros."[127]. Heidegger s'adresse avant tout aux étudiants ("Etudiants de Fribourg !"...), qui, dans un tel contexte, sont déjà comme des soldats spirituels. C'est essentiellement en *cela* qu'il fait entendre sa différence dans le nouveau régime et par là qu'il déclenche un processus aux conséquences insoupçonnables.

La différence : l'Etat "régi" par l'Université

Ce n'est un truisme qu'en apparence, *L'auto-affirmation de l'université allemande* s'adresse d'abord aux universitaires allemands. Il est dit d'emblée que l'université allemande possède une essence dans laquelle il faut s'enraciner, mais que "cette essence ne parvient à la clarté, au rang et à la puissance qui sont les siens, que si d'abord et en tout temps les guideurs sont eux-mêmes des guidés – guidés par l'inflexibilité de cette mission spirituelle dont la contrainte imprime au destin du peuple allemand son caractère historique propre."[128].

Cette relation subtile entre guidant et guidé rappelle la structure (cachée) de *Vom Wesen des Grundes*[129]. Le guideur est guidé par l'inflexibilité de la mission spirituelle (*geistlige*). C'est donc l'Esprit, dans sa fermeté, qui donne, par sa contrainte, un caractère historique au peuple[130]. A l'intérieur d'un peuple, la mission élevée de l'université, sa supériorité, ne font pas de doute : "ce corps de maîtres et d'élèves de la plus haute école du peuple allemand"[131] ; ceci sous-entend qu'il y ait plusieurs écoles – et peut-être pas seulement des établissement scolaires, mais des "lieux d'écolage" tels que l'armée, les mouvements de jeunesses, les équipes d'apprentis, etc. Mais pour prétendre à l'autonomie, il faut l'identité : les universitaires doivent savoir qui ils sont, et à cette dernière fin, pratiquer "l'*auto-méditation* la plus constante et la plus dure"[132], laquelle "ne se produit que dans la force (*Kraft*) de l'*auto-affirmation*"[133]. Il y a ainsi une cascade : la force de l'auto-affirmation permet l'automéditation qui permet l'identité qui permet l'autonomie. Ce qui permet la "liberté" et chaque opération de définition par soi et de retour à soi (*auto*), c'est la force affirmative.

Pourquoi Heidegger met-il en parallèle la science et le destin allemands ? La science éduque, mais pas n'importe qui : les guides et

[127] FARIAS, *op. cit.*, p. 106.
[128] HEIDEGGER, *L'auto-affirmation...*, *op. cit.*, p. 5.
[129] Cf. *supra* mon § 1.
[130] A propos de l'Esprit voir aussi *infra*, mon chapitre III, § 2 et § 3.
[131] HEIDEGGER, *L'auto-affirmation...*, *op. cit.*, p. 6.
[132] *Ibid.*
[133] *Ibid.*

gardiens du destin du peuple allemand. Pour que cette éducation soit valide, la science doit être soumise à une nécessité (la sienne plus intime) et le destin doit être enduré par la communauté universitaire. La science se voit donc ramenée à la question de son essence et le destin doit être supporté. Pourtant la science ne peut "trouver sa véritable consistance" qu'à une condition : se placer sous la puissance du commencement (grec). Ce coup d'envoi initial (le questionnement grec de l'étant total) produit l'unification entre les sciences : "Une telle façon de questionner fait voler en éclats la mise en boîte des sciences dans des disciplines séparées, elle va chercher les sciences, pour l'en faire sortir, dans leur dispersion sans rive et sans but en des champs et des recoins isolés ..."[134].

Dans cette nouvelle Histoire commencée par le Peuple allemand, la mission – tout à fait spécifique – de *guide* des universitaires se précise. Si le corps enseignant "tient bon" aux avant-postes de l'incertitude du monde, alors il est mûr pour guider – c'est-à-dire non seulement marcher devant, mais marcher seul, ce qui implique la *sélection* des meilleurs, l'allégeance authentique : "le corps des étudiants est en marche. Et ceux qu'il cherche, ce sont les guides grâce auxquels il veut élever sa propre vocation à une vérité fondée et savante et la placer dans la clarté d'une parole et d'une œuvre explicative agissante"[135]. Ces guides ne s'imposent donc ni par la force physique ni par le savoir, mais par leur "sens du fondement" – ce qui rejoint les caractères des gardiens de l'Etat platonicien, sauf qu'ici la vertu – comme caractère éthique – n'est plus nécessaire.

Il en résulte que le "service du savoir" que dispense l'université ne l'est pas en vue d'un métier futur, mais au nom du "savoir essentiel du peuple quant à la totalité de son existence"[136], dans laquelle un métier pourra trouver sa justification. Cette position va à l'encontre de certains idéologues du régime, et notamment Hess, qui prônaient l'école professionnelle : dans ses écrits de l'immédiat après-guerre, Heidegger mettra fortement en évidence ce clivage et présente son discours comme une défense de la fonction de l'université[137].

Par rapport à la voix officielle du régime, Heidegger ajoute la nécessité d'un service du savoir, mis sur le même pied que le service du travail et le service militaire : "Les trois services qui sortent de là – le service du travail, le service militaire et le service du savoir – sont également nécessaires et de rang égal"[138]. Avec le recul du temps, la revendication paraît audacieuse, dérangeante – le savoir n'eut pas, pour

---

[134] HEIDEGGER, *L'auto-affirmation...*, *op. cit.*, p. 12.

[135] HEIDEGGER, *L'auto-affirmation...*, *op. cit.*, p. 14.

[136] HEIDEGGER, *L'auto-affirmation...*, *op. cit.*, p. 17. Pour l'entretien au *Spiegel*, Heidegger fait observer que "le sens" donne la première place au service du savoir (cf. HEIDEGGER, *Réponses...*, *op. cit.*, pp. 20-21).

[137] Cf. *infra* mon chapitre IV et *Heidegger*, L'Herne, *op. cit.*

[138] HEIDEGGER, *L'auto-affirmation...*, *op. cit.*, p. 17.

les dirigeants nazis, un statut équivalent à l'armée et à l'*Arbeit* – mais jusqu'en juin 1934, il fallait compter avec les sections d'assaut (SA), pour lesquels l'étudiant et l'université avaient un rôle spécifique et éminent à jouer dans la révolution sociale à engager. Les SA ont fortement contribué à la politisation des universités et la formation idéologique de leurs membres. Leur chute allait mettre fin aux rêveries d'une université allemande comme centre propre "s'auto-affirmant" et force motrice de la véritable révolution.

Dans son discours de novembre 1933 *L'étudiant allemand comme travailleur*, Heidegger définit d'ailleurs explicitement l'articulation entre travail, rénovation universitaire et militantisme dans les sections d'assaut : "Qu'est-ce donc que le nouvel étudiant allemand ? Un "sujet de droit au sein de l'Université" ? Bien sûr que non. Car l'étudiant allemand passe à présent par le service du travail, il se tient aux côtés de la SA ; il est assidu aux sorties sur le terrain."[139]. La "lointaine injonction" est à l'œuvre dans ce contexte.

Dès lors que cette injonction fondamentale (historiale-spirituelle) est suivie (d'effet), la science confiée aux universitaires ne peut être en *plénitude* que le savoir du peuple et le savoir du destin de l'Etat, c'est-à-dire ce qui en dépend. La finalité de cette science est en même temps sa finitude.

> "Avoir un savoir du peuple qui en partage l'activité, poursuit Heidegger, et un savoir du destin de l'Etat qui se tient prêt pour ce destin, cela – et cela seul – constitue, dans l'unité avec le savoir de la mission spirituelle, l'essence originelle et pleine de la science dont la réalisation nous est confiée – une fois posé que nous nous conformions à la lointaine injonction du commencement de notre existence historiale spirituelle."[140]

Si la pensée est ainsi soumise à l'identité du Peuple, *a fortiori* la science (celle-ci procède donc du peuple, elle est soumise au destin). Le concept habituel de "science" est ainsi renouvelé : dérivée de l'existence du peuple dans l'Etat, elle n'en est pas moins placée au cœur de l'étant/de l'Etat : "Pour les Grecs, la science n'est pas un "bien culturel", mais le *centre* le plus intimement déterminant de l'ensemble de l'existence populaire au sein de l'Etat" (...). La science, c'est tenir bon en questionnant *au milieu de* l'étant en totalité, qui ne cesse de se dissimuler."[141]. Le lieu de cette πραξις qu'est la science – dans la société allemande, l'université – doit se trouver au centre, et le questionnement a lieu comme visée au centre et maintien ferme en lui. La science, revue et corrigée par l'orateur,

---

[139] HEIDEGGER, *Ecrits politiques*, *op. cit.*, p. 126. Cf. aussi FARIAS : "Le nouvel étudiant allemand passe aujourd'hui par le service du travail, il est dans les SA." (*op. cit.*, p. 134).
[140] HEIDEGGER, *L'auto-affirmation...*, *op. cit.*, p. 17.
[141] HEIDEGGER, *L'auto-affirmation...*, *op. cit.*, p. 10. Souligné par moi.

occupe une position centrale en ce qu'elle oblige “surtout à l'essentialité et à la simplicité et l'interrogation *au milieu* du monde spirituel qui, historialement, est celui du peuple.”[142].

L'Etat est donc un autre nom (constitué et constitutif) du peuple historial, pour lequel se développe la science. L'originalité du concept heideggerien de *science* va de pair avec celle de sa conception de l'université : “C'est *cette* science que nous visons lorsque nous définissons l'essence de l'université allemande comme la haute école qui, à partir de la science et à travers la science, éduque et élève les guides et gardiens du peuple allemand.”[143]. L'expression “haute école” pourrait être rapprochée du système de formation propre du mouvement national-socialiste – d'où la double lecture possible ici – et nous touchons sans doute ici aux frontières de l'impensé : le parti/le régime avait ses écoles (de cadres, de formation idéologique) qui se distinguaient des écoles/universités traditionnelles en ce que, d'une part, il ne s'agissait pas d'écoles professionnelles et d'autre part, on y pratiquait aussi un style de vie particulier très différent de ce que nous connaissons habituellement du style de vie étudiant (et sûrement de son folklore) : ascétisme, exercice physique, travail, contact avec la nature etc. Une “haute école” occupe dans la hiérarchie de l'ensemble du dispositif d'écolage, une position centrale et prééminente[144].

On voit donc émerger du *Discours de Rectorat* une conception de l'Etat comme un cercle/centre dans lequel le peuple se reconnaît, émane comme peuple-historial – mais en même temps la communauté universitaire doit y jouer un rôle moteur. Les écrits et discours de Heidegger qui suivent, au cours de cette période, illustrent, souvent plus explicitement encore, ces positions.

La conférence *L'université dans le nouveau Reich*, prononcée le 30 juin 1933 à l'invitation des étudiants de Heidelberg, développe les thèses du *Discours*, surtout en ce qui concerne l'Etat et le *Führerprinzip*, de telle sorte que la démarche universitaire se trouve à présent fondue dans la totalité organique et populaire en cours d'instauration :

> “*Aucun danger* ne peut venir du travail pour l'Etat, aucun sinon par l'indifférence et par la résistance ! (...). La nouvelle doctrine dont il s'agit ne signifie pas la mise de côté des connaissances, mais le faire-apprendre et le faire-enseigner. Cela signifie se faire conduire par le non-connu et par la

---

[142] HEIDEGGER, *L'auto-affirmation..., op. cit.*, p. 18. Souligné par moi.

[143] *Ibid.*

[144] L'expression française “grandes écoles” aide aussi à penser ce phénomène : de telles institutions forment les élites qui garderont un Etat, tandis que le sens de l'université, voisin de celui d'universalité, évoque une fonction critique purement abstraite, trop en retrait pour assumer le destin du peuple/Etat. L'*universitas scolarium et magistonum* au moyen-âge désigne des professionnels du savoir et de la recherche, qui prennent leur autonomie par rapport aux pouvoirs établis et aux corps constitués. Voir aussi *infra* mon chapitre IV.

suite, et par là même, devenir le maître du savoir qui saisit, devenir sûr dans le coup d'œil pour l'essentiel. A partir d'une telle doctrine vient croître la véritable recherche ; elle est accrochée au Tout par son enracinement dans le peuple et son lien à l'Etat. L'étudiant est poussé dans l'insécurité de toutes choses, à partir de quoi se fonde la nécessité de l'engagement. *L'étude (Studium) doit à nouveau devenir une audace*, non un refuge pour les lâches. Qui ne soutient pas le combat reste couché. Le nouveau courage doit s'accoutumer à la constance, car le combat pour les lieux d'éducation de ceux qui conduisent va durer longtemps. Il va combattre avec les forces du nouveau Reich que le chancelier du peuple, Hitler, a conduites jusqu'au réel. Une race dure, sans pensée pour soi-même, doit mener cette lutte qui vit de l'épreuve permanente et pour le but qui lui a été assigné. Le combat a pour enjeu la figure de l'éducateur et du *Führer* à l'université."[145]

Le cours de l'été 33 exalte la jeunesse allemande qui, dans le contexte nouveau, "est animée par la volonté de trouver la discipline et l'éducation qui la rendront mûre et forte pour assumer le rôle de guide spirituel et politique qui lui est réservé pour la génération à venir, et dont elle sera investie le moment venu par le peuple, pour l'Etat, au milieu des peuples du monde."[146]. La révolution doit encore se produire dans l'université, qui en deviendra le *moteur* dans l'Etat, expose Heidegger, le 30 novembre, dans sa conférence de Tübingen :

"La révolution est arrivée à sa fin et doit faire place à l'évolution, selon les paroles même du Führer. (...). Cependant, à l'université, *la révolution, non seulement n'a pas atteint son but, elle n'a même pas commencé*. Et si, dans le sens où l'entend le Führer, nous sommes au stade de l'évolution, celle-ci ne pourra s'accomplir qu'au moyen de la lutte et dans la lutte. La révolution dans l'Université allemande n'a rien à voir avec des modifications de surface. La Révolution national-socialiste est et va devenir la rééducation complète des hommes, des étudiants et des jeunes enseignants qui viendront demain."[147]

Il fournit également une définition de l'apprendre et de l'enseigner :

"*Apprendre, c'est se donner à soi-même en se fondant sur la possession originaire de son existence comme membre d'un peuple (Völkisches*

---

[145] FAYE, *op. cit.*, pp. 84-85. Faute d'un texte manuscrit disponible, il faut se baser sur le compte-rendu du journal *Les Dernières nouvelles de Heidelberg* du 1/7/33. C'est pourquoi Fédier, dans les *Ecrits politiques*, propose une "recension" de la conférence (*op. cit.*, pp. 144-146). Autre traduction disponible dans FARIAS, *op. cit.*, p. 153. La conférence sert aussi à "positionner" Heidegger lui-même, qui souhaitait se voir homme *Führer* de l'université de Fribourg (ce qui fut formellement le cas le 1er octobre) ; en réalité, il appliqua le *Führerprinzip* dès le printemps 1933. Sur la conférence de Heidelberg cf. aussi SAFRANSKI, *op. cit.*, pp. 355-356.
[146] Cité par FARIAS, *op. cit.*, p. 144.
[147] Cité par FARIAS, *op. cit.*, p. 157.

Dasein), et prendre conscience de soi-même comme co-détenteur de la vérité du peuple dans son Etat. Enseigner (...), c'est permettre que celui qui veut savoir remonte vers les puissances de l'existence du peuple afin d'en recueillir la force stimulante ; enseigner, c'est rendre sûr le regard essentiel vers l'être, c'est apprendre à négliger l'inessentiel. *C'est seulement à partir de ce type de relation entre enseignants et enseignés, c'est-à-dire dans une étroite communauté, que naît la science.*"[148]

Une conception alternative de la *Führung* n'apparaît-elle pas ainsi au sein de l'*establishment* du nouveau *Reich*, et qui s'appuie, non sur le parti, l'armée ou la grande industrie, mais sur l'université, lieu d'où le *Geist* peut se déployer sur l'ensemble de corps social à partir d'un centre plus profondément allemand que l'Allemagne ? Mais il n'y aura pas de seconde révolution, pas l'Etat-universitaire : la *Führung* gagnante tient certes tout l'appareil d'Etat, mais l'Esprit s'en est retiré, et la force de l'université y est tenue pour négligeable.

De l'Etat nazi à la "patrie ontologique"

Déjà l'*Allocution aux travailleurs* rompt une lance en faveur de la campagne contre la ville : "il importe (...) de savoir où l'urbanisation a mené l'être humain en Allemagne et comment il doit être ramené à habiter la terre de la campagne."[149]. D'autre part, la conception heideggerienne du pouvoir universitaire implique, au fond, que l'Etat soit régi par un Esprit plus originairement allemand, plus "archaïque" que ne le vit et le pense le régime lui-même – lequel ne comprend décidément pas le matin grec. Des circonstances politiques et personnelles[150] vont amener Heidegger à effectuer la jonction entre le thème du sol rural et celui de l'Esprit.

C'est d'un patrie locale précise que l'âme allemande prend son essor comme peuple et nation. Ce régionalo-centrisme (pourtant éminemment allemand) explique sans doute le choix explicité par Heidegger dans *Pourquoi nous restons en province*, qui évoque l'enracinement de sa vie dans le milieu paysan et son sol natal : "L'appartenance intime de mon travail à la Forêt-Noire et aux hommes qui y vivent vient d'un enracinement séculaire, que rien ne peut remplacer, dans le territoire alémanique et souabe"[151]. Le clivage monde citadin/monde paysan est la dominante du texte. Dans les grandes villes, l'isolement est possible, non la solitude ; or c'est la solitude qui "a le pouvoir absolument original de ne pas nous

---

[148] Cité par FARIAS, *op. cit.*, pp. 161-162.
[149] HEIDEGGER, *Ecrits politiques*, *op. cit.*, p. 138.
[150] Cf. *infra*, mon chapitre IV.
[151] Cité (intégralement) par le *Magazine littéraire*, trad. Parfait & Dastur, nov. 1986, p. 24. La traduction Fédier produit des effets de sens semblables (cf. *Ecrits politiques*, *op. cit.*, pp. 149-153).

isoler, mais au contraire de *jeter* l'existence tout entière dans l'ample proximité de l'essence des choses."[152].

Seule la vie rurale permet donc l'activité philosophique véritable, position révolutionnaire si l'on se souvient qu'une telle activité était considérée jusqu'alors comme liée au phénomène urbain, qui permettait le débat, la circulation des idées : ici c'est une activité solitaire. La ville est lieu d'oubli, la mémoire paysanne est fidèle, sans défaillance. Il faut donc éviter la contamination du terroir, de l'authenticité du peuple paysan, par les citadins (p. ex. les skieurs). Ce qui est précisément devenu "seul nécessaire", vis à vis du mode d'existence paysan, c'est "*n'y pas toucher* – pour ne pas lui faire violence en l'exposant au bavardage mensonger des littérateurs sur ce qui fait l'être propre d'un peuple et son appartenance à un terroir."[153].

Le texte se termine par l'histoire célèbre du paysan qui incite silencieusement le philosophe à refuser la deuxième offre de nomination à l'université de Berlin, qui eût sans doute fait de lui *le* philosophe du troisième Reich. Au-delà de l'anecdote, (et de ce qu'elle révèlerait de profond, selon certains, sur la finitude humaine etc.), c'est le positionnement géo-politique qui devrait retenir l'attention : *la campagne souabe a gagné contre le symbole même du cosmopolitisme.*

Face à ce constat, l'on serait d'abord tenté de dire : le centre est fui par le penseur qui a choisi de se tenir en périphérie, auprès des gens simples. Mais cet écrit marque plutôt l'instauration, par Heidegger, d'un centre spirituel distinct du centre politique, académique, administratif, diplomatique, journalistique de l'époque. Il a déjà, d'une certaine façon, démissionné intellectuellement du *Reich*, mais il reste professeur (fonction dont on verra le prix qu'il y attache et qui l'identifie, notamment auprès des paysans locaux). Une *Führung* nouvelle (mais plus archaïque) s'instaure insensiblement et discrètement en marge et peut-être en concurrence de la *Führung* politico-académique. L'utilisation du mot "province" implique sa réciproque (l'existence et, malgré tout, la *reconnaissance* d'une capitale) mais le "rester" invoque une capacité à "se fixer".

Ce n'est donc pas Heidegger qui s'est écarté du régime, mais celui-ci qui, à un moment donné, a dévié d'un *Grund* dont le philosophe n'avait en vérité jamais bougé.

> "Tandis qu'au début de son rectorat, Heidegger appelait, dans le discours-hommage à Schlageter, à comprendre la nature comme la patrie d'un héros fondant un projet politique d'Etat, maintenant – sans pour autant abandonner son penchant pour cet Etat et le projet de sa propre réflexion – il revient vers ce qu'il croit être le fondement générateur de l'authentique Etat national-socialiste et de l'action politique véritable : la patrie locale et le travail qui la

[152] *Ibid.*
[153] HEIDEGGER, *Pourquoi nous restons en province, op. cit.*, p. 25.

constitue en tant que telle. C'est pourquoi sa pensée ne se déplace pas ici, comme en mai 1933, de la patrie (la Forêt Noire) vers le héros (Schlageter) mais à l'inverse de la quotidienneté de la vie professionnelle et politique vers l'origine transcendentale."[154]

Quelque chose d'important se produit : insensiblement, l'instauration (non dite et peut-être, en un sens, non pensée), d'*une* patrie alternative et concurrente de l'Etat hitlérien, à la fois plus spirituelle et plus profondément allemande. Une patrie étrange dont on ne s'abaisserait jamais à tracer les contours géographiques, mais qui serait au moins le terroir alémanique et souabe.

L'hommage à Schlageter, on l'a vu, évoquait la "terre alémanique". A présent, Heidegger ne parle déjà plus de l'Etat, mais il évoque les Allemands. Et quand il entend "Allemands" ne s'agirait-il pas, non point des Germains, des Teutons, mais du peuple alémanique ? Le mot *Allemagne* vient des "Alamans" ou "Alémans" (en latin *Alamanni*) groupe de tribus apparues au troisième siècle sur une partie de l'Alsace, la Suisse alémanique, le sud du pays de Bade, le Wurtenberg et la Souabe : par extension, on désigna ensuite sous le nom d'Allemands l'ensemble des Germains, alors que l'Alémanie n'est qu'une région de Germanie. L'alémanique est donc plus originaire que l'Allemand, et celui-ci que l'Allemagne (en tant qu'Etat).

Il serait évidemment risible de prétendre déceler dans le propos heideggerien une marque d'hostilité politique ou économique du Sud à l'égard du Nord, *a fortiori* un plan de sécession. L'idée était certes défendue, à l'époque (von Kralik, Nadler[155]), d'une supériorité sudiste (ethnique et culturelle) – point de départ, et vraie matrice, de l'unité allemande, qu'elle soit tentée sous les Habsbourg ou par Hitler, né en Autriche, mais Heidegger y voit avant tout une terre de fécondité spirituelle, la patrie des grands poètes et penseurs (ainsi l'autrichien Trakl, étudié surtout dans les années 50, appartient-il à cette famille "alémano-danubienne"). N'est-ce pas là même le vrai centre de l'Europe, le lieu pour la nouvelle Acropole ?

---

[154] FARIAS, *op. cit.*, p. 192. L'exhaltation de la valeur du travail paysan était très présente dans les discours du régime, mais là n'est pas la nouveauté de la contribution de Heidegger : "Il répond à une autre préoccupation : la volonté des Allemands de placer le centre politique au nord-est. Et comme ce déplacement mène à la constitution de lieux de pouvoir dans les grandes villes (particulièrement à Berlin) Heidegger va lui opposer la nécessité de chercher le moteur du travail spirituel et politique non seulement en province, mais dans la campagne même. A la bureaucratisation des Etats passant progressivement sous l'hégémonie de la fraction institutionnelle, Heidegger oppose le mouvement révolutionnaire des patries locales." (p. 193). Est-il si clair qu'il s'agisse, de la part de Heidegger, *des* patries locales ? Il n'évoque jamais d'autre "Heimat" que le pays souabe : il n'entre pas en dialogue, ni en concurrence avec d'autres patries locales – qu'il ignore, en vérité.

[155] "Selon la thèse connue de Josef Nadler, la spiritualité des Allemands naît et atteint son apogée dans le sud puis se répand peu à peu vers le nord." (FARIAS, *op. cit.*, p. 105).

L'authenticité de l'Etat s'étant révélée imparfaite, insatisfaisante, le penseur va se tourner vers celle du langage. On a vu comment la rhétorique heideggerienne conférait aux mots, dans la rénovation national-socialiste, un sens métamorphosé, une résonance inédite : un nouveau langage est instaurateur d'un nouveau monde. Ce travail de révolution radicale, qui avait été esquissé, mais qui avait atteint sa limite dans l'Etat hitlérien, va maintenant se déployer de manière quasi-obsessionnelle jusqu'à la fin : l'Etre n'arrivera plus en Peuple-Etat, mais désormais en mots.

De cette époque en tout cas date l'intérêt croissant de Heidegger pour la question du langage comme tel *et* la vieille langue allemande, le "haut allemand", par où l'on remonterait cette mystérieuse filière souabe-alémanico-grecque : plus on se rapprochera de l'ancien, plus grande sera l'authenticité de la pensée. Le sens des concepts doit donc s'abreuver à cette source. Ainsi dans *Das Rhein* apparaîtra la tentative de situer une "zone ontologique" – le "Massif des Alpes" dont la proximité "est la proximité de l'origine, de l'essentialité de l'Etre, à quoi le poète veut rester lié."[156]. Heidegger évoquera les trois "amis souabes" : Hölderlin, Hegel et Schelling[157]. Plus tard, *Was heisst denken ?* (1951-52) prétendra trouver une féconde légitimité dans les mots du vieil allemand *Gedanc*[158], *Wesen*[159], *Ahnen*[160]. Le sens vrai de *fremdt* (étranger) sera amené à partir de celui du vieil allemand *fram*[161] ; appel aussi au haut allemand *sagan* pour expliquer le sens profond du "dire"[162].

Plus révélatrice encore apparaît cette recherche sur *bewegen* (mouvoir) : "suivant l'ancien usage du dialecte alémanique en souabe, le verbe *wëgen* peut signifier : frayer un chemin, par exemple à travers une campagne profondément enfouie dans la neige."[163]. Parmi tous les sens possibles, le vieux souabe est sûrement le bon – celui qui va corroborer le thème de l'accès à la Parole, etc. "Frayer un chemin (...), cela se dit encore aujourd'hui en dialecte souabo-alémanique : *wëgen.*"[164]. Le *Geist* doit être

---

[156] HEIDEGGER, *Les Hymnes de Hölderlin : "La Germanie" et "Le Rhin"*, trad. Fédier/Hervier, Gallimard, Paris, 1988, p. 178.
[157] Cf. HEIDEGGER, *Les Hymnes..., op. cit.*, p. 125.
[158] HEIDEGGER, *Qu'appelle-t-on penser ?* trad. Becker/Granel, P.U.F. (coll. *Epithémée*), Paris, 1988, pp. 145 et 236.
[159] HEIDEGGER, *Qu'appelle-t-on penser ?, op. cit.*, p. 217.
[160] HEIDEGGER, *Qu'appelle-t-on penser ?, op. cit.*, p. 259.
[161] HEIDEGGER, *Acheminement vers la parole*, trad. Beaufret/Brokmeier/Fédier, Gallimard (coll. *Tel*), Paris, 1988, p. 45.
[162] HEIDEGGER, *Acheminement..., op. cit.*, pp. 152 et 208. Cf. aussi *Questions II, op. cit.*, p. 65.
[163] HEIDEGGER, *Acheminement..., op. cit.*, pp. 182-183.
[164] HEIDEGGER, *Acheminement..., op. cit.*, p. 249.

pensé à partir du vieux mot *gheis*, qui signifie "être soulevé, transporté, hors de soi."[165].

Pour entendre le double sens de la "Raison" (*Vernunft* et *Grund*) rien de tel que l'allégorie du sapin de la Forêt Noire – ancien modèle, évidemment – qui, lui, doit avoir gardé quelque chose du *Logos* : "Le terme du vieux haut allemand pour la branche fourchue, pour le tronc en U, pour tout l'arbre d'un pareil jet est *die Zwiesel*, les troncs jumelés. De pareils jumelés se rencontrent assez souvent parmi les vieux et très droits sapins de la haute Forêt Noire."[166]. Pour faire comprendre l'Ouvert, même méthode : "Le mot allemand *Lichtung* est linguistiquement un mot formé pour traduire le français clairière. Il est formé sur le modèle de mots plus anciens tels que *Waldung* et *Feldung*. Ce qui est *Waldlichtung*, la clairière en forêt, est éprouvé par contraste avec l'épaisseur dense de la forêt, que l'allemand plus ancien nomme *Dickung*."[167].

Produire un sens "nouveau" à partir du plus ancien, de la racine archaïque, voilà encore un travail politique – mais à très longue échéance. L'origine, cependant, reste identifiée. "Je suis convaincu, écrit encore Heidegger en 1945, que c'est à partir de notre foyer souabe que s'éveillera l'esprit de l'Occident"[168]. C'est typiquement le genre de phrase de Heidegger jusqu'ici prise à la légère par les savants, alors qu'elle permet de pénétrer plus avant sa pensée. N'est-ce pas une autre formulation de l'idée : si le troisième Reich a échoué, c'est qu'il était décidément trop berlinois et pas assez grec (alémanique) ?

§ 3. Le centre dérobé (de la démission à la fin de la guerre)

Période de la poésie et de la guerre – ainsi pourrait être résumée l'activité qui s'étend de 1934 à 1945. Heidegger est revenu des illusions d'un "commencement grec" à travers la révolution national-socialiste, mais voici que la guerre offre une possibilité de ré-initialisation presque aussi radicale ; c'est à travers la patrie allemande combattante (non plus tant comme "peuple dans son Etat", que comme puissance s'opposant à d'autres en Occident au nom du questionnement authentique) que le penseur, en dépit des tracasseries politiques, conserve sa ferveur au régime. Sa rhétorique exalte toujours l'héroïsme, mais, à travers Nietzsche, il se remet lui-même en question comme "volonté de puissance". L'université a cessé d'être le moteur d'un avènement de l'Etre au cœur de l'Etat, mais un

---

[165] HEIDEGGER, *Acheminement...*, *op. cit.*, p. 63.

[166] HEIDEGGER, *Le principe de raison*, trad. Préau, Paris, Gallimard (coll. *Tel*), 1989, p. 225.

[167] HEIDEGGER, *Questions IV*, *op. cit.*, p. 127.

[168] Cité par FARIAS, *op. cit.*, p. 288. Il s'agit d'une lettre à Stadelmann, que cite également OTT, *op. cit.*, p. 20.

rôle *similaire* est à présent dévolu, selon ses propres voies, à la poésie. Enfin, à la fois au sein même de l'Allemagne et comme en écart, la "patrie spirituelle" se précise.

Cette période est dominée par les figures de Nietzsche et de Hölderlin. "Tous ceux qui savaient entendre entendirent qu'il s'agissait là d'une explication avec le national-socialisme", dira beaucoup plus tard Heidegger au *Spiegel*[169] à propos de son cours sur Nietzsche ; mais peut-être n'a-t-on pas entendu le mot "explication" comme lui l'entendait.

Lacoue-Labarthe écrit :

> "Mon hypothèse est ici que, pour l'essentiel ce n'est pas du tout dans le discours de 33 qu'il faut chercher la "politique de Heidegger" (ce discours, y compris le *Discours de Rectorat*, est bien trop à l'avance compromis), mais dans le discours qui succède à la "rupture" (ou au "retrait") et qui se veut en tout cas une "explication" avec le national-socialisme, au *nom de sa vérité*."[170].

Sans pour autant juger les discours précédents "non-représentatifs", je décèle un phénomène de "perte du centre", ou plutôt, par rapport à 33, un *découplage* entre le centre politique (toujours identifiable) et un centre spirituel (dont le lieu et la saisie sont *devenus* problématiques). Que le Centre dont on attendait la venue ne soit pas *vraiment* venu historiquement, voilà qui rendra peu à peu précaire la croyance même dans le Centre ; il n'arrive plus en présence, il se dérobe, quoique porté par des mots.

Nietzsche et Hölderlin, donc : deux "religions" dans lesquelles Heidegger va cheminer, mais aussi deux immenses *pré-textes* au développement de sa propre pensée politique, car celle-ci se veut encore à l'ordre du jour. Deux figures de référence de l'idéologie nazie – il ne faut tout de même pas l'escamoter : à cette époque, le culte de Hölderlin était organisé à l'échelle nationale, notamment à l'occasion du centième anniversaire de sa mort (1943) qui vit paraître un volume d'hommages, parmi lesquels *Andenken* (*Souvenir* ou *Mémoire*) de Heidegger, volume dont l'introduction effectue une lecture ultra-nationaliste de Hölderlin, promoteur d'une "nouvelle religion allemande"[171] ; s'agissant de Nietzsche, Heidegger écrit en 1936 : "Les deux hommes qui ont annoncé un contre-mouvement contre le nihilisme, Mussolini et Hitler, chacun d'une manière différente, ont tous deux été à l'école de Nietzsche. Le domaine métaphysique propre de Nietzsche n'a cependant pas été ainsi mis en valeur"[172]. En les étudiant,

---

[169] HEIDEGGER, *Réponses et questions...*, *op. cit.*, p. 34.

[170] LACOUE-LABARTHE, *op. cit.*, p. 82.

[171] Cf. FARIAS, *op. cit.*, pp. 282-283.

[172] Extrait d'un passage non publié du cours sur Schelling de l'été 1936, cité par JANICAUD, *L'ombre...*, *op. cit.*, p. 41 (d'après une lettre de Carl Ulmer au *Spiegel* du 02/05/1977). WOLIN (*op. cit.*, p. 157) en propose une traduction légèrement différente, et sa source est un ouvrage de Pöggeler. La thèse de Wolin à propos de l'influence de Nietzsche sur la

Heidegger, à la fois se pose dans l'air du temps (il souscrit à ce caractère de référence pour les Allemands) et argumente sa différence au nom d'un "national-socialisme" (mais est-ce encore le mot ?) plus originaire : un véritable royaume métaphysique qui serait (contrairement à ceux de Hitler et Mussolini) suffisamment nietzschéen ? Peut-être...

Enfin nommé : l'Etre de l'Etat

De Heidegger, le *Nietzsche*, cette symphonie monumentale, est probablement le chef d'œuvre ; il mériterait, mais à lui seul plusieurs ouvrages et je ne peux ici que l'effleurer. Mais un passage s'y trouve, brève incursion dans le domaine de la philosophie politique, à la faveur d'un réflexion sur l'art (*sic*), qui révèle beaucoup.

De *La République*, où Platon pose le problème du rapport entre l'art et la vérité, Heidegger cite la phrase "il est nécessaire que les philosophes exercent la souveraineté"[173], puis l'interprète, probablement pas exactement au sens où l'entendait Platon, au moins pour le début :

> "Cette proposition n'entend pas que les professeurs de philosophie doivent diriger les affaires de l'Etat, mais ceci : les modes de comportement fondamentaux qui portent et déterminent la communauté des intérêts <*Gemeinwesen :* le Bien public> doivent être basés sur le savoir essentiel, sous la condition, bien entendu, que la communauté des intérêts en tant qu'ordre de l'Etre se fonde à partir d'elle-même et n'emprunte pas ses critères à un ordre différent. La libre fondation de soi-même de l'existence historiale se soumet elle-même à la juridiction du savoir – non pas de la croyance, pour autant que l'on entendrait par là une promulgation de la vérité, qui s'autoriserait d'une révélation divine. Tout savoir est, dans le fond, le lien à l'étant tel qu'il se pose lui-même en plein jour."[174]

---

philosophie politique de Heidegger est la suivante : avant 33, les thèmes de volonté de puissance, de surhomme, etc. avaient été mis en phase avec ceux de *S.u.Z.* (héroïsme, dépassement, résolution, authenticité), conduisant Heidegger à embrasser le national-socialisme, perçu comme "*l'authentique mouvement d'opposition au nihilisme* prophétisé par le Zarathoustra de Nietzsche" (p. 219). Dans cette optique, la pensée nietzschéenne au moins autant, sinon davantage que la pensée heideggerienne *per se*, est la cause philosophique de l'égarement de 33, et après 34, Heidegger s'engage dans des travaux herméneutiques relatifs à Nietzsche, qui sont à considérer comme "l'effort que fait Heidegger pour purger sa pensée de ces influences philosophiques qui furent responsables de son fatal flirt politique du début des années 1930" (*ibid.*). Cette thèse – qui n'est pas la mienne – expliquerait que "Heidegger se plaignit souvent à la fin de sa vie d'avoir 'été floué par Nietzsche'" (p. 218, sur base d'une citation effectuée par Pöggeler). Je reviens plus longuement à la lecture heideggerienne de Nietzsche (versant ontologique) au chapitre suivant.

[173] Cité par HEIDEGGER, *Nietzsche I*, trad. Klossowksi, Gallimard, Paris, 1990, pp. 152-153. Voir PLATON, 473 cd, *Œuvres complètes*, *op. cit.*, T. 1, p. 1052 et *Le Cercle accompli*, pp. 98-99.

[174] HEIDEGGER, *Nietzsche I*, *op. cit.*, p. 153.

Platon est ici choisi pour sa représentativité de la conception grecque de la *polis* et donc comme modèle. Heidegger a fait son deuil d'une "prise de pouvoir" par les philosophes ; mais pour la première fois, il présente le *Gemeinwesen* comme "ordre de l'Etre". Ce sont les critères de cet "ordre de l'Etre" qui permettent la libre fondation. Par là, le philosophe indique, selon la constance de toute la métaphysique, que la "bonne" cité reflète et s'inspire de l'Etre. Le vrai critère de la souveraineté est ontologique. Heidegger commente encore *La République* :

> "Aucune structure d'Etat déjà existante n'y est décrite, pas plus que n'y est imaginée l'utopie d'un Etat futur ; en revanche, on y projette l'ordre intérieur de la communauté des intérêts à partir de l'Etre et de la relation fondamentale de l'homme à l'Etre. (...). Si l'art est admis dans la communauté, alors uniquement dans la mesure où son rôle y est strictement délimité et sa manière de faire soumise à des exigences et à des prescriptions déterminées, telles qu'elles découlent des lois qui dirigent *l'Etre de l'Etat*. A partir d'ici on peut voir qu'en ce qui concerne l'essence de l'art et son essentialité circonscrite dans l'Etat, il ne peut en être décidé que d'après l'originel et particulier rapport à l'étant, servant ici de critères, soit le rapport, conscient de la δίκη, conscient de ce qui est raison et déraison à l'égard de l'Etre."[175]

A partir de la question des activités (dont l'art) dans l'Etat, on en vient à se poser celles de la vérité et de l'Etre. Mais l'expression "Etre de l'Etat" est une perle : non seulement par ce qu'elle livre ici, mais dès lors que Heidegger ne l'a jamais reniée, ni même probablement tout à fait interrogée. En effet, l'argumentation ici développée ne porte pas sur la question de savoir si l'Etre et l'Etat ont "à voir l'un avec l'autre", mais sur la dépendance de l'art à l'égard de la vérité, dépendance que prétend inverser Nietzsche, et sur laquelle porte la substance du cours. En d'autre termes, quant à l'articulation Etre-Etat, Heidegger ne se démarque pas de Platon, mais le justifie.

Que nous enseigne ce passage ? Dans la philosophie politique gréco-heideggerienne, des lois "dirigent" l'Etre de l'Etat, mais l'Etre de l'Etat est lui-même l'Etre – les deux mots sont écrits avec majuscule – en tant qu'il arrive en Etat : c'est cette arrivée qui a ses lois, lesquelles influent sur les dispositions de la cité. Simultanément, l'Etre est "second" par rapport à l'Etat (le "de") ; autrement dit, l'Etat a "son" Etre – son essence, son cœur, son centre, où de mystérieuses lois sont à l'œuvre. L'Etre et l'Etat se réciproquent. L'Etat "circonscrit" l'activité de l'art, expression qui indique évidemment sa structure "circulaire". Donc, lorsque Heidegger parle de l'Etre, nous devons toujours avoir l'Etat à l'esprit, et *vice-versa*. Chaque fois que Heidegger cite le modèle grec de la *politeia*, il exprime sa propre

[175] HEIDEGGER, *Nietzsche I, op. cit.*, pp. 154-155. Souligné par moi.

conception, même s'il assume, désormais, l'impossibilité de sa transposition en Allemagne.

De la πόλις au Reich "ontologique"

La loi de la cité doit l'emporter sur toute subjectivité ou individualité. Le cours de 1935-36 *Qu'est-ce qu'une chose ?* évoque aussi le rôle de la πόλις grecque, dans le cadre d'un réflexion sur la vérité de la proposition : "Une telle interprétation de la relation de descendance entre la détermination de la chose et celle de la proposition paraît invraisemblable, du moins chez les Grecs. Car le point de vue du Je est chose moderne et donc non-grecque. Chez les Grecs, c'était la Polis qui donnait la mesure."[176]. Dans un contexte grec, ce ne sont pas les choses qui se dirigent vers un Je, lequel formulerait une proposition, mais la cité qui donnerait la mesure de la vérité.

Cette courte allusion s'éclaire plus loin, lorsqu'il s'agit du questionnement du fondement et de la proposition et de sa vérité, qui ne peut être qu'historial : "questionner historialement veut dire : libérer et mettre en mouvement l'avènement qui repose dans la question et qui y est enchaîné"[177] – ce qui revient à un propos qualifiable de para-politique : la vérité, produit d'un *Volk* en marche ? On est à deux pas.

Pour comprendre ce que devrait être la *politeia* allemande, il faut observer les qualités que Heidegger prête aux Grecs, à travers cette apparente digression dans *Andenken* :

> "Seule la rigueur de la maîtrise dans la poésie, la pensée et l'art leur donne le pouvoir d'aller dans une juste et claire présence à la rencontre des dieux. C'est ainsi qu'ils fondent et qu'ils édifient la πόλις comme étant le lieu que le Sacré assigne à l'histoire. La πόλις décide du "politique". Celui-ci, en tant que conséquence, ne peut jamais rien prononcer sur son principe, la πόλις elle-même, ni sur la fondation de ce principe."[178]

---

[176] HEIDEGGER, *Qu'est-ce qu'une chose ?*, trad. Reboul/Taminiaux, Gallimard, Paris, 1971, p. 56. Il y a tout de même une différence entre le paradigme de la πολις grecque athénienne effective et celui de la πολις heideggerienne : "Les Grecs pouvaient conjuguer ce danger <celui de totalitarisme> potentiel par l'institution de la démocratie directe : par ce moyen, l'espace politique s'ouvrait au maximum. Mais dans la "répétition" heideggerienne, moderne, pangermanique de la polis antique, c'est le contraire qui est vrai : puisque son Etat/ πολις du vingtième siècle est complètement lié au *Führerprinzip*, il devient un *Führerstaat*, une nouvelle forme de tyrannie politique, dans laquelle l'espace politique se réduit à la personne du *Führer* et à son cortège de flatteurs." (WOLIN, *op. cit.*, p. 182). Pourquoi justifier un *Führerstaat* par l'argument de la démocratie grecque ? Ce qui compte évidemment ce n'est pas le caractère démocratique du "Grec" en tant que référence, mais son antériorité par rapport à la subjectivité rationaliste moderne, antériorité où non pas l'individu, mais l'Etat – comme l'Etre – donne la mesure.

[177] HEIDEGGER, *Qu'est-ce qu'une chose ? op. cit.*, p. 57.

[178] HEIDEGGER, *Approche de Hölderlin*, Trad. Corbin/Deguy/Fédier/Launay, Gallimard, Paris, 1968, pp. 111-112.

La Cité est ainsi une “médiation” entre le Sacré et l'historialité d'un peuple et décide, en amont, de ce qui *est* politique. Cette conception représente exactement l'inverse de la démarche *conventionnelle* quant à l'organisation politique. Ici, la cité est édifiée là où l'on a entrevu le feu du ciel, qui détermine l'histoire. Les Allemands, au contraire, peuvent saisir cette historialité dans sa profondeur si et seulement s'ils font le “détour” par l'origine (grecque), ce qui donnera l'esthétisme nécessaire à leur cité. Le Sacré de la Cité rappelle l'Etre de l'Etat du *Nietzsche.*

Etat, Cité, mais aussi *Reich.* Professé en 1941, *Concepts fondamentaux* reprend le thème de l'appel à l'essence de l'homme historial, défendu dans *Etre et Temps*, mais en plus *politique* – à partir du mot “*Reich*”.

Qu'est-ce que ce lieu de l'appel ? Comment le comprendre ? “Ce domaine (*Bereich*) est le seul lieu où puisse être fondé un *“Reich”*, un “royaume” ; car là seulement l'homme historial peut se tenir ekstatiquement dans une ouverture, en se soumettant tout ce qui relève de l'usage et apporte profit, devenant par là seulement apte à une souveraineté comprise en un sens essentiel.”[179]. Le royaume répondant à l'appel de l'essence se distingue donc par sa capacité à se dégager de l'utilitaire, du rentable, des besoins de la subjectivité et de la masse – bref, c'est un Etat qui n'a pas pour fins ce que nous appelons l'élévation du niveau de vie des populations par le développement d'une politique économique et sociale.

Ce *Reich* s'avère l'opposé de ce que plus tard Heidegger appellera *Gestell* – il entre en relation avec l'être de la technique, il transcende celle-ci. C'est à partir de considérations de ce genre que s'éclaire la déclaration ultérieure : “Le national-socialisme est bien allé dans cette direction.”[180]. D'ailleurs, Heidegger parle bien du royaume de l'Etre : “derrière l'uniformité et la vacuité du mot “est” s'abrite un royaume qu'on ne soupçonne guère.”[181]. Au *(Be)reich* ontologique répond bien un *Reich* politique, qui doit en être la réplique, dans la grande tradition métaphysique. Le *Bereich* est d'ailleurs l'espace même de l'άρχη[182].

Le Poète-des-Allemands

Le développement thématique le plus explicite sur la Nation et la Germanité s'effectue dans les commentaires de Hölderlin. Le cours de l'hiver 1934-35 sur le grand poète souabe “doit être compris, écrivent Fédier et Hervier, (...) comme la continuation encore radicalisée de la tentative du rectorat, ou peut-être mieux encore : comme la métamorphose

[179] HEIDEGGER, *Concepts fondamentaux (Grundbegriffe)*, Trad. David, Gallimard, Paris, 1985, p. 18.
[180] HEIDEGGER, *Réponses et questions..., op. cit.*, p. 61. Cf. aussi *infra*, mon § 4.
[181] HEIDEGGER, *Concepts fondamentaux, op. cit.*, p. 48.
[182] Cf. HEIDEGGER, *Concepts fondamentaux, op. cit.*, p. 141, et mon chapitre IV.

que l'échec du rectorat fait subir à la pensée de Heidegger."[183]. C'est en effet une métamorphose de sa pensée qui se produit par suite de l'évolution du régime et de sa démission du rectorat, ce qui ne signifie pas qu'elle se "dépolitise" ; au contraire, sans doute devient-elle davantage politique – mais autrement. Ce caractère politique apparaît dans les interstices de textes qui envoûtent par leur style sublime et la "poésie" altière de leur pensée, laquelle n'a que mépris pour les "philosophies national-socialistes" du moment[184]. De même, on va le voir, la poésie ne devient pas un "refuge" pour le penseur qui voudrait s'abstraire des événements dramatiques qui l'entourent : au contraire, la question de la guerre deviendrait quasi-obsessionnelle.

L'élection, pour étude, des poèmes *La Germanie* et *Le Rhin* est révélatrice :

> "Ce choix ne résulte pas d'une sélection arbitraire entre différents poètes. Ce choix est une décision historique. Enonçons trois raisons essentielles qui motivent cette décision : 1. Hölderlin est le poète du poète et de la poésie. 2. Simultanément Hölderlin est le poète des Allemands. 3. Comme Hölderlin est cela en toute latence et difficulté, poète du poète en tant que poète des Allemands, il n'est pas encore devenu puissance dans l'histoire de notre peuple. Et comme il ne l'est pas encore il faut qu'il le devienne. Y contribuer est de la "politique" au sens le plus haut et le plus propre, à tel point que celui qui arrive à obtenir quelque chose sur ce terrain n'a pas besoin de discourir sur le 'politique'."[185]

Hölderlin est le poète des Allemands (génitif subjectif) car il *poétise* ceux-ci : il est "l'instaurateur de l'Etre allemand, parce qu'il l'a projeté avec le plus d'ampleur, c'est-à-dire lancé au loin en avant, dans le futur le plus vaste"[186]. Comme le *Logos*, le poète se révèle rassembleur : "l'intérêt

---

[183] HEIDEGGER M., *Les Hymnes de Hölderlin : La Germanie et Le Rhin*, Trad. Fédier/Hervier, Gallimard, Paris, 1988, p. 8. Safranski observe cette transmutation en ces termes : "Nous avons vu combien Heidegger avait pu être fasciné par l'acte *créateur* d'un Hitler, fondant un nouvel Etat. A présent, il s'intéresse à la *sphère de pouvoir* de la poésie hölderinienne, et il en va de cette dernière comme de la révolution nationale-socialiste. Dans la conférence donnée à Tübingen le 30 novembre 1933, *l'Université dans l'Etat national-socialiste*, Heidegger avait souligné qu'il ne fallait pas prendre la *réalité révolutionnaire* pour un donné, ou pour un fait. Ce n'est pas ainsi qu'on peut découvrir ce qu'elle est. Il faut entrer dans la sphère de cette réalité et se laisser transformer. Cela vaut aussi pour Hölderlin, et pour toute grande poésie. Il faut décider si l'on veut s'exposer à ses *tourbillons* ou conserver une distance de sécurité. La poésie de Hölderlin ne s'ouvre qu'à celui qui a pris cette résolution, et elle devient alors pour lui – comme la politique ou la pensée – un événement révolutionnaire, un *bouleversement de la Totalité de l'être-là.*" (SAFRANSKI, *op. cit.*, p. 405).

[184] Cf. HEIDEGGER, "L'époque des conceptions du monde", conférence de 1938 reprise dans *Chemins qui ne mènent nulle part*, Gallimard (coll. *Idées*), Paris, 1980, p. 130.

[185] HEIDEGGER, *Les Hymnes..., op. cit.*, p. 198.

[186] HEIDEGGER, *Les Hymnes..., op. cit.*, p. 203.

pour Hölderlin, notamment dans les mouvements de jeunes, s'explique sans doute, estime Bourdieu, par son culte de l'intégration dans un monde de fragmentation et par la correspondance qu'il permet d'établir entre l'Allemagne fragmentée et l'homme fragmenté, étranger à sa propre société."[187].

L'exhortation finale du cours sur *Le Rhin* qui rappelle l'injonction du *Discours de Rectorat* nous livre un Heidegger qui n'a pas démissionné : "Le moment crucial de notre histoire est venu. Il faut que nous commencions d'abord par reprendre purement en garde l'héritage, mais seulement pour comprendre la mission et la prendre en main, c'est-à-dire : aller questionner face à elle en traversant tous les obstacles à force de questions. La puissance de l'être doit d'abord redevenir, pour le pouvoir de saisir, une véritable question."[188].

Pourtant l'intention politique de l'étude devient ici explicite : le peuple allemand, particulièrement dépositaire (du questionnement) de l'Etre *via* Hölderlin, doit en ressentir la puissance comme question. Ce ne peut être vécu sans conflit – ce qui expliquerait cette phrase essentielle, et jusqu'ici peu commentée, de la partie introductive : "la guerre mondiale a commencé il y a des siècles dans l'histoire politique et intellectuelle de l'Occident."[189]. La guerre se trouve ainsi "sublimée" comme "partie de bras de fer" séculaire entre, d'une part, le questionnement radical de l'Etre (qui est grec puis "réincarné" en allemand) s'effectuant dans un peuple et, d'autre part, le développement métaphysico-technico-logique à l'échelle planétaire représenté par les autres nations.

L'interrogation fondamentale est angoissante, mais elle départage les régimes : "L'angoisse devant le questionnement pèse sur tout l'Occident. Elle confine les peuples sur des chemins périmés et ruineux et les chasse à la hâte vers leurs refuges vermoulus. Là où une percée se produit, ils se refusent à voir qu'il s'y passe autre chose qu'une simple modification de politique intérieure."[190]. Comment ne pas lire ici une apologie voilée du

---

[187] BOURDIEU, *op. cit.*, p. 32.

[188] HEIDEGGER, *Les Hymnes...*, *op. cit.*, p. 269. Je rejoins ici Ph. Lacoue-Labarthe, lorsque dans son livre, *Heidegger. La politique du poème* (Galilée, Paris, 2002), il démontre comment le discours heideggerien sur la poésie reprend, sous une autre forme – "remythologisation" – la prédication politique des années 33-34, non pour mettre un quelconque bémol à ce qui inspirait celle-ci, mais, au contraire, à partir d'un "archifascisme", d'une vérité plus originaire de ce qui est toujours en cours.

[189] HEIDEGGER, *Les Hymnes...*, *op. cit.*, p. 16. Dans les notes de 1936-46 intitulées *Dépassement de la métaphysique*, l'on pourrait déduire d'une lecture superficielle que la guerre est assimilable à l'errance ; en fait, c'est son caractère *mondial* qui est déterminant : "guerre" et "paix" sont dépossédées de leur essence, prises dans l'errance : dès lors, elles sont mondiales, c'est-à-dire loin de l'Etre (cf. *Essais et conférences*, Paris, Gallimard (coll. *Tel*), 1990, pp. 106-108).

[190] HEIDEGGER, *Les Hymnes...*, *op. cit.*, p. 129. Dans *Dépassement de la métaphysique* encore, Heidegger élit l'Allemagne, centre de l'Occident, à la fois comme paroxysme de la métaphysique et volonté de dépassement de celle-ci : "La métaphysique, sous toutes ses

surgissement national-socialiste au milieu de la grisaille des démocraties libérales ? De telles citations amènent au contraire, à discerner l'évocation d'un acte politique essentiel chaque fois que Heidegger parle de *questionnement.*

Négation de l'inter-national

Semblablement, chaque Peuple-Etat reste pris *en soi*, générateur de son propre droit : Heidegger amplifie ici le thème du discours prononcé en 1933 après le retrait de l'Allemagne de la SDN. Il a toujours une vision maximaliste de l'affirmation allemande et de l'irréductibilité de chaque nation. Témoin ce passage du *Nietzsche* où le professeur fait une brève allusion à un épisode de la guerre (Mers el-Kébir, 3 juillet 1940) :

> "Lorsque, par exemple, les Anglais se sont avisés d'envoyer par le fond les unités de la flotte française au mouillage dans le port d'Oran, c'était là parfaitement "juste" du point de vue de leur puissance : car n'est "juste" que ce qui est profitable à l'augmentation de la puissance. Autant dire que nous autres ne devons ni ne saurions jamais justifier semblable procédé : chaque puissance, métaphysiquement parlant, a *son propre* droit. Et seule l'impuissance la met dans son tort. Il appartient cependant à la stratégie métaphysique de chaque puissance, non pas de pouvoir considérer tout procédé de la puissance adverse du point de vue *propre à celle-ci*, mais de soumettre le procédé adverse aux critères d'une morale universelle, laquelle n'a toutefois qu'une valeur propagandiste."[191]

Le message politique est clair : l'idée même d'un "droit" et d'une "morale" internationaux appartient au domaine de la propagande, à la stratégie de chaque puissance ou nation pour l'affirmation de son propre droit, qui seul a une véritable consistance. Partant, sera absolument dépourvue de sens, toute organisation internationale visant à faire respecter un droit qui transcenderait les droits nationaux.

Chemin d'explication (1937) est également illustratif à cet égard. Si deux peuples voisins, comme le français et l'allemand, ne s'entendent pas,

---

formes et à toutes les étapes de son histoire, mais peut-être aussi la fatalité nécessaire de l'Occident et la condition de sa domination étendue à toute la terre. La volonté qui est derrière cette domination réagit aujourd'hui sur la *région centrale de l'Occident*, région d'où, à son tour, ne part encore qu'une volonté pour réplique à la volonté." (*Essais et conférences*, *op. cit.*, p. 88, souligné par moi). La métaphysique étant, comme on le verra plus loin, assimilable au nihilisme même, c'est encore à l'Allemagne-Centre qu'appartient de lutter pour être reconnue comme "maître" de l'achèvement du nihilisme : "toute espèce d'humanité n'est pas apte à réaliser historiquement le nihilisme absolu. C'est pourquoi, une lutte est même nécessaire pour décider de l'humanité capable de conduire le nihilisme à son achèvement total." (p. 105).

[191] HEIDEGGER, *Nietzsche II,* trad. P. Klossowski, Gallimard, Paris, 1971, p. 159. C'est Heidegger qui souligne.

c'est qu'il n'ont pas donné le sens qu'il faut au mot "entendre", dit en substance Heidegger. Pour qu'il y ait compréhension mutuelle des peuples, il importe qu'ils méditent réciproquement sur la tradition, l'histoire etc., méditation qui est l'occasion suprême d'une *authentification* de chaque peuple : "Dans cette méditation, les peuples s'attachent à ce qui leur est propre et s'y arrêtent avec une lucidité et une résolution accrues."[192]. Les peuples "faiseurs d'histoire" ont un mission historiale qui "consiste pour l'essentiel à sauver l'Occident"[193].

S'agirait-il d'une œuvre de collaboration, d'une volonté internationale ? Tout au contraire : chaque peuple doit se donner à soi-même "la nécessité de cette salvation comme tâche propre à chacun", nécessité dont le savoir "vient surtout de l'expérience de la détresse née de la menace qui atteint l'Occident au plus profond de lui-même, ainsi que de la force capable d'un projet qui transfigure les possibilités les plus hautes de l'être-là occidental. Mais de la même manière que la menace subie par l'Occident risque de mener à un déracinement complet et à un chaos général, il faut que, dans le sens contraire, des décisions radicales guident cette volonté de rénovation de fond en comble."[194]. Dès lors que ce "nationalisme" est ici pris comme le passage obligé, le moyen, la condition de possibilité d'une interrogation philosophique renouvelée, comment ne pas voir ici encore une confortation de l'exacerbation nationaliste de l'époque ? Comment ne pas admettre que la guerre est déjà ici acceptée, et, au fond, souhaitée, en tant qu'elle découle de l'affirmation de l'authenticité radicale d'un peuple ?

Le caractère "périmé" de la dimension internationale apparaît encore avec le thème de la confrontation amenée par l'extrême développement de la subjectivité rationalisante, productrice de "conceptions du monde" :

> "Ce n'est que parce que – et dans la mesure où – l'homme est devenu, de façon insigne et essentielle, sujet, que par la suite doit se poser pour lui la question expresse de savoir s'il veut et doit être un Je réduit à sa gratuité et lâché dans son arbitraire, ou bien un Nous de la Société ; (...) s'il veut et doit exister comme Etat, Nation et peuple, ou bien comme Humanité générale de l'homme moderne."[195]

---

[192] HEIDEGGER, "Chemin d'explication", dans *Heidegger*, L'Herne, *op. cit.*, p. 71.

[193] HEIDEGGER, "Chemin d'explication", *op. cit.*, p. 72. On retrouve les mêmes idées dans le cours de 1939 sur Nietzsche : "...l'entente au sens essentiel est le combat le plus dur, plus dur que la guerre, loin de tout pacifisme. L'entente est le suprême combat livré pour des buts essentiels qu'une humanité historique érige au-dessus d'elle-même. C'est pourquoi, dans la situation actuelle, l'entente ne peut signifier que le courage pour l'unique question : à savoir si l'Occident se croit encore capable de se forger un but au-dessus de lui et de son histoire, ou s'il préfère décliner dans la préservation et la surenchère d'intérêts mercantiles et d'intérêts vitaux..." (*Nietzsche I*, *op. cit.*, p. 449).

[194] *Ibid.* Cf. aussi p. 75.

[195] HEIDEGGER, *Chemins...*, *op. cit.*, p. 121.

Heidegger esquisse ensuite le lieu de l'appel plus originel : "ce n'est que là où la perfection des Temps Modernes les fait atteindre à la radicalité de leur propre grandeur, que l'Histoire future se prépare."[196]. On s'en doutait un peu : cette perfection a été atteinte en Allemagne.

Une patrie plus centrale

Mais quelle est plus précisément cette patrie du questionnement, celle qui est la véritable et la plus fondamentale alternative à l'internationalisation subjectiviste-moderne ? Elle est déjà apparue, en pointillé, dans *Pourquoi nous restons en province*[197]. L'intérêt de Heidegger pour le Danube, et plus particulièrement pour l'Ister, son cours inférieur nommé tel par les Grecs (*Ist os*), devrait alerter l'exégète critique : voici un sujet très fécond politiquement. Ce fleuve est célébré dans *Andenken* (cours de l'hiver 1941-42) puis dans *Der Ister* (été 1942).

Avant de foncer, tête baissée, vers l'allégorie éthérée au service d'un cheminement de la Pensée, allons trivialement aux choses mêmes : le Danube est un fleuve immense qui prend sa source en Forêt noire et se jette dans la Mer noire au nord de la Thrace, après avoir arrosé huit Etats, et de nombreuses villes importantes, dont Ulm, Regensburg, Linz, Vienne, Budapest, etc. L'amont de ce fleuve correspond *grosso modo* à des zones philosophiquement créatives ; et qui plus est, les grands penseurs ou poètes allemands qui en sont issus ont été "visités" par la Grèce. L'emphase heideggerienne sur le Danube ne peut se comprendre sans cette articulation naturelle alémano-grecque que celui-ci symboliserait, sinon réaliserait : il est comme le cordon ombilical qui relie la patrie de la pensée aujourd'hui à celle de la pensée la plus initiale.

Effectuant un parcours nord-est (et dans une certaine mesure est-nord), ce fleuve peut aussi être comparé au Rhin, qui trace un itinéraire sud-nord, et auquel sont liées les vieilles légendes germaniques. La culture "Danube" rappelle la Grèce, voire le *Drang nach Osten*, la culture "Rhin" le passé germano-carolingien et latin, le Saint-Empire. Ainsi Heidegger écrit-il : "l'hymne à l'Ister dit l'être du fleuve qui, dans son cours supérieur, rend fertile le pays d'origine du poète. L'être de ce fleuve correspond inversement à celui du Rhin dont la patrie essentielle se déclare aux abords du Taunus (Hambourg, Francfort)."[198].

---

[196] HEIDEGGER, *Chemins..., op. cit.*, p. 145.
[197] Cf. mon § 2.
[198] HEIDEGGER, *Approche..., op. cit.*, p. 102. On retrouvera ce clivage dans la conférence de 1953, *La question de la technique* : "Naturellement, une scierie travaillant dans une vallée perdue de la Forêt-Noire est un moyen primitif, comparée à la centrale électrique du Rhin." (*Essais et Conférences*, p. 11). Est-ce un hasard si l'exemple d'un déploiement de la technique est assimilé au Rhin, cependant qu'en Forêt-Noire précisément perdurent les moyens pré-industriels ?

Pourtant, le Danube coule dans le "mauvais sens" : la Grèce n'est pas effectivement le lieu de sa source, mais la zone de son embouchure. Est-ce à dire que l'Alémanie abreuverait, avec l'éternité du cours d'un grand fleuve, la région grecque, comme l'observation commune le déduirait ? Non pas ! Heidegger, géographe observateur pour les besoins de la cause, voit le fleuve effectuer le parcours inverse – celui qui philosophiquement l'arrange :

> "Dans son cours supérieur, près de sa source, le Danube, dans sa vallée rocheuse, coule à regret. Ses eaux sombres s'arrêtent parfois et même rebroussent en tourbillons. Presque comme si le courant qui reflue ainsi vers l'origine venait du lieu même où le fleuve se jette dans la mer étrangère. Presque comme si le fleuve qui, sous le nom d'Ister, appartient à l'Orient étranger, était présent dans le Haut-Danube. Disant le fleuve et les forêts de sa vallée rocheuse, Hölderlin s'exprime ainsi (*L'Ister*, IV, 220) :
>
> Mais on appelle celui-ci l'Ister
> Belle est sa demeure ;
>
> Le fleuve familier passe dans la dénomination d'un nom étranger. Il recèle l'énigme de l'origine de son être, de cet être-fleuve que le poète doit dire (IV, 221) :
>
> Or, il semble presque refluer
> Et je croirais qu'il vient
> De l'Orient.
> Il y aurait beaucoup à en dire."[199]

Ainsi le nom étranger n'est-il pas tout à fait étranger : il est "oriental" et donc il dit, mieux que quiconque, l'être de l'Alémanique. Mais que veut dire "oriental" ? S'inspirant encore de *L'Ister*, Heidegger décrypte : "Si la *pensée fidèle* est bien un retour en arrière, elle s'adresse donc aux *fleuves* des Hindous et des Grecs."[200]. Les navigateurs, autrement dit les poètes, sont ceux qui sont portés par le vent du nord-est, le meilleur d'entre tous, et traversant l'embouchure du fleuve, partent vers les Indes[201]. Mais cet exil est ce qui prépare le mieux à retrouver l'être de son propre pays : ainsi Hölderlin l'a-t-il ressenti en revenant de voyage en France, ainsi, de même, ces navigateurs qui "sont les poètes à venir de la Germanie. Ils disent le Sacré : pour cela, il faut qu'ils connaissent le ciel et sachent s'y orienter. Le vent du nord-est indique d'avance à ces *navigateurs* le lieu où la *brûlante richesse* du *feu du ciel* (*Les Titans*, IV, 208 sq.) a son origine et il favorise leur départ pour l'étranger, au-delà des mers. L'épreuve du

---

[199] HEIDEGGER, *Approche...*, *op. cit.*, pp. 101-102.
[200] HEIDEGGER, *Approche...*, *op. cit.*, p. 106.
[201] Cf. HEIDEGGER, *Approche...*, *op. cit.*, p. 109.

feu du ciel au pays étranger est la promesse qu'annonce le vent du Nord-est. Ce vent “appelle” les poètes à se trouver au rassemblement de ce qui destine leur être à une histoire.”[202].

L'aliénation (provisoire) dans le ciel grec, porté par un courant (fleuve ou vent – le viril *der Luft* en souabe) de nord en est, permet seule de dévoiler/restaurer l'autochtonie sur fond d'origine. La citation d'un extrait de lettre de Hölderlin – qui commence par une phrase bien connue, vient donc à point nommé dans l'explicitation du poème ; voici cet extrait :

> “Nous n'apprenons rien avec plus de difficulté que le libre usage de ce qui est national[203]. Et, comme je crois, c'est précisément la clarté de l'exposition qui nous est naturelle, aussi naturelle qu'aux Grecs le feu du Ciel. Mais ce qui nous est propre demande à être appris aussi bien que ce qui nous est étranger. C'est pour cela que les Grecs nous sont indispensables. Il reste que précisément dans ce que nous avons de propre, de national, nous ne les rejoindrons pas, car, comme j'ai dit, le *libre* usage de *ce qu'on a en propre* est la chose la plus difficile.”[204]

C'est seulement en passant par l'ἀρχη, le feu, le Centre grec que l'identité allemande peut s'éprouver. Les Grecs possèdent ce feu du ciel, mais les Allemands ont la maîtrise et la force. Le naturel des Allemands – la clarté de l'exposition, l'organisation, la mise en œuvre – doit trouver un lieu (poétique) où s'ancrer, une demeure : “Le *naturel* d'un peuple historique n'est vraiment sa nature, c'est-à-dire le fond de son être, que s'il est d'abord devenu ce qu'il y a de proprement historique dans son histoire. Il faut pour cela que l'histoire de ce peuple soit parvenue dans ce qu'elle a en propre et y fasse sa demeure.”[205]. Demeure indiquée par les poètes : eux-mêmes doivent être capables de dire ce qui est poétique, à savoir ce qui fonde. Cet “esprit poétique”, ajoute Heidegger en citant un passage de l'élégie *Le Pain et le Vin*, n'est pas l'origine même, la source, “il est en proie à la patrie”[206].

Il y a donc quelque chose de plus fondamental que l'esprit (poétique), lui-même demeure d'une histoire possible – c'est la *patrie*. Heidegger

---

[202] HEIDEGGER, *Approche...*, *op. cit.*, p. 110.

[203] On retrouve cette première phrase en citation à la fin du *Rhin*, après une péroraison sur “le moment crucial” de l'histoire allemande (*Les Hymnes...*, *op. cit.*, p. 269). Les uns feront du “libre usage” une allusion au libéralisme politique le plus pur, d'autres à la capacité de se libérer des chaînes constitutionnelles habituelles.

[204] Cité par HEIDEGGER, *Approche...*, *op. cit.*, p. 111. Cette lettre est écrite avant le départ de Hölderlin vers le sud de la France ; “dans une deuxième lettre, note Heidegger, Hölderlin écrit que l'humanité du Sud de la France lui a fait connaître la véritable nature des Grecs (p. 105). Dans les années 1956-57, visitant la Provence, Heidegger y verra, similairement, “l'approche du pays grec” – ce pays grec qu'il commencera de connaître physiquement en 1962 !

[205] HEIDEGGER, *Approche...*, *op. cit.*, pp. 112-113.

[206] HEIDEGGER, *Approche...*, *op. cit.*, p. 114.

s'exprime sans équivoque à cet égard : "La patrie est l'origine de l'esprit, le fond même d'où jaillit l'origine."[207]. Cette origine se manifeste dans un surgissement, une volonté. On retrouve la même idée dans la leçon sur l'*Ister*, où l'essence de la πόλις est "le *polos*, le pôle, l'axe tourbillonnant (*der Wirbel*) dans lequel et autour duquel tout se meut."[208].

Toutefois la patrie, centre d'où part l'avènement, se dérobe à qui veut la saisir – *elle "se comporte" ainsi exactement comme l'Etre* : elle "vient tout d'abord nécessairement de telle sorte qu'elle se ferme"[209]. Il en résulte cette situation :

> "L'esprit qui, dès le début, se tient ouvert, croit néanmoins saisir immédiatement la patrie dans ce chez-soi qui vient de surgir, mais il ne peut précisément pas la trouver, car elle se retire devant cette volonté de saisir. (...). Mais à présent encore, l'esprit, parce qu'il est la volonté qui sait, volonté de l'origine, demeure tourné vers la patrie, et c'est parce qu'il est ainsi tourné vers elle que s'éveille en lui la volonté de faire, pour l'amour de la patrie, l'épreuve véritable de la privation du chez-soi, à quoi la patrie en se fermant l'exposait déjà. Pour cela, il faut qu'il assume dans sa volonté essentielle ce qui produit essentiellement la privation du chez-soi. C'est l'étranger, mais l'étranger qui fait en même temps penser à la patrie."[210]

Cette "volonté qui sait" doit rester tournée vers la patrie – le centre insaisissable qui se ferme (sur soi) – tout en se portant hors de ce "chez soi", dans un territoire étranger (la colonie) mais pas au point d'être placée dans une altérité radicale par rapport à cette même patrie : on voit de plus loin pour mieux rester tourné vers, et revenir vers.

Analysant *La Germanie*, Heidegger voit, chez Hölderlin, la "patrie" (*Vaterland*) comme "Etre historique d'un peuple"[211]. Non que le poète fasse preuve d'un "patriotisme bruyant", mais "Il pense au *"pays des pères" (Land der Väter)*, il pense à nous, à ce peuple de cette terre en tant qu'il est historique, dans son être historique. Mais cet Etre est instauré poétiquement, ajointé par la pensée, situé dans un savoir et enraciné dans l'activité du fondateur d'Etat terrestre et dans l'espace historique. Cet Etre historique du peuple, la patrie, est enfermé dans le secret, de façon essentielle et pour toujours. C'est pourquoi nous ne parvenons jamais de notre propre mouvement devant la porte close qui mène à elle ; spontanément nous errons partout et nulle part."[212]. On aura observé le passage insensible de l'"être" à l'"Etre", toujours révélateur chez Heidegger ; ici encore, l'identité de "fonctionnement" de l'Etre (comme Peuple) et de la

[207] HEIDEGGER, *Approche...*, *op. cit.*, p. 117.
[208] Cité par JANICAUD, *L'ombre...*, *op. cit.*, p. 147.
[209] *Ibid.*
[210] HEIDEGGER, *Approche...*, *op. cit.*, p. 117-118.
[211] HEIDEGGER, *Les Hymnes...*, *op. cit.*, p. 117.
[212] HEIDEGGER, *Les Hymnes...*, *op. cit.*, pp. 117-118.

Patrie est patente. La Poésie, autre nom de l'Etre en advenir, est également, ce par rapport à quoi nous errons[213]. Le Centre poético-onto-étatique s'identifie comme l'anti-errance, mais, en même temps, se dissimule et se dérobe à notre mouvement habituel : c'est la Germanie initiale, la mystérieuse Alémanie souabo-danubienne, aux frontières infiniment floues, voilées, liquides comme un fleuve, opaques comme une forêt noire.

La guerre, acte ontologique

La guerre, la campagne militaire engagée au loin ne sauraient être assimilées à l'errance. Au contraire, le dé-tour par l'étranger permet le retour qui célèbre au mieux l'identité – ce double tour bouclant le cercle en la patrie : "L'historicité de l'histoire a son essence dans le retour au Propre, un retour qui ne peut se faire que sous la forme initiale d'un voyage à l'étranger"[214]. Ainsi est possible, et obligé, l'entretien fidèle du feu appris[215] ; mais l'actualisation de cette expérience étrangère peut *aussi* s'interpréter comme une confrontation guerrière – l'épreuve du feu des armes : "Rien de ce que nous avons reçu en propre sur la terre, notre patrie, n'est susceptible de prospérer sans subir cette cuisante épreuve de l'étranger, au risque de s'y brûler presque."[216].

Dans le mois qui suit la démission du Rectorat, Heidegger prend la parole lors d'une rencontre d'anciens du Lycée de Constance (26-27 mai 1934) et il s'y livre à une apologie explicite de la guerre bien avant que le Régime ait entamé ses opérations militaires de conquête. Il l'appelle la "grande guerre" (qui n'est pas celle de 1914-18 évidemment, mais la récapitule et la transfigure) :

> "C'est alors que la grande guerre survient sur nous. C'est maintenant seulement que commence la résurrection de nos deux millions de morts des tombes qui entourent les frontières du Reich et de l'Autriche allemande. La grande guerre devient aujourd'hui pour nous Allemands – et tout d'abord pour nous, parmi les peuples – la réalité historique de notre être-là ; car l'histoire n'est ni le passé ni le présent, mais l'avenir et notre mission (pour cet avenir) ; car la guerre n'a pas encore apporté, avec sa fin immédiate, la décision, ni pour les vainqueurs, ni pour les vaincus ; car la seule issue de la guerre n'est pas encore la décision. Celle-ci est imminente ; elle est spirituelle et elle concerne le globe entier. (...). C'est la question posée aux peuples relative à l'originalité de leur ordre populaire (*Volkhaft*) au rang et à l'authenticité de leur volonté de pouvoir étatique, à la totalité de leur univers spirituel, à la santé de la pulsion vitale *völkisch* (populiste), à la puissance de résistance contre la décadence historique. (...). Notre genre – (c'est-à-dire)

[213] Cf. HEIDEGGER, *Les Hymnes...*, *op. cit.*, p. 219.
[214] HEIDEGGER, *Approche...*, *op. cit.*, p. 121.
[215] Cf. HEIDEGGER, *Approche...*, *op. cit.*, p. 122.
[216] HEIDEGGER, *Approche...*, *op. cit.*, p. 147.

nous, (unis) dans la camaraderie (...) avec nos camarades morts – c'est le pont jeté vers la conquête spirituelle historique de la grande guerre."[217]

La fin du Rectorat n'a donc pas détourné le penseur d'une vision de la Germanité (bien équilibrée vers le Sud, voir la mention de l'Autriche) comme centro-circularité décisive, investie d'une mission métaphysique, avec cette présentation très personnelle à l'auteur de *S.u.Z.* d'un avenir faisant la jonction avec un passé identifié par les morts, fusionnant les péripéties militaires espacées dans le temps, en une guerre unique.

L'argumentation est, comme à l'accoutumée, basée sur la philosophie grecque, en l'occurrence le fragment 53 d'Héraclite, et qui permet de rejeter dans l'anonymat du "on" de la médiocrité, de l'inauthenticité, toute activité autre que la guerre[218].

On retrouve cette thématique dans les discours "L'Université allemande" prononcés les 15 et 16 août 1934 à l'université de Fribourg, lorsque Heidegger évoque "l'esprit de front" (*Frontgeist*), c'est-à-dire "la conquête spirituelle et la transformation créatrice de la guerre."[219].

La capacité guerrière est consubstantielle à l'identité national-populaire : "Un peuple historique, comme peuple, enseigne *Le Rhin*, n'est communauté que si cette communauté sait, c'est-à-dire veut qu'il ne puisse y avoir de communauté historique que si les autres, dont parle le poème, prennent, en tant qu'autres, le risque de leur altérité en l'assumant jusqu'au bout."[220].

C'est dans le même sens qu'il faut comprendre l'apologie du combat dans les conférences de 1935-36 sur *L'Origine de l'œuvre d'art*. Le combat n'a pas à être confondu avec la dispute, ou pensé comme destruc-tion ; c'est le lieu où "les parties adverses s'élèvent l'une l'autre dans l'affirma-

[217] Cité par MÜNSTER, *op. cit.*, pp. 37-38.

[218] Heidegger poursuit en ces termes : "La grande guerre doit être conquise pour nous spirituellement, c'est-à-dire, le combat devient la loi la plus intime de notre être-là. Et nous nous inspirons de nouveau de cette sagesse profonde qu'a prononcée un des penseurs les plus grands et les plus anciens du peuple grec (...), c'est-à-dire de la parole d'Héraclite (...) (Fragment 53) : "La guerre est la mère de toutes choses. *Polemos panton mèn pater esti*. Le combat est générateur de tout (...) ; il fait les uns dieux et les autres hommes, il désigne les uns comme serfs (esclaves) et les autres comme seigneurs. Cela veut dire (...) que la puissance du combat est doublement présente dans tout Etant (des choses et des hommes) comme pouvoir de production et comme pouvoir de préservation. Le combat est non seulement producteur et il se retire ensuite des choses, dès qu'elles sont nées et dès qu'elles ont trouvé leur réalité, mais le combat conserve et administre aussi seul les choses dans leur constitution essentielle." (Cité par MÜNSTER, *op. cit.*, p. 39. A propos des interprétations du fragment 53 d'Héraclite, voir *L'aube de l'Un*, pp. 78-80). Il est très significatif que dans son texte tardif *Le Rectorat 1933-34* (publié à titre posthume), Heidegger se contredise mot pour mot, en écrivant que πολεμος ne signifie pas "guerre" et que ce fragment d'Héraclite ne peut aucunement servir à justifier le bellicisme (cf. *Ecrits politiques*, *op. cit.*, p. 224).

[219] Cité par MÜNSTER, *op. cit.*, p. 40.

[220] HEIDEGGER, *Les Hymnes...*, *op. cit.*, p. 260.

tion de leur propre essence"[221]. Le combat doit, dès lors, être poussé à son paroxysme : "Plus âprement le combat s'exalte lui-même, plus rigoureusement les antagonistes se laissent aller à l'intimité du simple s'appartenir à soi-même."[222].

Le questionnement est toujours historique et dans un peuple, non sans violence. Heidegger décrit, en 1937, dans le prologue à la première traduction de ses écrits en français[223], l'historialité de la question de l'Etre en termes de force et de feu :

> "Ainsi comprise, la question fondamentale concernant l'Etre et son épanouissement total peut bien être passée sous silence ; on peut la falsifier, on peut même l'oublier. Mais elle ne se laisse pas reléguer définitivement. Elle ne subsiste pas non plus, il est vrai, en soi et en dehors du temps, mais elle est uniquement *comme* historique. Cela ne veut pas dire qu'elle se présente simplement dans le courant et la marche de l'Histoire, comme un événement à côté de beaucoup d'autres. Que la question fondamentale concernant l'Etre soit historique, cela signifie que son fondement est déjà posé *avec* notre réalité-humaine historique, jusqu'ici advenue et encore à advenir. A-t-on la volonté de cette Histoire, a-t-on assez de force pour la porter et en accomplir la destinée, ce sera chaque fois dans la mesure respective de cette volonté et de cette force, que la première et ultime question de la philosophie assurera sa veille, répandant l'éclat du feu et y faisant transparaître la figure de toutes choses."[224]

L'homme historique agissant authentiquement tend à l'héroïsme. Dans la post-face de 1943 à *Was ist Metaphysik ?*, l'héroïsme, c'est l'offrande qui "ne tolère aucun calcul par lequel n'est à chaque fois escompté qu'un profit ou une perte, les buts soient-ils bas ou élevés. Une telle supputation altère l'essence de l'offrande. La hantise des buts trouble la clarté de l'horreur prête à l'angoisse d'où part le courage pour l'offrande, qui a prétendu au voisinage de l'Indestructible."[225]

Datant également de 1943, le commentaire du poème *Retour* (*Heimkunft*) est sans doute celui qui, tout en exaltant discrètement l'héroïsme, marque le plus nettement le lien (politico-philosophique) qu'établit Heidegger entre origine et patrie : "Le plus secret et le meilleur de la patrie repose en ceci : être uniquement cette proximité à l'origine, et rien d'autre. C'est pourquoi la fidélité à l'origine aussi est innée à cette patrie. C'est pourquoi un homme ne délaisse, quand il le doit, qu'avec peine le lieu de

---

221 HEIDEGGER, *Chemins..., op. cit.*, p. 53.
222 *Ibid.*
223 Il s'agit d'un choix de textes, parmi lesquels des extraits de *Sein und Zeit, Was ist Metaphysik ?*, traduits par Henri Corbin et réédités dans *Questions I.* Le prologue est aussi une sorte de lettre-préface à l'œuvre entreprise par Corbin à destination du public français.
224 HEIDEGGER, *Questions I, op. cit.*, p. 10.
225 HEIDEGGER, *Questions I, op. cit.*, p. 82.

cette proximité (...). Retour est la marche qui revient vers la proximité à l'origine."[226]. Le poème se termine par ces vers :

> "Des soucis, tels il faut, de son gré ou non, que dans l'âme
> "Les porte un poète et souvent, mais les autres, non !"

Heidegger commente : "Le "non" est l'appel plein de secret qui demande *aux* autres dans la patrie de passer à l'écoute, afin qu'ils puissent apprendre alors à comprendre l'être du pays."[227]. Par glissements successifs on arrive alors à une évocation, à peine voilée, des jeunes soldats allemands en campagne au loin :

> "... les fils du pays alors, qui loin du sol de la patrie, mais le regard tourné vers la Sérénité de la patrie qui luit à leur rencontre, emploient leur vie pour le fonds encore réservé et la prodiguent en sacrifice, ne sont-ils pas alors, ces fils de la patrie, les plus proches alliés du poète ? Leur sacrifice accueille en soi l'appel que le poète adresse aux Préférés en la patrie pour que le trésor réservé puisse demeurer tel. Il le demeure, si ceux "qui ont leurs soucis dans la patrie" deviennent les Soucieux d'une manière essentielle. Alors, il y a alliance avec le poète. Alors, il y a retour. Et ce retour est l'avenir de l'être historial des Allemands. Ils sont le peuple du Poème *et* de la Pensée."[228]

La guerre représente ainsi comme une nouvelle occasion donnée à l'Etre de "surgir" historiquement. Relisons bien le cours de l'été 1941 : "là où le désir d'anéantissement de tout l'étant atteint son paroxysme, et précisément là, il faut que l'être apparaisse. Il surgit alors comme en une première apparition, source intacte d'où provient tout étant et jusqu'à la possibilité d'anéantir ce dernier."[229]. Heidegger déclare une fois encore que "le moment est venu" de se livrer à une "remémoration de l'initial", qui "peut faire naître le pressentiment que l'histoire va au-devant de décisions qui surplombent toutes les fins que l'homme des Temps modernes peut bien s'assigner d'ordinaire. S'il en est ainsi, il est nécessaire qu'en cet instant du monde les Allemands sachent ce qui pourrait *à l'avenir* être exigé d'eux si l'"esprit de leur patrie" doit être un "cœur sacré des peuples"."[230].

Cela signifie bien que l'esprit allemand est prédisposé à être le centre (cœur sacré) *des* peuples – et l'emploi du mot "sacré" n'est pas innocent non plus : il indique, dans le lexique hölderlino-heideggerien, ce qui relève de l'Etre. En tant que "peuple ontologique" les Allemands sont donc

---

[226] HEIDEGGER, *Approche...*, *op. cit.*, pp. 28-29.
[227] HEIDEGGER, *Approche...*, *op. cit.*, p. 35.
[228] HEIDEGGER, *Approche...*, *op. cit.*, p. 36.
[229] HEIDEGGER, *Concepts fondamentaux*, *op. cit.*, p. 85.
[230] HEIDEGGER, *Concepts fondamentaux*, *op. cit.*, p. 24. Les deux expressions entre guillemets sont (évidemment) de Hölderlin.

invités à se tenir au milieu de l'humanité et à jouer leur va-tout en ce milieu.

Pendant l'été 1942, Heidegger évoque encore le "caractère historiquement unique [*geschichtlichen Einzigkeit*] du national-socialisme"[231]. Durant le second semestre de cette année, il déclare :

> "Ainsi il importe de réaliser que, pour ce qui est de la victoire, ce peuple historique [l'Allemagne] a déjà triomphé et est impossible à battre (...) s'il demeure la nation de poètes et de penseurs qu'il est essentiellement, tant qu'il ne tombe pas victime de la terrifiante – parce que toujours menaçante – déviation, et donc méconnaissance, de son essence."[232]

Il dramatise à outrance une situation planétaire (qui correspond dans l'actualité à la victoire des Russes à Stalingrad et au processus de déportation et d'extermination tournant à plein régime) et observe dans son cours de l'été 1943 sur Héraclite :

> "Les Allemands et eux seuls peuvent sauver l'Occident pour son histoire (...). La planète est en flammes. L'essence de l'homme est sortie de ses gonds. Des Allemands seuls – à condition qu'ils découvrent et préservent la germanité [*das Deutsche*] – peut venir la prise de conscience décisive pour l'histoire universelle."[233]

En dépit de la quête d'une patrie plus centrale, lorsqu'il y a un enjeu international, *a fortiori* une guerre mondiale, le choix reste en faveur d'un messianisme germanique.

La Poésie "au pouvoir"

Mais plus fondamentalement que ne le fut, en 1933, le Savoir du peuple (l'université), la poésie s'avère, à présent, instauratrice d'état (authentique), donc (d'abord spéculativement) d'Etat. Elle a un rôle historial éminent, puisque, dit le cours sur *La Germanie*, elle gouverne le *Dasein* des peuples[234], où elle doit faire place pour la langue des dieux[235] par laquelle

---

[231] Cité par WOLIN, *op. cit.*, p. 200.

[232] HEIDEGGER, Extrait du Cours sur *Parménide*, cité par WOLIN, *op. cit.*, pp. 200-201.

[233] HEIDEGGER, Extrait du Cours sur *Héraclite*, cité par WOLIN, *op. cit.*, p. 201 et FERRY/RENAUT, *op. cit.*, p. 118, sur base d'un article de N. TERTULLIEN (*Quinzaine littéraire*, 15-31 décembre 1987). Je ne puis m'empêcher de rapprocher ce texte d'un autre, la lettre du 12 avril 1950 à Hannah Arendt, destinataire de ce message stupéfiant : "Dans mes notes sur la puissance, je n'ai pas encore vu à quoi tu fais allusion en parlant du "mal radical". Quelques années plus tard, lorsque j'ai reconnu dans la volonté de puissance la volonté de volonté, j'ai pensé à l'insurrection inconditionnelle d'une rage de soi en l'Ëtre." (ARENDT/HEIDEGGER, *op. cit.*, p. 94).

[234] Cf. HEIDEGGER, *Les Hymnes...*, *op. cit.*, p. 33.

[235] Cf. HEIDEGGER, *Les Hymnes...*, *op. cit.*, p. 42.

le poète maçonnera les fondations de la langue d'un peuple[236]. Cette mission, Heidegger la qualifie clairement de *politique* :

> "Nous avons déjà appris (...) que le *Dasein* historique des peuples, leur ascension, leur apogée et leur déclin jaillissent de la poésie, et qu'en jaillit aussi le savoir authentique, au sens de la philosophie ; et des deux à la fois jaillit l'actualisation de l'Etat du *Dasein* d'un peuple en tant que peuple – la politique. Ce temps originel, historique des peuples est par conséquent le temps des poètes, des penseurs et des fondateurs d'Etat, c'est-à-dire de ceux qui en fait fondent et justifient l'existence historique d'un peuple. Ce sont les véritables créateurs."[237]

Comme dans le *Discours de Rectorat*, Heidegger ne parle pas de l'Etat, entité juridique autonome, mais de l'Etat du *Dasein* d'un peuple – une expression qui n'appartient qu'à lui : l'Etat (politique) n'est jamais que la traduction d'un état (collectif) par rapport à l'être/l'étant. En d'autres termes, l'Etat se trouve à la conjonction du peuple et de l'être : l'Etat est l'*état par excellence.*

On comprend aussi mieux l'étrangeté du jeu des articles au début de *Concepts fondamentaux* : "Des concepts-*de-fond*" sont alors des représentations tout à fait générales de domaines aussi amples que possible. De tels domaines sont la nature, l'histoire, "l'"Etat, "le" droit, l'homme, l'animal ou quoi que ce soit d'autre."[238]. A l'inverse des autres exemples donnés dans l'ouvrage, *Etat* et *droit* sont cités avec un article défini, entre guillemets. Or les guillemets signifient chez Heidegger soit la citation, soit l'impropre, ou le dissimulé – Derrida en a tiré toute une interprétation[239]. Cela veut dire que l'Etat et le Droit n'existent pas comme *l'homme, la nature*, etc. – c'est à dire pas universellement. Il n'y a jamais qu'un Etat et un droit pris isolément – ce sont ceux-d'un-peuple-déterminé.

Lorsque le créateur d'Etat crée un Etat qui soit en concordance avec l'essence d'un peuple, le peuple est amené à l'existence en tant que tel – l'authenticité – et la vérité historique de l'Etre peut advenir. Il s'agit donc de mettre le peuple dans un certain état, qui est précisément son Etat de peuple comme peuple. C'est en ce sens seulement que le créateur d'Etat est un vrai créateur, du rang du penseur et du poète.

Il est significatif que pensée, poésie, création d'Etat soit prises ensemble, ce qui rappelle Platon (*Nous, fondateurs d'Etat...*). L'Etre conçu par le poète "n'est placé dans le sérieux dernier et premier de l'étant, c'est-à-dire dans sa vérité historique *déterminée dans sa tonalité (be-stimmte)* qu'une fois que le peuple a été amené à lui-même en tant que peuple, écrit Hei-

---

[236] Cf. HEIDEGGER, *Les Hymnes..., op. cit.*, p. 43.
[237] HEIDEGGER, *Les Hymnes..., op. cit.*, pp. 58-59.
[238] HEIDEGGER, *Concepts fondamentaux, op. cit.*, p. 13.
[239] Cf. J. DERRIDA, *De l'esprit*, Galilée, Paris, 1987. J'y reviens au chapitre III.

degger à la fin du cours sur *La Germanie*. Cela advient grâce à la création par le créateur d'Etat de l'Etat accordé (*zu-bestimmt)* à son essence. Mais toute cette advenue a son temps propre et par conséquent sa propre chronologie. Les puissances de la poésie, de la pensée, de la création d'Etats agissent, surtout aux époques de déploiement de l'histoire, aussi bien dans un mouvement d'avancée que de recul, et elles échappent par nature à tout calcul."[240]. La référence au temps propre, à l'absence du tout calcul fait sans doute allusion à l'état du régime de 1934-35 : soit l'acception de la dynamique de celui-ci, soit le regret de sa configuration récente et l'espoir d'un Etat plus authentique encore[241].

La conférence de Rome *Hölderlin et l'essence de la poésie* (1936)[242] insiste encore sur le rôle historico-politique du poète. A partir du vers "Mais c'est dans des huttes qu'habite l'être humain...", Heidegger développe sa conception :

> "Mais qui est donc l'être humain ? celui qui doit témoigner ce qu'il est. Témoigner signifie d'une part révéler, dénoncer ; mais en même temps cela veut dire aussi : répondre, dans la dénonciation, de ce qui est dénoncé. L'homme est *celui* qu'il *est*, précisément dans l'attestation de son être-là propre. mais cette attestation ne veut pas dire ici que l'être de l'homme s'exprime après coup, que son expression vienne s'ajouter, courir en marge de son être ; non, elle concourt à la constitution même de l'être-là de l'homme. Mais que doit attester l'homme ? Son appartenance à la Terre."[243]

Le langage rend l'Histoire possible mais il doit être fondé : c'est le rôle des poètes ; c'est pourquoi la poésie, au sens heideggerien, est "le fondement qui supporte l'Histoire"[244] et rend possible le langage ; elle est "le langage primitif d'un peuple historial"[245].

Le poète doit surprendre le discours originel des dieux pour le transmettre à son peuple, et cependant cette voix des dieux est *la même que celle du Volk* :

> "La fondation de l'être est liée aux signes de dieux. Et en même temps la parole poétique n'est que l'interprétation de la "voix du peuple" (*Stimme des Volkes*). C'est de ce nom que Hölderlin appelle les légendes, les "dicts" dans lesquels un peuple fait mémoire de son appartenance à l'étant dans son ensemble. Souvent cette voix se tait et s'exténue en soi-même. Elle n'est pas

---

240 HEIDEGGER, *Les Hymnes...*, *op. cit.*, p. 137.

241 Ce cours est donné quelques mois après la "Nuit des longs couteaux".

242 Cette conférence sera publiée dans *Qu'est-ce que la Métaphysique ?* en 1937 en France, et republiée dans *Approche de Hölderlin, op. cit.* (1968).

243 HEIDEGGER, *Approche...*, *op. cit.*, p. 45.

244 HEIDEGGER, *Approche...*, *op. cit.*, p. 54.

245 HEIDEGGER, *Approche...*, *op. cit.*, p. 55.

capable en général de dire par elle-même l'authentique, elle a besoin de ceux qui l'interprètent."[246].

C'est ainsi que Hölderlin, en temps de détresse entre les dieux enfuis et le dieu qui va venir : "L'essence de la poésie, celle que fonde Hölderlin, est historiale au suprême degré, parce qu'elle anticipe un temps historial"[247]. Il n'est pas dit si ce temps est déjà venu...

Nouvel homme providentiel, dépositaire et messager, tel apparaît encore le poète, dans ce quatrain cité lors du discours *Comme au jour de fête* (1939-40) :

"Et comme une flamme brille dans le regard
De l'homme d'un haut projet, ainsi
De nouveau, aux signes et aux gestes du monde maintenant
Une flamme s'est allumée dans l'âme des poètes."[248]

L'homme (d'action) éminent ou l'homme quand il fait un projet et le poète procéderaient de la même flamme sacrée ; mieux : pour comprendre ce qui se passe dans le poète, on regarderait le regard de l'homme : *wenn hohes er entwarf*, "quand il conçut de hauts desseins"[249] ou "qui a conçu un grand dessein"[250] disent d'autres traducteurs. Or il est frappant que dans son commentaire suivant immédiatement la citation, Heidegger écrive en paraphrase : "Comme la haute idée de l'homme pensif luit dans le regard, ainsi quand le Sacré à venir se dévoile, rayonne *dans les âmes des poètes* une clarté"[251]. Il n'y a donc plus de "haut dessein", mais une "haute idée", plus d'homme *de projet*, mais un homme *pensif* ; autrement dit, le seul homme qui puisse avoir ce regard brillant que l'on prête aux "grands hommes" est un penseur. La *Führung* a donc désinvesti le champ politique (au sens où on l'entend couramment) pour s'installer chez le penseur-poète.

Saisis de cette flamme, les poètes vont permettre au peuple d'entrer en contact avec le Sacré. Le Dieu se sert du poète, il "prend sur lui Cela qui est "au-dessus" de lui, le Sacré, et, l'assemblant, il le porte à l'acuité et à la force de l'unique éclair grâce auquel il est "orienté" vers les hommes ; c'est ainsi qu'il en fait don."[252].

---

[246] HEIDEGGER, *Approche...*, *op. cit.*, pp. 58-59.
[247] HEIDEGGER, *Approche...*, *op. cit.*, p. 60.
[248] HEIDEGGER, *Approche...*, *op. cit.*, p. 82. La traduction du discours *Wie wenn am Feiertage...* (et donc du quatrain de Hölderlin) est signée Deguy et Fédier.
[249] HÖLDERLIN, *Œuvres complètes*, trad. Roud, Gallimard (coll. *Bibliothèque de la Pléiade*), Paris, 1967, p. 834.
[250] HÖLDERLIN, *Poésies*, trad. Blanquis, Aubier-Montaigne, Paris, 1943, p. 353.
[251] HEIDEGGER, *Approche...*, *op. cit.*, p. 82.
[252] HEIDEGGER, *Approche...*, *op. cit.*, p. 88. Cela ne veut pas dire que les chefs politiques (*Führer*) soient devenus "immoraux" et qu'il faille les dénoncer à ce titre : "ils représentent les conséquences nécessaires du fait que l'étant est passé dans le monde de l'errance, là où s'étend le vide qui exige un ordre et une sécurité unique de l'étant" (*Essais et conférences*,

Cette mission politiquement fondatrice apparaît encore dans *Andenken*, avec un accent sur le rapport à la terre et au sol : "L'habitation comme fondation est l'habitation originelle des fils de la terre qui sont en même temps les enfants du ciel. Ce sont les poètes. Leur œuvre poétique n'est tout d'abord que de fonder, c'est-à-dire de tracer et de jeter fermement les fondations sur lesquelles il faudra construire la maison où les dieux doivent venir en hôtes. Les poètes *consacrent le sol*."[253]. Relisons aussi *Le Rhin*, où Heidegger évoque le poète rappelé à sa terre natale : "C'est l'état d'urgence de cette dernière qui engendre le genre et la direction de sa pensée, laquelle s'attache uniquement à trouver la vérité du peuple. La terre ne devient terre, et la contrée ne devient contrée que dans le poème."[254].

Encore magnifiée dans *L'Origine de l'œuvre d'art*, la "terre" est plus proche de la φυσις grecque que d'une masse matérielle ou de "notre planète" : "la Terre, c'est le sein dans lequel l'épanouissement reprend, en tant que tel, tout ce qui s'épanouit. En tout ce qui s'épanouit, la terre est présente en tant que ce qui héberge. Debout sur le roc, l'œuvre qu'est le temps ouvre un monde et, en retour, l'établit sur la terre, qui alors seulement, fait apparition comme le sol natal (*heimatlicher Grund*)."[255]. Ce *Grund* est aussi, bien sûr, le "fondement" : l'œuvre d'art s'avère révélatrice de fondement.

L'allusion au sol "natal" fait valoir avec virtuosité ce que, plus trivialement, l'on formulerait ainsi : tout art est nécessairement national. La paysanne (symbole pré-technicien) est confiée à "l'appel silencieux de la terre"[256]. De même que la nation du questionnement fondamental se trouve en affrontement avec la modernité internationale, de même, la terre avec le monde : "L'être-œuvre de l'œuvre réside dans l'affectivité du combat entre monde et terre."[257].

L'œuvre artistique, en général, remplit la fonction déjà identifiée comme celle de la poésie : opération d'avènement de l'étant dans sa totalité, opération politique. Les réflexions du philosophe sur la poésie s'appliquent à l'œuvre d'art qui en est comme dérivée : "l'essence de l'art, c'est le Poème"[258].

---

op. cit., p. 108) – ce qui signifie que malgré leur arbitraire (apparent) ils ne sont pas ou plus les véritables acteurs de ce qui advient.

[253] HEIDEGGER, *Approche*..., *op. cit.*, p. 190.

[254] HEIDEGGER, *Les Hymnes*..., *op. cit.*, p. 209.

[255] HEIDEGGER, *Chemins*..., *op. cit.*, p. 45. Sur ce thème, cf. A. VUILLOT, *Heidegger et la Terre. L'assise et le séjour*, L'Harmattan, Paris, 2001.

[256] HEIDEGGER, *Chemins*..., *op. cit.*, p. 35.

[257] HEIDEGGER, *Chemins*...., *op. cit.*, p. 53. S'ensuit l'apologie du combat, déjà citée plus haut.

[258] HEIDEGGER, *Chemins*..., *op. cit.*, p. 84.

Si le poète est fondateur d'Etat, similairement l'instauration d'un Etat et la gestation d'une œuvre d'art ont en commun de faire advenir la vérité : “Une manière essentielle dont la vérité s'institue dans l'étant qu'elle a ouvert elle-même, c'est la vérité se mettant elle-même en œuvre. Une autre manière dont la vérité déploie sa présence, c'est l'instauration d'un Etat.”[259]. Les considérations heideggeriennes sur l'œuvre “d'art” peuvent s'appliquer *mutatis mutandis* à l'œuvre d'Etat, tant il est vrai que celle-ci relève de l'art, entendu comme surgissement historial de la vérité de l'être dans une terre ou un peuple.

L'“esthétisation de la politique”, observe Lacoue-Labarthe, “faisait bien, essentiellement le programme du national-socialisme. Ou son projet.”[260]. Goebbels disait dans son vocabulaire : “La politique est, elle aussi, un art, peut-être même l'art le plus élevé et le plus large qui existe, et nous, qui donnons forme à la politique allemande moderne, nous nous sentons comme des artistes auxquels a été confiée la haute responsabilité de former, à partir de la masse brute, l'image solide et pleine du peuple.”[261]. Est-elle à des années-lumières, la pensée heideggerienne, où la vérité dans l'œuvre se projette “en se destinant aux gardiens à venir, c'est-à-dire à une humanité historiale”[262], vérité qui s'instaure comme “donation et avènement d'un sol”[263] ?

A la fin de sa conférence, Heidegger interpelle résolument les Allemands : “Sommes-nous, dans notre *Dasein*, historialement à la source ? Savons-nous, c'est-à-dire respectons-nous l'essence de l'origine ?”[264]. Dans la post-face, écrite plus tard, il est plus sceptique : “Ce qui reste, c'est la question de savoir si l'art est encore, ou s'il n'est plus une manière essentielle et nécessaire d'avènement de la vérité qui décide de notre *Dasein* historial. Et s'il ne l'est plus, la question reste toujours de savoir pourquoi.”[265].

L'armement poétique et le ferme statut

L'identité fondamentale entre L'Esprit – au sens du *Discours de Rectorat* – la Nature, le Sacré et le “ferme statut”, réminiscence éloquente de la sphère parménidienne, se dégage surtout de *Comme au jour de fête* (1939-40). L'éveil, l'avènement (*Ereignis* – mot à suivre comme on sait) de la Nature se fait au son d'un *Logos* de combat :

---

259 HEIDEGGER, *Chemins...*, *op. cit.*, p. 69.
260 LACOUE-LABARTHE, *op. cit.*, p. 92.
261 Cité par LACOUE-LABARTHE, *La fiction...*, *op. cit.*, p. 93. Sur la conception heideggerienne de l'Etat comme “gigantesque œuvre d'art” (l'œuvre d'art ayant pour fonction de révéler l'essen-ce des choses) cf. aussi WOLIN, *op. cit.*, p. 184.
262 HEIDEGGER, *Chemins...*, *op. cit.*, p. 85.
263 HEIDEGGER, *Chemins...*, *op. cit.*, p. 86.
264 HEIDEGGER, *Chemins...*, *op. cit.*, p. 89.
265 HEIDEGGER, *Chemins....*, *op. cit.*, p. 91.

> "(...) parce qu'il est nommé, et même exige d'être nommé, l'éveil de la *Nature* vient à la sonorité de la Parole poétique. Dans cette Parole se dévoile l'essence de ce qui est nommé. Car nommant l'essentiel, la Parole sépare l'essence et l'aberrant. Et tandis que la parole les sépare, elle décide de leur combat. La Parole est arme. C'est pourquoi dans ce même hymne *A la source du Danube*, Hölderlin parle des *armes de la parole* comme de *sanctuaires* qui gardent le sacré."[266]

A première vue, il ne s'agit pas du bon vieux *Logos unifiant* de tous en tout, mais d'un *logos* qui démarque, clive, dissocie. Pourtant, cette parole décide d'un combat, le plus radical et le plus originaire qui soit : le combat entre l'essence et l'ab-errant. Qu'est-ce que cette "ab-errance" ? On peut la concevoir *a contrario* : l'opposé de l'essence, ce qui la mine, la contamine, l'empêche. Et l'essence est immédiatement assimilée ici au "sacré" (comme le permet le langage poétique).

Lisons donc la suite en pensant le *sacré* (qui a besoin de gardiens) comme le contraire de l'(ab)errance. "Hölderlin nomme la Nature le Sacré ; parce qu'elle est *plus ancienne que les temps et au-dessus des dieux*. (...). Le Sacré est l'être de la Nature."[267]. Cela étant dit, Heidegger peut à nouveau traiter de l'Esprit à partir des vers suivants :

> "*Et haut de l'Ether jusqu'à l'abîme en bas*
> *Selon un ferme statut, comme jadis, tiré du Chaos sacré*
> *L'Esprit se sent à nouveau créateur.*"[268]

En tant que toute présente, la Nature, éveillée, est Esprit et rend celui-ci créateur, comme un centre qui irradie et récapitule :

> "Le Clair laisse tout s'avancer en son paraître et rayonner, en sorte que tout réel enflammé par lui se tient dans ses propres contours et dimensions. Ainsi distingué en son propre être, tout ce qui paraît est traversé par les rayons de l'esprit : spirituel. La Nature in-spire tout, omniprésente et création. Elle est elle-même l'"inspiration". Elle ne peut inspirer que parce qu'elle est l'"Esprit". L'Esprit règne comme sobre mais audacieuse exposition, qui installe tout présent dans les limites et la trame bien distinguées de sa présence. Une telle exposition est la pensée essentielle. (...). L'Esprit est l'unité unifiante. L'unité laisse apparaître l'ensemble de tout réel dans son rassemblement. C'est pourquoi l'Esprit est, essentiellement, dans ses "pensées" *Esprit commun.*"[269]

---

[266] HEIDEGGER, *Approche..., op. cit.*, p. 76.
[267] HEIDEGGER, *Approche..., op. cit.*, p. 77.
[268] *Ibid.*
[269] HEIDEGGER, *Approche..., op. cit.*, p. 78.

Pour l'Esprit, la route vers le haut et le bas est la même (Héraclite)[270], selon un “ferme statut” qui récapitule le réel jusqu'en ses extrêmes, jusques et y compris les dieux et l'abîme.

Comme la sphère du *Poème* de Parménide, la Nature/Sacré est fermeté : “Parce que la Nature demeure avant tout l'initial, l'originellement inébranlable, elle est le *ferme statut.*”[271]. Et pour reprendre la traduction, par Hölderlin, d'une expression de Pindare, ce Statut est “de tous le Roi”[272].

Pourtant, l'Esprit n'est pas fondé sur une éternelle immobilité, une fixité à l'abri de l'imprévisible : il est “tiré du Chaos sacré”. C'est ici que la pensée Heidegger/Hölderlin paraît s'écarter de la structure ontologique classique : une béance gît au fond de la Nature/l'Esprit, béance qui permet l'ouverture de l'Ouvert, et qui est Chaos. Comment un tel Chaos peut il être compatible avec un ferme statut ?

Nous touchons là, me semble-t-il, à l'essence spécifique de l'expérience ontologique allemande de (l'époque de) Heidegger, qui se distingue du traditionnel maintien d'une structure (onto-étatique) qui seulement “conserve” ou “ré-équilibre” – maintien qui dominait, jusque là, la pensée politique occidentale. En même temps, cette “béance”, cultivée dans le discours para-poétique et dans la pensée du déclin, se révélera d'une profonde fécondité chez le Heidegger d'après-guerre.

Mais ici, il est déjà dit que le Chaos ne soit point l'indifférencié, la confusion etc. Pour concevoir justement le chaos, il faut penser la sauvageté (*sic*). Heidegger se réfère à la “sainte sauvageté”, aux “sauvegetés sacrées” etc., dont parlent plusieurs poèmes de Hölderlin. “Pensé à partir de la *Nature* (Φύσις), le Chaos reste cette béance, d'où l'Ouvert s'ouvre afin d'accorder à toute distinction sa présence délimitée. C'est pourquoi Hölderlin nomme *sacré* le *Chaos* et la *sauvageté.* Le Chaos est le Sacré lui-même.”[273]. Le Chaos n'est qu'un autre nom de la Nature/le Sacré, mais le côté ouvert, dynamique, fort, et donc finalement historial d'une Nature éternelle, toujours déjà là et qui ferme, limite, signe la finitude. *La sauvageté se trouve ainsi légitimée comme fondement initial et forme d'expression/d'avènement du Sacré.*

L'Esprit exprime encore le sacré dans l'homme, à la fin de *Comme au Jour de fête* :

> “L'hymne doit nécessairement provenir de l'éveil de la Nature, *haut de l'Ether jusqu'à l'abîme en bas.* Participant ainsi à l'éveil de *l'esprit qui s'éveille*, le souffle du Sacré en sa venue passe en lui. Inaccoutumée est alors la croissance de l'hymne. Son éveil a lieu en *orages*, qui *cheminent entre ciel et terre et parmi les peuples.* Le soulèvement est nécessaire de tout cet

---

270 Cf. fragment 60 d'Héraclite dans *L'aube de l'Un*, pp. 110-111.

271 HEIDEGGER, *Approche..., op. cit.*, p. 80.

272 Cf. HEIDEGGER, *Approche..., op. cit.*, pp. 79-80.

273 HEIDEGGER, *Approche..., op. cit.*, p. 81.

> empire où la Nature avant semblait dormir. Ce soulèvement du Tout naît d'un ébranlement *mûri de plus loin dans les profondeurs du temps*. L'éveil remonte au temps le plus ancien à partir duquel tout ce qui vient est déjà préparé."[274]

La référence soudaine à "cet empire" (concept politique) trahit la visée historique, si celle-ci n'était déjà assez claire. Certes le poète recueille "en paix" dans son âme la spiritualité de l'Esprit, mais l'important est ce qu'il révèle dans le champ commun, c'est-à-dire le *Geist* qui structure alentour : "Départageant et disposant tout, l'*Esprit* demeure attaché à tout, lui qui ordonne tout diamétralement en le pensant. En tant qu'*Esprit* il est toujours *Esprit commun.*"[275]. La structure représentative du Sacré est bien connue :

> "En son origine, le Sacré est le *ferme statut*, cette *rigoureuse médiateté* en qui tous les rapports de tout ce qui est réel sont médiatisés. Tout n'est que parce que, recueilli dans la toute présence de l'intact, il est au-dedans de lui :
> *Tout est intime*
> Ainsi débute une ébauche tardive (IV, 381). Tout n'est que dans la mesure où il ressort, rayonnant, hors de l'intimité de l'omniprésent. Le Sacré est l'intimité elle-même ; il est *le cœur.*"[276]

Le mot "sphère" lui-même apparaît ensuite, à partir d'une remarque manuscrite de Hölderlin en marge des derniers vers du poème : "La sphère qui est plus haute que celle des hommes celle-là est le dieu"[277]. La lecture "évidente" déduirait le postulat d'une "sphère divine" supérieure à celle des humains et qui s'identifierait au dieu même (un seul dieu). Si cette sphère était *la* plus haute, elle engloberait le Sacré lui-même, mais elle n'est que "plus haute", fait remarquer Heidegger : le caractère originaire du Sacré (païen) par rapport au dieu est sauvegardé : "Ainsi ce qui est issu de l'origine ne peut rien contre l'origine. C'est pourquoi le *cœur éternel* demeure *pourtant ferme*, quoique *profondément ébranlé*. L'ébranlement prend fond à la profondeur où le Sacré *partage les souffrances d'un dieu.*"[278].

Sans doute Heidegger fait-il dire à Hölderlin davantage que ce qu'il n'avait dit – ici plus encore qu'ailleurs. Le prix de la permanence et du rayonnement du Centre éternel est une souffrance initiale : "Souffrir c'est demeurer ferme au commencement"[279]. Ainsi la métaphore de la souffran-

[274] HEIDEGGER, *Approche...*, *op. cit.*, p. 85.
[275] HEIDEGGER, *Approche...*, *op. cit.*, p. 86.
[276] HEIDEGGER, *Approche...*, *op. cit.*, p. 93.
[277] Cité dans HEIDEGGER, *Approche...*, *op. cit.*, p. 94. Sur l'importance esthético-politique de la sphéricité parménidienne, voir *L'aube de l'Un*, pp. 128-138 et 206-207.
[278] HEIDEGGER, *Approche...*, *op. cit.*, p. 95.
[279] *Ibid.*

ce ne réintroduit-elle que les thèmes fondamentaux du λεγειν, de l'ἀρχη et de la fermeté/fixité. Mais si le dieu a été ramené à sa place (ce qui fait que de la souffrance est partagée par le Sacré), la sphère n'a pas été "dénoncée" : ou plutôt la sphère-qui-est-le-dieu donne à penser la souffrance, dont on nous apprend qu'elle rassemble tout fermement à soi. Autrement dit, cette prétendue souffrance du Sacré fonctionne comme le centre d'une sphère plus haute que celle des hommes.

Pour que l'étude du poème arrive à ses fins, il reste à Heidegger à en révéler "l'actualité historique". Selon le procédé habituel, il dénigre la *conception courante* (ici, celle du temps, de l'Histoire) pour lui substituer la sienne propre. Par son exclamation "voici le jour !" Hölderlin signifie son temps (qui n'était pas la chronologie des choses de son temps justement, mais, évidemment, un temps plus initial) :

> "Ce temps nomme la venue du Sacré. Seule cette venue indique le *temps*, où *il est temps* que l'histoire s'expose au choix décisif et essentiel. Un tel *temps* ne se laisse jamais dater et n'est jamais mesurable en nombre d'années ou découpage par siècles. Les "dates historiques" ne sont que repères connexes au fil desquels le compte des hommes range les événements. Ceux-ci n'occupent jamais que l'avant-scène de l'histoire, qui seule demeure accessible à l'information (*istorein*). Cet aspect "historique" n'est jamais l'Histoire elle-même. L'Histoire est rare. Il n'y a Histoire qu'à chaque fois que l'être de la vérité se décide inauguralement. Le Sacré *plus ancien que les temps* et *au-dessus des dieux* fonde en sa venue un autre commencement d'une autre Histoire."[280]

La fondation de l'ἀρχη d'une autre Histoire, la vraie, s'oppose ainsi à l'information, au travail habituel des historiens, qui pratiquent une science "périphérique". Le ressassement d'un "choix décisif et essentiel" rappelle les premiers cours sur Hölderlin, et la finalité politique des travaux. Cette finalité éclate dans la conclusion de l'étude : "La parole de Hölderlin dit le Sacré et nomme ainsi l'unique aire de temps de la résolution initiale qui décide de l'ordonnance essentielle de l'histoire future des dieux et des humains. Cette parole, encore inentendue, est en réserve dans la langue occidentale des Allemands."[281].

Les expressions "encore inentendue" et "en réserve" tendant à accréditer que la résolution initiale ne s'est pas produite dans le régime qui s'est établi. Elles semblent indiquer à celui-ci un "peut mieux faire", ou plutôt une parousie future autrement plus décisive. En tout cas, cette résolution ne peut provenir que de la langue allemande et c'est donc en Allemagne, chez les Allemands, que se trouvent les conditions de possibilité de cette si rare Histoire authentique, pourvu que leur langue soit "occidentale",

---

[280] HEIDEGGER, *Approche...*, *op. cit.*, pp. 96-97.
[281] HEIDEGGER, *Approche...*, *op. cit.*, p. 98.

c'est-à-dire originaire, alémano-grecque – le contraire d'européenne ou mondiale[282]. L'expression “des Allemands” montre aussi le partage, au sein d'un peuple, de cette parole inaugurale du sacré.

Vérité du Centre : primat de la discipline sur l'art

Lumière rayonnante apprise à l'occasion du détour à l'étranger, le Sacré se révèle bien, dans *Andenken* aussi, point de non-mouvement, Un-Centre :

> “Apprendre le libre usage de ses propres possibilités veut dire s'engager d'une façon toujours plus exclusive dans une triple vocation : d'être ouvert pour ce qui nous est assigné, de rester vigilant à l'égard de ce qui vient, d'avoir cette calme lucidité qui, à l'écart du tourbillon de cent choses intéressantes, maintient l'Unique, qui est nécessaire. Etre ainsi, dans le calme attentif, ouvert pour le Sacré, c'est en même temps la récollection qui achemine vers le siège du repos, vers ce point qui correspond au “repos” auquel pense le poète.”[283]

Ainsi, dans la grande tradition métaphysique, se tient, par-delà le mouvement (le tourbillon) du multiple (cent choses), un point immobile qui rassemble (récollection) et qui doit être “maintenu” tout en maintenant l'unicité. *L'expérience de la patrie ainsi décrite est une redondance de l'expérience ontologique.* Puis vient le ressassement de l'Un-Centre à travers cette fois le mot de “pudeur” :

> “La pensée qui, faisant retour à la source, pense à l'origine est ce qu'il y a de plus difficile. C'est pourquoi plus d'un a pudeur, non parce qu'il craint cette tâche la plus difficile, mais parce qu'il l'aime. La pudeur est assurément autre chose que la timidité qui en toute rencontre reste hésitante et mal assurée. La pudeur au contraire est retenue par l'Unique, clairement unique, dont elle a pudeur. (...). La pudeur est un savoir : elle sait que l'origine ne se laisse pas immédiatement reconnaître. *En elle comme en son centre de gravité* doit reposer le cœur de ces poètes dont la parole fonde la marche historique d'une humanité vers son pays : afin que celle-ci en chemin ne perde pas l'équilibre.”[284]

La puissance poétique, enseigne encore *Andenken*, est *soumise* à l'ordre du ferme statut, à la discipline même.

> “Mais pourquoi les fondateurs, eux qui prédisent *le plus Haut*, ne penseraient-ils pas aussi d'avance à ce qui tient à la construction de la maison et de même à ce qui peut la préserver de façon à maintenir ainsi

---

[282] Cf. *infra*, mon § 4.

[283] HEIDEGGER, *Approche...*, *op. cit.*, pp. 151-152.

[284] HEIDEGGER, *Approche...*, *op. cit.*, pp. 167-168. Souligné par moi.

fermement les rapports où dieux et hommes sont depuis lors entrés ? En vérité, maintenir fermement et arrêter fermement ne sont pas du même genre. Pour arrêter fermement, le plus Haut est nécessaire, pour maintenir, le plus rigoureux. L'un ne peut remplacer l'autre. C'est pourquoi, lorsqu'il s'agit de maintenir fermement ce qui a jailli, l'art doit se retirer. Hölderlin, dans un mot qui accompagne le fragment de Pindare auquel il a donné pour titre *Le plus Haut*, dit ceci (V, 277) :

La discipline, dans la mesure où elle est la forme où l'homme aussi bien que le dieu fait sa propre rencontre, l'Eglise et la loi de l'Etat et les principes hérités (le caractère sacré du Dieu et, pour l'homme, la possibilité d'une connaissance, d'une explication) conduisent puissamment le droit le plus conforme à ce qui est droit d'une main suprême, ils maintiennent plus rigoureusement que l'art les rapports vivants dans lesquels, avec le temps, un peuple a pu et peut encore se trouver lui-même.

“Mais si les *rapports vivants* ne sont pas tout d'abord venus, surgis à la vie, s'ils ne demeurent pas donc fermement fondés dans leur origine et s'ils ne sont pas, dans le fondement de leur être, d'origine poétique, alors, toute discipline, si rigoureuse qu'elle veuille être, n'a rien de ferme qu'elle puisse *maintenir fermement.*”[285]

Ce passage est plein d'enseignements sur l'articulation poétique (ontologie)/politique. L'art (poétique) est ferme en ce qu'il fonde, permet, arrête ce qui jaillit originairement au sein d'un peuple, mais il trouve plus rigoureux que lui : la discipline, l'Eglise, la loi de l'Etat, les principes hérités (la tradition). Evoquant à la fois l'ordre (civil et militaire) à respecter et un champ d'investigation (scientifique), le mot polysémique “discipline” n'est pas fortuit dans le lexique heideggerien.

La condition de la fermeté d'une discipline est la fermeté du rapport ontologique dont la responsabilité incombe au poète. Mais l'art doit s'effacer devant l'architecture politique des grands corps constitués. Ceci voile, mais seulement voile, le choix d'un type de régime, où il n'y a pas d'art d'Etat (type “réalisme socialiste” etc.) mais où l'art est le caractère premier du régime, art qui, on l'a vu, est l'expression du propre d'une patrie en son être : ce “national-esthétisme” génère à la fois une expression culturelle et sociale grandiose (militairement, politiquement, juridiquement, architecturalement, etc.) mais représente la plus ferme, absolument, de toutes les disciplines. L'Etre du poète est bien l'Etre de la Patrie, l'Identité même dans son retour à soi confronté à l'altérité : et c'est bien l'Etre qui rend possible et conforte le droit “vrai” d'un Peuple, traduits dans des rapports vivants de fermeté et de maintien.

La rhétorique heideggerienne n'est donc pas politiquement “neutre”, ou “ailleurs”, après la démission du Rectorat : nationalisme, combat,

285 HEIDEGGER, *Approche..., op. cit.*, pp. 190-191.

discipline, sauvageté – la pensée de l'Etat demeure, se développe, s'adapte au temps de guerre.

La harangue revient ça et là : ce n'est plus un *führer*-recteur qui prétend révolutionner l'université, mais un “prophète” inspiré des hauteurs hölderliniennes qui veut ré-insuffler l'esprit originaire à un peuple qui combat. Mais y *croit*-il encore comme il y *croyait* en 1933 ? Le Poète (mort) a pris le relais du *Führer* (toujours vivant) : le messager du Centre a changé parce que le Centre s'est dérobé, parce que le Centre “politique” et le Centre “ontologique” ne coïncident plus.

Nietzsche lui-même peut servir, spécialement par *Zarathoustra*, pour dénoncer socialisme et démocratie, derniers répits, derniers sursauts de la métaphysique : “le nihilisme ne peut se réduire de l'extérieur, on ne saurait l'extraire ni l'écarter, en mettant à la place du Dieu chrétien un autre idéal, la raison, le progrès, le socialisme économique et social, la simple démocratie.”[286].

D'une certaine façon, c'est cette ambiguïté que détecte Janicaud, ambiguïté de la philosophie, concédée au “mouvement” en raison de sa portée historiale, mais refusée du point de vue de la mobilisation directe : “Tout l'effort de Heidegger dans ses cours sur Hölderlin (34-35) mais surtout sur Nietzsche (à partir de 36) sera donc de préciser les termes de cette ambiguïté, d'en accuser les traits, d'en préciser les enjeux.”[287].

Mais quelles que soient la subtilité de ses intentions ou la force de sa conviction nationale, le penseur voit son Allemagne s'enfoncer dans la débâcle : la confrontation, l'offrande héroïque, le culte de la terre, le recours aux dieux, la discipline – rien n'y fait. La guerre pour le salut de l'Occident, cette “guerre pour l'Etre”, commencée il y a des siècles, est perdue ; le règne sans partage de l'internationalisation technicienne va désormais s'étendre.

Le mouvement des affaires, qui caractérise l'impossibilité, désormais, de toute *expérience* de l'Etre, gomme la distinction entre nations et peuples, efface les clivages guerre-paix, national-international, enseigne *Dépassement de la métaphysique*[288].

Il est difficilement concevable qu'après s'être si fortement impliqué dans ce grand enjeu, le philosophe en sortît indifférent.

En décembre 1944, il écrit encore, comme un ultime défi, non seulement aux vainqueurs, mais aux faits : “L'effondrement est autre chose que le périr. Dans l'effondrement est présente, sourdement, la reconquête.”[289]. Mais les textes d'après-guerre, désormais dépourvus de toute exhortation

---

[286] HEIDEGGER, *Nietzsche I*, *op. cit.*, p. 343.

[287] JANICAUD, *L'ombre...*, *op. cit.*, p. 95.

[288] Cf. HEIDEGGER, *Essais et conférences*, *op. cit.*, p. 111.

[289] Noté sur le cahier destiné aux hôtes de Georg Picht (cité par FARIAS, *op. cit.*, p. 288, FAYE, *op. cit.*, p. 128 et SAFRANSKI : “La chute n'est pas une fin. Toute chute reste dans la sûreté de l'émergence”, *op. cit.*, p. 470).

virile et de toute espérance historique, témoignent de la prise en compte du caractère *définitif* de la défaite du Peuple historial, de la “patrie de l'Etre”.

§ 4. Le Centre anéanti (de l'après-guerre à la fin)

Cette période se caractérise par une intériorisation douloureuse de la défaite de l'Allemagne et la nostalgie de son rôle philosophique éminent, la persistance discrète de sympathies national-socialistes et de sentiments anti-démocratiques et, au-delà du silence sur l'Extermination aussi bien que sur la question de l'Etat, le rêve impossible d'une introuvable “patrie”.

Bilan de la guerre

J'ai observé[290] l'importance cruciale qu'accordait Heidegger à l'héroïsme, à la guerre, à la confrontation avec l'étranger. Quelques années après la capitulation du *Reich* – et réintégré dans l'université – il en médite, à froid, les effets sur l'histoire de la pensée et le destin :

> “Qu'est-ce que la deuxième guerre mondiale a décidé en fin de compte, pour ne parler ni des atroces conséquences qu'elle a eues *dans notre patrie*, ni *surtout* de la déchirure qui traverse son cœur ? Cette guerre mondiale n'a rien décidé, si nous prenons ici le mot de décision en ce sens large et élevé qui concerne singulièrement le destin de l'homme sur cette terre. Seul ce qui est resté sans décision apparaît un peu plus distinctement.”[291]

La guerre, comme expression et déploiement du “peuple de l'Etre” en marche étant jugée salutaire, n'est-ce pas sa dimension “mondiale” – et la défaite qui en fut la conséquence – qui a tout gâché ? Chaque fois que Heidegger utilise cet adjectif, c'est pour marquer une appréciation négative : la technique, la domination, l'uniformisation du langage etc. sont mondiaux. La guerre, ainsi déroulée et perdue, parce que mondiale, a déçu *philosophiquement*. Les conséquences “humaines” (ou humanitaires) ne sont rien à côté de ses implications – ou non-implications – quant au destin de l'Etre : l'apparition, distincte, du “non-décidé”.

L'aspect “non-décisif” de cette guerre viendrait donc de l'insuffisance de profondeur de son caractère national, ce qui expliquerait que l'auteur enchaîne sur les insuffisances des “catégories politico-sociales et morales” qui caractérisent le “gouvernement de toute la terre”[292]. Quant au passif du conflit, on l'établit aisément, par ordre d'importance décroissan-

[290] Cf. *supra* mes § 2 et 3.
[291] HEIDEGGER, *Qu'appelle-t-on penser ?, op. cit.*, pp. 108-109. Souligné par moi.
[292] HEIDEGGER, *Qu'appelle-t-on penser ?, op. cit.*, p. 109.

te : (1) la non-décision ; (2) la déchirure qui traverse le cœur de la patrie allemande ; (3) les atroces conséquences dans la patrie allemande ; (4) éventuellement – ce n'est pas évoqué, même allusivement – les mêmes conséquences ailleurs – hiérarchie révélatrice de ce que les douleurs concrètes non-allemandes ne comptent pas das la même mesure.

Ceci est à rapprocher, dans *Qu'appelle-t-on penser ?* encore, de la reproduction de l'invite prononcée, de façon solennelle et insolite, avant le cours du 20 juin 1952 :

> "Mesdames, Messieurs,
> Aujourd'hui, à Fribourg, a été inaugurée l'exposition "Les prisonniers de guerre parlent".
> Je vous prie d'y aller. Afin d'entendre cette voix muette et de ne plus la laisser sortir de votre oreille intérieure.
> La pensée, c'est la pensée fidèle. Mais la pensée fidèle est autre chose qu'une actualisation fugitive du passé.
> La pensée fidèle considère ce qui nous atteint. Nous ne sommes pas encore dans l'espace qui convient pour réfléchir sur la liberté, ni même pour en parler, tant que nous fermons les yeux *aussi* sur cet anéantissement de la liberté."[293]

Ces prisonniers de guerre sont évidemment des prisonniers allemands : seul importe ce qui "nous atteint", c'est-à-dire les Allemands. Ils ont droit à la compassion emphatique ("voie muette", anéantissement de la liberté") sans la moindre allusion aux autres prisonniers de guerre. Ni, *a fortiori*, aux camps de concentration et à l'Extermination, à propos de laquelle il ne fournit nulle part l'expression d'un regret ou d'une indignation.

"La question, en conclut Lacoue-Labarthe, n'est même pas de savoir pourquoi il n'a rien dit : il est trop clair qu'il tenait par-dessus tout à innocenter l'Allemagne et qu'au fond il ne reniait rien – ou presque. Mais la question est : le silence – la "sauvegarde" de l'Allemagne – valait-il le risque, pour la pensée elle-même, d'un aveu (sans aveu) de complicité avec le crime ?"[294].

---

[293] HEIDEGGER, *Qu'appelle-t-on penser ?*, *op. cit.*, p. 240.

[294] LACOUE-LABARTHE, *La fiction*..., *op. cit.*, p. 172. Ce commentaire fait suite à la même citation. C'est en discutant les thèses de Lacoue-Labarthe notamment, que Lyotard va conclure son beau livre sur la question, non sans faire le lien avec *S.u.Z.* : "Lacoue-Labarthe se demande à la fin "Pourquoi le *Dasein* historial se détermine-t-il comme *peuple* ? (*Fiction*, 164). C'est clairement, que la pensée de Heidegger reste asservie au motif du "lieu" et du "commencement", même après le tournant. Et telle est, du reste, mais de biais, la réponse qu'esquisse Lacoue-Labarthe lui-même (*ibid.*, 164-171). On ne peut donc pas dire que la pensée de Heidegger "laisse ouverte" la question de son silence sur l'extermi-nation (*ibid.*, 172). Elle la clôt, hermétiquement. Ce silence *est* cette non-question, cette clôture et cette forclusion. L'"oubli"que la pensée soit sans commencement et infondée. N'ait pas à "donner lieu" à l'être, mais soit due à une loi sans nom. L'Occident n'est pensable sous le régime de la *mimèsis* que si l'on oublie qu'un "peuple" y survit qui n'est pas une nation (une

Mais l'injonction adressée à son public de 1952 montre encore l'impact de la chute du régime national-socialisme sur la sensibilité personnelle du Professeur. Il avait été, il est vrai, dès 1945, pensionné d'office et interdit d'enseignement à Fribourg. Les documents qu'il a produits depuis lors sont révélateurs de sa pensée politique, surtout par le caractère sélectif de l'argumentation.

Dans sa lettre au Rectorat académique de l'Université Albert-Ludwig (4 novembre 1945), par laquelle il demande sa réintégration, Heidegger évoque son "opposition aux principes de la doctrine nazie"[295]. Comment explicite-t-il ces principes ? Il les réduit au biologisme : voir la référence à ses "positions philosophiques fondamentales contre le durcissement et la trivialité du biologisme prêché par Rosenberg"[296]. Il évoque la langue comme une effectivité de l'esprit et non comme "l'expression d'une essence bio-raciale de l'homme"[297]. D'autre part, il voit dans "la forme politique du fascisme"[298] l'expression du "nihilisme", avec laquelle son cours sur Nietzsche aurait été une explication.

Biologisme et métaphysique raciale

Même type d'argumentation dans une lettre au Président du Comité politique d'épuration :

> "J'étais opposé dès 1933-34 à l'idéologie nazie, mais je croyais alors que, du point de vue spirituel, le mouvement pouvait être conduit sur une autre voie, et je tenais cette tentative pour conciliable avec l'ensemble des tendances sociales et politiques du mouvement. Je croyais qu'Hitler, après avoir pris en 1933 la responsabilité de l'ensemble du peuple, oserait se dégager du Parti et de sa doctrine et que le tout se rencontrerait sur le terrain d'une rénovation et d'un rassemblement en vue d'une responsabilité de l'Occident. Cette conviction fut une erreur que je reconnus à partir des événements du 30 juin 1934. J'étais bien intervenu en 1933 pour dire oui au national et au social (et non pas au nationalisme) et non aux fondements intellectuels et métaphysiques sur lesquels reposait le biologisme de la doctrine du Parti, parce que le social et le national, tels que je les voyais, n'étaient pas essentiellement liés à une idéologie biologiste et raciste."[299]

---

nature). Informe, indigne, maladroit, involontaire, il essaie d'écouter l'Oublié." (LYOTARD, *op. cit.*, pp. 152-153).

[295] HEIDEGGER, "Lettre au Rectorat académique de l'université Albert Ludwig", trad. Vaysse dans *Heidegger*, L'Herne, *op. cit.*, p. 397. Traduction Fédier dans HEIDEGGER, *Ecrits politiques*, *op. cit.*, pp. 193-202.

[296] *Ibid.*

[297] *Ibid.*

[298] HEIDEGGER, "Lettre au Rectorat académique...", *op. cit.*, p. 398.

[299] HEIDEGGER, "Lettre au président du Comité politique d'épuration", extraits traduits par J.M. Vaysse, dans *Heidegger*, L'Herne, *op. cit.*, p. 403. Traduction Fédier dans HEIDEGGER, *Ecrits politiques*, *op. cit.*, pp. 203-209.

Ce texte, généralement mis au crédit de Heidegger, même de la part de ceux qui l'étudient d'un regard critique, confirme l'importance d'un fait historique précis, l'élimination des SA, dans l'évolution de sa pensée politique, bien que la formulation soit relativement ambiguë[300]. Mais il y a ici surtout comme les prémisses d'un débat manqué (et en un sens, impossible) entre deux penseurs, Heidegger et Rosenberg (Hitler restant au-dessus, hors d'atteinte) – débat plus profond et plus déterminant qu'on ne croit. Théoricien officiel du régime nazi, Rosenberg prétendait inspirer et réaliser le “mythe du XXe siècle” (titre de son ouvrage de 1930) ; mais l'entreprise heideggerienne recouvre *in fine* une prétention comparable, c'est-à-dire *aussi* en deçà de la rationalisation technicienne moderne – réinventer le mythe grec, via Hölderlin, lui-même abreuvé d'Homère, pour le généraliser dans l'espace allemand, au moyen d'une œuvre qui, peu à peu, prend elle-même la dimension d'un mythe[301].

Comprendre cela implique de se départir de la définition du “mythe” comme “irréalité” pour le lire comme *mise en œuvre* : “En ce sens, écrit Lacoue-Labarthe, et c'est parfaitement lisible dans Rosenberg, le mythe n'est rien de “mythologique”. C'est une “puissance”, la puissance même du rassemblement des forces et des directions fondamentales d'un individu ou d'un peuple, c'est-à-dire la puissance d'une identité profonde, concrète et incarnée.”[302]. Comme Rosenberg, Heidegger a cru à l'auto-fondation d'un peuple par un retour à une expérience plus originaire que la *ratio* et la subjectivité.

Qu'est-ce qui, alors (hormis la différence évidente de “niveau intellectuel”) les sépare ? Considérer que Heidegger dise la vérité, sinon sur ses intimes convictions de 1933, en tout cas sur celles de 1945, signifie qu'il y a convergence entre lui et le nazisme en tant qu'idéologie nationale et sociale, et divergence, comme doctrine biologiste et raciste – et c'est là qu'il situe les fondements intellectuels et métaphysiques. En termes simples, on dirait qu'il était superficiellement en accord, et en désaccord sur l'essentiel. S'il est évident que *l'œuvre*[303] de Heidegger ne contient pas de thèses biologistes et racistes (sauf l'apologie de l'antisémite Abraham à Santa Clara et le Discours à l'Institut d'Anatomie pathologique de l'université de Fribourg, encore qu'il y ait matière à débat), l'est-il tout autant que le “national” et le “social” puissent être considérés comme “non fondamentaux” dans le nazisme ? A supposer qu'au contraire, ils apparaissent bien comme essentiels, n'est-ce pas le biologisme qui en découle plutôt qu'il ne les fondent ? Si le national-social spirituel est le *vrai fondement*,

[300] Cf. LACOUE-LABARTHE, *La fiction...*, *op. cit.*, p. 36.
[301] Cf. HABERMAS, *Profils...*, *op. cit.*, p. 112 et LACOUE-LABARTHE, *op. cit.*, pp. 88-89.
[302] LACOUE-LABARTHE, *La fiction...*, *op. cit.*, p. 135.
[303] Pour les actes, cf. mon chapitre IV.

alors l'Extermination se déduit de ce “spirituel”, en est comme le corollaire (“Je ne vois pas quelle logique, autre que “spirituelle” et “historiale” préside à l'Extermination, écrit Lacoue-Labarthe. Si l'on veut, l'extermination relève d'une pure décision métaphysique, du reste inscrite au principe même de la doctrine nationale-socialiste”[304]) – et l'on comprend mieux que le philosophe y ait dit oui – y ait adhéré – jusqu'au bout et n'ait produit aucun texte pour *dénoncer* les horreurs pratiques du biologisme *nazi*, ni pendant, ni après. Toute rétractation lui apparut impossible[305].

Deux pistes, l'une et l'autre révélatrices à leur manière, s'offrent dans ce débat. La première piste est celle des allusions. Revenons brièvement à 1940, avec la leçon *La métaphysique de Nietzsche* ; c'est dans l'ambivalence de sa relation au grand penseur et à la “volonté de puissance” elle-même, que Heidegger nous livre peut-être la clé de son “indulgence” à l'égard de la discrimination raciale :

> “Là uniquement où l'inconditionnée subjectivité de la Volonté de puissance devient vérité de l'étant en sa totalité, là même le *principe* (de l'institution) d'une sélection de race, c'est-à-dire non pas une simple formation de race se développant à partir d'elle-même, mais la notion de race, consciente d'elle-même en tant que notion, est possible, soit métaphysiquement nécessaire. Pas plus que la Volonté de puissance n'est biologiquement conçue alors qu'elle l'est bien plutôt ontologiquement, la notion nietzschéenne de race n'a une signification biologique, mais métaphysique. L'essence métaphysique de toute institution machinalisée des choses et de la sélection raciale de l'homme, correspondant à la Volonté de puissance, réside de ce fait dans la simplification de tout étant à partir de l'originelle simplicité de l'essence de la puissance. La Volonté de puissance se veut uniquement elle-même à partir de l'unique hauteur de cette unique volonté. Elle ne va pas se disperser dans la diversité de l'imprévisible. Elle se concentre sur le peu de conditions décisives pour son intensification et sa sécurité.”[306]

---

[304] LACOUE-LABARTHE, *La fiction...*, *op. cit.*, p. 75.

[305] Cf. les témoignages de Bultmann et Jaspers, cités par FARIAS, *op. cit.*, p. 289-290. Selon Wolin, ce silence n'était *pas* “une manière d'exprimer sa solidarité envers ceux qui avaient péri, en raison du caractère “indicible” des crimes qui avaient été commis. Au contraire, la réticence heideggerienne s'accordait parfaitement avec son anti-humanisme philosophique post-métaphysique. En effet, dans cette perspective, ce n'étaient pas les actes conscients des hommes et des femmes qui étaient responsables du déroulement des évènements historiques, mais la “destinée de l'Etre”. Un geste de pénitence ou de contrition envers les victimes du national-socialisme aurait été totalement superflu, compte tenu de cette position théorique. En outre, dans ce cadre conceptuel, la question de la “faute” ou du “blâme” historique ne pourrait même pas se poser. Peut-être est-ce surtout là, dans cette réticence philosophique vis-à-vis des péchés du passé allemand, que la pensée essentielle se trouve convaincue de faillite morale : en niant systématiquement la légitimité des questions de responsabilité historique, elle s'avoue même capable d'effacer la différence entre les “victimes” et les “bourreaux.”“ (WOLIN, *op. cit.*, pp. 225-226). Je reviendrai sur cette importante dimension *a-morale* au chapitre IV.

[306] HEIDEGGER, *Nietzsche II*, *op. cit.*, pp. 247-250.

Si la Volonté de puissance représente bien, dans la pensée heideggerienne d'alors, l'accomplissement ultime de la métaphysique occidentale (comme son retournement) au point de permettre son dépassement – de même que le paroxysme du *Gestell* préparerait comme un dé-voilement plus initial de l'Etre – alors la "sélection raciale", expression de cette volonté de puissance, devient philosophiquement nécessaire et donc admissible. Le critère "non-biologique", affirmé avec insistance, représenterait-il, dans cette pensée, comme une garantie *a priori* contre les pratiques de type nazi ? A première vue, oui. Encore faut-il savoir exactement ce que, dans ce lexique, veut dire "biologique" ; or ce mot fait référence à la "Vie" et aux *sciences naturelles*, à des caractères déterminés par celles-ci, c'est-à-dire appartenant à l'horizon de la rationalité moderne, à des disciplines oublieuses du fondement.

Quel serait alors le critère "métaphysique" de détermination de la race, et donc de sélection raciale ? Il apparaît moins obscur qu'on ne croit souvent ; il est même formulé, avec une sorte de spontanéité naïve, dans le même passage. La Volonté de puissance cherche le simple, le prévisible, le sûr, l'intense, le *concentré*. Dans l'opération de classement et de tri, la "race" à éliminer n'est donc plus identifiée par la morphologie (le nez, le crâne, la circoncision, etc. – repères de l'anthropologue) mais ce qui perturbe la volonté de puissance qui se centre : l'errant, le pluriel, l'aléatoire, le désaxé... Le problème est bien que les critères biologiques (des sciences, d'un vulgaire Rosenberg, etc.) et les critères métaphysiques *se recoupent* et conduisent aux mêmes effets *pratiques*. Il est donc tout à fait pensable de se démarquer du "biologisme nazi" tout en acceptant la sélection raciale, y compris et *surtout* – accomplissement de la Métaphysique oblige – dans ses mesures les plus extrêmes.

Maintenant, considérons à nouveau la période postérieure à l'holocauste. Le seul texte officiel disponible où les chambres à gaz aient été évoquées paraît, à ce jour, une conférence prononcée à Brême en 1949 :

> "L'agriculture est maintenant une industrie alimentaire motorisée, quant à son essence la même chose que la fabrication de cadavres dans les chambres à gaz et les camps d'extermination, la même chose que les blocus et la réduction de pays à la famine, la même chose que la fabrication de bombes à hydrogène."[307]

Propos tout simplement scandaleux, puisque d'une part Heidegger traite des crimes contre l'Humanité à l'intérieur de considérations sur le rapport agriculture/industrie – véritable sujet de préoccupation du philosophe – et en ce sens les réduit et les banalise, et que d'autre part, il omet

[307] Cité par LACOUE-LABARTHE, *La fiction...*, *op. cit.*, p. 58. Voir aussi FAYE, *op. cit.*, p. 35. Ce texte n'est pas repris dans les *Ecrits politiques*.

d'en signaler la dimension éthique (sans commune mesure avec celle de l'équipement technique de nos campagnes) et le caractère systématique visant la population *juive*.

On versera aussi au dossier, une lettre de 1948 à Marcuse, en réponse aux interrogations de celui-ci sur l'attitude politique du philosophe devant l'assassinat de millions de Juifs :

> "Quant aux griefs formulés par Marcuse concernant le génocide – griefs légitimes, avoue Heidegger – il ne peut "qu'ajouter qu'il suffit de remplacer "Juifs" par "Allemands de l'Est" pour que cela s'applique exactement de la même façon pour l'un des Alliés, à la différence que tout ce qui se passe depuis 1945 est connu de l'opinion internationale, tandis que la terreur sanglante des nazis était effectivement tenue secrète au peuple allemand."[308]

Là encore, la comparaison est offensante pour la communauté juive, si pénible qu'ait été le sort des Allemands de l'Est.

La seconde piste est plus explicite : c'est celle du grand penseur devenu "instance morale" alertant l'humanité sur les ravages du biologisme. Mais les considérations alarmistes sur "la transformation de la biologie en biophysique"[309] ou l'auto-fabrication de l'homme[310], les manipulations génétiques etc., ne sont formulées que dans la dernière période et visent le monde contemporain ou futur et jamais le troisième Reich.

Dans la conférence *Gelassenheit (Sérénité)* de 1955, ayant cité le chimiste Stanley ("L'heure est proche où la vie se trouvera placée entre les mains des chimistes, qui feront, déferont ou modifieront à leur gré la substance vivante"), Heidegger déclare que "ce que les moyens de la techni-

---

[308] OTT, *op. cit.*, p. 198. Cité aussi par WOLIN (*op. cit.*, p. 226) et MÜNSTER (*op. cit.*, p. 56), lequel cite alors un extrait de la réponse de Marcuse : "Vous écrivez que tout ce que je dis de l'extermination des Juifs s'applique également aux Alliés, si l'on dit "Allemands de l'Est" au lieu de dire "Juifs". Or, en écrivant cette phrase, ne vous placez-vous pas en dehors de la dimension dans laquelle un dialogue entre hommes est encore possible – ne vous êtes-vous pas placé en dehors du logos ? Car ce n'est que tout à fait en dehors de cette dimension logique qu'il est possible d'expliquer, de compenser, de "comprendre" un crime par le fait que d'autres ont également commis de tels crimes. Plus encore, comment est-il possible de mettre sur le même plan, d'une part, la torture, la mutilation et l'extermination de millions de personnes, et de l'autre, l'expulsion de certains groupes de la population pendant laquelle (quelques exceptions mises à part) de tels méfaits n'ont pas été commis ?" (*ibid.*, p. 57). Une autre allusion encore disponible est la citation de Abraham a Santa Clara dans la conférence de Messrich en 1964 : "Notre paix est aussi éloignée de la guerre que Sachsenhausen de Francfort" (cité par FARIAS, *op. cit.*, p. 293). Cette construction en chiasme voudrait dire : paix et guerre sont aussi voisines que le lieu des vainqueurs qui jugèrent les crimes contre l'humanité (Francfort) et celui des vaincus les pratiquant (Sachsenhausen) – et donc une proximité qui confinerait à l'indifférence éthique. C'est probablement solliciter le texte, d'autant que l'expression, courante en allemand, signale que deux choses sont très proches. Farias a d'ailleurs retiré cet argument d'une édition ultérieure de son livre ; voir à ce sujet la post-face de Palmier au livre de Ott, *op. cit.*, pp. 387-388.

[309] HEIDEGGER, *Questions IV*, *op. cit.*, p. 293.

[310] HEIDEGGER, *Questions IV*, *op. cit.*, p. 294.

que nous préparent, c'est une agression contre la vie et contre l'être même de l'homme"[311].

Dans l'entretien de 1969 à la ZDF encore, il parle au futur :

> "Lorsque vous évoquez cette idée du danger que représente la bombe atomique et du danger encore plus grand que représente la technique, je songe à ce qui se développe aujourd'hui sous le nom de biophysique, à ce que, dans un temps prévisible, nous serons en mesure de *faire* l'homme, c'est-à-dire de le construire dans son essence organique même, tel qu'on en a besoin : des hommes adroits et des maladroits, des intelligents – et des sots. On va en arriver là !"[312]

Ces déclarations montrent que le philosophe n'est nullement insensible à la bio-éthique, mais qu'il utilise l'argument uniquement contre la πόλις technicienne et internationale.

Nationalisme social contre démocratie technicienne

Le "national-social" allemand avait, à ses yeux, le mérite immense de subvertir la domination subjectivo-rationaliste et technicienne du monde. Dans *Introduction à la Métaphysique*, l'édition de 1953 garde – pour la première fois – la remarque du séminaire d'été de 1935, bien connue, et publiée ainsi en langue française :

> "Et en particulier, ce qui est mis sur le marché aujourd'hui comme philosophie du national-socialisme et qui n'a rien à voir avec la vérité interne et la grandeur de ce mouvement (c'est-à-dire avec la rencontre, la correspondance, entre la technique déterminée planétairement et l'homme moderne) fait sa pêche dans les eaux troubles de ces "valeurs" et de ces 'totalités'."[313]

Habermas a noté, pertinemment, que "dans la mesure où ces propos se trouvent publiés pour la première fois en 1953 sans aucun commentaire, il est permis de supposer qu'ils reproduisent fidèlement ce que pense aujourd'hui Heidegger."[314]. Mais des recherches plus récentes ont permis d'établir que, en chaire, Heidegger a prononcé "... et la grandeur *du national-socialisme*, fait sa pêche..."[315].

En 1966, invité à s'exprimer sur ce passage, Heidegger déclare au *Spiegel* que l'explicitation du mouvement national-socialiste placée entre

---

[311] HEIDEGGER, *Questions III, op. cit.*, p. 174.
[312] "Entretien du professeur Richard Wisser avec Martin Heidegger", dans *Heidegger*, L'Herne, *op. cit.*, pp. 385-386.
[313] HEIDEGGER, *Introduction à la métaphysique, op. cit.*, p. 202. Même traduction dans FAYE, *op. cit.*, p. 107.
[314] HABERMAS, *Profils..., op. cit.*, p. 91.
[315] Cf. OTT, *op. cit.*, p. 300.

parenthèses – "c'est-à-dire avec la rencontre, etc." – l'était dès le manuscrit du cours de 1935[316], ce qui est donc faux. Le manuscrit original révèle avant tout un règlement de comptes avec les philosophes officiels du régime et la "croyance" dans une authenticité plus radicale du national-socialisme que ne le révèle le discours de ses chefs.

En même temps qu'il ne contient aucune rétractation – loin s'en faut – le texte de 1953 produit un effet de sens tout différent : il assimile ce "mouvement" à la rencontre entre l'homme moderne et la technique planétaire tout en lui conférant une certaine "grandeur". C'est pourquoi, toujours dans l'entretien posthume, Heidegger identifie comme phénomènes du même ordre que le nazisme, le mouvement communiste – "dans la mesure où il est déterminé par la technique planétaire"[317] ainsi que l'américanisme[318].

La conversation roule alors sur la question du régime politique – et singulièrement sur la démocratie :

> "Dans l'intervalle des trente dernières années, déclare Heidegger, devrait être apparu plus clairement que le mouvement planétaire de la technique des temps modernes est une puissance qui détermine l'histoire et que sa grandeur ne peut guère être surestimée. C'est pour moi aujourd'hui une question décisive de savoir comment on peut faire correspondre en général un système politique à l'âge technique et quel système ce pourrait être. Je ne sais pas de réponse à cette question. Je ne suis pas persuadé que ce soit la démocratie."[319].

Spiegel enchaîne : "Mais "la" démocratie n'est qu'un concept global sous lequel ont peut ranger des représentations très différentes. La question est de savoir si une transformation de cette forme politique est encore

---

[316] HEIDEGGER, *Réponses et questions...*, *op. cit.*, p. 41. Voir à ce sujet JANICAUD (*L'ombre...*, *op. cit.*, pp. 83-84), qui convient que la parenthèse est un corps étranger au texte et s'agissant de la position de 1935, estime que "c'est en termes de *possibles* historiques et destinaux que Heidegger salue ce mouvement" et qu'un "glissement" s'est opéré entre 1935 et 1953 (ou 1966) à propos du national-socialisme (cf. p. 91). La lecture des conceptions de 1935, que propose WOLIN est la suivante : "Heidegger en vient à regarder le mouvement du point de vue d'une dialectique de l'"apparence" et de l'"essence" dont seul lui-même, en tant que philosophe est capable de discerner la vraie nature. *Potentiellement*, le mouvement contient la perspective du "dépassement radical du nihilisme européen" prophétisé par Nietzsche. *En réalité*, sa "vérité et grandeur" philosophiques suprêmes ont été perverties par les épigones et les prétendants – les opposants philosophiques de Heidegger (E. Krieck, A. Bäumler) – qui menacent de précipiter ce potentiel de grandeur dans l'enfer de la quotidienneté." (*op. cit.*, p. 156). Voir aussi FERRY/RENAUT, *op. cit.*, pp. 100-101, 117-118.

[317] *Ibid.*

[318] Cf. *infra.*

[319] HEIDEGGER, *Réponses et questions...*, *op. cit.*, p. 42. Lacoue-Labarthe (*La fiction...*, *op. cit.*, pp. 148-149) justifie ce propos, improprement à mes yeux. Ce n'est pas parce que la démocratie, du fait même de la liberté critique qu'elle permet, peut continuer à faire question pour nous, démocrates, que le propos heideggerien s'inscrit dans le même type d'intention.

possible. Vous vous êtes exprimé après 1945 sur les aspirations politiques du monde occidental et vous avez parlé aussi à ce propos de la démocratie, de l'expression politique de la vue chrétienne du monde et également de l'Etat fondé sur le droit – et vous avez appelé toutes ces aspirations des "demi-mesures". – Tout d'abord, répond Heidegger, je vous prie de dire où j'ai parlé de démocratie et des choses que vous citez ensuite. Je les appellerais en effet des "demi-mesures", parce que je ne vois dans tout cela aucune véritable mise en question du monde technique, parce qu'il y a encore derrière tout cela, selon moi, l'idée que la technique est dans son être quelque chose que l'homme a pris en main. A mon avis cela n'est pas possible. La technique dans son être est quelque chose que l'homme de lui-même ne maîtrise pas."[320].

Quelle serait alors la tâche de la pensée ? "aider, dans ses limites, à ce que l'homme parvienne d'abord à entrer suffisamment en relation avec l'être de la technique. Le national-socialisme est bien allé dans cette direction ; mais la pensée de ces gens était beaucoup trop indigente pour parvenir à une relation vraiment explicite avec ce qui arrive aujourd'hui et qui était en route depuis trois siècles."[321]. Ce passage est encore plus éclairant : il montre que le national-socialisme n'est pas, aux yeux de Heidegger, assimilable à l'odieuse Technique, mais qu'il a, au contraire, et mille fois mieux que les autres régimes, entrevu la possibilité de saisir son être. Son défaut ne fut pas son absence d'éthique, mais l'indigence de la pensée de ses animateurs qui, finalement, maintint le régime (après le 30 juin 1934) dans l'orbite technicienne.

Pour pénétrer le "scepticisme" heideggerien à l'égard de la démocratie, reprenons *Qu'appelle-t-on penser ?* Après le passage sur la seconde guerre mondiale, déjà cité, viennent des considérations sur l'Europe et les institutions :

> "Déjà le monde de représentations dans lequel se mouvait l'Europe entre 1920 et 1930 n'était plus à la mesure de ce qui montait des profondeurs. Que va devenir une Europe qui veut construire sa communauté avec les accessoires de la décade qui a suivi la première guerre mondiale ? Un plaisir pour les puissances de l'Est et pour la force énorme de leurs peuples."[322]

Que veut dire ce jugement explicitement politique et s'efforçant d'épouser l'actualité ? Que l'Europe reproduit au début des années 50 les insuffisances de représentation et d'organisation des années 20 et qui sont celles de l'*animal rationale* par lesquelles, déjà, les Romains ont rompu d'avec la pensée grecque du surgissement en présence[323].

---

[320] HEIDEGGER, *Réponses et questions...*, *op. cit.*, pp. 42-43.
[321] HEIDEGGER, *Réponses et questions*, *op. cit.*, p. 61-62.
[322] HEIDEGGER, *Qu'appelle-t-on penser ?*, *op. cit.*, p. 109.
[323] Cf. HEIDEGGER, *Qu'appelle-t-on...*, *op. cit.*, p. 110.

La citation de Nietzsche qui suit n'est évidemment pas innocente ; elle permet de distiller la thèse anti-démocratique en la faisant assumer par un autre ("Le démocratisme a été de tous temps la forme décadente de la force d'organisation (...). Pour qu'il y ait des institutions, il faut qu'il y ait une sorte de volonté, d'instinct, d'impératif, anti-libéral jusqu'à la méchanceté, une volonté de Tradition, d'autorité, de responsabilité étendue sur des siècles, de *solidarité* dans la chaîne des générations vers le futur et vers le passé *in infinitum.* (....). L'Occident tout entier n'a plus ces instincts dont se nourrissent les institutions, dont se nourrit un avenir."[324]) tout en critiquant celui-ci, non pour anti-démocratisme, mais pour insuffisance sur le plan de la révolution par rapport à l'*animal rationale*[325].

C'est aussi une attaque contre les débuts de la construction européenne et la faiblesse occidentale face aux appétits du bloc soviétique ; on sait aujourd'hui comment le rapport de forces s'est inversé, l'Empire de l'URSS est éclaté, la Russie affaiblie, tandis que la Communauté, puis Union européenne devient une puissance, un vrai pôle d'attraction : pour une fois que Heidegger se lançait dans des considérations géo-stratégiques, il y fut mauvais prophète.

La quintessence d'une "patrie" minimale

Il faut maintenant se demander si, une fois la patrie allemande défaite, divisée, le penseur badois fait son deuil de l'idée de toute patrie ou s'il en cherche des substituts. Il se tait, il est vrai, sur l'Etat : le mot n'apparaît plus. Mais la hantise de l'enracinement le poursuit. Jusqu'au bout, Heidegger ressasse que "la technique arrache toujours davantage l'homme à la terre, l'en déracine"[326], et soutient : "je sais que toute chose essentielle et grande a pu seulement naître du fait que l'homme avait une patrie *(Heimat)* et qu'il était enraciné dans une tradition."[327].

S'agit-il encore du sol alémanique et souabe ? J'ai déjà cité[328] la phrase de 1945 rêvant encore de reconquête ("Je suis convaincu que c'est à partir de notre foyer souabe que s'éveillera l'esprit de l'Occident"). Par la suite, certaines résurgences vont dans le même sens – mais le thème est beaucoup moins marqué que dans la période précédente. Dans *Hebel, l'ami de la maison* (1958), Heidegger parle bien d'un "peuple alémanique"[329]. Né à Bâle, Hebel était de parents allemands ; sa mère "était de Hausen, dans la vallée de la Wiese. Partant du coude que fait le Rhin près de Bâle-Lörrach, cette vallée remonte jusqu'en Forêt-Noire, jusqu'au Feldberg : c'est

---

324 HEIDEGGER, *Qu'appelle- t-on...*, *op. cit.*, pp. 109-110.
325 Cf. HEIDEGGER, *Qu'appelle-t-on...*, *op. cit.*, p. 111.
326 HEIDEGGER, *Réponses et questions...*, *op. cit.*, p. 45.
327 HEIDEGGER, *Réponses et questions...*, *op. cit.*, p. 47.
328 Cf. *supra*, fin du § 2.
329 HEIDEGGER, *Questions III*, *op. cit.*, p. 48.

là que prend sa source cette rivière..."[330]. L'origine est bien la Forêt Noire, le *pedigree* établi, comme d'ailleurs pour Hegel "souabe d'origine"[331]. Parti vivre à Karlsruhe, Hebel connut l'inconvénient de passer "plus de la moitié de sa vie loin de sa terre natale"[332], dont toutefois "les sèves et les forces (...) restèrent vivants dans son cœur et son esprit"[333].

C'est Hebel qui comparait les humains à des plantes ayant besoin de racines. Discours prononcé à Messrich en l'honneur du compositeur souabe Conradin Kreutzer, *Sérénité* reprend cette allégorie. D'où les questions de Heidegger : "L'esprit de méditation règne-t-il encore sur le pays ? Existe-t-il encore une terre natale où nos racines prennent leur force et où l'homme se tienne à demeure, c'est-à-dire où il ait sa demeure ?"[334]. Et d'ajouter :

> "L'*enracinement* de l'homme est aujourd'hui menacé dans son être le plus intime. Plus encore : Ce déracinement n'est pas seulement causé par des circonstances extérieures ou la fatalité d'un destin, il n'est pas seulement l'effet de la négligence des hommes, de leur mode superficiel de vie. Le déracinement procède de l'esprit de l'époque en laquelle notre naissance nous a fixés. Voilà qui donne encore bien davantage à penser, et nous demandons : S'il en est ainsi l'homme à venir pourra-t-il encore se développer, son œuvre pourra-t-elle encore mûrir, à partir d'une terre natale déjà constituée, pourra-t-il ainsi s'élever dans l'éther, c'est-à-dire dans toute l'étendue du ciel et de l'esprit ? Ou bien toutes choses vont-elles être prises dans les pinces de la planification et du calcul, de l'organisation et de l'automation ?"[335]

Le lien est donc très simple et très clair entre la créativité spirituelle et terre natale, contre laquelle travaillent la technique et l'organisation. Même l'exploitation *pacifique* de l'énergie atomique est décriée parce que porteuse d'internationalisation et finalement d'un monde radicalement différent : "... sur tout le globe, les physiciens de l'atome et leurs techniciens s'efforcent aujourd'hui de mettre sur pied, dans de vastes organisations, l'utilisation pacifique de l'énergie atomique. Les grands trusts industriels des pays à technique puissante, l'Angleterre à leur tête, ont déjà calculé que l'énergie atomique pourrait devenir une affaire gigantesque."[336]. L'Angleterre de 1955, première puissance mondiale sur le plan technique, voilà qui est singulier : une fois de plus, quand il devient trop précis – trop technique ! – dans son regard sur le monde contemporain

---

330 HEIDEGGER, *Questions III, op. cit.*, pp. 45-46.
331 HEIDEGGER, *Questions III, op. cit.*, p. 52.
332 HEIDEGGER, *Questions III, op. cit.*, p. 46.
333 *Ibid.*
334 HEIDEGGER, *Questions III, op. cit.*, p. 168.
335 HEIDEGGER, *Questions III, op. cit.*, pp. 169-170.
336 HEIDEGGER, *Questions III, op. cit.*, p. 170.

concret, Heidegger dérape. Qu'importe puisque l'idée de base est passée : qu'est-ce que l'âge atomique menace le plus ? Les humains du Tiers-Monde, des sites naturels, des cités ? Non : "l'enracinement des œuvres humaines dans une terre natale"[337]. D'où l'appel – ou la rêverie – à un "nouveau sol" pour un nouvel enracinement[338].

La Grèce reste la patrie spirituelle, mais l'évolution même du monde s'emploie à la nier, à s'en détourner. *La provenance de l'art et la destination de la pensée* rappelle que le monde grec "posa les fondements" afin que "commencent les arts de l'Europe occidentale et les sciences" et qui demeure toujours "un présent nouveau"[339], puis le clivage entre la patrie de la pensée et la civilisation technique planétaire :

> "Y a-t-il aujourd'hui, après deux millénaires et demi, un art qui se tienne sous la même exigence que le fit autrefois l'art en Grèce ? Et sinon, de quelle région provient l'exigence à laquelle l'art moderne, dans tous ses domaines, répond ? Ses œuvres ne jaillissent plus des limites fécondes d'un monde du populaire et du national. Elles appartiennent à l'universali-té de la civilisation mondiale."[340]

Comment ne pas retrouver ici une réminiscence de l'exaltation nationale-sociale contre le cosmopolitisme ?

Pour servir de commentaire à Sérénité[341] reprend, en un sens, le thème de la patrie à travers l'usage du mot "contrée" (*Gegend*) – tout en annonçant déjà la *Lettre sur l'humanisme* : "La Contrée, comme si rien ne se produisait, rassemble toutes choses, les mettant en rapport l'une avec l'autre et toutes avec toutes ; elle les amène à reposer en elles-mêmes et à demeurer dans ce repos."[342]. Le dialogue se terminera par une "cantate à trois voix" sous un ciel étoilé, une méditation trilatérale sur le chemin, l'attente, finalement identifiée au repos même[343], mais la conception de l'histoire (*Geschichte*) aura été précisée (réécrite ?) : non pas dans le sens des "événements et hauts faits du monde" ni des "réussites culturelles de l'homme"[344], mais ainsi : "L'histoire repose dans la libre Etendue et dans ce qui se produit au jour comme libre Etendue, comme cette libre Etendue qui, se dispensant à l'homme, se l'assimile et lui ouvre l'être propre de

---

337 HEIDEGGER, *Questions III, op. cit.*, p. 175.
338 Cf. HEIDEGGER, *Questions III, op. cit.*, pp. 175-176.
339 HEIDEGGER, "La provenance de l'art et la destination de la pensée", dans *Heidegger*, L'Herne, *op. cit.*, pp. 365-366.
340 HEIDEGGER, "La provenance de l'art...", *op. cit.*, pp. 370-371.
341 Il s'agit d'un entretien (imaginaire ?) sur un chemin de campagne, noté en 1944-45, entre un savant, un érudit et un professeur (ce dernier exprimant manifestement la pensée de Heidegger) et publié plus tard sous le titre *Pour servir de commentaire à Sérénité*, alors que la conférence *Sérénité* n'a été prononcée qu'en 1955.
342 HEIDEGGER, *Questions III, op. cit.*, p. 193.
343 Cf. HEIDEGGER, *Questions III, op. cit.*, p. 224.
344 HEIDEGGER, *Questions III, op. cit.*, p. 211.

l'homme."[345]. L'histoire ne "surgit" plus, elle repose (comme un défunt ?) et la libre étendue qui la contient ou la contenait fait penser à un désert, ou aux immenses étendues océaniques préludant à la création du monde.

L'impossible grande patrie : l'Occident

C'est pourtant dans la *Lettre sur l'Humanisme* que Heidegger s'explique le plus complètement sur le sens de patrie (*Heimat*), dépouillé à présent de repère géographique – *comme si l'éclatement de la Terre – Grèce, Allemagne, pays souabe, Occident – allait à présent de pair avec celui de la philosophie, et vice-versa.* D'autre part, le rôle spécifique des Allemands (Peuple-Etat) dans un quelconque "apport ontologique" au monde s'estompe – et ce n'est pas pure coïncidence que les deux évolutions s'effectuent simultanément : si l'Allemagne n'est plus la patrie (philosophique), il n'y a plus de patrie du tout – mais ceci est camouflé sous la référence – la rescousse – de Hölderlin encore. Hölderlin, qui était quelques années plus tôt le "poète des Allemands", parlerait maintenant d'une patrie abstraite, d'un Occident dépouillé de l'alémanité. S'il n'y a plus d'Etat (allemand), l'Etre (de l'Etat) est *en manque de "site"*, il ne peut plus être pensé comme avant, il est désormais plus oublié que présent, plus voilé que révélé, plus "rien" que "tout".

> "Cette proximité "de" l'Etre qui est en elle-même le "là" de l'être-là, le discours sur l'élégie *Heimkunft* de Hölderlin (1943), qui est pensé à partir de *Sein und Zeit*, l'appelle "la patrie", d'un mot emprunté au chant même du poète et en partant de l'expérience de l'oubli de l'Etre. Le mot est ici pensé en un sens essentiel, non point patriotique, ni nationaliste, mais sur le plan de l'histoire de l'Etre. L'essence de la patrie est nommée également dans l'intention de penser l'absence de patrie de l'homme moderne à partir de l'essence de l'histoire de l'être. Nietzsche est le dernier à avoir expérimenté cette absence de patrie. Il ne pouvait lui trouver d'autre issue, à l'intérieur de la métaphysique, que dans le renversement de la métaphysique. Mais c'était là se fermer définitivement toute issue. En fait, Hölderlin, lorsqu'il chante le "retour à la patrie", a souci de faire accéder ses "compatriotes" à leur essence. Il ne cherche nullement cette essence dans un égoïsme national. Il la voit bien plutôt à partir de l'appartenance au destin de l'Occident. Toutefois, l'Occident n'est pensé, ni de façon régionale, comme Couchant opposé au Levant, ni même seulement comme Europe, mais sur le plan de l'histoire du monde, à partir de la proximité à l'origine. Nous avons à peine commencé de penser les relations mystérieuses avec l'Est qui sont devenues parole dans la poésie de Hölderlin (cf. *Der Ister, Die Wanderung*, 3e strophe et suivantes). La "réalité allemande" n'est pas dite au monde pour qu'en l'essence allemande le monde trouve sa guérison ; elle est dite aux Allemands pour qu'en vertu du destin qui les lie aux autres peuples ils deviennent avec eux partici-

[345] *Ibid.*

> pants à l'histoire du monde (cf. *zu Hölderlins Gedicht : "Andenken"*, Tübinger Gedenkschrift, 1943, p. 322). La patrie de cet habiter historique est la proximité à l'Etre."[346]

Heidegger ne se cite jamais innocemment. En l'occurrence, il évoque, mais *travestit* sa propre interprétation de Hölderlin développée dans *Andenken*[347].

Comme pour se redonner une "virginité", le Heidegger de la *Lettre* dénonce le "nationalisme" – encore faut-il voir exactement ce qu'il entend par là ; il le situe dans le prolongement du subjectivisme des Lumières et de l'anthropologisme stigmatisé dès les années 20 :

> "Tout nationalisme est, sur le plan métaphysique, un anthropologisme et comme tel un subjectivisme. Le nationalisme n'est pas surmonté par le pur internationalisme. Il accède aussi peu par là même à l'humanitas et s'achève aussi peu en elle que l'individualisme n'y parvient dans le collectivisme sans histoire."[348]

Efforçons-nous de penser ce clivage : d'un côté le national/la patrie/la terre natale, de l'autre le national*isme* et le subjectivisme. Dans le premier camp se trouve le site d'une possible expression de la vérité de l'Etre, dans le second, son oubli.

Mais pourquoi le nationalisme devient-il l'opposé du national, de l'*Heimat* ? En ce qu'il célèbre un espace collectif qui n'est plus le lieu de l'Etre, mais *la somme de subjectivités* formant un "super *ego cogitans*". Le nationalisme, c'est l'homme (individuel) comme centre projeté dans une représentation collective, et non plus le "peuple en son Etat" des époques précédentes par où s'exprimait la voix de l'Etre. L'allusion est à peine voilée : le nationalisme allemand-nazi qui, antérieurement, exprimait la rupture par rapport à la subjectivité et à l'anthropocentrisme, *en devient ici une variante, un avatar* : s'il avait vaincu, évidemment, il eût été perçu différemment. La défaite de 1945 redouble donc celle de 1934.

La *Lettre* pousse plus loin la caricature, elle range du même côté nationalisme, cosmopolitisme (internationalisme) et collectivisme : "Le collectivisme est la subjectivité de l'homme sur le plan de la totalité. Il accomplit la propre affirmation inconditionnée de cette subjectivité."[349]. Pour le lecteur naïf, Heidegger-le-Juste a ainsi renvoyé dos à dos fascisme et communisme. Mais ce qui est à l'œuvre plutôt, c'est une éradication de toute philosophie du sujet moderne, dont nationalisme, internationalisme et collectivisme ne sont que des facettes. Le national-socialisme fut

[346] HEIDEGGER, *Lettre sur l'humanisme, op. cit.*, pp. 97-99.
[347] Cf. *supra*, mon § 3.
[348] HEIDEGGER, *Lettre sur l'humanisme, op. cit.*, p. 107.
[349] *Ibid.*

souhaitable pour Heidegger dans la mesure où il signifiait la fin de ce subjectivisme et l'avènement de l'Etre comme patrie et peuple, c'est-à-dire comme vrai Centre. Dans le nationalisme courant, au contraire, comme dans son déploiement planétaire contemporain, l'homme-sujet-doué-de-raison est sorti de l'orbite de l'être pour se considérer et se comporter *lui-même en centre*. C'est pourquoi ce passage de la *Lettre* se termine par un jugement sans appel sur la *fallacieuse circularité* ainsi au pouvoir : "Partout l'homme, exilé de la vérité de l'Etre, tourne en rond autour de lui-même comme animal rationale."[350].

C'est pourtant le poète autrichien Trakl (toujours la filière alémano-danubienne) qui, ici comme ailleurs[351], fait découvrir l'enjeu essentiel. Vers la fin du poème *Chant occidental*, un mot est souligné – et dans un contexte révélateur. De "ces mots tout simples"[352], Heidegger s'émeut : "'*Une* race'(...) Dans le *Un* souligné de "*Une* race" s'abrite l'unité qui, à partir de l'azur appareillant de la nuit spirituelle, réunit. Le mot parle à partir du chant en lequel est chanté le pays du déclin. Par suite, le mot "race" garde ici la multiple plénitude de signification que déjà nous avons mentionnée."[353].

S'agirait-il de l'humanité, des générations, des familles... ? Dans une lecture plus serrée, ce mot désigne avant tout l'acception heideggerienne de "l'Occident". Le *Dict* de Trakl se nomme *Occident* (titre attribué d'ailleurs à un poème) : "Un tel Occident est plus ancien, car plus près de l'aube et pour cela de meilleure promesse que l'Occident platonique et chrétien, et à plus forte raison que l'idéologie européenne."[354]. L'Occident pose l'antithèse de l'européanisation-mondialisation ; il est un autre nom de la patrie alémano-grecque centrée sur l'origine, et, en même temps, son évaporation dans l'abstraction an-historique.

Quel est le rapport entre cet Occident et la race "une" ? La réponse est donnée dans le commentaire du *Chant de Kaspar Hauser* : "La parole de Dieu est le mandement qui assigne à l'homme une nature plus sereine et, par l'assistance d'un tel mandement, l'appelle à l'ek-sistence pour laquelle, à partir du déclin qui lui est propre, il resurgit en son matin. "Occident" sauvegarde l'éclosion en un matin de la race *une*."[355]. "Occident" est un site spirituel, le site par excellence, celui de la race une – la transposition en termes historiaux de l'action du *Geist* qui unifie. C'est dans le même registre que Heidegger, typant la poésie de Trakl, évoque "la race rega-

---

[350] *Ibid.*

[351] Cf. *infra* mon chapitre III, § 4.

[352] HEIDEGGER, *Acheminement..., op. cit.*, p. 79.

[353] HEIDEGGER, *Acheminement..., op. cit.*, p. 80.

[354] HEIDEGGER, *Acheminement..., op. cit.*, p. 79.

[355] HEIDEGGER, *Acheminement..., op. cit.*, p. 81.

gnant son propre foyer"[356] et "tout partage capable de concerner l'homme au point où appareille ce qui en lui est centre"[357].

L'Europe d'après-guerre n'exprime donc qu'un des derniers avatars de la conscience métaphysique, subjectivo-rationaliste, technicienne ; coulée dans des formes démocratiques qui rappellent celles d'avant-guerre – comme si rien ne s'était passé ! – elle apparaît bien comme l'opposé de cet Occident. On comprend ainsi mieux cette phrase : "Poésie occidentale et littérature européenne sont deux puissances essentielles de notre histoire, séparées par un abîme."[358]. Ou encore cette "complète européanisation de la Terre"[359] (dont il est question dans *D'un entretien de la Parole*), qui "attaque et ronge aux racines tout ce qui est essentiel"[360]. L'Europe a donc contaminé l'Occident, refoulant sa pureté originelle.

Impuissance et eschatologie : la langue morte

S'il y a un "racisme" heideggerien, c'est bien là qu'il faut le débusquer : la supériorité de ceux qui parlent la langue de l'origine centrale sur tous les autres. Seule cette grille nous permet de comprendre à la fois le silence de Heidegger sur toutes les pratiques allemandes, sur tout le factuel nazi, et la continuation de son apologie de l'*allemand* quand bien même celui-ci a cessé d'être une "patrie" et certainement un Etat historial. Quand il y a "de l'allemand", c'est toujours encore un peu d'être qui se dévoile – et c'est bien tout ce qui reste.

En 1945, Heidegger écrit encore à Stadelmann : "Ici tout le monde ne pense qu'à l'effondrement (*Untergang*). Mais la vérité est que nous autres Allemands, nous ne pouvons nous effondrer car nous n'avons pas encore surgi. Nous devons marcher à travers la nuit."[361]. Mais cette longue marche s'annonce infinie.

Le surgissement véritable n'a donc pas eu lieu : le nazisme était insuffisant, la guerre fut perdue – *a fortiori* l'Allemagne fédérale procède-t-elle de cette "nuit". Mais comme l'observe Lacoue-Labarthe : "Il est certain qu'après la guerre, je ne suis pas le seul à l'avoir noté, le signifiant "allemand", comme on dit, ou "Allemagne", disparaît pratiquement du lexique heideggerien ("Europe", même, n'y figure plus que timidement, la plupart du temps dans des composés du genre "européen-occidental", et c'est en général "Occident" qui se substitue à "Allemagne"). L'aveu politi-

---

[356] HEIDEGGER, *Acheminement...*, *op. cit.*, p. 82.
[357] *Ibid.*
[358] HEIDEGGER, *Qu'appelle-t-on penser ?*, *op. cit.*, p. 234.
[359] HEIDEGGER, *Acheminement...*, *op. cit.*, p. 101.
[360] *Ibid.*
[361] Cité par FARIAS, *op. cit.*, p. 288. Cf. SAFRANSKI, *op. cit.*, pp. 470-471 et OTT, *op. cit.*, p. 22.

que est clair. Cela ne veut pas dire pour autant, néanmoins, que le schème de l'historialité soit modifié en quoi que ce soit."[362].

C'est donc seulement *sollicité* que Heidegger reparle des Allemands. A une citation de lui comprenant notamment cette phrase "Hölderlin et Nietzsche ont posé avec ce conflit <entre apollinien et dionysiaque> une question aux Allemands face à leur tâche de trouver leur être dans l'histoire"[363], le philosophe répond au *Spiegel* : "ma conviction est que c'est seulement à partir du même site mondial où le monde technique moderne est né qu'une conversion peut se préparer, qu'elle ne peut pas se produire par l'adoption du bouddhisme Zen ou d'autres expériences du monde faites en Orient."[364]. Toujours la source, l'amont – *et le centre d'où tout partit*, avec l'Allemagne comme centre du centre. Dans cette affaire, les Allemands ont certes une tâche particulière "en ce sens, celui du dialogue avec Hölderlin"[365]. Or cette conversion apparaît très lointaine dans le futur – peut-être *un millénaire*[366]. Plus opérationnelle est la langue, qui tient à présent lieu de patrie de secours, d'ersatz d'Etat – l'Allemagne exclusivement linguistique et non plus "nationale".

"Croyez-vous, demande *Der Spiegel*, que les Allemands ont une qualification spécifique pour cette conversion ? – Je pense, répond Heidegger, à la parenté particulière qui est à l'intérieur de la langue allemande avec la langue des Grecs et leur pensée. C'est une chose que les Français aujourd'hui me confirment sans cesse. Quand ils commencent à penser, ils parlent allemand : ils assurent qu'ils n'y arriveraient pas dans leur langue."[367]. Et d'inviter à "réfléchir à toutes les conséquences de la transformation qu'a subie la pensée grecque quand elle a été traduite dans le latin de Rome, un événement qui aujourd'hui encore nous interdit l'accès dont nous aurions besoin pour penser fidèlement les mots

---

[362] LACOUE-LABARTHE, *La fiction...*, *op. cit.*, p. 164-165. Dans ses lettres d'après-guerre à H. Arendt, Heidegger étale son pessimisme politique, où l'Europe apparaît comme victime nécessaire de la défaite allemande : "Pour l'Allemagne, c'est la fin, comme pour l'Europe en général" (15/09/1950) (ARENDT/HEIDEGGER, *Lettres...*, *op. cit.*, p. 116) ; "En attendant, le monde s'assombrit de jour en jour. Chez nous, la polémique bat son plein. Pris en étau comme nous sommes, et comment pouvait-il en être autrement vu notre situation géographique, c'est tout le contraire de l'esprit de polémique que l'on serait en droit d'attendre. "Europe" n'est plus qu'un nom vide, tout juste susceptible de recevoir, après coup, tel ou tel contenu." (15/12/52) (p. 136) ; "Peut-être pourras-tu nous donner, quand tu seras en Ecosse, des dates plus précises de ton séjour en Europe – Europe actuellement en plein déclin." (14/03/74) (p. 239). Jusqu'à sa mort, et indépendamment de la création de la Communauté européenne, le penseur ne voit que déclin de l'Europe, celle-ci étant assimilée à l'Allemagne "prise en étau", c'est-à-dire coincée, réduite au néant au lieu de rayonner comme clairière centrale.

[363] Cité dans HEIDEGGER, *Réponses et questions...*, *op. cit.*, p. 64.

[364] HEIDEGGER, *Réponses et questions...*, *op. cit.*, p. 65.

[365] HEIDEGGER, *Réponses et questions*, *op. cit.*, p. 66.

[366] Cf. *Entretien du professeur Richard Wisser avec Martin Heidegger*, *op. cit.*, p. 389.

[367] HEIDEGGER, *Réponses et questions...*, *op. cit.*, p. 66-67.

fondamentaux de la pensée grecque"[368]. On pourrait s'y amuser un instant (comme Derrida[369]) mais l'humour n'y est pas – pas plus qu'ailleurs dans l'œuvre, voire dans la vie[370]. "A partir de 1933, observe Roger-Pol Droit, Heidegger ne cesse de germaniser l'esprit (...). <Il> soutient jusqu'à sa mort que *la* pensée n'est possible – aujourd'hui et demain – que dans la langue allemande. Cette position n'est pas simplement irrationnelle et insoutenable : elle constitue, dans l'ordre symbolique, une violence extrême."[371].

La déclaration de Heidegger, et la suite de la conversation, confortent le clivage à présent bien connu :

- d'un côté, la langue internationale, mathématique, scientifique, dans le droit fil de l'*imperium* romain ;
- de l'autre la langue de la pensée, greco-allemande, dont toute traduction est déjà déformation.

S'il faut situer le français, on ne pourrait que le ranger dans la première catégorie, où langues latines et anglo-saxonnes font bon ménage dans l'uniformité économique, scientifique et technique. Ce passage fait ressortir, d'une autre manière, un critère de patrie, qui n'est évidemment pas "la race", mais un idiome, une structure de langage particulière, la seule en mesure de véhiculer ou générer la Pensée.

Si la Germanité a été dissoute comme Peuple-Etat en proie au questionnement fondamental, sa langue survit au régime insuffisant. Mais cette langue de l'Allemagne moderne, première puissance industrielle d'Europe, cette langue des journaux et de la télévision, cette langue de l'Allemand moyen, de quel côté la mettre ? A l'intérieur de l'allemand, menacé par le *Gestell*, le dialecte souabe est le plus authentique, le plus pur – le saint des saints, le dernier carré, le "bunker" spirituel. Il fait penser, métaphoriquement, à ce "réduit alpin" que le Führer, sentant la fin approcher, n'eut pas le *temps* de *gagner* pour continuer l'affrontement décisif à partir d'une terre *imprenable* : si, au lieu de fixer son centre à Berlin-la-cosmopolite pour y périr, il s'était abreuvé à la source alémano-grecque, n'aurait-il pas réussi le réveil de l'Occident ?

Mais tout aussi métaphoriquement, il est temps de s'apercevoir que ce dernier lambeau de patrie auquel le penseur se raccroche est une langue *morte*. L'idiome allemand le plus archaïque est toujours plus vrai que le récent, mais c'est un cadavre ou un spectre qui est sollicité, un astre éteint depuis des siècles. J'ai déjà donné quelques exemples de cette démarche

---

368 HEIDEGGER, *Réponses et questions...*, *op. cit.*, pp. 67-68.

369 Cf. DERRIDA, *De l'esprit*, *op. cit.*, pp. 109-111.

370 Cf. le témoignage de Mme Cassirer : "Pour moi, ce qui me paraissait le plus inquiétant, c'est son sérieux mortel et son manque total d'humour" (cité par BOURDIEU, *op. cit.*, p. 60).

371 *Le Monde*, 4.10.1987. Sur le point de vue soutenu par R.P. Droit, cf. JANICAUD, *Heidegger en France*, *op. cit.*, T. 1, pp. 349-350.

obsessionnelle[372] ; en voici d'autres tirés de conférences des années 50 : le mot *wara* du vieux-haut-allemand a une racine commune avec le grec *oraô*[373]. Un *Fürsprecher* (porte-parole) comme Zarathoustra parle "devant" : en effet, "*Fürtuch* ("étoffe de devant") est en alémanique le mot courant pour tablier."[374]. Quel sens donner à bâtir ? "Le mot du vieux-haut-allemand pour bâtir, *buan*, signifie habiter. Ce qui veut dire : demeurer, séjourner."[375]. Tout le développement d'une conférence en découle. Autres vieux mots alémaniques à méditer : *thing* (rassemblement)[376] est l'ancêtre de *Ding* (chose, affaire), *ring* et *gering* (flexible, docile) annoncent *Ring* (l'anneau)[377]. *Vor-lese* ("choix préalable") et *legi* ("barrage") sont à rapprocher de *Lese* (récolte), *Lesen, Legein* etc.[378]. Il y aurait une très féconde étude à effectuer sur *l'argument d'autorité* que représente le sens dialectal archaïque dans les démonstrations heideggeriennes.

Hebel écrivit des *Poésies alémaniques*, qui plus est en dialecte souabe, pour la joie intellectuelle de Heidegger : "Le dialecte est la source secrète de toute langue parvenue à maturité. De lui continue d'affluer vers nous tout ce que recèle et sauvegarde l'esprit de la langue"[379] ; il est "afflux de sang nouveau"[380]. Comme toujours, ce qui est plus en amont est plus authentique. Hebel était éditeur aussi d'un almanach du pays de Bade qu'il nomma "l'ami de la maison" et où "il atteint à la plus haute noblesse de la langue allemande"[381], car lui "qui vivait avec l'allemand dans un voisinage lucide, en savait long sur ce trésor"[382]. Abraham a Sancta Clara fut moins le hérault de la terre natale qu'un maître du langage : "il parla et écrivit en s'appuyant sur une maîtrise de la langue allemande extraordinaire par la diversité de ses possibilités créatrices"[383]. Il faut donc "être attentif à la façon dont Abraham dit ce qu'il dit : nous aurons alors une idée du pouvoir singulier et de la richesse de son langage"[384].

Pour comprendre le poids de ces propos, il faut se rappeler *Le Chemin vers la Parole* : "Toute parole proprement dite, étant adressée par la mise en chemin de la Dite à l'être humain, est destinée, par là destinale, historique"[385]. Or ce peut être le cas, éminemment, de la "langue naturelle", c'est-à-dire non formalisable, et dont l'appropriement peut devenir "*re-*

---

[372] Cf. *supra* mon § 2.
[373] Cf. HEIDEGGER, *Essais et conférences*, Gallimard (coll. *Tel*), Paris, 1958, p. 59.
[374] HEIDEGGER, *Essais et conférences, op. cit.*, p. 117.
[375] HEIDEGGER, *Essais et conférences, op. cit.*, p. 172.
[376] HEIDEGGER, *Essais et conférences, op. cit.*, pp. 181 et 207.
[377] HEIDEGGER, *Essais et conférences, op. cit.*, p. 215.
[378] HEIDEGGER, *Essais et conférences, op. cit.*, p. 253.
[379] HEIDEGGER, *Questions III, op. cit.*, p. 47.
[380] HEIDEGGER, *Questions III, op. cit.*, p. 48.
[381] HEIDEGGER, *Questions III, op. cit.*, p. 51. Sur l'almanach, cf. aussi mon chapitre IV.
[382] *Ibid.*
[383] Cité par FARIAS, *op. cit.*, p. 294.
[384] *Ibid.*
[385] HEIDEGGER, *Acheminement..., op. cit.*, p. 253.

gard d'éclair (Ein-Blick) dont le coup d'œil éclaircissant fulgure jusqu'au cœur de ce qui est et de ce qui est tenu pour étant"[386]. L'opuscule se termine par une référence à Humboldt : "Par une illumination intérieure et par la grâce de circonstances extérieures favorables, un peuple pourrait impartir à la parole dont il a hérité une forme tellement différente qu'elle en deviendrait une parole tout à fait autre et neuve."[387]. Ce n'est plus la préservation d'une langue, c'est le rêve impossible de sa résurrection.

Cette quête éperdue d'une "langue originelle", complètement dissociée d'un peuple, d'un Etat, d'une historialité effective, fait penser au pays où l'on arrive jamais, à une respiration artificielle pratiquée sur le cadavre du *Logos*. Ce qui est ancien n'est jamais assez ancien pour que le centre, le trésor, le joyau de l'Etre ait pu être atteint ; le langage de l'aurore grecque lui-même oublie déjà l'Etre. Le Centre, d'abord attendu, puis saisi dans le cercle onto-étatique historial, puis célébré dans son décalage, voici qu'il n'est plus nulle part : ni en Germanie, ni en pays badois, ni même chez Héraclite ou Parménide. Le règne du silence commence ; il commence quant à l'Etat.

L'aphasie politique : le néant de l'Etat

D'un entretien de la Parole (1953) est plus politique qu'il n'y paraît, notamment en évoquant l'Europe, ici confrontée au monde extrême-oriental, et donc désarmée dans ses propres langues pour dire de celui-ci l'essentiel de son art et sa poésie : "Si l'homme, par la parole de sa langue, habite dans la requête que l'être lui adresse, alors nous autres Européens, nous habitons, il faut le présumer, une tout autre maison que l'homme d'Extrême-Orient"[388]. Toutefois, est questionnée la possibilité d'une source commune aux deux mondes, décelée dans le dialogue entre le dire "européen, c'est-à-dire occidental" et le dire d'Extrême-Orient[389]. Les deux interlocuteurs conviennent que "le mode de représentation métaphysique est d'un certain point de vue incontournable"[390] du fait de cette extension européenne et de l'identité entre métaphysique et représentation européenne. Face à cette représentation – à ces derniers avatars, la logistique, les "signes et chiffres" – émerge cependant comme une alternative : "Faire-signe et gestes appartiennent et ont place dans un tout autre espace de

---

[386] *Ibid.*

[387] HEIDEGGER, *Acheminement...*, *op. cit.*, p. 257. Et ceci encore : "Alors, dans la même demeure un autre sens est placé, sous le même sceau quelque chose de différent est donné, en suivant les mêmes lois de liaison s'annonce un cours des idées autrement échelonné. Voilà qui est le fruit constant de la *littérature* d'un peuple, mais en cette dernière par excellence de la *poésie* et de la *philosophie*." (*ibid.*)

[388] HEIDEGGER, *Acheminement...*, *op. cit.*, p. 90.

[389] HEIDEGGER, *Acheminement...*, *op. cit.*, p. 93.

[390] HEIDEGGER, *Acheminement...*, *op. cit.*, p. 110.

déploiement"[391]. On retrouve ici l'importance du geste, de la main y compris dans sa dimension politique, le mot *Winken* étant traduit par "faire-signe" mais voulant dire, littéralement "donner à voir dans un geste, lui-même porté par l'entièreté de la situation"[392].

Si la parole doit se fondre dans le geste, c'est que l'aphasie commence. Elle tient aussi à l'impossibilité du philosophe d'avoir encore quelque chose à dire. Or tout philosophe, en même temps ou après qu'il eût dit quelque chose sur l'être, le monde, disait nécessairement quelque chose sur la cité. Lorsque cette patrie n'est plus nulle part, un penseur comme Heidegger se mure dans l'impuissance par rapport à toute question de l'ordre de la πόλις. Ceci contraste tout à fait avec l'intentionnalité politique des deux périodes précédentes.

Ainsi, à la question du *Spiegel* (moins naïve qu'il n'y paraît) de savoir quelles dispositions pratiques le philosophe pourrait conseiller à ses contemporains pour améliorer leur sort, ou l'organisation de la cité, Heidegger répond par une esquive, double – en ce sens qu'il présuppose que de tels conseils reposeraient sur une vision de la totalité, et représenteraient un acte d'autorité :

> "Pour autant que je puisse voir, un individu n'est pas mis en mesure par la pensée d'avoir sur le monde dans sa totalité une vue si pénétrante qu'il puisse donner des indications pratiques sur ce qu'il faut faire, surtout face à la tâche de retrouver tout d'abord une base pour la pensée elle-même. C'est trop demander à la pensée, aussi longtemps que son sérieux restera digne de la grande tradition, que de se mêler de donner des indications de ce genre. D'où aurait-elle ce droit ? Dans le domaine de la pensée il n'y a pas de déclarations d'autorité. La seule mesure qui vaille pour la pensée vient de la chose elle-même à penser."[393]

Alors qu'en 1933, la pensée devait guider l'université et, à travers celle-ci, le Peuple dans son Etat, elle est maintenant trop sérieuse (en vérité trop impuissante) pour se mêler des problèmes pratiques du monde ; en outre, elle n'en a pas le "droit", ce qui signifie que les économistes et les politologues par exemple, ou ceux qui ont conçu la Déclaration universelle des droits de l'Homme ne procédaient pas de la pensée. Etaient-ils pour autant confinés dans la technique, le langage mathématique, la cybernétique ? On touche là un espace qui dans l'espace proprement heideggerien n'est situable nulle part, pour qui veut faire preuve d'un minimum d'honnêteté intellectuelle – le droit, la morale...

L'absence de toute tentative de disposition pratique contraste avec les textes du Rectorat qui dessinaient une philosophie sociale, des pistes

---

391 HEIDEGGER, *Acheminement...*, *op. cit.*, p. 111.

392 HEIDEGGER, *Acheminement...*, *op. cit.*, p. 113 (note).

393 HEIDEGGER, *Réponses et questions...*, *op. cit.*, pp. 70-71.

d'organisation collective, etc. L'intervention de Heidegger lors d'un colloque sur le logement est un exemple significatif de cette déconnexion d'avec la réalité du moment, déjà effective dans la pratique administrative du recteur, mais à présent étendue à toute la société :

> "Si dur et si pénible que soit le manque d'habitations, si sérieux qu'il soit comme entrave et comme menace, la *véritable crise de l'habitation* ne consiste pas dans le manque de logements. (...). La véritable crise de l'habitation réside en ceci que les mortels en sont toujours à chercher l'être de l'habitation et qu'*il leur faut d'abord apprendre à habiter*."[394]

De même, l'entretien de 1969 accordé à la ZDF porte d'emblée sur la transformation des relations sociales. Voyez-vous une mission sociale à la Philosophie ? demande le professeur Wisser. "Non !" s'exclame Heidegger. Avant de répondre, il faut se demander ce qu'est la société : or, explique-t-il, "la société d'aujourd'hui n'est que l'absolutisation de la *subjectivité* moderne"[395] et une philosophie, comme la sienne, "qui a dépassé le point de vue de la subjectivité n'a pas du tout le droit de s'exprimer dans le même ton"[396].

On retrouve donc la même idée que dans l'interview au *Spiegel* : au niveau de pensée où il se tient, le philosophe n'entre pas dans le débat de la πόλις. La célèbre phrase de Marx sur le rôle désormais dévolu à la philosophie de transformer le monde présuppose "un changement de la *représentation du monde*", laquelle "ne peut être obtenue qu'au moyen d'une *interprétation* suffisante du monde."[397]. Le mot-clé est en vérité "suffisante" – il signale que Marx se tenait encore dans la subjectivité moderne, sans avoir réussi, lui, à la dépasser, ce qui revient à dire : se poser la question de la transformation du monde (ou des relations sociales etc.) ou mettre en œuvre cette transformation, révèle encore une insuffisance de pensée. A celle-ci cependant, l'heideggerianisme est-il en mesure d'échapper vraiment ?

Concluons ce chapitre. Le silence politique progressif du philosophe en régime démocratique contraste avec sa prolixité – explicite à l'avènement de la dictature, et voilée, détournée (via la poésie) durant celle-ci – comme si le régime démocratique n'était pas un interlocuteur, ni un cadre recevable, comme si, surtout, au "rien" qui définit finalement l'Etre[398] correspondait un "rien" sur le plan de la norme politique et sociale. Au bout, *et seulement au bout* du processus, la pensée et la perte du Centre-

---

394 HEIDEGGER, *Essais et conférences, op. cit.*, p. 193. Cf. aussi BOURDIEU, *op. cit.*, p. 97.

395 *Entretien du professeur Richard Wisser avec Martin Heidegger, op. cit.*, p. 382.

396 *Ibid.*

397 *Ibid.*

398 Cf. *infra* mon chapitre III, § 4.

cercle rendent impossible le discours sur la *politeia* et mènent bien à l'*Ab-Grund* d'Etat ; réciproquement, le Néant de l'Etat consomme l'impossibilité de la philosophie, et de la centralité.

Compte tenu de ce qui précède, il est difficile d'accepter *telle quelle* la phrase de Leo Strauss "Il n'y a pas de place pour la philosophie politique dans l'œuvre de Heidegger, et ceci est peut-être dû au fait que la place en question est occupée par dieu ou par les dieux", à laquelle souscrit Wolin[399], au moins à propos du dernier Heidegger. En effet, même dans la dernière période, nous avons à disposition des textes qui peuvent être considérés comme relevant de la philosophie politique ; mais il est exact que le "salut" ontologico-politique résiderait dans une sorte d'attente d'un dieu (absent) plutôt que dans un surgissement politico-étatique et une *Führung* historiale. Il reste que même celle-ci, durant la période de rectorat, possédait un caractère religieux, divin, qui, comme dit Strauss – ajoutant prudemment *peut-être* – prenait la place de la philosophie politique. Il ne faudrait pas croire que la pensée du déclin implique l'inintelligence politique. Mais Wolin peut-il à bon droit diagnostiquer une "absence manifeste de réflexion politique chez le dernier Heidegger"[400] ? Cette "réflexion politique", dût-elle évoluer, est présente du début à la fin , ou alors, du début à la fin, elle ne relève pas, à proprement parler de la philosophie politique. Mais s'il n'y a que de l'apolitisme – ontologie pure – dans l'heideggerianisme, alors le propos sur l'Etre doit être imperméable aux aléas politico-historiaux.

Je vais donc effectuer le même exercice de parcours des quatre périodes, cette fois sous l'angle de l'ontologie, afin de procéder à cette vérification.

---

[399] Cf. WOLIN, *op. cit.*, pp. 33-35, la citation étant donnée p. 203.
[400] WOLIN, *op. cit.*, p. 33.

CHAPITRE III : L'ETAT DE L'ETRE

L'expression “Etat de l'Etre”, désigne ici la place que prend le concept d'être dans le questionnement, sa “configuration” dans l'imaginaire d'écriture, au cours de chaque période considérée de l'œuvre. S'il est pensé comme *centre*, chez Heidegger, selon la même structuration que chez nombre de philosophes antérieurs, de Parménide à Hegel et même Marx, c'est avec une vigueur et une radicalité inédites, auxquelles vont succéder une déconvenue puis une dés-espérance (à dimension non seulement spéculative, mais “affective”), confinant au ressassement du Rien. L'ontologie fondamentale, son dépassement, son déplacement, puis la pensée du déclin rythment une œuvre, certes, mais marquent aussi l'histoire de la philosophie elle-même, dont ils donnent à voir l'abîme.

Wolin va jusqu'à évoquer explicitement une “histoire” et une “politique” de l'Etre :

> “Pour Heidegger, le fait que l'Etre existe dans le temps signifie que l'Etre *a une histoire*. La théorie du *Seinsgeschichte* ou de l'“histoire de l'Etre” jouera par la suite un rôle capital dans l'évolution du philosophe au cours des années 30. Plus Heidegger en vient explicitement à invoquer cette notion d'une “histoire de l'Etre” autonome et indépendante – concept qui demeurait implicite dans son ouvrage majeur de 1927 – et plus la théorie de la vie pratique élaborée dans *Etre et Temps* se trouve en partie éclipsée. (...). Mais si l'on peut dire que l'Etre a une “histoire”, ne pourrait-il également avoir une “politique” ? Autrement dit, ne pourrait-il exister une *Seinspolitik* ou *politique de l'Etre* ?”[1]

La conception heideggerienne de l'Etre épouse celle de l'Etat, même informulée, voire impensée ; elle évolue selon les quatre époques déterminées : l'ontologie fondamentale appelle un centre à ré-instaurer ; le rectorat en vit intensément la venue spirituelle ; la troisième période fait peu à peu son deuil de son avènement historial et en déplace en tout cas l'épicentre ; introuvable au cours de la dernière période, l'Etre n'est plus dans son Etat, n'en a plus : l'ontologie radicale voit venir sa propre fin. Je reviendrai sur la question de la pertinence de l'expression “état de l'Etre” dans la conclusion de ce chapitre.

§ 1. Le Centre attendu (des débuts au rectorat)

C'est à la fois par la phénoménologie husserlienne et à l'étude de Kant et Hegel que Heidegger vit cet “avent” philosophique. Pour que le Centre

---

[1] WOLIN, *op. cit.*, p. 31.

soit, et soit renouvelé, ré-initialié, encore faut-il qu'il y ait cercle. Habité par une structure centre-cercle résolument nouvelle par rapport à celles qui ont précédé, Heidegger effectue le départ entre les ontologies antérieures et la sienne propre, qu'ultérieurement, il dotera d'un nouveau “statut”. Le dépassement de la métaphysique ne prépare pas, à l'époque en tout cas, la fin de la centralité-circularité, mais la mise en œuvre spirituelle (historiale) d'une centralité-circularité authentique. Heidegger en décèle les prémisses traçables chez Kant et Hegel. Pour comprendre ce processus, il faut cerner l'objet de l'ontologie fondamentale (heideggerienne), puis examiner le “fonctionnement” de l'appel au Centre à travers les thèmes du Néant, de l'anthropologie, de l'entente et du Temps.

Définition de l'ontologie fondamentale

Le thème du “fondement” est inépuisable à travers toute l'œuvre de Heidegger. Dans *Etre et Temps*, il apparaît surtout, maintes fois, comme “sol” (ferme)[2]. Il est entendu aussi comme raison, fondations, ou ce qui permet une édification[3]. Tenant compte de tous ces sens, l'on peut saisir l'importance d'une expression lancinante dans *Kant et le problème de la métaphysique*, celle de la “racine commune”. *Etre et Temps* part d'une analyse de l'être-au-monde en général comme constitution fondamentale du *Dasein*. C'est parce que cette analyse a été menée au niveau *fondamental* qu'au bout de l'œuvre, la question de l'ontologie fondamentale sur le sens de *être* peut être posée et comprise dans son authentique dimension.

Kant et le problème de la métaphysique définit l'ontologie fondamentale, “tout à fait caractéristique de la pensée de *Sein und Zeit*”[4], en ces termes : “Le dévoilement de la structure d'être du *Dasein* est ontologie. Cette dernière se nomme *ontologie fondamentale* pour autant qu'elle établisse le fondement de la possibilité de la métaphysique, c'est-à-dire pour autant qu'elle considère comme son fondement la finitude du *Dasein*. (...). L'ontologie fondamentale n'est cependant que la première étape de la métaphysique du *Dasein*.”[5]. L'expression sera abandonnée plus tard[6].

L'intérêt majeur de la *Critique de la Raison pure* ne réside pas dans son apport comme théorie de la connaissance : “L'essentiel est que cette œuvre fonde et amène pour la première fois à elle-même, l'ontologie comme *métaphysica generalis*, c'est-à-dire comme pièce maîtresse de la

---

[2] Cf. HEIDEGGER, *Etre et temps, op. cit.*, pp. 153, 249 etc.

[3] Cf. HEIDEGGER, “Vom Wesen des Grundes”, dans *Questions I, op. cit.*, pp. 85-158.

[4] HEIDEGGER, *Kant et le problème de la métaphysique (introduction), op. cit.*, p. 11.

[5] HEIDEGGER, *Kant et le problème..., op. cit.*, p. 288.

[6] De Waelhens et Biemel écrivent en effet dans l'introduction à ce même ouvrage : “Quant à la notion d'ontologie fondamentale telle qu'on la trouve dans *Sein und Zeit*, elle n'a pas pour but de justifier ou de prolonger les ontologies classiques mais au contraire, de préparer leur dépassement. Pour éviter toute confusion cette expression ne survivra pas non plus au livre sur Kant.” (*Kant et le problème..., op. cit.*, p. 44).

métaphysique dans sa totalité."[7]. Kant déplace vers la *metaphysica specialis* uniquement ce qui était l'objet, dans la philosophie post-aristotélicienne, de la *generalis* (l'étant en général) comme de la *specialis* (régions capitales de l'étant)[8], libérant ainsi un espace pour donner à la *generalis* un fondement "nouveau" : la question de l'être[9]. Ce fondement est, en fait, une pièce *maîtresse* de la *totalité* métaphysique.

Cela dit, il devient clair que la *Critique* (telle qu'interprétée par Heidegger) part à la recherche d'un Centre et d'un Totalité uniques, objets d'une intuition et d'une imagination qui rendent possible le temps et l'unification. Ce centre est approché et appelé par "la régression vers le fondement qui supporte la possibilité de ce dont nous cherchons la constitution essentielle"[10] ou encore la "régression vers l'origine"[11], l'affirmation d'une "racine commune"[12], laquelle est le "terme central originellement unifiant <*bildend*>"[13].

Constatant que "le problème du fondement est rivé aux questions centrales de la philosophie"[14], *Vom Wesen des Grundes* le décèle là où il n'est pas traité sous la forme habituelle : dans le principe de raison déterminante, qui "est au centre de la *Critique de la raison pure*"[15]. Semblablement, ce que met en évidence le cours de 1930-31 sur la *Phénoménologie de l'Esprit* de Hegel est le rôle de "*leader* absolu" d'une ontologie fondamentale – et finale – telle que permise et entrevue dans cette œuvre majeure : "la science de la Phénoménologie de l'esprit n'est rien d'autre que l'ontologie-fondamentale de l'ontologie absolue, autrement dit ontologie *au premier chef*. La "Phénoménologie de l'Esprit est le stade terminal de la fondation possible d'une ontologie."[16].

---

[7] HEIDEGGER, *Kant et le problème..., op. cit.*, p. 77. Cf. aussi H. BIRAULT, *Heidegger et l'expérience de la pensée*, Gallimard, Paris, 1978, ouvrage caractéristique d'une approche de l'ontologie de Heidegger à partir de l'étude du kantisme comme philosophie instauratrice d'une nouvelle problématisation de la métaphysique (pp. 49-353). Sur l'influence de Kant dans la dimension éthique des œuvres du premier Heidegger, voir A.-D. OSONGO-LUKADI, *La philosophie pratique à l'époque de l'ontologie fondamentale. Le "dialogue" de Heidegger avec Kant*, L'Harmattan, Paris, 2000.

[8] Cf. HEIDEGGER, *Kant et le problème..., op. cit.*, p. 69.

[9] Cf. encore HEIDEGGER, *Kant et le problème..., op. cit.*, p. 257.

[10] HEIDEGGER, *Kant et le problème..., op. cit.*, p. 81.

[11] HEIDEGGER, *Kant et le problème..., op. cit.*, p. 192.

[12] HEIDEGGER, *Kant et le problème..., op. cit.*, p. 97.

[13] HEIDEGGER, *Kant et le problème..., op. cit.*, p. 195.

[14] HEIDEGGER, *Questions I, op. cit.*, p. 89.

[15] HEIDEGGER, *Questions I, op. cit.*, p. 90. Ce texte, que j'ai analysé par ailleurs quant à la lecture "sociétaire" qu'il permet (cf. mon § 2) reprend et développe certains aspects de *Kant et le problème de la métaphysique*.

[16] HEIDEGGER, *La "Phénoménologie de l'Esprit" de Hegel, op. cit.*, p. 217. Souligné par moi.

Ce domaine de l'ontologie ayant été ainsi repéré, comment est posée la question de l'Etre ? Elle est amenée, dans *Qu'est-ce que la Métaphysique ?* à partir de la problématique du Néant, niée par la science, mais révélée par l'angoisse existentielle. Le Néant, “négation radicale de la totalité de l'existant”[17] est lui-même l'origine de la négation[18] : “notre interrogation sur le Néant doit nous présenter la *Métaphysique elle-même.* (...). *La Métaphysique, c'est l'interrogation qui dépasse* l'existant sur lequel elle questionne, afin de le recouvrer *comme tel* et *dans son ensemble* pour en actuer le concept.”[19].

Le néant “se trouve” en quelque au-delà de l'ensemble de l'existant, mais aussi comme composant de celui-ci. Pourquoi ? Parce que Heidegger, sans le formuler ni peut être y penser, se “représente” la relation être/néant comme une structure indissociable dans laquelle l'être est le cœur d'un cercle/ou d'une sphère (finie, comme l'être parménidien) et le néant ce rien qui borne la circonférence de l'extérieur, et qui donc révèle à la réalité humaine (*Dasein*) sa finitude, comme condition de possibilité de pensée de l'être :

> “(...) l'Etre lui-même est fini dans son essence et ne se révèle que dans la transcendance de la réalité-humaine qui, dans le Néant, émerge hors de l'existant. S'il est vrai que l'interrogation sur l'être en tant qu'être soit la question compréhensive de la Métaphysique, la question du Néant s'avère d'une nature telle qu'elle circonscrit l'ensemble de la Métaphysique.”[20]

L'altérité du centre-cercle “est” néant ; il n'y a être que comme centre-cercle (circonscrit par le néant) ; du néant on ne peut rien dire – et guère plus de hors du cercle ontologique qu'il entoure.

Dimension ex-centrique du Dasein

La fin de *Sein und Zeit* stipule que “la mise en relief de la constitution d'être du *Dasein* n'en demeure pas moins qu'*un chemin*. Le *but*, c'est l'élaboration de la question de l'être en général.”[21]. Ceci permet de mieux comprendre le choix du mot-vedette *Dasein*, infinitif substantivé, pour désigner l'être (le) là, le *être* du *là*, ou tout simplement l'homme : “En faisant du *Dasein* le thème premier et le moment “préparatoire” de sa recherche, Heidegger, écrit Fédier, donne du *Dasein* l'analyse *ontologique*

---

[17] HEIDEGGER, *Questions I, op. cit.*, p. 54.
[18] Cf. HEIDEGGER, *Questions I, op. cit.*, p. 65.
[19] HEIDEGGER, *Questions I, op. cit.*, p. 67.
[20] HEIDEGGER, *Questions I, op. cit.*, p. 69. Je souligne “circonscrit”.
[21] HEIDEGGER, *Etre et Temps, op. cit.*, p. 504.

que celui-ci demande par *définition* puisque, qui dit *Dasein*, dit *sein*. (...). Il ne dit pas : “C'est de l'homme que j'ai à parler.” Non, il dit : “Puisque c'est de l'être que j'ai à parler, je vais m'attaquer au *Dasein*.”[22]. Ce “primat”, cette antériorité du *Sein*, et donc cette dépendance du *Dasein*, ce caractère définitivement “dérivé” de l'homme vont avoir des conséquences éthiques incalculables.

Si la métaphysique, à cette époque, est encore, quelque part, une interrogation sur l'homme[23], cette question ne peut plus être qualifiée d'anthropologique[24]. La métaphysique du *Dasein* humain, ou ontologie fondamentale, est ce qui doit rendre possible, non l'homme *lui-même*, mais la métaphysique *elle-même*[25].

> “Si l'homme n'est homme que par le *Dasein* en lui, la question de savoir ce qui est plus originel que l'homme ne peut être, par principe, une question anthropologique. Toute anthropologie, même philosophique, suppose déjà l'homme comme homme. Le problème de l'instauration du fondement de la métaphysique s'enracine dans la question du *Dasein* en l'homme, c'est-à-dire dans la question du fondement dernier de celui-ci, qui est la compréhension de l'être comme finitude essentiellement existante.”[26]

Que l'homme soit l'étant éminent et ek-sistant, en tant que *Dasein*, n'ôte rien au constat et, de proche en proche, à la célébration de sa dépendance (finitude), et, symétriquement, à celle de la préséance et de la domination de l'Etre. C'est sur base de ce double mouvement que s'effectue le clivage, philosophique, et donc social, entre les humains résolus, authentiques, menant une existence propre – et les autres.

L'apport de la phénoménologie comme point de départ du questionnement fondamental – “La phénoménologie est la manière d'accéder à et de déterminer légitimement ce que l'ontologie a pour thème. *L'ontologie n'est possible que comme phénoménologie*”[27] – ne saurait confondre celle-ci avec une anthropologie quelconque[28]. Le phénomène est “ce qui se montre en tant qu'être et structure d'être.”[29].

Lorsque le *Dasein* existe pour lui-même, il ne s'agit pas d'une réalisation, d'un épanouissement de soi au sens épicurien, humaniste, psychologique etc. : Heidegger précise dans une apostille révélatrice “mais non en

---

[22] HEIDEGGER, *Etre et Temps, op. cit.*, p. 522 (note de Vezin sur le mot *Dasein*).
[23] Cf. HEIDEGGER, *Kant et le problème..., op. cit.*, p. 262.
[24] Cf. HEIDEGGER, *Kant et le problème..., op. cit.*, p. 274.
[25] Cf. HEIDEGGER, *Kant et le problème..., op. cit.*, p. 57.
[26] HEIDEGGER, *Kant et le problème..., op. cit.*, pp. 285-286.
[27] HEIDEGGER, *Etre et Temps, op. cit.*, p. 63.
[28] Sur cette question, qui donne évidemment matière à débat avec Husserl, voir notamment la “Seconde version de l'article “Phénoménologie”“ dans *Heidegger*, L'Herne, *op. cit.* (pp. 55-64) ainsi que les lettres à Husserl et les commentaires de Courtine (pp. 64-69).
[29] HEIDEGGER, *Etre et Temps, op. cit.*, p. 98.

tant que sujet et individu ni en tant que personne"[30]. Cette existence-pour-soi, cette haute possession de soi dans une existence propre est une "dépossession" du soi au sens où notre tradition l'entend, mais surtout la re-possession d'un centre ; ainsi se comprend cette phrase : "le dévalement en plein monde ne devient une "preuve" phénoménale contre l'existentialité du *Dasein* qu'à partir du moment où celui-ci est posé au départ comme un je-sujet isolé, un soi ponctuel par rapport auquel il est *en excentration.*"[31]. Réciproquement, la re-centration tourne le dos à toute attitude "personnaliste".

J'ai déjà évoqué plus haut[32] le passage de *Vom Wesen des Grundes* où Heidegger a situé très exactement la position de l'homme (réalité humaine) dans la structure ontologique, *en identifiant ek-statique et ex-centrique*, c'est-à-dire en présentant le *Dasein* comme *porté hors d'un centre tout en continuant de relever de lui*, et signifié que *S.u.Z.* n'est pas une œuvre anthropocentriste (même si elle en a l'allure, davantage que les autres du même auteur) : son analyse de la réalité-humaine conduit à la pensée d'un Centre (en auto-déploiement) à dévoiler. L'une des dernière phrases de *Vom Wesen des Grundes* prend alors comme un surcroît de sens : "Ainsi donc l'être humain prenant, comme transcendance exsistante, son essor en possibilités, est *un être du lointain.* C'est uniquement par ces lointains originels qu'il se façonne dans sa transcendance envers tout l'existant, que grandit dans l'homme la vraie proximité des choses."[33]. Cette ex-sistance évoque une provenance proche-lointaine (rapport centre-périphérie) qui transcende.

C'est encore à partir de l'argument du centre qu'est repoussée l'idée d'une anthropologie philosophique, dans *Kant et le problème de la métaphysique* :

> "Mais si, en un certain sens, l'anthropologie rassemble en elle tous les problèmes essentiels de la philosophie, comment se fait-il que ceux-ci se laissent ramener à la question de l'essence de l'homme ? (...). Mais en quelle mesure tous les problèmes essentiels de la philosophie ont-ils leur lieu dans l'essence de l'homme ? Et quels sont-ils donc, ces problèmes essentiels et *où est leur centre* ? Qu'est-ce que philosopher, si la problématique philosophique est telle qu'elle trouve *son lieu et son centre dans l'essence de l'homme* ? (...). Sans cesse surgiront de nouvelles tentatives d'anthropologie philosophique qui pourront se présenter avec des arguments plausibles et défendre le rôle central de cette discipline sans cependant pouvoir la fonder sur l'essence de la philosophie. Sans cesse aussi apparaîtront des adversaires de l'anthropologie qui pourront faire remarquer que *l'homme n'est pas au centre des étants* et qu'une "infinité" d'étants se trouvent "à côté de lui", une réfutation

---

[30] HEIDEGGER, *Etre et Temps, op. cit.*, p. 191.
[31] HEIDEGGER, *Etre et Temps, op. cit.*, p. 227. Souligné par moi.
[32] Cf. mon chapitre II, § 1.
[33] HEIDEGGER, *Questions I, op. cit.*, p. 158.

> du rôle central de l'anthropologie philosophique qui n'est en rien plus philosophique que son affirmation."[34]

La philosophie comme ensemble constitutif peut poser des questions (et situer celles-ci) sur le centre des problèmes essentiels, le caractère "central" de l'homme et celui de l'anthropologie philosophique. Mais la faiblesse véritable de cette dernière réside en son incapacité à produire, ou à dévoiler, un centre authentique ; seule l'ontologie fondamentale repère le centre (englobant) et s'y tient. Mais comprendre l'homme comme *projeté par le Centre* n'est pas la seule approche possible de l'"objet" de cette ontologie.

Cercle vicieux, centre vertueux

A partir de la problématique même du questionnement philosophique, apparaît une circularité qui révèle une structure ontologique-fondamentale dont Heidegger, finalement, ne se départira jamais tout à fait, mais qu'il magnifie singulièrement au cours de cette période.

A l'instar de tous les grands penseurs, Heidegger, non seulement évoque souvent le "centre" d'une œuvre, d'une interprétation, d'une problématique etc., mais rencontre (et n'élude pas) le caractère circulaire du questionnement – lequel "surgit" dès le début de *Sein und Zeit,* quand il s'agit de cerner la structure formelle de la question de l'être :

> "Pour poser expressément et en toute clarté la question du sens de l'être, il est requis d'en passer d'abord par une explication d'un étant (*Dasein*) en considérant justement son être. Mais pareille entreprise ne tombe-t-elle pas, de toute évidence, dans un cercle ? Devoir d'abord déterminer un étant *en son être* et, sur cette base, ne vouloir poser qu'ensuite la question de l'être, qu'est-ce d'autre que tourner en rond ? Ne "présuppose"-t-on pas déjà pour élaborer la question ce que seule la réponse à cette question serait en mesure de fournir ?"[35]

Le "raisonnement" de l'auteur consiste en ceci : qu'il ne saurait y avoir de "cercle dans le raisonnement" dès lors qu'il n'y a pas, en l'occurrence, de... raisonnement, car ce n'est pas de *cela* que procède la question de l'être. Le cercle du raisonnement est superficiel, sophistique – alors qu'il s'agit de creuser plus fondamentalement, de "dégager le fond..." le plus intime. Ce "fond" est ce qui est à la fois présupposé et entre-aperçu (par l'expérience courante de tout le monde) et formellement questionné (par le *Dasein* en tant que "ontologue-fondamentaliste"). Ce fond s'avère donc

[34] HEIDEGGER, *Kant et le problème..., op. cit.*, pp. 269-270. Souligné par moi.
[35] *Ibid.*

fixe. Il est ce dont *procède* le *Dasein*, quel que soit le degré de “propriété”, d'authenticité qu'il atteigne :

> “Des objections de forme – et rien ne prête mieux le flanc à l'accusation de “cercle dans le raisonnement” que l'investigation au niveau des principes – sont, quand on en est à examiner les voies concrètes de la recherche, toujours stériles. Sur le fond de la question elles ne font rien comprendre de plus et elles empêchent d'avancer dans le champ de la recherche. Mais factivement poser la question, telle qu'elle a été définie, ne comporte pas le moindre cercle. (Un) étant peut être déterminé dans son être sans que, pour ce faire, le concept explicite du sens de être doive être déjà disponible. Sinon, il n'aurait encore pu y avoir aucune connaissance ontologique ; or personne ne peut sérieusement nier qu'il y en ait factivement une. Il est vrai que, jusqu'à nouvel ordre, en toute ontologie l'“être” est “présupposé” mais non pas en tant que *concept* disponible – non comme ce en tant que quoi il est recherché. “Présupposer” l'être consiste dans ces conditions en un aperçu anticipé sur l'être, grâce auquel l'étant préalablement donné sera provisoirement articulé en son être. Cet aperçu sur l'être indiquant la direction à suivre naît de l'entente courante de l'être dans laquelle nous nous mouvons toujours déjà *et qui relève en fin de compte* <apostille : “c'est-à-dire depuis le commencement”> *de ce qui constitue l'essence du Dasein lui-même.* “Présupposer” ainsi n'a rien à voir avec la mise en place initiale d'un principe indémontré d'où serait ensuite tirée par déduction une série de propositions. Telle qu'elle se pose, la question du sens de être ne peut comporter nul “cercle dans le raisonnement” parce que, pour donner à la question sa réponse, il ne s'agit pas d'établir une base de départ pour des déductions mais au contraire de dégager le fond à partir duquel elle se manifestera. Il n'y a pas du tout de “cercle dans le raisonnement” là où la question s'enquiert du sens de être mais bien une remarquable réciprocité de rapport, sorte de “va-et-vient” du questionné (être) au questionnement en tant qu'il est mode d'être d'un étant. Que le questionnement soit atteint au plus intime de lui-même par son questionné appartient au sens le plus propre de la question de l'être.”[36]

Le va-et-vient évoqué – le *rapport*, dont on reparlera plus loin – ressemble au parcours permanent, dans les deux sens, du rayon d'un cercle (du centre à la circonférence, et *vice-versa*). Cette “image” provisoire – car je ne prétends pas d'avantage ici – permet de mieux comprendre à la fois (1) le caractère ouvert, fluctuant, mobile du questionnement, (2) la fixité du “*sein*”, (3) le caractère ex-centrique, ek-sistant, “jeté” en orbite, du *Da-sein* et (4) enfin la “remarquable réciprocité de rapport”. Tout cela mis ensemble, *un cercle d'un type entièrement nouveau, avec un solide centre*, se révélerait, faisant pâlir le traditionnel “cercle du raisonnement”, et pour tout dire, le jetant aux orties.

[36] HEIDEGGER, *Etre et Temps, op. cit.*, pp. 31-32.

Un deuxième exemple de structure circulaire apparaît dans *S.u.Z.* à propos de l'"objet" de l'*entente.* Heidegger y manie (et reconnaît) la "figure" du cercle de la connaissance des étants (l'entendre en tant qu'ouverture du *là*, être au monde), ce qui signifie qu'il la maintient au niveau de l'étant (l'étant ne peut être entendu et explicité que s'il y avait eu un entendement préalable, et ainsi de suite) ; il donne vigueur et vertu à ce cercle mais sans franchir le seuil qui permettrait de *concevoir* l'Etre ou le *Dasein* comme cercle.

> "Toute explicitation qui doit procurer l'entente doit avoir déjà entendu ce qui est à expliciter. (...). Mais si l'explicitation doit déjà se mouvoir à chaque fois dans ce qui est entendu et s'en nourrir, comment peut-elle alors faire venir à maturation *<zeitigen>* des résultats scientifiques sans se mouvoir dans un cercle, surtout si l'entente présupposée en reste encore au niveau de la connaissance de l'homme et du monde la plus commune ? Mais le *cercle* est, d'après les plus élémentaires règles de logique, *circulus vitiosus.* Il s'ensuit que la tâche à laquelle est consacrée l'explicitation historienne demeure *a priori* proscrite de l'enceinte de la connaissance rigoureuse. Dans la mesure où l'on n'élimine pas le fait qu'il y a un cercle dans l'entendre, la science historique est condamnée à s'arranger avec des possibilités de connaissance moindrement rigoureuses. (...). L'idéal serait, bien sûr, – l'historien étant le premier de cet avis – que l'on puisse éviter ce cercle et que l'espoir subsiste d'arriver un jour à constituer une science historique qui soit aussi indépendante du point d'observation de celui qui en traite que la connaissance de la nature est censée l'être. *Mais voir dans ce cercle un cercle vicieux et se mettre à l'affût des moyens de l'éviter, voire ne le "ressentir" que comme une imperfection inévitable, c'est mésentendre de fond en comble ce qu'est l'entendre.* (...). Le décisif n'est pas de s'extraire du cercle mais d'y entrer de la bonne manière. Ce cercle de l'entendre n'est pas un circuit dans lequel tourne un quelconque genre de connaissance, c'est au contraire l'expression de la *structure* existentiale *à préalables* du *Dasein* lui-même. Le cercle ne doit pas être taxé de *circulus vitiosus* et, en serait-il un, il ne doit pas être ramené à un cercle auquel on ne peut que se résigner. En lui s'abrite une possibilité du connaître le plus original qui est positive, il est vrai qu'elle n'est correctement saisie que lorsque l'explicitation a entendu que sa première, sa constante et ultime tâche demeure, non de se laisser chaque fois préalablement doter d'acquis préalable, de visée préalable et de saisie préalable par des coups de tête et des concepts qui courent les rues mais au contraire de s'assurer son thème scientifique en l'élaborant à partir des choses mêmes. (...). Le "cercle" dans l'entendre appartient à la structure du sens, phénomène qui s'enracine dans la constitution existentiale du *Dasein*, dans l'entendre qui s'explicite. L'étant pour lequel il y va, en tant qu'être-au-monde, de son être même a une structure ontologique de cercle. Observant que "cercle" relève ontologiquement d'un genre d'être de l'étant-là-devant (l'état de subsistance), on devra pourtant absolument éviter de

caractériser ontologiquement avec ce phénomène quelque chose de tel que le *Dasein.*"[37]

L'apostille, à l'avant-dernière phrase, est encore révélatrice : "Mais ce "son être même" est en soi déterminé par l'entente de l'être, c'est-à-dire par le fait de se tenir dans la clairière de la présence où ni la clairière comme telle ni la présence comme telle ne deviennent le thème d'un représenter."[38]. L'image de la clairière, et d'autres plus tard, ne doivent pas être des représentations !

Pourtant, plus loin dans l'ouvrage, à propos du sens d'*être du souci*, Heidegger fait, en quelque sorte, le pas, avec l'allusion aux types de circularité que l'on vient d'évoquer. Il substitue à une structure séquentielle (déduction) qui prendrait (vicieusement) l'allure d'un cercle, une structure de projection-dévoilement : il existe un "à partir de quoi", un point, une source, autour desquels se forme un "mouvement", une spirale, un cercle cette fois délibérément validé. Seul le "bon sens", y compris dans sa variante "scientifique", fera l'objection du cercle :

> "Mais l'idée d'être en général éclairée ontologiquement ne doit-elle pas s'obtenir précisément grâce à l'élaboration de l'entente de l'être appartenant au *Dasein* ? Celle-ci pourtant ne se laisse pas saisir originalement qu'en se fondant sur une interprétation originale du *Dasein* faite à la lumière de l'idée d'existence. N'est-il pas finalement tout à fait patent que, à peine est-il développé, le problème de l'ontologie fondamentale se meut dans un "cercle" ? Sans doute avons-nous déjà montré, en analysant la structure de l'entendre en général, que ce qui est incriminé à l'aide de l'expression inadéquate de "cercle" appartient à l'essence de l'entendre lui-même et en est typique. Toutefois la recherche se doit à présent, compte tenu de ce qui a été éclairci quant à la situation herméneutique de la problématique de l'ontologie fondamentale, de revenir expressément sur l'"argument du cercle". L'"objection de cercle" à l'encontre de l'interprétation existentiale consiste à dire : l'idée d'existence comme celle d'être en général est "présupposée" et c'est "d'après" elle qu'est interprété le *Dasein* dans le but d'en tirer l'idée d'être. Pourtant que signifie "présupposer" ? Est-ce poser par l'idée d'existence une prémisse d'où nous déduirions ensuite d'autres propositions sur l'être du *Dasein* en conformité avec les règles formelles de la conséquence ? Ou bien ce poser anticipateur (pré-supposer) a-t-il le caractère de la projection ententive, auquel cas l'interprétation *ne* fait *précisément*, en développant un tel entendre, qu'*amener* cela *même qu'il s'agit d'expliciter* à s'exprimer afin de lui laisser le soin de décider lui-même si, étant ce qu'il est, il livre la constitution d'être sur laquelle la projection l'a découvert en l'indiquant formellement ? L'étant peut-il donc s'exprimer autrement quant à son être ? Dans l'analytique existentiale un "cercle" dans la démonstration ne peut nullement être "évité" puisqu'elle ne démontre *absolument pas* selon les

[37] HEIDEGGER, *Etre et Temps, op. cit.*, pp. 198-199.
[38] HEIDEGGER, *Etre et temps, op. cit.*, p. 199.

> règles de la "déduction logique". Ce que le bon sens, s'imaginant satisfaire à ce qui fait la suprême rigueur de la recherche scientifique, souhaite écarter en évitant "le cercle" n'est ni plus ni moins que la structure de fond du souci."[39]

Constatant la puissance de l'argument du cercle – tout en l'apparentant au discours du "bon sens", du "on" – l'auteur choisit de l'assumer jusqu'au bout, plus fort que quiconque, en se tournant radicalement vers "son" centre. Il est vrai que le cercle vicieux est une pure circonférence, il tourne autour, mais n'a pas, à proprement parler, de centre, puisque c'est le mouvement, le "serpent qui se mord la queue". D'où cette position qui, du point de vue où je me place, ressemble à un aveu :

> "Parler du "cercle" de l'entendre, c'est exprimer une double méconnaissance : 1. C'est méconnaître que l'entendre constitue lui-même un genre fondamental de l'être du *Dasein*. 2. C'est méconnaître que cet être se constitue comme souci. Nier le cercle, vouloir le consacrer ou même le surmonter, c'est consacrer définitivement cette méconnaissance. Il faut s'efforcer au contraire de plonger immédiatement au milieu de ce "cercle" dans le but de s'assurer, dès le départ de l'analyse du *Dasein*, la vue complète sur l'être circulaire du *Dasein*."[40]

Pour surmonter le problème, Heidegger inverse donc la démarche : il ne "nie" pas le cercle, mais le relativise, le réduit, le minimise jusqu'à n'en faire qu'un pur reflet. D'abord il l'écrit entre guillemets (puisque vous, les hommes du bon sens, les sophistes, vous voulez parler de cercle, eh bien soit, je reprends votre expression comme une citation sous votre responsabilité !). Ensuite, il montre le centre du cercle, "objet" de l'ontologie fondamentale. Enfin, à partir de la facticité de ce Centre (et seulement à partir de cette reconnaissance), il convient de l'"être circulaire" du *Dasein* – dont il prétend, excusez du peu, avoir "la vue complète", tout en veillant à éviter toute contamination par la "représentation".

Etre et Logos concentriques

Afin de comprendre la "présentification" de l'être dans le *Dasein*, on approfondira les thèmes du *logos*, de l'entente, de la mort et de la temporellité.

Heidegger pense le *Logos* grec comme monstration, rassemblement et pouvoir : "Le *legein* (...) sert de guide pour parvenir aux structures d'être de l'étant se rencontrant là où il s'agit de dire ce qu'il en est et d'en débattre."[41]. En tant que parole, il doit être compris comme ce qui fait

---

[39] HEIDEGGER, *Etre et Temps, op. cit.*, p. 374-375.
[40] HEIDEGGER, *Etre et Temps, op. cit.*, p. 375.
[41] HEIDEGGER, *Etre et Temps, op. cit.*, p. 51.

voir, monstration[42]. Les autres sens (y compris raison, relation, etc., et la possibilité d'être vrai ou faux), n'en sont que dérivés[43]. D'ailleurs, “tout “montrer” est une relation”[44]. Le *Logos* conduit au centre en rassemblant : “L'analyse de l'énoncé a d'autre part une place insigne à l'intérieur de la problématique de l'ontologie fondamentale parce que, dans les commencements décisifs de l'ontologie antique, le λογος a joué le rôle d'unique fil conducteur donnant accès à l'étant véritable et permettant de déterminer l'être de cet étant.”[45]. L'énoncé est, primitivement, monstration, c'est-à-dire “sens originel de λογος comme άποφανσις : laisser voir l'étant à partir de lui-même.”[46].

L'importance essentielle du *Logos* est encore célébrée par référence à Héraclite (fragment 1), qui va permettre le passage d'une définition philosophique du *logos* à la justification d'un *clivage social* autour de l'entente. Heidegger traite du phénomène original de vérité : “Et est-ce un hasard si, dans un des fragments d'Héraclite, *les plus anciens* éléments d'un enseignement philosophique traitant *expressément* du λογος, le phénomène de la vérité se dégage en un sens où perce l'être-dévoilé (non-retrait) ? Au λογος et à celui qui le dit et l'entend sont opposés ceux qui sont dépourvus d'entente. Le λογος (...) dit comment l'étant se comporte.”[47].

A l'image – la sienne – des Grecs toujours, Heidegger comprend la langue comme parole[48], et celle-ci comme soubassement ontologique existential”[49] de celle-là. L'homme est l'étant qui parle, c'est-à-dire dévoile. Heidegger ne dit pas qu'il “faut” écouter “le λογος”, mais développe une thématique de l'entendre – et du silence comme véritable entente : “A la langue parlée appartiennent comme possibilités l'*écoute* et le *silence*.”[50]. Or, ce qui peut être entendu, au plus profond, c'est l'être : “A l'être du *Dasein* appartient l'entente de l'être.”[51].

Comme la disposibilité, de manière originairement conjointe, l'entendre constitue l'être du “là”, jusqu'en ses tréfonds : “Entendre est inséparable de vibrer. Si nous l'interprétons comme existential fondamental <apostille : dans la perspective de l'ontologie fondamentale, c'est-à-dire : en rapport avec la vérité de l'être> il apparaît alors aussitôt que ce phéno-

---

[42] HEIDEGGER, *Etre et Temps, op. cit.*, p. 59.

[43] Cf. HEIDEGGER, *Etre et Temps, op. cit.*, pp. 60-61.

[44] HEIDEGGER, *Etre et Temps, op. cit.*, p. 114.

[45] HEIDEGGER, *Etre et Temps, op. cit.*, p. 200. Sur le rapport à la langue dans *S.u.Z.* et le discours comme articulation du monde, cf. P. VANDEVELDE, *Etre et discours. La question du langage dans l'itinéraire de Heidegger 1927-1938*, Académie royale de Belgique (classe des Lettres), Bruxelles, 1994, pp. 21-101.

[46] *Ibid.*

[47] HEIDEGGER, *Etre et Temps, op. cit.*, pp. 270-271. A propos du fragment 1 d'Héraclite, voir *L'aube de l'Un*, pp. 28-32.

[48] HEIDEGGER, *Etre et temps, op. cit.*, p. 512.

[49] HEIDEGGER, *Etre et Temps, op. cit.*, p. 207.

[50] HEIDEGGER, *Etre et Temps, op. cit.*, p. 208.

[51] HEIDEGGER, *Etre et Temps, op. cit.*, p. 123.

mène se conçoit comme un mode ancré au fond de l'*être* du *Dasein*."[52]. Retour sur le thème au § 44 : "L'être de la vérité entretient une corrélation originale avec le *Dasein*. Et c'est seulement parce que le *Dasein* est comme tel constitué par l'ouverture, c'est-à-dire par l'entendre, que quelque chose de tel que être peut être entendu, que l'entente de l'être est possible."[53].

Mais l'entendre n'a pas seulement à livrer de la vérité/être, il est maître de la projection, et par elle promoteur de puissance et, éventuellement, d'existence forte du *Dasein* : "l'entendre étant en lui-même un pouvoir-être, il a des possibilités qui sont tracées d'avance dans le rayon de ce qui est essentiellement découvrable en lui. L'entendre *peut* s'établir d'abord dans l'ouverture du monde, autrement dit le *Dasein* peut d'abord et le plus souvent s'entendre à partir de son monde. Une autre possibilité cependant est que l'entendre se lance d'emblée dans ce à dessein de quoi il est et le *Dasein* existe alors pour lui-même. L'entendre est soit propre, il a sa source dans le soi-même qui lui appartient, soit impropre."[54]. Nous retrouvons ici la différenciation[55] entre l'existence propre et authentique du "héros" et celle – la plus fréquente – qui reste engluée dans le monde courant, le "on". Le départ s'effectue au niveau de l'entendre, c'est-à-dire sur un mode de "puissance".

Absorption dans le Centre : la marche à la mort

Si l'entendre se met à disposition du Centre-Etre, la mort en permet l'accès non plus comme "monstration" ou *Führung* mais comme récapitulation, totalité – autre nom du rassemblement. Comment, dans *S.u.Z.*, le *Dasein* pousse-t-il à bout la "filière" véritable de l'existence de soi ? C'est en interprétant "le phénomène de la mort comme être vers la fin en partant de la constitution fondamentale du *Dasein*"[56], et seulement ainsi, "que peut s'éclairer en quelle mesure est possible dans le *Dasein* lui-même, selon sa structure d'être, un être-entier constitué par l'être vers la fin."[57].

Comme chez les autres "grands métaphysiciens" l'articulation entre *tout-entier*, *centre* et *fin* est ici patente. La méthode philosophique consiste, une fois de plus, à mettre de l'unité, faire "le plein", constituer un tout. L'être-au-monde comme *a priori* de l'explicitation du *Dasein* est "une structure originale formant un tout indissociable"[58]. Après la description des "modalités" du souci, la question ontologique doit

---

[52] HEIDEGGER, *Etre et Temps, op. cit.*, p. 187.
[53] HEIDEGGER, *Etre et Temps, op. cit.*, p. 281.
[54] HEIDEGGER, *Etre et Temps, op. cit.*, p. 191.
[55] Cf. mon chapitre II, § 1.
[56] HEIDEGGER, *Etre et Temps, op. cit.*, p. 304.
[57] *Ibid.*
[58] HEIDEGGER, *Etre et temps, op. cit.*, p. 71.

"dégager (...) l'unité de cette multiplicité structurale prise en entier. *L'unité originale de la structure du souci réside dans la temporellité.*"[59]. Dès lors que "la mise en relief de l'être vers la mort quotidien invite en même temps à essayer, par une interprétation plus approfondie de l'être vers la mort en déval comme esquive *devant* elle, d'affermir le concept pleinement existential de l'être vers la fin"[60], l'on peut parler directement d'un "concept *pleinement* existential de *mort*"[61]. Cette plénitude, cette fermeté, cette fixité sont données par la liberté envers la mort et la capacité de rendre la mort possible pour soi, en y marchant.

Le Centre non-humain est l'appel de l'intérieur qui serre au cœur le *Dasein*, appel vers le mouvement inverse à celui de l'ek-sistence, appel à un avenir qui se conjugue au passé, appel à la mort comme capacité de récapitulation totale de l'avoir-été de l'existence. Voir spécialement le § 74 sur l'historialité :

> "Nous caractérisons la répétition comme ce mode de la résolution embrassant un parti par lequel le *Dasein* existe pour de bon comme destin. Mais si le destin constitue l'historialité originale du *Dasein*, alors l'histoire n'a son centre essentiel de gravité ni dans le passé ni dans l'aujourd'hui et sa "connexion étroite" avec le passé, mais au contraire dans l'aventure propre de l'existence qui jaillit de l'*avenir* du *Dasein*."[62]

Ici, guère plus de cercle vicieux, mais un centre nerveux, un point de fécondité, une source originaire-finale.

Plutôt qu'une intention pure ou la gestation d'un futur inédit, cette aventure propre est et ne peut être qu'une marche à la mort enracinée dans la tradition et le retour : "*Le propre être vers la mort, c'est-à-dire la finitude de la temporellité, est la raison secrète de l'historialité du Dasein.* (...). Grâce aux phénomènes enracinés dans l'avenir que sont la tradition et la répétition, il est apparu clairement pourquoi l'avenir de l'histoire propre est centrée sur l'être-été."[63]. La façon de se tourner vers la mort et celle de se tourner vers l'être en viennent à se superposer, s'équivaloir.

Pour concevoir le caractère pleinement existential de la mort (et pour d'autres raisons aussi), Heidegger devait nécessairement s'appuyer sur son "impensé" – le désir obscur et puissant d'une ontologie fondamentale comme quête et restauration d'un-centre plus fort, plus ferme, plus englobant que ce qui avait été conçu jusqu'à lui. Si cette lecture est exacte, si la quête d'un centre *plus central que jamais* est le vrai sens de la révolution heideggerienne, alors certains passages de *S.u.Z.* s'éclairent d'une

---

[59] HEIDEGGER, *Etre et Temps, op. cit.*, p. 387.
[60] HEIDEGGER, *Etre et Temps, op. cit.*, p. 309.
[61] HEIDEGGER, *Etre et Temps, op. cit.*, p. 310. Souligné par moi.
[62] HEIDEGGER, *Etre et Temps, op. cit.*, p. 450.
[63] HEIDEGGER, *Etre et Temps, op. cit.*, p. 451.

lumière neuve. D'abord tout simplement la définition de la philosophie : "La philosophie est l'ontologie phénoménologique universelle issue de l'herméneutique du *Dasein* qui, en tant qu'analytique de l'*existence*, a fixé comme terme à la démarche de tout questionnement philosophique le point d'où *jaillit* et celui auquel il *remonte*."[64]. Mais aussi le début de la deuxième section *Dasein et temporellité*. Vu du *Dasein*, l'autre nom du centre-cercle est le souci, dont on perçoit à la fois l'abîme et le caractère total : "Qu'est-ce qui a été obtenu grâce à l'analyse préparatoire du *Dasein* et qu'est-ce qui est recherché ? *Est trouvée* la constitution fondamentale de l'étant que nous avons pris pour thème, l'être-au-monde dont les structures essentielles se centrent sur l'ouvertude. L'entièreté de ce tout structuré s'est révélée comme souci."[65].

Le Temps, autre nom du Centre à l'œuvre

Déjà *Le concept de temps* (1924) déplace la question : de deux cercles connus, acquis de tradition, (l'éternité du théologien, l'horloge du scientifique) vers une structure de compréhension originale – circulaire aussi (le temps est l'être-là, l'être-là est le temps[66]) et annonciatrice de *S.u.Z.* à la fois quant à l'être ("L'être *(das Sein)* est toujours en un mode de son être temporel possible."[67]) et quant à l'accessibilité à l'histoire.

La temporellité nouvelle est un autre nom du centre-être comme jaillissement historial : observons le clivage entre les deux conceptions du temps, développé à la fin de *S.u.Z.* Dans l'entente courante ou traditionnelle, le temps passe, on se détourne de la finitude, le phénomène fondamental est plutôt pensé comme maintenant/présent et donc succession quantitative ; en revanche, "la temporellité horizontale ekstatique se tempore *en priorité* à partir de l'*avenir*"[68], elle va vers la mort, et donc le temps arrive.

Heidegger range Bergson, Hegel et même Aristote dans la conception traditionnelle, et montre comment celui-ci a inspiré ceux-là ; en particulier, "Aristote associe, conformément à la tradition, χρονος à la σφαῖρα, Hegel souligne le "cours circulaire" du temps."[69]. Cette circularité n'est pas éloignée du cercle vicieux superficiel du raisonnement de l'entendement courant. Là encore, Heidegger plonge *au cœur* du cercle à la rencontre de l'avenir, la mort : mais cette plongée est en même temps

---

[64] HEIDEGGER, *Etre et Temps, op. cit.*, p. 66.
[65] HEIDEGGER, *Etre et Temps, op. cit.*, p. 283.
[66] HEIDEGGER, "Le concept de temps", dans *Heidegger*, L'Herne, *op. cit.*, p. 51.
[67] *Ibid.*
[68] HEIDEGGER, *Etre et Temps, op. cit.*, p. 494.
[69] HEIDEGGER, *Etre et Temps, op. cit.*, p. 500. Sur ces questions, cf. aussi BIRAULT, *op. cit.*, pp. 14-43 et 532-557.

un mouvement vers la source qui jette dans l'ek-sistence, qui a dé-porté le *Dasein* là où il est confronté au souci et à l'entendement courant.

L'auto-assomption, par le *Dasein*, de sa finitude comme être-pour-la-mort, ne consiste pas à se tenir sur le cycle du temps qui fuit inexorablement, mais à se jeter vers/dans le "centre du temps", la temporellité authentique. Ce faisant – même si la représentation atteint ici ses limites – on pourrait dire qu'il brise la linéarité-circularité du temps (courant) pour comprendre le surgissement même du temps – l'être de l'étant. Ce point n'est certes pas dans la "sphère intérieure" du sujet[70] (le *Dasein* n'étant pas à confondre avec le "sujet" : sa marche à la mort pulvérise justement toute prétention de subjectivité) mais en l'être même, d'où procède l'ek-sistence.

Or – *Kant et le problème de la métaphysique* le prouve si besoin en était – c'est bien le temps (nouvelle conception – la seule "vraie") qui est au/le centre. Et par là, *S.u.Z.* s'en trouve, une fois de plus, éclairé :

> "Notre interprétation va montrer comment le temps, à mesure que se développent les diverses étapes de l'instauration du fondement de la métaphysique, se place *de plus en plus au centre du problème* et arrive ainsi seulement à dévoiler sa propre essence de manière plus originelle que ne le manifeste sa description provisoire dans l'Esthétique transcendentale."[71]

Un "rôle ontologique central" est donc bien attribué au temps *comme intuition pure*[72] dans la *Critique*, bien que Kant restât étranger à la question de savoir "à quelle discipline transcendentale incombe (...) la discussion du problème central de la possibilité de l'ontologie"[73].

La pure intuition atteint "la totalité unique, laquelle rend possible la coordination selon le haut, le bas et la profondeur"[74]. La fonction synthétique (intuition-entendement) signifie pour Kant, "la totalité originelle et riche en contenu d'une activité complexe qui, à la fois comme intuition et comme pensée, unifie et instaure l'unité."[75]. La possibilité intrinsèque de la transcendance peut être prouvée selon deux voies (de l'entendement à l'intuition, et de l'intuition vers l'entendement pur) : "L'important ici n'est pas de relier en les juxtaposant deux facultés, mais de dévoiler structurellement leur unité essentielle. Le moment décisif sera celui qui permettra leur imbrication. Nous devons donc, dans chacune de ces deux voies, atteindre ce moment central et unificateur et le mettre au jour en tant que tel."[76].

---

[70] HEIDEGGER, *Etre et Temps, op. cit.*, p. 95.
[71] HEIDEGGER, *Kant et le problème..., op. cit.*, p. 108. Souligné par moi.
[72] Cf. HEIDEGGER, *Kant et le problème..., op. cit.*, p. 109.
[73] HEIDEGGER, *Kant et le problème..., op. cit.*, p. 125.
[74] HEIDEGGER, *Kant et le problème..., op. cit.*, p. 106.
[75] HEIDEGGER, *Kant et le problème..., op. cit.*, p. 123.
[76] HEIDEGGER, *Kant et le problème..., op. cit.*, p. 136.

Dans la première voie, l'aperception transcendentale propose une unité qui n'a pas encore le caractère ontique mais comporte une tendance essentielle à l'unification :

> "Kant hésite ici, de façon caractéristique, à déterminer avec précision les relations structurelles <qui relient> l'unité à la synthèse unifiante. En tout état de cause, celle-ci est nécessairement et essentiellement liée à celle-là. L'unité est par nature unifiante. Cela veut dire : la représentation de l'unité se parfait dans un acte d'unification qui, pour réaliser sa pleine structure, exige une anticipation d'unité. Kant ne craint pas d'affirmer que l'aperception transcendentale "présuppose" la synthèse."[77]

Or, cette anticipation unificatrice est le temps : "l'intuition universelle pure qui est *a priori*, réceptrice et productrice, est le temps"[78]. Comme l'explicitent De Waelhens et Biemel, "l'intuition universelle, le temps, est "synoptique", unification de la pluralité dans l'unité ; les concepts purs, en tant que réfléchissants, sont (...) les modes *a priori* d'unification de tous les contenus empiriques possibles."[79].

En d'autres termes, le mouvement qui permet la connaissance est, non de dissémination, mais d'unification, laquelle est *in fine* produite par un repère central appelé "temps" ; l'ontologie fondamentale (et davantage encore son "dépassement") consiste à l'identifier, en utilisant précisément une méthode unificatrice. La connaissance pure, dont l'unité essentielle est dévoilée par la déduction transcendentale, doit être appelée ontologique[80]. Mais la forme supérieure de la connaissance n'est pas l'entendement pur ; lui-même "doit se fonder sur une intuition pure qui le soutient et le *guide.*"[81].

L'intuition pure pourrait-elle se trouver dans le "moi" ? Seulement dans la mesure où il a les mêmes caractères que le temps, à savoir la *fixité* et l'*immuabilité*, caractères bien connus du Centre-Cercle : "le moi ne peut former un horizon d'identité que pour autant que, comme moi, il se propose d'emblée la permanence et l'immuabilité en général"[82]. C'est également le temps qui "donne la *vue* pure de la permanence en général"[83] et "présente la subsistance dans l'intuition pure"[84] ; il préforme la

---

[77] HEIDEGGER, *Kant et le problème..., op. cit.*, p. 138.

[78] HEIDEGGER, *Kant et le problème..., op. cit.*, p. 139.

[79] HEIDEGGER, *Kant et le problème..., op. cit.*, pp. 24-25.

[80] Cf. HEIDEGGER, *Kant et le problème..., op. cit.*, p. 142.

[81] HEIDEGGER, *Kant et le problème..., op. cit.*, p. 148. Souligné par moi. Les expressions "rôle de guide", "servir de guide" etc. se retrouvent aussi dans *Qu'est-ce que la métaphysique ?* à propos de la science et de son mouvement propre d'approche du monde. (Cf. HEIDEGGER, *Questions I, op. cit.*, pp. 49-50).

[82] HEIDEGGER, *Kant et le problème..., op. cit.*, p. 248.

[83] HEIDEGGER, *Kant et le problème..., op. cit.*, p. 165.

[84] *Ibid.*

vue de la succession[85]. Il est ainsi une origine qui porte et qui ramène, un point irradiant et une cible à la fois : "il est justement ce qui forme <la visée> qui, partant de soi, se dirige vers... <*so etwas wie das "Von-sich-aus-hin-zu-auf...*">, de telle manière que le but ainsi constitué jaillit et reflue sur cette visée."[86].

Plus centrée que la Raison : l'imagination transcendentale

Comment appréhender l'intuition pure, lieu du temps ? Non par l'action, mais par la réception, la disponibilité, l'ouverture : "intuitionner signifie : recevoir ce qui s'offre"[87]. Le *Dasein*-qui-connaît-vraiment se laisse "envahir", investir. Mais l'intuition-temps n'est-elle pas trop fugace, trop peu preignante pour cet envahissement ? Une saisie plus originelle encore n'est-elle pas possible ?

La troisième section, *L'instauration du fondement de la métaphysique en son authenticité*, va poser "l'imagination transcendentale comme centre de constitution de la connaissance ontologique"[88]. En s'appuyant aussi sur l'*Anthropologie* de Kant, qui définit l'imagination comme "une faculté d'intuitionner même sans la présence de l'objet"[89], Heidegger écrit que "l'imagination transcendentale est donc le fondement sur lequel se construisent la possibilité intrinsèque de la connaissance ontologique et du même coup celle de la *metaphysica generalis*"[90]. Non seulement elle est "une faculté intermédiaire entre l'intuition et la pensée pures, mais elle est, avec celles-ci, une faculté fondamentale en tant qu'elle rend possible l'unité originelle de l'une et de l'autre et, par là, l'unité essentielle de la transcendance en sa totalité."[91].

Kant aurait toutefois reculé devant l'abîme qu'eût signifié une imagination transcendentale se substituant à la raison pure[92] et qui serait la racine des deux souches – sensibilité et entendement – non "une faculté parmi les autres, mais leur *élément central médiatisant*"[93] ; elle est "non seulement un élément central et originellement unificateur, mais encore la racine des deux souches"[94]. Mais que "devient" alors le temps, identifié plus haut à l'intuition pure ? Heidegger évoque un *temps* plus fondamental : "le temps *originel* rend possible l'imagination transcendentale qui, en

---

[85] Cf. HEIDEGGER, *Kant et le problème..., op. cit.*, p. 244.
[86] *Ibid.*
[87] HEIDEGGER, *Kant et le problème..., op. cit.*, p. 229. Cf. aussi p. 177.
[88] HEIDEGGER, *Kant et le problème..., op. cit.*, p. 185.
[89] Cité par Heidegger, dans *Kant et le problème..., op. cit.*, p. 187.
[90] HEIDEGGER, *Kant et le problème..., op. cit.*, p. 186.
[91] HEIDEGGER, *Kant et le problème..., op. cit.*, p. 193.
[92] HEIDEGGER, *Kant et le problème..., op. cit.*, p. 223.
[93] HEIDEGGER, *Kant et le problème..., op. cit.*, p. 233. Souligné par moi.
[94] HEIDEGGER, *Kant et le problème..., op. cit.*, p. 250.

elle-même, est essentiellement réceptivité spontanée et spontanéité réceptive."[95].

La "métaphysique" nouvelle s'éloigne donc de la raison (pure) ; pensée comme intuition, imagination, temps, elle se met à brûler de l'intérieur – mais d'un feu pur, et qui vient, dévorant, de très loin. Ainsi s'explique ce commentaire de l'*Analytique* dans la *Critique de la Raison pure* : "Cette analytique contient donc le projet anticipatif de l'essence intérieure totale de la raison pure et finie. (...). En comprenant de la sorte ce projet anticipatif de la totalité qui rend possible une ontologie en son essence, on retrouve la métaphysique sur un terrain où elle est enracinée comme une "passion" <*Heimsuchung*> de la nature humaine."[96].

Le passage (recul de l'imagination en faveur de la raison – la déviance) s'effectuerait de la première à la seconde édition de la *Critique de la Raison pure :* "au cours de l'instauration transcendentale subjective, la seconde édition se décida pour l'entendement pur et contre l'imagination afin de sauver la suprématie de la raison."[97]. Ce passage sera rappelé dans le cours sur la *Phénoménologie de l'Esprit*, ce rappel étant l'amorce d'une explicitation du dépassement effectué par Hegel, qui a recueilli "l'idée kantienne de la connexion entre jugements et catégories"[98]. Pour le Kant de la deuxième édition de la *Critique*, l'entendement l'emporte : "Pour Hegel, au contraire, c'est la tâche de l'interprétation spéculative de la conscience que de développer l'essence de la choséité *à partir du* ceci et la choséité de la perception, de son côté, *en* objet de l'entendement, c'est-à-dire de l'entendement qui pense la chose comme substance, causalité et action réciproque, bref comme rapport. Le titre du *rapport* est l'expression '*force*'"[99].

L'Esprit en force

Le phénomène, au sens hégélien, et non plus kantien, donne à penser *du centre :* "Le phénomène comme con-cluant est ainsi la pièce médiane et centrale, la clé (...) de l'entendement comme mode du *savoir*"[100]. Hegel tient bien le phénomène au "milieu" du raisonnement. C'est à travers ou grâce à ce caractère de "milieu" du phénomène, que l'on peut "comprendre" qu'il y a le savoir absolu lui-même, qui seul connaît les choses en soi. Semblablement, la conscience de soi est milieu entre conscience et raison (esprit) : "La conscience de soi est le *milieu* moyennant lequel l'esprit est

---

[95] HEIDEGGER, *Kant et le problème..., op. cit.*, p. 251.
[96] HEIDEGGER, *Kant et le problème..., op. cit.*, p. 102.
[97] HEIDEGGER, *Kant et le problème..., op. cit.*, p. 225.
[98] HEIDEGGER, *La "Phénoménologie de l'Esprit" de Hegel, op. cit.*, p. 167.
[99] HEIDEGGER, *La "Phénoménologie...", op. cit.*, p. 168.
[100] HEIDEGGER, *La "Phénoménologie...", op. cit.*, p. 173.

trouvé (...) dans l'histoire des expériences que le savoir fait avec lui-même."[101].

La force, un "inconditionnellement universel"[102], est bien ce qui médiatise en permanence, maintenant rigoureusement les membres du rapport : "La force, telle est l'essence de la chose"[103]. Mais ce qui déploie sa force, c'est le centre : le milieu est vrai, les extrêmes, là où se produit la déperdition de force, touchent au non-vrai : "c'est le milieu qui tient ensemble les extrêmes dans leur comportement l'un vis-à-vis de l'autre – le *rapport*."[104].

Il y a certes chez Kant des catégories qu'il appelle "dynamiques", mais dans la *Phénoménologie de l'Esprit*, le problème, "pour la première fois" est "saisi à fond et pénétré par la spéculation"[105]. Hegel réalise donc les conditions d'une interrogation vraiment effective de l'être dans la mesure où il pense l'entendement comme unité unifiante et déployante, et interroge l'essence du jugement selon la pensée grecque[106]. Pourtant, Hegel, lui aussi s'écarta du chemin authentique qui mène au centre : de même que Heidegger avait repéré dans la première édition de la *Critique* une fulgurante intuition – une béance vite refermée – de même, il saisit chez Hegel un moment où tout était encore possible ; ce moment se situe, dans la *Phénoménologie*, avant que l'entendement et la force ne soient récupérés en raison. D'où l'isolement de la *Phénoménologie* au sein de toute la philosophie hégélienne[107].

Ce que l'imagination transcendentale était à Kant, l'expérience-esprit l'est à Hegel, au moins dans la lecture heideggerienne. Qu'est-ce que l'esprit ? C'est l'absolu, dit Hegel dans l'*Encyclopédie*, cité par Heidegger. Ils le pensent l'un et l'autre comme "tendance absolue de toute culture et de toute philosophie ; c'est vers ce point que toute religion et toute science s'est pressée ; c'est à partir de cet élan seulement que l'on peut comprendre l'histoire du monde"[108]. La recherche heideggerienne sur les titres des œuvres de Hegel met en évidence que l'expérience de l'esprit est la vraie science et se révèle historialement possible[109]. La sensibilité est comprise chez Hegel dans et à partir de l'esprit[110]. On verra plus loin[111] que dans l'expérience, Hegel désigne rien moins que l'être de l'étant.

---

[101] HEIDEGGER, *La "Phénoménologie..."*, *op. cit.*, p. 201.
[102] HEIDEGGER, *La "Phénoménologie..."*, *op. cit.*, p. 163.
[103] *Ibid.*
[104] HEIDEGGER, *La "Phénoménologie..."*, *op. cit.*, p. 182.
[105] HEIDEGGER, *La "Phénoménologie..."*, *op. cit.*, p. 164.
[106] Cf. HEIDEGGER, *La "Phénoménologie..."*, *op. cit.*, p. 167.
[107] Cf. HEIDEGGER, *La "Phénoménologie..."*, *op. cit.*, p. 38.
[108] Cité par Heidegger, dans *La "Phénoménologie..."*, *op. cit.*, p. 60.
[109] Cf. HEIDEGGER, *La "Phénoménologie..."*, *op. cit.*, pp. 60-61.
[110] Cf. HEIDEGGER, *La "Phénoménologie..."*, *op. cit.*, p. 99.
[111] Cf. *infra* mon § 3.

Mais l'utilisation du mot *Esprit (Geist)* dans le *Discours de Rectorat* est si décisive qu'il paraît indispensable de tenir compte de la rencontre de Heidegger, deux ans plus tôt, avec l'Esprit au sens hégélien, sens qui ne sera pas renié. D'où l'importance de la citation qui va suivre, "une des phrases grandioses de Hegel, où la langue et l'esprit sous son empreinte philosophique ne font plus qu'un"[112], et qui est extraite de l'introduction de la *Phénoménologie de l'Esprit* :

> "En se poussant vers son existence vraie, <la conscience> atteindra un point où elle *se libérera* de son apparence d'être entachée de quelque chose *d'étranger* qui est seulement pour elle et comme un autre ; elle atteindra ainsi le *point* où l'apparition devient égale à l'essence, où, en conséquence, sa présentation *coïncide* précisément avec ce *point* de la *science authentique* de l'esprit, et où, finalement, quand la conscience *saisira* elle-même cette sienne essence, elle désignera la nature du savoir absolu lui-même."[113]

Ce point est tout sauf un parmi d'autres ; c'est le point éminent entre tous, le foyer, le soleil, l'*alpha-omega* de la philosophie ; ce point central de la coïncidence parfaite à soi est celui de l'authenticité dans le savoir. L'élément de l'esprit est comme un cercle-sphère ; "la première présentation a pour tâche interne de se préparer l'élément, l'"éther" où le savoir absolu respire comme tel"[114]. Mais cet élément approprié est décrit selon de fortes connotations politiques, d'abord dans la citation de Hegel – "L'esprit qui se sait ainsi développé comme esprit est la *science*. Elle est son effectivité et le royaume qu'il édifie dans son élément propre"[115] – ensuite, davantage encore, dans le commentaire de Heidegger : "La première partie du système a ainsi pour tâche interne de porter le savoir comme absolu à lui-même, de le porter sciemment à son *règne* (élément, éther), au règne dans lequel il doit – ce sera la deuxième partie – déployer effectivement sa *souveraineté*."[116].

La marque de cette période est que l'Etre peut/a pu/pourra être dévoilé[117] et qu'une expérience de cette "révélation" devient possible historialement. Au lieu de ne voir *que* dans *Etre et Temps* les germes des discours de 1933, comme on a généralement tendance à le faire[118], il y a lieu de considérer que les thématiques de *S.u.Z., Kant et le problème de la métaphyique, Was ist Metaphysik ?* et le cours sur Hegel ont des effets

---

[112] HEIDEGGER, *La "Phénoménologie... ", op. cit.*, p. 62.

[113] Cité par Heidegger dans *La "Phénoménologie... ", op. cit.*, p. 62. Souligné par moi.

[114] *Ibid.*

[115] HEIDEGGER, *La "Phénoménologie... ", op. cit.*, pp. 62-63.

[116] HEIDEGGER, *La "Phénoménologie... ", op. cit.*, p. 63. Souligné par moi.

[117] Cf. aussi *Vom Wesen des Grundes* et mon chapitre II, § 1.

[118] Y compris un philosophe aussi averti que Derrida qui, dans *De l'esprit*, passe sans transition de *Sein und Zeit* au *Discours de Rectorat*. Mon sentiment est que l'esprit (dans tous les sens du mot) de ce discours doit beaucoup à la lecture de Hegel.

d'intelligence *cumulatifs* qui préparent la parousie de l'Etre-Esprit au cours de la période du rectorat.

Ces ingrédients des discours "politiques" sont tous déjà là[119] : non seulement dans la pensée propre de l'œuvre capitale, mais aussi et surtout dans l'interprétation des deux grands philosophes allemands : l'être-là, l'être-en-commun, l'historialité, la marche à la mort, la puissance, l'authenticité, la "science", l'imagination transcendentale, l'expérience, l'esprit, le règne... Tous ces thèmes "tournent autour", effectivement de (la question de) l'Etre attendu et entendu, plus que jamais, comme Un-Centre. Il est postulé, plus profondément que jamais ; il vient en force, comme jamais.

§ 2. Le Centre surgi (période du rectorat)

Jusqu'ici la tendance dominante de l'exégèse a été de considérer que la période de 1933-34, tout entière absorbée par le "militantisme" politique et les tâches rectorales n'aurait donné lieu à aucun texte philosophiquement significatif ou recevable de ce point de vue. Certains ont même fait comme si le Heidegger "politique" – l'égaré de quelques mois – était "un autre" par rapport au Heidegger "penseur" – celui-là même qui fait œuvre : la meilleure preuve n'en serait-elle pas que, si le premier assène et enjoint, le second interroge dans la patience ? Et même au cours de la période considérée, le contraste des titres (et donc des projets), entre l'*Affirmation* (de l'université) et la *Question fondamentale* (de la philosophie), n'est-il pas éloquent ? La méditation sur l'Etre a-t-elle fait le moindre progrès pendant ces mois d'autoritarisme vulgaire ? Bref, un *remake* de Dr Jekyll et Mr Hyde dans le champ philosophique !

L'approche ontologico-politique et le repérage méthodique des textes par période permettent au contraire d'avancer que 1933 constitue un *sommet*, y compris du strict point de vue philosophique (pour autant que celui-ci soit encore possible). Ce ne sont pas seulement quelques convictions politiques plus ou moins déterminées qui se réalisent historiquement. C'est le moment inoubliable, inouï, indicible de l'Etre dans l'apparaître, l'avènement de l'Esprit en peuple, de l'étant en sa totalité, l'orgasme de l'ontologie. Que l'Etre "soit venu" un jour, tel un messie, paraît, à tout philosophe, une incongruité : réduit à l'étant, mis à portée de la main, *a fortiori* "personnalisé" – l'être n'est plus l'Etre.

---

[119] Ce dont convient Janicaud : "A titre de jalon plus que de conclusion, écrit-il, il ne saurait être question de nier que l'ontologie fondamentale soit *impliquée* dans un imbroglio politique : celui-ci se narre en grande partie au niveau philosophique. L'engagement de 1933 est bien une erreur, mais il ne se réduit pas à cela : il est aussi un symptôme ; on ne peut en comprendre la genèse que par rapport à la pensée qui littéralement s'y *expose*." (JANICAUD, *L'ombre ...*, *op. cit.*, p. 73).

Pourtant, que le *Dasein* fasse *l'expérience* de l'Etre, voilà qui, après ce qui a été examiné, semble déjà moins saugrenu. Que cette expérience s'effectue dans un peuple, dans un milieu ambiant, dans une chimie spirituelle, dans des conditions politiques... c'est peut-être surprenant, et même suspect par rapport à l'*universalité* de la question de l'Etre (qui paraît aller de soi). Or, c'est précisément ce que le penseur de Fribourg nous annonce.

Considérons le sens du "questionnement fondamental" dans la rhétorique heideggerienne. L'interrogation, par les Grecs, de l'étant en totalité, s'accompagne de sa *saisie* (*befragt und begreift*) dit le *Discours de Rectorat*[120]. Elle est "la plus haute modalité – de l'*énergeia*, de l'être-au-travail de l'homme. Il ne s'agissait pas pour eux d'assimiler la praxis à la théorie, mais au contraire de comprendre la théorie elle-même comme la plus haute réalisation de la praxis authentique. Pour les Grecs la science n'est pas un "bien culturel", mais le centre le plus intimement déterminant de l'ensemble de l'existence populaire au sein de l'Etat."[121]. Cette conception est donc assez éloignée de celle que nous nous faisons d'emblée et couramment de l'interrogation : attitude de recherche spéculative, doute au lieu d'affirmation, scepticisme décapant, fonction critique, etc.

Au contraire, l'interrogation, au sens heideggerien, est un exercice pratico-politique consistant à se rapprocher du Centre-Etre, à y puiser énergie, fermeté, force initiale. On comprend qu'elle soit souvent connotée de termes virils : saisie, mais aussi "tenir bon en questionnant" (*fragende Standhalten*)[122], "questionner déploie alors sa puissance la plus propre, celle d'ouvrir l'essentiel de toute chose"[123], "une telle façon de questionner fait voler en éclats..."[124], on questionne alors "à découvert" et "au milieu"[125]. Le questionnement se produit dans la science originelle grecque qui est "quelque chose de grand"[126] et se situe au commencement qui "se dresse *devant* nous"[127]. Platon n'avait-il pas écrit dans la *République* (sic) : "Tout ce qui est grand se dresse dans la tempête..."[128] ?

---

[120] HEIDEGGER, *L'auto-affirmation...*, *op. cit.*, p. 8.

[121] HEIDEGGER, *L'auto-affirmation...*, *op. cit.*, p. 10.

[122] *Ibid.* La même expression est reprise p. 13.

[123] HEIDEGGER, *L'auto-affirmation...*, *op. cit.*, p. 12.

[124] *Ibid*

[125] HEIDEGGER, *L'auto-affirmation...*, *op. cit.*, pp. 13 et 18.

[126] HEIDEGGER, *L'auto-affirmation...*, *op. cit.*, p. 11.

[127] *Ibid.*

[128] HEIDEGGER, *L'auto-affirmation...*, *op. cit.*, pp. 13 et 18. Sur la falsification partielle du texte platonicien (επισφαλα traduit par *in Sturm*) et l'allusion possible à *Sturmabteilung* (SA), cf. WOLIN, *op. cit.*, p. 144. Faye n'hésite pas à traduire "Toute grandeur est dans l'assaut" (*op. cit.*, p. 77). Fédier propose : "Tout ce qui est grand s'expose à la tempête", non sans une longue argumentation, insistant sur les menaces qui guettent inévitablement ce(lui)

Le corps enseignant doit tenir bon là d'où "provient pour lui une interrogation en commun et un dire accordé au ton de la communauté"[129] car "alors il sera fort pour sa fonction de guide"[130]. Le questionnement fondamental, essentiel, simple est *la source et la condition même de l'affirmation et non son contraire* : c'est de cette "saisie" que maîtres et élèves tirent leur pouvoir et leur insertion dans l'intimité du peuple-Etat[131].

Le cours de l'été 1933 *La question fondamentale de la philosophie*, porte bien son nom ; il ne contraste pas avec *l'Auto-affirmation...*, il la prolonge plus vigoureusement et s'apparente, dans le contexte d'alors, à un exercice d'endoctrinement. Questionner fondamentalement dégage plus de force qu'affirmer.

Cette arrivée-retour de l'Etre à travers son questionnement est sans doute encore plus explicite dans le discours de Leipzig :

> "Nous nous sommes délivrés de l'idolâtrie d'une pensée sans fonds ni autorité. Nous voyons la fin de la philosophie mise à son service. Nous voici certains de ceci : la lucidité tranchante, la sûreté du questionnement simple et sans aucune complaisance en quête de l'essence de l'Etre sont de retour. Le courage originel de croître ou de périr dans l'affrontement avec l'étant, ce courage est le mobile le plus intime du questionnement d'une science liée au peuple."[132]

Mais s'éclairent aussi *tous* les passages de l'œuvre évoquant ce questionnement fondamental, et singulièrement la parenté qui est essentiellement établie avec l'authenticité, la racine, l'imagination transcendentale (Kant), l'expérience (Hegel), la sauvageté naturelle, le sacré, la voix du peuple (Hölderlin) etc. On peut relire Heidegger en gardant à l'esprit le sens du "questionner" comme "s'ancrer au Centre et y puiser la puissance" et comprendre intimement pourquoi ce questionnement n'est plus l'exercice de la raison, ni même bientôt de la philosophie, mais l'appel à une Force originelle obscure, dont les écrits de l'ontologie fondamentale n'auront été que le reflet annonciateur et qui devrait tenir la Cité et la Science dans ses rêts.

La position rectorale – et rectrice – du philosophe n'a pas "rien à voir" avec cette aperception du surgissement du Centre en question et le triomphalisme viril qui l'accompagne. C'est *devenu recteur*, que Heidegger célèbre l'éminence de la saisie grecque de l'étant, en même temps qu'il laisse entendre que le conditions sont à présent réunies, pour que les Alle-

---

qui a franchi le point de non-retour de la grandeur (cf. HEIDEGGER, *Ecrits politiques*, *op. cit.*, pp. 110 et 292-293).

[129] HEIDEGGER, *L'auto-affirmation...*, *op. cit.*, p. 14.

[130] *Ibid.*

[131] Cf. HEIDEGGER, *L'auto-affirmation...*, *op. cit.*, p. 19.

[132] Cité par OTT, *op. cit.*, p. 210. Pour la version Fédier, cf. HEIDEGGER, *Ecrits politiques*, *op. cit.*, p. 123.

mands effectuent une expérience semblable. Quand le peuple historial se trouve dans son Etat, il est en mesure d'éprouver l'interrogation fondamentale : "La problématicité de l'être en général est ce qui arrache au peuple travail et combat, comme elle est ce qui le contraint à l'Etat – son Etat – dont les métiers relèvent. Les trois liens – liens *par* le peuple *au* destin de l'Etat *dans* une mission spirituelle – sont pour l'essence allemande *également* originels."[133].

Le "rôle" de l'Etre dans l'Etat est ainsi clarifié : c'est parce qu'il y a de l'Etre que l'homme est incliné et contraint au Peuple et à l'Etat, et qu'il ne saurait d'ailleurs exister historialement et authentiquement que dans un Etat. Or, la réalité de l'Etat (allemand) est le Führer, on l'a bien vu, en tant que puissance récapitulatrice étendant son règne. Au plus fulgure l'Etre-Centre, au plus le Peuple-Etat est total (circulairement), et réciproquement. C'est donc l'Etre lui-même comme centre irradiant qui s'en trouve dé-voilé – cette fois ça y est – parce que les conditions de possibilités sont réunies, le contexte propre à ce dévoilement est enfin là.

La réalité-allemande "en Führer" réalise l'interrogation de/vers l'Etre. L'expérience de l'Etre-Esprit n'a donc rien d'universel, elle n'est pas à la portée de tout homme vivant sur cette planète. Elle est au contraire "nationale-historiale". Elle n'eut pas lieu plus de deux fois dans toute l'histoire de l'humanité !

Datation de l'expérience de saisie

C'est une sorte de "génétique" de la question de l'être qui est développée au cours de cette période du Centre surgi (rectorat), en distinguant deux peuples, le grec et l'allemand, jugés à la hauteur de cette préoccupation. On mesure mieux aujourd'hui, avec le recul de l'histoire et de l'œuvre, ce qu'impliquait cette parole. Chez le Heidegger de cette période, le nouvel élan du peuple allemand se profile comme une réédition de ce qui permit le questionnement grec et la saisie de l'étant. Deux peuples sont donc "élus", le grec et l'allemand, dont les caractères ethniques et les langues ont une origine commune (la racine des "deux souches"). Ce début "philosophique" avait les traits suivants :

- un peuple se mit en marche ;
- il créa une nouvelle forme d'existence historique ;
- les grands poètes et penseurs sont le "moyen" ou l'expression de cette création ;
- c'est un commandement qui perdure.

Lisons bien ces notes du cours de l'été 1933 :

---

133 HEIDEGGER, *L'auto-affirmation...*, *op. cit.*, p. 17.

> "Quand et où s'est décidé ce qui est la question fondamentale de la philosophie et, par là, ce qui est son essence propre ? Ce fut quand le peuple grec (...) se mit en marche pour créer à travers ses grands poètes et penseurs, une nouvelle forme, unique, d'existence historique de l'homme. Ce qui commença alors, perdure. Simplement, jusqu'ici cet engagement ne fut pas tenu. Ce début *est* toujours et il n'a en rien perdu du fait que les époques ultérieures ne se montrèrent pas à la hauteur de ce début. Ce début de l'existence spirituelle historique de l'homme occidental existe toujours, il perdure tel un commandement venu de fort loin et qui anticipe puissamment sur notre destin d'homme occidental, tel un commandement auquel est lié, nous le savons, le destin allemand."[134]

Le lien est donc effectué entre le questionnement fondamental et l'identité allemande en surgissement. Par rapport à *Sein und Zeit*, ce n'est plus le *Dasein* "individuel" qui peut, en se démarquant du "on" et assumant la mort, se trouver authentiquement dans la temporellité. C'est une collectivité rompant avec l'expérience courante et aidée par les poètes et penseurs, qui décide puissamment de la question de l'Etre. En ce sens, celle-ci, déjà historiale, devient, en outre, nationale, et le *Dasein* authentique s'efface devant le *Volk* authentique, celui-ci devant être "en marche" ou "en combat". Cela ne signifie pas seulement que l'interrogation philosophique ne soit pas neutre politiquement ; cela veut dire aussi que, chez Heidegger au moins, l'expression "philosophie politique", pour n'être jamais utilisée, est plus réelle et dominante qu'ailleurs – parce qu'elle s'avère aussi plus pléonastique que jamais.

Le moment où le peuple allemand, à son tour, a pu formuler la question fondamentale, le Recteur le situe très précisément dans le temps historique (au sens courant) ; en commentant le fragment 53 d'Héraclite sur la guerre, père de tous, il dit :

> "C'est pourquoi quand Héraclite disait que le combat est père de toutes choses, il parlait de celui-ci non seulement en tant qu'origine mais encore en tant qu'autorité – Pensée grecque originaire ! (...). Pour comprendre réellement ces phrases il faut une conscience de l'existence de l'Homme et du peuple différente de celle que nous avions jusqu'à l'année dernière."[135]

Ce qui s'appelle prendre date. L'avènement du nazisme en Allemagne se présente donc bien, aux yeux du Heidegger de 1933, un événement philosophique : cette expérience historialise au plus haut point, dans une collectivité, ce qui avait été exprimé dans un grand livre, à partir d'un examen phénoménologique de la situation existentiale du *Dasein*. Cinq ans

---

[134] HEIDEGGER, *La question fondamentale de la philosophie*, *op. cit.* (cité par FARIAS, *op. cit.*, pp. 146-147 ; voir à ce sujet mes observations *supra*, chapitre II, § 2).

[135] HEIDEGGER, *La question fondamentale*..., *op. cit.* (cité par FARIAS, *op. cit.*, p. 148). A propos du fragment 53 de Héraclite, voir aussi *supra*, chapitre II, § 3.

après qu'un penseur obscur et solitaire eût théorétisé l'oubli de la question de l'Etre et médité, pour les initiés, la re-formulation de celle-ci, voici qu'un peuple tout entier paraissait, aux yeux du même penseur, en situation d'incarner, par son surgissement historial, la résurgence de cette question fondamentale dans son acuité véritable et avec toute son ampleur.

Même si cette expérience est éphémère aux yeux de Heidegger, rien ne sera plus jamais comme avant dans sa pensée, en ce sens que c'est davantage à travers des propos poético-prophétiques – mythologie fine d'un peuple historial – qu'à travers des analyses de l'ek-sistance que Heidegger entretiendra son questionnement. *Du même coup, le statut de l'Etre s'en trouvera sensiblement et graduellement modifié.*

Enracinement : l'Un, l'Uni, l'Université

A un certain moment, une telle révolution s'origine dans l'université allemande re-fondée. *Was ist Metaphysik ?* constatait d'un ton désabusé l'incapacité des démarches scientifiques à s'unir : "La multitude de disciplines ainsi émiettées ne doit plus aujourd'hui sa cohérence qu'à l'organisation technique d'Universités et de Facultés ; elle ne conserve un sens qu'à travers les buts pratiques poursuivis par les spécialistes. En revanche, l'enracinement des sciences dans leur fondement est bel et bien mort."[136]. De sa résurrection, le *Discours de Rectorat* témoigne : outre le rassemblement des "universités et facultés" dans "l'Université", qui s'affirme comme *une*, outre le martèlement – également au singulier – de "la science", c'est la retrouvaille de l'essence, qui s'est mise en mouvement.

S'il y a un lieu, où, fugitivement mais authentiquement, fut entrevu l'enracinement des sciences dans leur fondement unique – l'Etre même – c'est bien l'université *en tant que* contrôlée, régénérée et redéfinie par une communauté national-socialiste, lorsque "le corps des étudiants est en marche"[137]. Le questionnement véritable, la ré-initiation grecque a une patrie (l'Allemagne) et un lieu social : l'université en tant que soumise au corps des étudiants qui subvertit la "liberté académique", la multiplicité de projets débridés etc. :

> "C'est de la résolution du corps des étudiants allemands d'endurer le destin allemand dans sa plus extrême détresse que provient une volonté concernant l'essence de l'université. Cette volonté est une vraie volonté dans la mesure où le corps des étudiants allemands, grâce au nouveau droit des étudiants, se place lui-même sous la loi de son essence, et du même coup définit en premier lieu cette essence"[138].

---

[136] HEIDEGGER, *Questions I, op. cit.*, p. 48.
[137] HEIDEGGER, *L'auto-affirmation..., op. cit.*, p. 14.
[138] HEIDEGGER, *L'auto-affirmation..., op. cit.*, pp. 14-15.

Les structures traditionnelles de l'université sont définies par rapport à leur mission d'enracinement dans l'Un. Ainsi, “la faculté n'est une faculté que si elle se déploie en une capacité de législation spirituelle enracinée dans l'essence de sa science, afin de donner aux puissances de l'existence qui forment pour elle l'urgence, la forme de *l'unique monde spirituel du peuple.*”[139]. Le nouvel enracinement est donc proposé, sinon enjoint, aux auditeurs de l'amphithéâtre et d'ailleurs ; la péroraison du *Discours* évacue toute ambiguïté, s'il en avait encore, quant à la similitude – l'identité même – entre l'essence de l'université allemande à *vouloir*, et la grande expérience grecque à *re-produire.*

L'échec de la conception heideggerienne de l'université, symbolisée et rendue effective par la démission du rectorat, n'en devient pas seulement une péripétie historique à l'intérieur de la période nazie ou l'avatar d'une carrière, mais surtout, le moment intimement douloureux qui détermine l'évolution de sa/la pensée : rien ne sera plus comme avant – et “avant”, cela veut dire : aussi bien le Centre désiré dans l'ontologie fondamentale que le Centre exalté dans l'ontologie politique radicale de 33-34.

Terre et sang : l'Esprit du peuple

Si la méthode préconisée dans le *Discours de Rectorat* est appliquée, le monde véritablement spirituel d'un peuple peut être créé. La définition qu'en donne Heidegger affaiblit la position de ceux qui affirment qu'il ne fut nullement un écrivain “sang et sol” : “Et le monde spirituel d'un *peuple*, ce n'est pas la superstructure d'une culture, ni davantage un arsenal de connaissances et valeurs utilisables, mais c'est la puissance de conservation la plus profonde de ses forces de terre et de sang, en tant que puissance d'é-motion la plus intime et puissance d'ébranlement la plus vaste de son existence.”[140]. L'esprit est assimilé au paroxysme de la puissance, du plus intime au plus vaste.

C'est dans la leçon de l'été 1933 que Heidegger est le plus précis quant au rapport entre l'esprit et le régime lui-même, en déclarant que l'*esprit* est présent dans le peuple en cette période capitale de son histoire :

> “L'opinion circule qu'il faudrait spiritualiser et annoblir la révolution national-socialiste allemande. Je pose la question : Avec quel esprit donc ? Où aller chercher cet esprit ? Savons-nous encore ce qu'est cet esprit ? Depuis longtemps, nous sommes convaincus que l'esprit est la perspicacité vide, le jeu désengagé de la subtilité, l'activité sans limites d'un entendement acharné à disséquer, à décomposer. L'esprit serait ainsi la soi-disant Raison universelle. Tandis que l'esprit est depuis toujours le souffle, le vent, la tempête, l'engagement et la résolution. Nous n'avons pas besoin de spiritualiser

[139] HEIDEGGER, *L'auto-affirmation...*, *op. cit.*, pp. 18-19. Souligné par moi.
[140] HEIDEGGER, *L'auto-affirmation...*, *op. cit.*, p. 13.

aujourd'hui le grand mouvement de notre peuple. L'esprit est déjà présent."[141]

Présent, mais à libérer totalement par le grand combat de la confrontation intellectuelle avec l'histoire spirituelle antérieure. L'esprit est bien national, autochtone, il est *l'anti-universalité*.

Mais qu'est-ce que l'esprit ? Jusque là, il n'a été défini que comme ouverture à l'Etre, mais pas vraiment questionné. Evoquant le nœud constitué par plusieurs fils de l'œuvre, Derrida diagnostique : "Le *Geist* ne peut que rassembler cet entrelacement dans la mesure où il est, pour Heidegger (...), un autre nom de l'Un et de la *Versammlung*, l'un des noms du recueil et du rassemblement."[142]. Comme l'observe le même, dans *S.u.Z.* le concept d'esprit, les mots *Geist, geistig*, doivent être évités en ce qu'il évoquent un concept vulgaire du temps[143]. Le "*Geist*" non-vulgaire apparaît parfois, reconnaissable à ce qu'il est entre guillemets. Le Rectorat est bien le moment et le lieu de la parousie décisive :

> "Six ans après, 1933, voici (...) le *Discours de Rectorat* : le lever de rideau, c'est aussi le spectacle de la solennité académique, l'éclat de la mise en scène pour fêter la disparition des guillemets. L'esprit dans les coulisses attendait son heure. Voici maintenant qu'il paraît. Il se présente. L'esprit *lui-même*, l'esprit dans son esprit et dans sa lettre, le *Geist* s'affirme sans guillemets. Il s'affirme à travers l'auto-affirmation de l'université allemande. (...). L'auto-affirmation *veut* être (il faut souligner ce vouloir l'affirmation de l'esprit à travers la *Führung*. Celle-ci est une conduction spirituelle, bien sûr, mais le *Führer*, le guide – ici le Recteur – dit ne pouvoir conduire que s'il est lui-même conduit par l'inflexibilité d'un ordre, la rigueur, voire la rigidité *directrice* d'une mission (*Auftrag*). Celle-ci est aussi et déjà spirituelle."[144]

Or, convient Derrida, c'est dans les forces de terre et de sang "que consiste justement le monde spirituel"[145] – qui ne risque donc pas de se confondre avec la subjectivité. Mais par ce passage, il est évident que le *Discours de Rectorat* "capitalise le pire, à savoir les deux maux à la fois : la caution au nazisme et le geste encore métaphysique."[146].

---

[141] Cité par FARIAS, *op. cit.*, p. 147.
[142] DERRIDA, *De l'esprit, op. cit.*, p. 24.
[143] Cf. DERRIDA, *op. cit.*, pp. 40 et 47.
[144] DERRIDA, *op. cit.*, p. 54. Cette mise en valeur de l'esprit par Heidegger ne peut tenir lieu, à mes yeux, de démarcation à l'égard de l'idéologie nationale-socialiste ni même de vaccination contre le "biologisme", ainsi qu'on le constate par ailleurs. S'il y a chez Heidegger une stratégie de désengagement, hypothèse plaisante pour les heideggeriens (dissidents compris), ce n'est ni à l'époque du Rectorat ni dans un clivage esprit/nature qu'elle serait, le cas échéant, repérable. Pour une discussion de cette supposée stratégie, cf. FERRY/RENAUT, *op. cit.*, pp. 85-98.
[145] DERRIDA, *op. cit.*, p. 61.
[146] DERRIDA, *op. cit.*, p. 66.

Il faudra attendre 1935 pour avoir, avec le cours *Introduction à la Métaphysique*, une "définition" vraiment explicite de l'esprit, qui apparaît dans ce texte, après une citation du *Discours de Rectorat* et dans le droit fil de l'esprit de 1933 :

> "L'esprit est le plein pouvoir donné aux puissances de l'étant comme tel en totalité. Là où l'esprit règne, l'étant comme tel devient toujours et en toute occasion plus étant. C'est pourquoi le questionner vers l'étant comme tel en totalité, le questionner de la question de l'être, est une des questions fondamentales essentielles pour un réveil de l'esprit, et par là pour le monde originaire d'un être-Là historial, et par là pour maîtriser le danger d'obscurcissement du monde, et par là pour une prise en charge de la mission historiale de notre peuple en tant qu'il est le milieu de l'Occident."[147]

Géniale synthèse : tout est dit !

De l'esprit, au feu, à la mort

L'époque du rectorat voit le retour en force de la vision héraclitéenne du feu. Dans le *Discours*, Derrida décèle déjà un "feu" derrière le *Geist* :

> "L'affirmation de l'esprit s'enflamme. Je dis bien *s'enflamme* : non seulement pour évoquer le pathos du *Discours de Rectorat* quand il célèbre l'esprit, non seulement à cause de ce qu'une référence à la flamme peut éclairer du terrifiant moment qui est en train de déployer ses spectres autour de ce théâtre, mais parce que vingt ans plus tard, exactement vingt ans, Heidegger dira du *Geist*, sans lequel on ne saurait penser le Mal, qu'il n'est *d'abord* ni *pneuma* ni *spiritus*, nous laissant ainsi conclure que le *Geist* ne s'entend pas plus dans la Grèce des philosophes que dans celle des Evangiles, pour ne rien dire de la surdité romaine : le *Geist* est flamme. Or cela ne se dirait et cela donc ne se penserait qu'en allemand."[148]

Or, voici qu'au soir du 24 juin, un foyer géant brûle *au milieu* du stade universitaire – Heidegger s'écrie publiquement :

> "Solstice d'été 1933 !
> Les jours déclinent –
> Notre courage croît –
> les jours déclinent – en direction de l'ombre et de la dureté de l'hiver
> notre courage croît – de briser l'obscur et de faire face en hommes à la dureté qui vient.
> Feu ! Dis-nous : il ne vous est pas permis de devenir aveugles dans la lutte, il vous faut au contraire rester clairs pour pouvoir agir.

[147] HEIDEGGER, *Introduction à la métaphysique, op. cit.*, pp. 60-61.
[148] DERRIDA, *op. cit.*, p. 54.

Flamme ! Que ton ardeur nous fasse savoir : la révolution allemande n'est pas endormie, elle brille à nouveau à l'entour et nous illumine le chemin sur lequel il n'y a plus de retour.
Les jours déclinent –
notre courage croît.
Flammes ! Brillez !
Cœurs ! Embrasez-vous !"[149]

Ce texte illustre aussi ce qui avait été formulé plus philosophiquement dans *Vom Wesen des Grundes :* la flamme centrale illumine, enflamme les cœurs, instruit les esprits. Importance aussi de la thématique du chemin, qui n'est pas encore celui "qui ne mène nulle part", mais celui d'où l'on ne revient pas : la flamme éclaire la voie authentique du *Dasein* collectif et rendant impossible tout pas en arrière, mêne à la mort.

La *Lichtung*, cette clairière, est venue dans sa forme la plus parfaite, vivante – le feu. Heidegger ne se départira jamais de cette émotion – que l'Etre arrive dans une époque, un contexte donné. Beaucoup plus tard, il dira encore : "le mot "être", comme celui de "ratio" ne parle jamais qu'historiquement."[150].

§ 3. Le Centre dérobé (de la démission à la fin de la guerre)

Cette période apparaît comme l'histoire d'un revirement : de l'Etre comme *plein* (en facticité) à l'Etre comme *abîme*, de la métaphysique avec ses derniers "titres de noblesse" à l'idée d'un dépassement de celle-ci, d'une responsabilité de l'oubli de l'Etre "endossée" par l'homme et la métaphysique, à l'idée d'une "essence" voire d'une "stratégie" de l'Etre même, tendant à son propre effacement. Pourtant ce retournement, d'une épaisseur philosophique considérable, a lieu alors même que la centralité-circularité bat encore son plein dans l'œuvre heideggerienne.

Avant de voir comment les cours sur *Nietzsche* et celui de 1941 sur les *Grundbegriffe* (*Concepts fondamentaux*), puis les textes postérieurs de l'époque de guerre, annoncent déjà un tournant plus décisif que le

---

[149] HEIDEGGER, *Ecrits politiques..., op. cit.*, p. 117. La fête du solstice avait une grande importance dans la liturgie nazie. Quatre ans plus tard, à Alt-Rehse, Himmler prononce un discours à une occasion semblable : "Les Fêtes du Solstice expriment plus qu'une reconnaissance superficielle des hommes pour l'action du soleil. Le solstice annonce un événement, un événement dans la SS : le combat du solstice. Les meilleurs de chaque bataillon et de chaque régiment apparaissent au grand jour. Le solstice, la Fête du Solstice, permettent au meilleur de remporter le prix... Comme celle du soleil, la course de l'homme doit être éternelle. C'est une chose que nous devons réapprendre très progressivement aux hommes. Il faut rendre à nos hommes, aux femmes et aux jeunes filles la notion de quelque chose d'éternel, d'un cycle naturel, d'une croyance naturelle..." (HIMMLER, *Discours secrets*, Gallimard, Paris, 1978, p. 68).

[150] HEIDEGGER, *Le principe de raison, op. cit.*, p. 28.

"tournant" et la pensée de la fin, il nous faut effectuer le détour par les textes où l'épreuve ontologique commence à sortir du champ strictement philosophique (poésie). Ceci ne peut se comprendre qu'en se rappelant l'échec historique d'une concordance entre l'ontologie fondamentale comme espérance et sa réalisation destinale. A partir de 1934, le centre "politique" (allemand) et le centre "philosophique" ne coïncident plus[151]. La philosophie, c'est-à-dire l'université (au sens heideggerien du *Discours de Rectorat*) assume son échec : l'impuissance à puiser à la Source, à être la voie royale, à tenir le droit chemin du centre. Ce divorce entre cette université et le pouvoir conduit insensiblement à l'impuissance de la première et à la "perte de référence" ontologique du second.

Lorsque Heidegger se penche sur les philosophes antérieurs, c'est pour y trouver l'aube même de la pensée de l'être (présocratiques), y débusquer le moment même de la déviance (Platon)[152], y repérer des échos, tardifs et fugaces, du grand commencement (Aristote, Kant, Hegel, Nietzsche) – puis, plus tard, les ranger tous dans l'histoire de la métaphysique en tant qu'occultation de l'Etre : voici que se met en place, dans un désordre savamment relié, une "galerie" de portraits philosophiques jouant chacun leur rôle dans la marche à l'heideggerianisme, au dépassement de la métaphysique.

Ce sont sans doute les écrits relatifs aux penseurs grecs qui font le mieux le lien avec les deux périodes précédentes. Les cours de 1935-36 indiquent que le professeur considère, encore à cette époque, que le concept de "métaphysique" garde sa pertinence, mais qu'il mérite, d'une certaine façon, d'être traité "de l'intérieur" ; *Einführung in die Metaphysik* contient déjà l'amorce d'une méditation sur l'oubli de l'être et donc d'une sortie de la métaphysique pensée à partir de l'apport réinterprété, d'Héraclite, Parménide et Platon. *Die Frage nach dem Ding*, publié en français sous le titre *Qu'est-ce qu'une chose ?* reprend le dialogue avec le Kant de la *Critique de la Raison pure*, ce Kant qui "a quelque chose de commun avec le grand début grec"[153]. Les repères structuraux (centre, cercle, temps) qui fonctionnaient dans *Kant et le problème de la métaphysique* seront singulièrement développées.

Omni-présence spéculative de la centro-circularité

La pensée doit être un centre de gravité, une force déterminante[154]. Le

---

[151] Voir *supra*, mon chapitre II, § 3.

[152] Sur cet enjeu, cf. R. BOUTOT, *Heidegger et Platon. Le problème du nihilisme*, P.U.F. (coll. *Philosophie aujourd'hui*), Paris, 1987.

[153] HEIDEGGER, *Qu'est-ce qu'une chose ?*, *op. cit.*, p. 68. A propos de *Die Frage nach dem Ding*, voir spécialement A. DEWALQUE, *Heidegger et la question de la chose. Esquisse d'une lecture interne*, L'Harmattan, Paris, 2003.

[154] Cf. HEIDEGGER, *Nietzsche I*, *op. cit.*, p. 216.

Centre apparaît d'abord comme étalon du jugement pour définir encore mieux la Métaphysique ; celle-ci, en effet, "désigne traditionnellement le centre de toute philosophie, qui détermine celle-ci et en constitue le noyau"[155] ; méthodologiquement, "le nom de "Métaphysique" doit seulement indiquer que les questions qui seront traitées se tiennent au *cœur* et au *centre* de la philosophie."[156]. Semblablement, dans *La Volonté de puissance en tant qu'art* (1936-37), Heidegger asserte que "seule cette question du centre, à proprement parler, "maltraitait" Nietzsche (...). Sans que Nietzsche, à vrai dire, le sût lui-même et y tendit, c'était la question relative au fondement propre que la philosophie se donne elle-même. (...). Plus une philosophie sera originelle, plus son essor sera pur dans ce retour sur elle-même ; plus le cercle qu'elle décrira dans ce retour éloignera son circuit, jusqu'au bord du néant."[157]. Esquisse, déjà, d'un centre de Mort comme apogée et basculement de l'ontologie politique.

Pourtant, Nietzsche ne serait pas vraiment allé au centre de la philosophie, c'est-à-dire à l'Etre. Avant que la question première et dernière soit posée, celle de l'Etre même, "la philosophie, dès qu'elle se veut fonder, il lui faut s'assurer toujours de se trouver dans la voie d'une doctrine de la connaissance ou de la conscience, demeurer toujours dans une voie qui se déroule pour ainsi dire dans le propylée de la philosophie au lieu d'évoquer le centre même du sanctuaire. La question de fond reste non moins étrangère à Nietzsche qu'à l'histoire de la pensée qui l'a précédé."[158].

Le Centre fonctionne aussi comme repère pour situer un grand philosophe : la métaphysique de Kant "est, à l'intérieur de la métaphysique moderne, le *centre* du point de vue non seulement chronologique, mais essentiellement historial, par la manière dont elle absorbe le début de la métaphysique moderne chez Descartes et le transforme par son explication avec Leibniz."[159].

Si Heidegger explore une grande œuvre, c'est pour en serrer de près le noyau. Le but de *Qu'est-ce qu'une chose ?* est, vis-à-vis de la *Critique*, "de parvenir au centre de ce parcours et par là au centre de l'œuvre maîtresse afin de la comprendre selon ses principales visées internes"[160], de la comprendre "à partir de son centre fondatif"[161]. Les passages relatifs au jugement, au *Logos*, sont repérés comme "le centre interne de l'œuvre"[162]. Le "sens du centre de tout l'ouvrage"[163] s'éclairera à partir du principe de contradiction, et ce n'est pas fortuit.

---

[155] HEIDEGGER, *Introduction à la métaphysique, op. cit.*, p. 30.
[156] HEIDEGGER, *Qu'est-ce qu'une chose ?, op. cit.*, p. 15. C'est Heidegger qui souligne.
[157] HEIDEGGER, *Nietzsche I, op. cit.*, p. 23.
[158] HEIDEGGER, *Nietzsche I, op. cit.*, p. 67.
[159] HEIDEGGER, *Nietzsche II, op. cit.*, pp. 183-184. C'est encore Heidegger qui souligne.
[160] HEIDEGGER, *Qu'est-ce qu'une chose ?, op. cit.*, p. 68.
[161] HEIDEGGER, *Qu'est-ce qu'une chose ?, op. cit.*, p. 132.
[162] HEIDEGGER, *Qu'est-ce qu'une chose ?, op. cit.*, p. 154.
[163] HEIDEGGER, *Qu'est-ce qu'une chose ?, op. cit.*, p. 179.

Similairement, "la doctrine de l'Eternel Retour se situe au centre le plus intime de la pensée métaphysique chez Nietzsche"[164]. Ce que Nietzsche nomme le grand style constitue "le centre unificateur"[165] de son esthétique. *Zarathoustra* pourrait être en un sens le centre de la philosophie de Nietzsche, en un autre, excentrique eu égard à elle[166]. La pensée de l'éternel retour est devenue le centre essentiel de sa méditation"[167] et de l'ensemble de sa pensée[168]. Dans la période zarathoustrienne, la puissance conceptuelle de Nietzsche dispose (...) d'un pendule qui lui assure sa constante aspiration au centre..."[169]. On cherchera aussi, dans *La Germanie*, le "noyau central du poème"[170]. Et ainsi de suite.

Le cercle aussi, comme refrain descriptif et méthodologique. Pour la perception courante il s'agira du "cercle du là et là-bas"[171], du "cercle de l'intelligibilité quotidienne"[172], du "cercle de l'expérience quotidienne"[173] ou encore "du cercle ouvert du réel en général"[174] – et donc de la description de la réalité de la sensation[175]. La contradiction même est rendue par l'image du "cercle carré"[176]. On parlera de la "sphère de l'intelligible"[177] ou de la quotidienneté[178], de l'"orbe de la contrainte"[179], etc.

La philosophie peut se déployer entre le centre unifiant et la circonférence mais *sur* celle-ci, elle ne peut absolument pas se tenir : "la philosophie est un questionner qui se met lui-même en question et qui par-là se meut toujours et partout dans un cercle"[180]. L'Etre, centre du questionnement, prescrit l'*Introduction à la métaphysique*, "doit lui-même être transformé en un cercle en tournant tout l'étant et le fondant"[181]. Le nouvel examen de Kant va illustrer cette conception de l'Etre comme centre-cercle.

---

[164] HEIDEGGER, *Nietzsche I, op. cit.*, p. 29.
[165] HEIDEGGER, *Nietzsche I, op. cit.*, p. 128.
[166] HEIDEGGER, *Nietzsche I, op. cit.*, p. 228.
[167] HEIDEGGER, *Nietzsche I, op. cit.*, p. 309. Cf. aussi p. 320.
[168] Cf. HEIDEGGER, *Nietzsche I, op. cit.*, pp. 319 et 326.
[169] HEIDEGGER, *Nietzsche I, op. cit.*, p. 318.
[170] HEIDEGGER, *Les hymnes de Hölderlin..., op. cit.*, p. 112.
[171] HEIDEGGER, *Qu'est-ce qu'une chose ?, op. cit.*, p. 35.
[172] HEIDEGGER, *Qu'est-ce qu'une chose ?, op. cit.*, p. 49.
[173] HEIDEGGER, *Qu'est-ce qu'une chose ?, op. cit.*, p. 215.
[174] HEIDEGGER, *Qu'est-ce qu'une chose ?, op. cit.*, p. 225.
[175] "La quiddité du sensible doit être représentée au préalable, posée d'avance (*vor-gestellt*) dans le cercle et comme le cercle de ce qui peut être accueilli ; elle doit être anticipée. Sans réalité pas de réel, sans réel pas de sensible. Parce que dans le cercle de l'accueillir et du percevoir une telle présaisie peut à tout le moins être soupçonnée, Kant pour caractériser cette étrangeté donne au principe de la perception le nom d'anticipation" (HEIDEGGER, *Qu'est-ce qu'une chose ?, op. cit.*, p. 227).
[176] HEIDEGGER, *Introduction à la métaphysique, op. cit.*, pp. 20 et 87.
[177] HEIDEGGER, *Concepts fondamentaux, op. cit.*, pp. 78-83.
[178] HEIDEGGER, *Concepts fondamentaux, op. cit.*, pp. 111 et 121.
[179] HEIDEGGER, *Concepts fondamentaux, op. cit.*, p. 17.
[180] HEIDEGGER, *Qu'est-ce qu'une chose ?, op. cit.*, p. 58.
[181] HEIDEGGER, *Introduction à la métaphysique, op. cit.*, p. 207.

Certes Kant a montré le rôle unifiant des jugements[182] ; mais surtout, chez lui, c'est de l'Un-Centre que part le surgissement de l'apparaître. “C'est donc la même unité, la même unification, qui permet aux phénomènes de surgir comme doués de figure, ayant telle et telle grandeur, dans l'éparpillement de l'espace et du temps, et qui dans la composition en général instaure la stabilité de l'homogène, en tant que quantités d'une multitude.”[183].

Pour que les jugements soient possibles *dans* le cercle, il faut que les choses s'y tiennent. Il s'ensuit donc que la vérité est ce où se tient la chose elle-même[184], et l'énoncé, “le lieu et le site de la vérité”[185], et toute vérité a pour source les principes de l'entendement pur, elle se fonde dans le principe suprême de tous les jugements synthétiques[186]. *La vérité se trouve donc au plus près du centre du cercle, comme site (d')où les jugements sont possibles.*

Dans le questionnement kantien vers l'accès à l'être de l'étant (jugements synthétiques a priori), il y a cercle encore :

> “En termes kantiens, nous rencontrons les choses d'abord et seulement dans le domaine des jugements synthétiques, et en conséquence nous rencontrons la choséité de la chose d'abord dans le cercle de cette question : comment une chose est-elle possible en général et au préalable en tant que chose, c'est-à-dire en même temps, comment des jugements synthétiques *a priori* sont-ils possibles ?”[187]

Plus amplement, les démonstrations kantiennes ont un caractère circulaire, ce dont leur auteur devait être conscient[188]. Ainsi Heidegger écrit-il :

> “Cette unité de l'intuition et de la pensée est elle-même l'essence de l'expérience. La démonstration consiste donc à montrer que les principes de l'entendement pur ne sont possibles que grâce à ce qu'eux-mêmes doivent rendre possible, l'expérience. C'est un cercle manifeste. Assurément pour comprendre le cours de la démonstration et le caractère de ce qui est en cause, il est inévitable non seulement de présumer ce cercle et de nourrir des

---

182 “Dans l'intuition la caractéristique de l'attitude est d'accueillir, de recevoir, *recipere-receptio*, réceptivité. En revanche, dans la représentation conceptuelle, l'attitude est telle que la représentation procédant à partir d'elle-même compare le donné multiple, et, en le comparant, le rapporte à l'un-et-même et fixe celui-ci en tant que tel.” (HEIDEGGER, *Qu'est-ce qu'une chose ?, op. cit.*, p. 152).

183 HEIDEGGER, *Qu'est-ce qu'une chose ?, op. cit.*, p. 211. Cf. aussi pp. 168, 212 et 223.

184 Cf. HEIDEGGER, *Qu'est-ce qu'une chose ?, op. cit.*, p. 41.

185 Cf. *ibid.*

186 Cf. HEIDEGGER, *Qu'est-ce qu'une chose ?, op. cit.*, p. 191.

187 HEIDEGGER, *Qu'est-ce qu'une chose ?, op. cit.*, p. 190.

188 Cf. HEIDEGGER, *Qu'est-ce qu'une chose ?, op. cit.*, pp. 229-231.

soupçons à l'égard de la netteté de la démonstration, mais encore de reconnaître clairement ce cercle et de le parcourir comme tel."[189]

Il y a cercle parce qu'il y a un centre, un principe suprême. "Pourquoi ce mouvement circulaire et que veut-il dire ?"[190] s'interroge Heidegger à la fin de l'ouvrage :

> "La preuve consiste en ceci, qu'il est montré que les principes de l'entendement pur sont possibles grâce à ce qu'eux-mêmes rendent possible, grâce à l'essence de l'expérience. C'est un cercle manifeste, c'est même un *cercle nécessaire*. Les principes sont prouvés dans le retour à ce dont ils rendent possible le *surgissement*, puisque *ces propositions ne doivent mettre en lumière rien d'autre que ce cours circulaire lui-même* ; *car c'est celui-ci qui constitue l'essence de l'expérience*."[191]

Pour pousser plus loin la compréhension, l'auteur prélève un passage de la dernière partie de la *Critique*, où Kant dit que le principe de l'entendement pur "a cette propriété particulière de rendre tout d'abord possible la preuve même, c'est-à-dire l'expérience, et qu'il doit toujours y être supposé"[192]. De là Heidegger conclut à un point "milieu", un entre-deux du rapport circulaire jugement/expérience : "L'expérience est un avène-ment en soi circulaire, par où s'ouvre ce qui se trouve au sein du cercle."[193]. Ceci rappelle la plongée au cœur du cercle, enjointe dans *Etre et Temps*[194].

Ce qui s'y trouve – et qui rappelle singulièrement la tautologie parménidienne – Heidegger l'appelle ici *principe suprême :*

> "On voit clairement désormais ce que signifie le cours circulaire de la démonstration des principes – rien d'autre que ceci : au fond les principes ne font qu'exprimer toujours le principe suprême, mais de telle sorte que dans leur coappartenance ils nomment proprement tout ce qui appartient à la pleine teneur de l'essence de l'expérience et de l'essence d'un objet."[195]

Cet *entre-deux* ne peut être comparé à une ligne droite entre l'homme et la chose ou l'inverse, mais il englobe l'un et l'autre : "cet intervalle en tant que pré-saisie étend sa prise par-delà la chose en même temps que dans un mouvement de retour il a prise derrière nous"[196] – d'où la conclusion finale : "Dans la question kantienne sur la chose s'ouvre une

---

[189] HEIDEGGER, *Qu'est-ce qu'une chose ?, op. cit.*, p. 231.
[190] HEIDEGGER, *Qu'est-ce qu'une chose ?, op. cit.*, p. 247.
[191] *Ibid.* Souligné par moi.
[192] Cité par Heidegger dans *Qu'est-ce qu'une chose ?, op. cit.*, p. 248.
[193] *Ibid.*
[194] Cf. HEIDEGGER, *Etre et Temps, op. cit.*, p. 375. Citation donnée *supra* dans mon § 1.
[195] HEIDEGGER, *Qu'est-ce qu'une chose ?, op. cit.*, p. 248.
[196] HEIDEGGER, *Qu'est-ce qu'une chose ?, op. cit.*, p. 249.

dimension qui gît entre la chose et l'homme, et dont le règne s'étend par-delà les choses et en arrière des hommes."[197].

L'effacement du Temps dans le Centre

D'abord évoqué comme intuition pure au même titre que l'espace[198], le temps est plus loin présenté comme le "mot-clé" dont les analogies, chez le Kant de la première édition de la *Critique*, sont les règles de la détermination universelle[199]. Il s'ensuit que le temps, à l'inverse de l'espace, n'est pas limité à la forme où surviennent tous les phénomènes externes : "il est aussi la forme des phénomènes internes, c'est-à-dire du surgissement et de la suite de nos attitudes et de nos vécus. Dès lors le temps est la forme de tous les phénomènes en général."[200]. Mais sa "fixité" est probablement plus explicitée que jamais : "Le temps est ce permanent, qui est en tout temps. Le temps est le pur demeurer, et c'est seulement en tant qu'il demeure que sont possibles la succession et le changement."[201].

Il y a plus : le temps est à la fois centre et englobant. Qu'il soit centre, on peut le déduire à partir du syllogisme présenté par Heidegger pour illustrer la preuve kantienne de la substance comme détermination temporelle, et que l'on veut résumer ainsi : tous les phénomènes arrivent dans le temps (majeure) ; or le temps n'est pas perceptible comme tel, mais comme permanent dans tout phénomène (mineure) ; donc "la stase de l'objet doit être saisie d'abord et avant tout à partir de la permanence"[202]. Observons, dans le syllogisme, le rôle du temps dans la mineure, laquelle, spécifie Heidegger, "est formellement le centre autour duquel gravite la preuve en forme de syllogisme"[203]. Or l'élément décisif est la *présence*, comme permanence, du temps dans tout apparaître. Par ce rappel, Heidegger ne croyait sans doute pas si bien dire : le temps est une façon contemporaine de renommer l'Un-Centre fixe des Anciens. Mais le temps est aussi circonférence, voire sphère : "l'englobant *au sein duquel* arrivent tous les phénomènes"[204].

Avec cette double qualité il évoque bien cette "dimension" située entre la chose et l'homme dont parle Heidegger à la fin de *Qu'est-ce qu'une chose ?* mais il n'est plus le but thématique de celui-ci : *le temps s'efface devant le centre*, en ce sens qu'il n'est plus possible de parler philosophiquement du temps qu'en termes de centre et de circularité.

---

[197] HEIDEGGER, *Qu'est-ce qu'une chose ?*, *op. cit.*, p. 250.
[198] HEIDEGGER, *Qu'est-ce qu'une chose ?*, *op. cit.*, p. 209.
[199] HEIDEGGER, *Qu'est-ce qu'une chose ?*, *op. cit.*, p. 235.
[200] HEIDEGGER, *Qu'est-ce qu'une chose ?*, *op. cit.*, p. 237.
[201] *Ibid.*
[202] HEIDEGGER, *Qu'est-ce qu'une chose ?*, *op. cit.*, p. 240.
[203] HEIDEGGER, *Qu'est-ce qu'une chose ?*, *op. cit.*, p. 239.
[204] HEIDEGGER, *Qu'est-ce qu'une chose ?*, *op. cit.*, p. 241. Souligné par moi.

Durant les années 1934-1940, la pensée de Heidegger continue de se mouvoir à l'intérieur du cercle onto-étatique (allemand) où elle cherche comme une nouvelle méthode pour faire advenir le Centre que n'ont pu générer la philosophie-université et le peuple-Etat (l'un et l'autre étant, en un sens profond, le même), déplaçant peu à peu ses recherches vers l'art et la poésie, au service desquels semble se mettre leur éminent commentateur. Examinons d'abord deux approches générales – *L'origine de l'œuvre d'art* (1935-36) et *Hölderlin et l'essence de la poésie* (1936) ; ensuite on se penchera sur des commentaires de poèmes.

Le point instaurateur de l'art

Dans le premier texte, Heidegger évoque, une fois de plus, en commençant, la figure du cercle, selon un schéma désormais habituel : "Ce qu'est l'art, il nous faut le saisir à partir de l'œuvre. Ce qu'est l'œuvre, nous ne le recueillerons que par la compréhension de l'essence de l'art. N'est-il pas clair que nous tombons dans un cercle vicieux ? Le bon sens ordonne d'éviter ce cercle qui défie la logique."[205]. Au lieu de l'éviter, le philosophe prescrit de s'y attarder, d'y puiser une force de vérité :

> "Il nous faut ainsi résolument parcourir le cercle. Ce n'est ni un pis-aller, ni une indigence. S'engager sur un tel chemin est la force, y rester est la fête de la pensée, étant admis que penser soit un métier (*Handwerk*). La démarche première de l'œuvre vers l'art, en tant que démarche de l'art vers l'œuvre, n'est pas seule un cercle ; chaque démarche que nous allons tenter circulera dans ce cercle."[206]

C'est donc *dans* le cercle (art-œuvre-art) que se meut la réflexion sur l'origine, l'enchantement de la pensée : pensée de l'origine de l'art, et de l'origine du faire œuvre. L'œuvre d'art assure l'arrivée de l'être/la vérité de l'étant ("Dans l'œuvre d'art, la vérité de l'étant s'est mise en œuvre. "Mettre" signifie ici : instituer"[207] ; ou encore : "l'œuvre d'art ouvre à sa guise l'être de l'étant. L'ouverture, c'est-à-dire la déclosion, c'est-à-dire la vérité de l'étant adviennent dans l'œuvre. Dans l'œuvre d'art, la vérité de l'étant s'est mise en œuvre"[208]). Ainsi, la réciprocité (circulaire) de l'(œuvre d')art et de la mise en œuvre (artistique) ne se révèle-t-elle intéressante,

---

[205] HEIDEGGER, *Chemins qui ne mènent nulle part, op. cit.*, p. 14. Pour une analyse serrée des questions de langage, de discursivité de l'œuvre, de congé donné au *logos* au profit d'une "mythologie", dans l'*Origine de l'œuvre d'art*, cf. VANDEVELDE, *op. cit.*, pp. 169-214.
[206] HEIDEGGER, *Chemins..., op. cit.*, p. 15.
[207] HEIDEGGER, *Chemins..., op. cit.*, p. 37. Instituer signifie en l'occurrence faire se tenir (debout), ériger : *zum stehen bringen*. Ceci, comme on le verra, n'exclut pas une connotation sociétaire (création d'une πολις comme œuvre d'art ; cf. *supra* mon chapitre II). Voir aussi la connotation virile de "se tenir" dans le *Discours de Rectorat*.
[208] HEIDEGGER, *Chemins..., op. cit.*, p. 41.

fructueuse, attachante, que parce qu'*au centre* une source a été repérée : l'être-vérité de l'étant qui s'ouvre et advient.

La déclosion de la vérité doit être saisie à partir des "catégories" spirituelles de la circularité et de l'Un :

> "L'étant se tient en l'être. (...). Jamais l'étant, comme il pourrait trop facilement sembler, n'est en notre puissance ; encore moins est-il notre représentation. Si nous recueillons tout ceci en Un, alors, semble-t-il, nous saisissons, encore que de manière assez grossière, tout ce qui est. Et pourtant, en dépassement de l'étant, non pour s'en éloigner, mais le devançant jusqu'à lui, quelque chose d'autre arrive encore. *Au milieu* de l'étant dans son *Tout* se déclôt une place vacante. Une clairière s'ouvre. Pensée à partir de l'étant, elle est plus étante que lui. Ce *foyer* d'ouverture n'est donc pas *circonscrit* par l'étant, mais c'est lui, radieusement, qui décrit *autour* de l'étant, tel le Rien que nous connaissons à peine, son *cercle*."[209]

Que ceci apparaisse à l'occasion d'une réflexion sur l'œuvre d'art (dont on a vu la dimension politique[210]) n'est pas insignifiant, mais il y a plus ; on se souvient du Néant dont il était question dans *Was ist Metaphysik ?*, et qui était présenté comme "enveloppant" les étants : de même ici. En décrivant autour de l'étant (périphérique) son cercle (externe), l'Etre "est" néant : *au centre, il est être.*

Jamais jusqu'ici, la "topologie" de l'ontologie fondamentale n'a probablement été aussi claire. Au centre, "quelque chose" que le penseur appelle être, origine, terre, sein, vérité, milieu, clairière, place vacante, foyer, repos, recueillement... Sur le cercle, les étants, et singulièrement le *Dasein*, qui, comme à la pointe du rayon du cercle, a la possibilité de penser ce centre dont il relève et qui est "en arrière" (antérieur) de lui. Le cercle superficiel est là aussi, celui de l'immédiateté, de la connaissance sensible, de la logique, du sens commun, qui dissimule et en même temps "conduit" à plus de "concentricité". Embrassant le Tout, l'Etre décrivant son cercle, jusqu'au néant (hors de la sphère parménidienne, pas de salut...). Dans le cercle, entre le centre et la "fermeture" circulaire, prennent place les concepts connus de l'enracinement, de l'ouvert, du dévoilement, de l'irradiation, du faire œuvre, de l'institution, de l'avènement mais aussi de *la réserve* :

> "La réserve se réserve et se dissimule elle-même. Cela veut dire : le lieu ouvert au milieu de l'étant, l'éclaircie, n'est jamais une scène rigide au rideau toujours levé et laquelle se déroulerait le jeu de l'étant. C'est bien plutôt l'éclaircie qui n'advient que sous la forme de cette double réserve. L'être à découvert de l'étant, ce n'est jamais un état qui serait déjà là, mais toujours un avènement. Etre à découvert (vérité) est aussi peu une qualité des choses

[209] *Ibid.* Souligné par moi.
[210] Cf. *supra*, mon chapitre II.

– au sens de l'étant – qu'il n'est une qualité des énoncés. Dans le cercle immédiat de l'étant qui nous entoure, nous nous croyons chez nous. L'étant y est familier, solide, assuré. Néanmoins, une perpétuelle réserve court à travers l'éclaircie sous la double forme du refus et de la dissimulation."[211]

Ce passage annonce les développements thématiques à propos de l'Etre comme retrait, dissimulation, et finalement tourbillon vers la perte abîme.

L'œuvre d'art cependant, est un étant qui a la spécificité de faire éclore la vérité, de l'instituer, de l'attirer au règne des étants, pour autant que l'œuvre postule et porte l'être au centre de l'étant : "Parce qu'il appartient à l'essence de la vérité de s'instituer dans l'étant pour, ainsi seulement, devenir vérité, il y a dans l'essence de la vérité cette *attraction vers l'œuvre* en tant que possibilité insigne pour la vérité d'avoir elle-même de l'être au milieu de l'étant."[212].

La création artistique qui est essentiellement Poème – comme dire de l'indicible – est acte de "tirer hors de", puiser à la source (*schöpfen*), recherche d'un "initial" authentique (*Anfang*) qui jaillit[213]. Ainsi Heidegger approche-t-il de sa conclusion : "L'art fait jaillir la vérité. D'un seul bond qui prend les devants l'art fait surgir, dans l'œuvre en tant que sauvegarde instauratrice, la vérité de l'étant. Faire surgir quelque chose d'un bond qui devance (*etwas erspringen*), l'amener à l'être à partir de la provenance essentielle et dans le saut instaurateur, voilà ce que signifie le mot origine."[214]. Mais le mot de la fin appartient à Hölderlin :

"*Difficilement il quitte*
Ce qui près de l'origine a site, le point."[215]

Ce point (central) est précisément ce qui hante toute la lecture heideggerienne de Hölderlin, mais aussi de Hegel, durant la guerre, et qui sera d'abord un but pour un peuple, et finalement un "paradis perdu", un irrécupérable, l'issue d'un chemin qui ne menait nulle part.

Dans le commentaire de Hölderlin, la question de l'être est donc retraitée non comme sujet d'une ontologie fondamentale discursive, mais comme critique, au nom de la poésie, de "grands métaphysiciens", comme horizon et visée finale de l'explicitation de textes. Voici l'heure de la relève poétique dans le politique. La poésie est entrée en scène comme lieu du questionnement de l'être, en remplacement de l'ontologie fondamentale essoufflée, et ainsi, le rôle de l'imagination transcendentale se

---

[211] HEIDEGGER, *Chemins...*, *op. cit.*, p. 59.
[212] HEIDEGGER, *Chemins...*, *op. cit.*, p. 69. Observons que c'est Heidegger qui souligne.
[213] Cf. HEIDEGGER, *Chemins...*, *op. cit.*, pp. 86 et 452.
[214] HEIDEGGER, *Chemins...*, *op. cit.*, p. 88.
[215] HEIDEGGER, *Chemins...*, *op. cit.*, p. 89.

trouve-t-il justifié. Le poète "branché" sur l'Etre-Un devient le médiateur entre celui-ci et non pas le *Dasein* pris individuellement, mais le *Dasein* collectif, le peuple historial.

Le surgissement à partir du Centre

Hölderlin et l'essence de la poésie reprend le thème de la capacité de l'entente déjà développé dans *S.u.Z.* : "L'attestation de l'être de l'homme, et par là son accomplissement authentique, naissent de la liberté de la décision. Celle-ci saisit le Nécessaire et s'engage dans les liens d'un appel supérieur."[216]. Revoici aussi le caractère originel du langage, traité dans *L'origine de l'œuvre d'art*, avec un ressassement du thème de l'avènement (ou surgissement) et de l'historialité de l'homme : "Le langage n'est pas un instrument disponible ; il est, tout au contraire, cet avènement (*Ereignis*) qui lui-même dispose de la suprême possibilité de l'être de l'homme."[217].

A cette époque, la dichotomie fondement/abîme subsiste ; Heidegger oppose encore l'un et l'autre en mettant le premier du côté de l'être et le second du côté de l'étant : "La poésie est fondation de l'être par la parole. Ce qui demeure n'est donc jamais créé de l'éphémère. Le simple ne se laisse jamais extraire immédiatement du compliqué. La mesure ne se trouve pas dans l'immense. Nous ne trouvons jamais le fondement *(Grund)* dans l'abîme *(Abgrund)*. L'être *(Sein)* n'est jamais un étant *(Seiendes)*."[218]. Ce parallélisme est en effet assez saisissant, il ressemble à un manichéisme. Mais plus tard l'abîme sera pensé ou évoqué comme le "fondement" même, en sa déréliction.

Le poète apparaît, dans *La Germanie*, tel un intermédiaire entre l'Etre et le peuple, prenant, en quelque sorte, le relais du "héros" célébré dans *S.u.Z.* et durant le rectorat. Car il traduit et assume la violence de l'arrivée de l'Etre : "Le poète n'élabore pas ses expériences psychiques, il se tient "sous les orages de dieu... à tête découverte", livré sans défense et dessaisi de lui-même. Le *Dasein* n'*est* rien d'autre que l'*exposition à la surpuissance de l'Etre*."[219]. Les vers 39 et suivants évoquent le recueillement qui "signifie d'abord la force suprême du *Dasein*"[220], laquelle "s'affirme en affrontant à fond les contradictions extrêmes de l'Etre"[221] – qui sont unitaires. Ce recueillement a une "puissance foncièrement unifiante"[222]. Est réaffirmée aussi la "mission grecque-allemande à partir de laquelle la

---

[216] HEIDEGGER, *Approche de Hölderlin, op. cit.*, p. 46.
[217] HEIDEGGER, *Approche de Hölderlin, op. cit.*, p. 48.
[218] HEIDEGGER, *Approche de Hölderlin, op. cit.*, p. 52.
[219] HEIDEGGER, *Les Hymnes..., op. cit.*, p. 41.
[220] HEIDEGGER, *Les Hymnes..., op. cit.*, p. 115.
[221] *Ibid*
[222] HEIDEGGER, *Les Hymnes..., op. cit.*, pp. 115-116.

pensée, issue de son origine propre, engage le dialogue originel avec la poésie et son urgence"[223].

Dans ce processus, "destin", plusieurs fois utilisé dans le poème *Le Rhin*, devient un mot-clé. Destin c'est "le nom pour l'Etre des demi-dieux (...). La pensée de cet Etre doit ouvrir un cercle qui soit assez ample et assez profond pour pouvoir y penser l'Etre à la fois des dieux et des hommes"[224]. Cet être doit être pensé : "ainsi dévoilé, l'Etre est placé, *voilé en la parole*, au cœur de la vérité du peuple, donc dans sa volonté et dans son savoir, autrement dit : il est instauré."[225].

Le Rhin déploie le thème du surgissement – la dynamique même du centre qui, portant à l'extérieur de soi pour annexer à soi, fait cercle en sa violence :

> "Le commencement saute par-dessus ce qui a surgi de lui ; prenant ainsi les devants, il dure au-delà de ce qui demeure, il l'embrasse à partir de sa fin et lui devient ainsi du même coup son but. Une telle origine est capable du maximum. Naissance et rai de lumière font partie d'elle. Naissance veut dire : provenance à partir de la concentration avec laquelle se referme en soi-même le *"giron"*. Mais ce n'est là que l'une des puissances de l'origine ; l'autre est le *"rai de lumière"* ; non pas une clarté quelconque, mais l'éclair – le Dieu, le coup d'œil essentiel du grand vouloir, celui qui veut que vienne à être une configuration. Nécessaire réciprocité des deux."[226]

Derrière le surgissement, fédérant les puissances surgissantes, une unité originale est distinguée, "tendresse" qui est aussi secret de l'Etre : "L'unité originale (...), est celle qui unit dans le faire-surgir et comme telle ; ainsi du même coup ce qui a surgi, elle le tient écartelé dans l'antagonisme de ses puissances essentielles. Cette unification originale et comme telle unique, n'est autre que l'unité régnante que Hölderlin, lorsqu'il parle d'elle, nomme du nom d'*Innigkeit*."[227]. Selon Heidegger, "ce mot est la parole métaphysique fondamentale" pour Hölderlin qui qualifie les Grecs de "*das innige Volk*"[228].

La Physis, grand nom du Centre-Cercle

Hölderlin et Aristote peuvent, de façon un peu surprenante de prime abord, être rapprochés à travers l'examen du concept de *Physis*. Chez les Grecs, le mouvement circulaire, mouvement le plus pur qui soit, se fonde lui-même ; il a la préséance sur le mouvement rectiligne, inaccompli par

---

[223] HEIDEGGER, *Les Hymnes...*, *op. cit.*, p. 143.
[224] HEIDEGGER, *Les hymnes...*, *op. cit.*, p. 162.
[225] *Ibid.*
[226] HEIDEGGER, *Les Hymnes...*, *op. cit.*, p. 228.
[227] HEIDEGGER, *Les Hymnes...*, *op. cit.*, p. 229.
[228] HEIDEGGER, *Les Hymnes...*, *op. cit.*, p. 230.

essence[229]. Dans la physique moderne, cette préséance est subvertie, le mouvement rectiligne devenant la norme. De plus, "le mouvement circulaire n'est plus maintenant la raison fondatrice, mais tout au contraire ce qui justement nécessite une fondation"[230].

Cette dichotomie s'applique dans les même termes à la science et à la pensée, est-il expliqué dans *Nietzsche* : "Tandis que toute exploration scientifique, pour ainsi dire progresse sur une voie rectiligne, afin de toujours reprendre au point même où elle s'était interrompue, il faut que la pensée conceptuelle à chacune de ses étapes fasse au préalable le saut dans le tout et se ressaisisse à chaque fois au centre d'un cercle."[231]. Il en résulte que la pensée conceptuelle véritable se doit d'être au plus proche de la culture grecque.

Donc, dans la physique aristotélicienne, le mouvement circulaire des corps est parfait, indépendant de la terre ; dans la physique moderne, "une *attraction* persistante émanant du centre est nécessaire à la production et au maintien du mouvement circulaire"[232]. Mais cette terre-là (notre planète) n'est pas le "bon" centre, le géocentrisme allant de pair avec l'anthropocentrisme des Lumières. L'œuvre de Hölderlin nous ramène à un centre-cercle véritablement fondateur, parfait, la terre natale, la Nature – l'univers hellénique.

Les paraphrases de Hölderlin nous ouvrent donc les portes d'une Nature qui joue le rôle de *duplicata* de l'Etre. "La Nature, c'est le Tout englobant"[233]. Elle est exprimée dans la poésie, comme l'Etre ; elle exprime l'Un récapitulateur et prégnant :

> "La poésie est ce qui a lieu au fond de l'Etre comme tel. Elle instaure l'Etre ; il faut qu'elle l'instaure parce qu'elle n'est autre, en tant qu'instauration, que le grand bruit d'armes de la Nature même, l'Etre qui s'amène à soi-même dans le mot. (...). Mais toujours l'Etre même, la Nature, en tant que tendresse, est "*pressentante*" (v. 18). Pressentir est cette tonalité qui exalte tout en étant retenue, tonalité en laquelle le secret s'ouvre comme tel, s'épanouit en toutes ses vastitudes et cependant se reploie en Un – où le sans attache s'annonce comme en train de se dompter."[234]

L'analyse du poème *Comme au jour de fête* (1939-40) approfondit la notion de Φυσις, "mot fondamental des penseurs au commencement de la pensée occidentale"[235], qui doit être pensé comme croissance, mais dans le sens suivant : "Φυσις, c'est s'avancer, lever, et s'épanouir, ouverture qui,

---

[229] Cf. HEIDEGGER, *Qu'est-ce qu'une chose ?, op. cit.*, p. 96.
[230] HEIDEGGER, *Qu'est-ce qu'une chose ? op. cit.*, p. 98.
[231] HEIDEGGER, *Nietzsche I, op. cit.*, p. 377.
[232] HEIDEGGER, *Qu'est-ce qu'une chose ?, op. cit.*, p. 96.
[233] HEIDEGGER, *Les Hymnes..., op. cit.*, p. 235.
[234] HEIDEGGER, *Les Hymnes..., op. cit.*, pp. 236-237.
[235] HEIDEGGER, *Approche de Hölderlin, op. cit.*, p. 73.

s'épanouissant, retourne en même temps dans l'avancée, et ainsi se referme dans ce qui à chaque fois donne à tout présent sa présence"[236]. Les choses viennent donc "se placer dans son contour"[237].

La Φυσις a ainsi une structure d'avancée et de retour, d'ouverture et de "fermeture" ; mais elle n'est pas que cercle, elle est aussi, et surtout centre, un peu comme le feu héraclitéen :

> "Φυσις est la levée, la source de l'éclaircie ; elle est ainsi le foyer et le lieu de la lumière. Le rayonnement de la "lumière" appartient au feu, il est le feu. Le feu est en même temps clarté et ardeur. La clarté éclaire et ainsi elle donne seule à tout apparaître l'ouvert et à toute apparition sa perceptibilité. L'ardeur luit, et, ardente, elle porte tout ce qui s'avance au feu de son apparition."[238]

Bref, la nature enflamme – comme l'esprit. Du foyer partent donc des rayons (d'action) qui enflamment ce qui doit apparaître ; il n'y a donc de perceptibilité réelle possible qu'au feu de la "nature" qui est la présence totale elle-même. C'est pourquoi, éclairant, Hölderlin, Heidegger écrit : "Mais alors *la Nature*, si elle est Φυσις, ne doit-elle pas, en tant que *toute présente*, être en même temps celle qui enflamme tout ? C'est pourquoi dans le poème Hölderlin nomme aussi *la Nature* : celle qui crée et qui anime tout."[239]. La grandeur du poète des Allemands est d'avoir pressenti la profondeur du concept de Nature. Encore une fois, ces propos ne sont pas "directement politiques", mais ils forgent une disposition d'esprit qui corrobore un type de mouvement et de structuration politiques.

Über die Φυσις bei Aristoteles (1940) réexamine certains passages de la *Physique* d'Aristote, aux fins de montrer chez celui-ci une trace du grand commencement. Cet opuscule nous fait découvrir la même structure. La "Nature" désignant, à travers l'histoire occidentale, l'étant dans son ensemble, Heidegger invite à considérer le "lieu commun" entre Nature et Histoire, qui permet de comprendre la dimension métaphysique de la φυσις : "La métaphysique est le savoir où l'humanité occidentale, c'est-à-dire historiale, garde et sauvegarde la vérité des références à l'étant dans son ensemble et la vérité qui porte sur l'étant dans son ensemble. La métaphysique est dans un sens tout à fait essentiel une "physique" – autrement dit un savoir de la φυσις (ἐπιστημη φυσική)."[240].

Dès l'abord, Heidegger a cité un texte de Hölderlin où le mot "Nature" est un nom pour "être"[241] et son étude se termine par une citation du

---

[236] HEIDEGGER, *Approche..., op. cit.*, p. 74.
[237] *Ibid.*
[238] *Ibid.*
[239] *Ibid.*
[240] HEIDEGGER, *Ce qu'est et comment se détermine la Physis*, dans : *Questions II, op. cit.*, pp. 181-182.
[241] Cf. HEIDEGGER, *Questions II, op. cit.*, p. 180.

fragment 123 de Héraclite où il traduit sans hésiter "Φυσις" par "l'Etre"[242]. A l'intérieur de cet "encadrement", il développe, par une méditation sur Aristote, un rapprochement des concepts de *physis* et d'*être* qui passe, ici encore, par la circularité-centralité.

Sont récusés la distinction "Nature-Esprit"[243], la conception de l'être "comme mouvement"[244], jugés non-grecs et donc non-philosophiques[245]. Par contre "la φυσις est ἀρχη, et donc *origine pour* et *pouvoir sur* la mobilité et le repos, à savoir de quelque chose qui est en mouvement et qui a lui-même cet ἀρχή."[246]. C'est donc une conception très originaire de la φυσις que défend Heidegger, en la pensant comme pouvoir. En ce sens, elle n'est évidemment pas l'opposé du "*Geist*", mais l'un et l'autre sont les deux faces d'une même médaille, *qui est circulaire*.

Comment "agit" la φυσις ? "... ce qui est déterminé par la φυσις non seulement demeure, dans son mouvement, auprès de soi, mais, en se déployant conformément à la mobilité (à la μεταβολή), il retourne justement en lui-même. (...). L'épanouissement qui se déploie est, quant à soi, un retourner-en-soi ; cette manière de déployer l'être, voilà la φυσις."[247]. Bref, à l'instar du centre-cercle, elle doit être saisie comme "le pouvoir originaire sur la mobilité de l'étant mobile à partir de soi-même et en direction de soi-même"[248]. La φυσις est "aller-en-retour-en-soi-même"[249].

Mais elle est plus ; ainsi conçue, elle est identifiable à/au mouvement de l'être lui-même : "Φυσις est οὐσια, c'est-à-dire étance : cela qui désigne et signe l'étant comme un étant – précisément l'être"[250]. Cette réciprocité être-φυσις est un postulat : "L'être de la φύσις et la φύσις comme être restent indémontrables, parce qu'ils n'ont pas besoin d'une démonstration ; ils n'ont pas besoin d'une démonstration parce que, chaque fois que l'étant qui est à partir de la φυσις se dresse dans l'ouvert, la φυσις elle-même s'est déjà montrée et est en vue."[251].

La φυσις s'avère une et unifiante elle-même. Dans une première lecture, elle peut apparaître ambivalente – d'une part "pouvoir originaire", ἀρχη, de l'autre "μορφη" – mais de cette dualité, résulte "l'unicité de son déploiement"[252]. Elle rappelle donc l'énergie première, le Commencement, l'origine de l'*Ereignis*.

---

[242] Cf. HEIDEGGER, *Questions II, op. cit.*, p. 275.
[243] HEIDEGGER, *Questions II, op. cit.*, p. 184.
[244] HEIDEGGER, *Questions II, op. cit.*, p. 186.
[245] Cf. *ibid.*
[246] HEIDEGGER, *Questions II, op. cit.*, pp. 190-191.
[247] HEIDEGGER, *Questions II, op. cit.*, p. 202.
[248] HEIDEGGER, *Questions II, op. cit.*, p. 212.
[249] HEIDEGGER, *Questions II, op. cit.*, p. 273.
[250] HEIDEGGER, *Questions II, op. cit.*, p. 209. Cf. aussi p. 244.
[251] HEIDEGGER, *Questions II, op. cit.*, p. 213.
[252] HEIDEGGER, *Questions II, op. cit.*, p. 272.

"Φυσις, Aristote la conçoit ici dans la *Physique* comme l'étance (ουσια) d'une région propre (en elle-même délimitée) de l'étant – ce qui croît, par opposition à ce qui est fait."[253]. Cette conception de la φυσις comme un genre de l'ουσια, Heidegger la retrouve non seulement dans la *Physique* mais au livre *Gamma* de la *Métaphysique*. Cependant, il observe, peu avant, dans le même traité : "l'ουσια (l'être de l'étant comme tel et en sa totalité) est φύσις τις, quelque chose comme une φυσις."[254]. Heidegger voit dans cette formulation "un *écho tardif* de la grande emprise de la philosophie grecque"[255] ; "de cette φυσις lancée et ouverte comme être de l'étant" qui "nous reste même à *nous* encore, quand nous parlons de la "nature" des choses, de la "nature" de l'état et de la "nature" de l'homme – voulant dire par là non les "fondements" naturels (physiques, chimiques et biologiques), mais bien l'*être et le déploiement* de l'étant, un point c'est tout."[256].

Les caractères structuraux de la φυσις s'appliquent donc, *mutatis mutandis*, à l'être de l'étant ; d'autre part, ou dans ce même esprit, le péremptoire "un point c'est tout" bouclant l'énoncé de la grande découverte n'est pas le moins révélateur – il est à prendre *sensu stricto*. Effectivement, le point – à condition de trouver le *bon* point – est le *tout*. La "vraie" métaphysique est ainsi Φυσις, au sens le plus fort et le plus originaire du mot, et donc *antérieurement* à la séparation (arbitraire, extrinsèque) entre les écrits physiques et métaphysiques d'Aristote. C'est, comme chez Kant ou Hegel, l'antérieur – avant bifurcation, déviance – qui gît au plus proche de l'essence de la vérité. Mais quand bien même l'être de l'étant serait "saisi" de manière plus originaire chez Heidegger que chez Aristote, l'un et l'autre conçoivent cet originaire comme centre-cercle, – et c'est cette constance qui me paraît l'essentiel. Ce *point*, nous le retrouverons chez Hegel (relu par Heidegger).

Selon la même logique, la "terre" évoquée dans *L'origine de l'œuvre d'art* est un autre prénom du centre-cercle : "La terre est par essence ce qui se referme en soi. Faire-venir la terre signifie : la faire venir dans l'ouvert en tant que ce qui se renferme en soi"[257]. L'Un est également au rendez-vous : l'unité de l'être-œuvre, où s'appartiennent solidairement le "mettre en place un monde" et le "faire venir la terre", est un recueillement, un repos sur soi, immobile, incluant le mouvement[258].

---

[253] HEIDEGGER, *Questions II, op. cit.*, p. 273. Le mot ουσια est ici rendu par "étance" (ce qui correspond à la traduction proposée par Couloubaritsis, cf. *Histoire de la philosophie ancienne et médiévale*, Grasset, Paris, 1998, pp. 350 svv.).

[254] HEIDEGGER, *Questions II, op. cit.*, p. 274.

[255] *Ibid.*

[256] *Ibid.*

[257] HEIDEGGER, *Chemins..., op. cit.*, p. 51.

[258] Cf. HEIDEGGER, *Chemins..., op. cit.*, pp. 51-52.

La beauté (de la terre), annonce le poème *Andenken*, est le moyen terme pour rapprocher et identifier l'Etre et l'Un : “La beauté est la présence de l'Etre. L'Etre est le vrai de l'étant. (...). La beauté est l'Un qui unit originellement. Cet Un ne peut apparaître que lorsqu'il est, en tant qu'Unissant, rassemblé vers son Unité.”[259]. La condition de l'apparaître de l'Etre-Un est le rassemblement vers l'Un-Centre unissant : en se tournant vers le centre, l'étant (qui procède de la périphérie) trouve sa vérité. La source centrale, qui permet au Propre d'être Soi, au pays, c'est bien l'Unique : “La richesse est essentiellement source, la seule source à laquelle le Propre puisse devenir propriété. La source est le déploiement de l'Un en l'inépuisable de son unité. L'Un qui est ainsi est l'Un singulier : il est le Simple.”[260].

Cette source est persistance, fixité au milieu de la différence du langage, enseigne *Hölderlin et l'essence de la poésie* : “Depuis quand sommes-nous un dialogue ? Là où doit être *un* dialogue, la parole essentielle doit rester relative à l'Un et au Même. (...). Mais l'Un et Même ne peut être révélé qu'à la lumière de quelque chose qui persiste et demeure.”[261].

La définition “positive” de l'Etre proposée dans *Concepts fondamentaux* rappelle la structure unitaire du *Logos* héraclitéen : “l'être est ce qu'il y a de plus commun tout en étant l'unique”[262]. Là encore la multiplicité est subsumée par l'unicité :

> “*L'être n'a nulle part ni en aucune façon son pareil. Face à chaque étant, l'être est unique*. (...). Unique, l'être est du même coup incomparable, tandis que l'étant est à tout moment comparable et assimilable à l'étant. (...). Or l'être est partout *le Même*, à savoir soi-même. Etre pareil, cela suppose altérité et pluralité. Pour être le même, l'être n'a besoin, *en tout et pour tout*, que de l'unicité.”[263].

La preuve en est que les Grecs de l'Aurore de la pensée, vers lesquels il faut se tourner, assimilaient Etre et Un :

> “Qu'il nous suffise de rappeler que la pensée grecque – et qui plus est, dès son aurore – a posé l'équivalence de l'étant, το όν, et de το ѐυ, l'Un ; dans la pensée pré-platonicienne, l'être est même caractérisé par l'“unité”. A ce jour, la “philosophie” a omis de méditer ce que visent les penseurs antiques par ce ѐυ. Et surtout, on ne s'est pas demandé pourquoi, dès le commencement

---

[259] HEIDEGGER, *Approche de Hölderlin, op. cit.*, p. 172.
[260] HEIDEGGER, *Approche..., op. cit.*, p. 170. Sur la signification poético-politique de l'approche de l'Un, voir aussi *supra* mon chapitre II.
[261] HEIDEGGER, *Approche..., op. cit.*, p. 50.
[262] HEIDEGGER, *Concepts fondamentaux, op. cit.*, p. 73.
[263] HEIDEGGER, *Concepts fondamentaux, op. cit.*, p. 74.

de la pensée occidentale, l'"unité" est si indiscutablement attribuée à l'être comme la marque distinctive de son essence."[264]

L'occasion est en effet donnée, avec les écrits de Heidegger, de penser plus profondément l'Etre-Un, mais aussi de découvrir les "lois politiques" de toute métaphysique, y compris de ce discours ontologique qui prétend la dépasser : Heidegger enjoint de se demander – enfin – pourquoi être et unité vont indissolublement ensemble, mais, *ce faisant, il nous aide à comprendre la structuration ontologique permanente dont la pensée incarne à la fois la pérennité et l'éphémère résurrection.*

La lecture d'Anaximandre conforte la vision traditionnelle de l'Etre comme Même, Un, Cercle : "Ce Même et Un en sa nécessité, cet Unique en son unité, cet initial en son unicité, n'est autre que l'*emprise du commencement* (*der Anfang*)."[265]. Ce Même est identifiable à l'être à partir du constat fondamental de l'entrée en présence, appelée ici transition : "La transition contient ainsi en soi ce Même à partir duquel, et vers lequel, surgissement et évanouissement déploient respectivement leur essence ; la transition est même le pur surgissement de ce Même. Ce Même est l'être même."[266]. L'être, comme même, *décrit ce parcours du centre* selon un mouvement "illimité" qui va revenir à soi, dessinant ainsi la courbure circulaire : "l'être *"est"* initialement l'injonction qui empêche toutes les limites au sens de la consistance. Dans un tel empêchement, l'injonction réchappe en se sauvant *vers* elle-même dans le Même qu'elle-même est."[267]. En ce sens, la pensée présocratique est encore exemplaire de la familiarité avec l'Etre, au Commencement.

Permanence du logocentrisme

Comme tout se tient, le *Logos* est créateur d'unité. Chez Aristote, il déterminait encore les catégories, "c'est-à-dire l'être de l'étant"[268]. La liaison du sujet et du prédicat "est toujours un assemblement qui représente eu égard à un mode possible d'unité, qui caractérise l'être-ensemble. Dans cette caractérisation du jugement luit encore avec pâleur le sens originel du λογος, comme *rassemblement.*"[269]. Le *logos* moderne devient "raison pure" se déployant selon des principes mathématiques[270]. En modifiant insensiblement la conception de la "logique" – non plus comme rapport

[264] HEIDEGGER, *Concepts fondamentaux, op. cit.*, p. 97.
[265] HEIDEGGER, *Concepts fondamentaux, op. cit.*, p. 151.
[266] HEIDEGGER, *Concepts fondamentaux, op. cit.*, p. 154.
[267] HEIDEGGER, *Concepts fondamentaux, op. cit.*, p. 158.
[268] HEIDEGGER, *Qu'est-ce qu'une chose ? op. cit.*, p. 116.
[269] HEIDEGGER, *Qu'est-ce qu'une chose ? op. cit.*, p. 195. Cf. aussi pp. 75 svv.
[270] Cf. HEIDEGGER, *Qu'est-ce qu'une chose ?, op. cit.*, pp. 117 et 166.

de concepts, mais comme unité objective – Kant a esquissé un retour à la conception originelle du *Logos*[271].

La pensée héraclitéenne du *Logos* unifiant se retrouve dans *Ce qu'est et comment se détermine la Physis* : pour Heidegger, qui s'y réfère, *Logos* vient de λεγειν, qui se traduit en latin *legere* et en allemand *lesen* :

> "*Lesen*, rassembler en cueillant, cela veut dire : l'éparpillé et sa multiplicité, le ramener ensemble à une unité, et cet Un, simultanément, le porter-*auprès* et le remettre-*à* (...) – où cela ? Dans le non-retrait de l'entrée dans la présence (...). Λεγειν – en direction de l'Un, ensemble, et cela, rassemblé, c'est-à-dire entrant simultanément dans la présence, le porter-auprès – cela ne veut pas moins dire que : de l'antérieurement en retrait, le rendre manifeste, le laisser se faire voir dans son entrée dans la présence."[272]

Même redondance dans le cours de l'été 1944, *Logik. Heraclits Lehre vom Logos*, qui servira de base à la conférence *Logos* du Club de Brême : "Le Λογος est le rassemblement originel du recueillement (*Lese*) initial à partir de la pose (*Lege*) initiale"[273]. A cette occasion, Heidegger développe sa propre interprétation du fragment 50 d'Héraclite, contre l'exégèse habituelle :

> "Ἑν Παντα n'est pas *ce que* le Λογος déclare, il dit de quelle façon le Λόγος déploie son être. Ἑν est l'Un-Unique au sens de ce qui unit. Il unit en rassemblant (...). L'Un-Unique unit comme Pose recueillante. Cet Unir qui recueille et pose rassemble en lui l'Unissant, de sorte que l'Unir *est* cet Un et, comme tel, l'Unique."[274]

Pourtant les écrits postérieurs conduiront – inconsciemment ? – à des effets en chaîne qui, au-delà de Heidegger, rendront possible la déconstruction du logocentrisme. Mais n'allons pas trop vite : pour que le *Logos* cesse d'être la "voie royale" de l'Etre, il faut que les Grecs ne soient plus considérés comme ayant "pensé" l'Etre – et donc *qu'il appartienne à l'Etre même de se refuser à la pensée.* Pour que l'idée d'un Etre impensable ait pu germer, il a fallu la preuve irrécusable que son avènement historial ne pouvait se produire. Sur le chemin heideggerien de cette "prise de conscience" capitale, on trouve encore Hegel, Platon et Nietzsche. Le lecteur comprendra pourquoi c'est dans cet ordre qu'ils arrivent ici.

---

[271] Cf. HEIDEGGER, *Qu'est-ce qu'une chose ?, op. cit.*, pp. 169-170.

[272] HEIDEGGER, *Questions II, op. cit.*, p. 238.

[273] HEIDEGGER, *Essais et conférences, op. cit.*, p. 260.

[274] HEIDEGGER, *Essais et conférences, op. cit.*, p. 266. A propos des différentes interprétations du fragment 50, voir *L'aube de l'Un*, pp. 34-36.

Un autre nom de l'Etre est l'*expérience* au sens hégélien, ce sens qui apparaît au quatorzième paragraphe du texte fondamental situé immédiatement après la préface à l'édition de 1807 de la *Phénoménologie de l'Esprit* : "Que nomme Hegel avec le mot "expérience" ? Il nomme l'être de l'étant. L'étant est devenu entre-temps sujet et, avec celui-ci, objet et objectif. Etre signifie depuis l'aurore de la pensée : se déployer en présence."[275]. Bien que Hegel appartienne à l'horizon de la pensée des Temps modernes (de sorte que "La Philosophie est maintenant le savoir inconditionné à l'intérieur du savoir de la certitude-de-soi. Le savoir comme tel est devenu le foyer propre de la philosophie. La nature entière de la philosophie est désormais constituée par l'inconditionné se-savoir du Savoir. La philosophie est *la* Science"[276]), il entrevoit la venue de l'être à la présence, et le "*sein*" de "*bewust-sein*". Grâce à l'acception du concept (hégélien) d'absolu, une telle "indulgence" heideggerienne est possible.

Dans le scepticisme hégélien, Heidegger décèle non seulement un "détour" qui ramènera, par un dépassement, à une "synthèse", mais l'attitude fondamentale par laquelle les grand penseurs entretiennent le questionnement, pourvu qu'à la *skepsis* soit – évidemment – rendu son sens originel de regard de l'étant en tant que tel :

> "Son inspect a vu d'emblée l'être de l'étant. A partir de cette vue, elle considère la chose en cause. Les penseurs sont originairement les Sceptiques de l'étant à partir de la *skepsis* dans l'être. La *skepsis* se meut et se tient dans la lumière du rayon en la figure duquel l'absoluité de l'absolu, qui en soi et pour soi est auprès de nous, nous touche déjà."[277].

Cette *skepsis* apparaît ainsi comme un nouveau nom du vécu de la "circularité ontologique" dont la conscience est le lieu : "En pareille venue, l'apparaissant lui-même s'en va, dans la mesure où il se prend pour le réel. Cet aller-et-venir uni en soi constitue le mouvement qu'*est* la conscience elle-même. (...). Ainsi la conscience est, à chaque moment respectif, une figure."[278]. Autrement dit, la conscience fait cercle.

Heidegger effectue en ce sens une relecture du concept de *dialectique*, comme le mouvement de recueillement entre le savoir pré-ontologique et

---

[275] HEIDEGGER, *Chemins..., op. cit.*, p. 219. *Hegel et son concept de l'expérience* (*Hegels Begriff der Erfahrung*, 1942-43) prolonge et introduit à la fois le cours de 1930-31 publié sous le titre *La "Phénoménologie de l'esprit" de Hegel* (cf. *supra* § 1).

[276] HEIDEGGER, *Chemins..., op. cit.*, p. 163. Ceci découle de l'extension optimale de la conscience du je-pensant et de l'esprit scientifique expérimental : "Le vrai, c'est ce qui, sous l'horizon de l'inconditionnelle conscience de soi-même, est su." (p. 167).

[277] HEIDEGGER, *Chemins..., op. cit.*, p. 187.

[278] *Ibid.*

le savoir réel, par lequel la conscience perd ainsi son caractère subjectif agissant pour devenir un laisser être :

> “La conscience est, en tant que conscience, son mouvement ; car elle est la comparaison entre le savoir ontatique-préontologique et le savoir ontologique. Celui-là assigne celui-ci. Mais celui-ci pose à celui-là l'assignation qu'il soit sa vérité. Entre (δια) l'un et l'autre, il y a la parole de ces assignations, il y a un λέγειν. En ce dia-logue, la conscience s'adresse sa vérité. Le διαλεγειν est un διαλέγεσθαι. Mais le dialogue ne s'arrête pas à *une* des figures de la conscience. Il va, comme le dialogue qu'il est, à travers (δια) toutes les figures de la conscience. Au cours de cette traversée complète, il se recueille en la vérité de son essence. Le recueil qui traverse tout διαλεγειν, est un Se-recueillir, διαλέγεσθαι.[279]

Ainsi l'expérience (de l'être) est-elle – au moins dans ce texte de Hegel – plus fondamentale que la/le dialectique, ce qui permet d'écrire : “Le dialectique ressortit, en tant que guise de l'apparaître, à l'être, lequel se déploie à partir de la présence comme étantité de l'étant. Hegel ne conçoit pas l'expérience dialectiquement ; il pense le dialectique à partir de l'essence de l'Expérience.”[280]. Celle-ci est rien moins que celle du déploiement de l'être en présence, ou de la “parousie de l'absolu”[281]. Pour que l'expérience accède à son essence, pour que l'expérience authentique ait lieu, il faut qu'elle se retourne – et ce retournement s'avère être la *skepsis* même[282], c'est-à-dire qu'elle ne soit plus le lieu d'une intervention active de l'homme mais un abandon, un laisser-apparaître, une sorte d'envahissement : “Hegel dit que l'expérience est le mouvement que la conscience elle-même exerce sur elle-même. Cet exercice n'est rien d'autre que le règne de la puissance, forme sous laquelle la volonté de l'absolu veut qu'il soit présent auprès de nous en son absoluïté.”[283].

Le Hegel de ce texte aurait donc compris le mouvement circulaire fondamental, si l'on entend l'absolu comme un autre nom de l'être, ce qui fait que notre essence appartienne à l'absoluité de l'absolu[284]. Heidegger célèbre ce caractère sûr de lui et dominateur de l'absolu : “La présentation se pourvoit de la puissance de la volonté par laquelle l'absolu veut sa présenteté”[285], ou encore : “l'absolu a besoin, en son absoluité, du trône comme de ce haut lieu en lequel il peut s'établir sans s'abaisser”[286]. Plus loin, il évoque “l'extrême violence de la volonté de parousie”[287] (qui n'est

---

[279] HEIDEGGER, *Chemins..., op. cit.*, p. 223.
[280] HEIDEGGER, *Chemins..., op. cit.*, p. 224.
[281] HEIDEGGER, *Chemins..., op. cit.*, p. 226.
[282] Cf. HEIDEGGER, *Chemins..., op. cit.*, p. 232.
[283] HEIDEGGER, *Chemins..., op. cit.*, p. 231.
[284] Cf. HEIDEGGER, *Chemins..., op. cit.*, p. 232.
[285] HEIDEGGER, *Chemins..., op. cit.*, p. 235.
[286] HEIDEGGER, *Chemins..., op. cit.*, p. 247.
[287] HEIDEGGER, *Chemins..., op. cit.*, p. 251.

pas sans rappeler le "surgissement" et la "sauvageté" des paraphrases de Hölderlin).

Une relecture, également, du concept d'*aliénation* peut, dans ce contexte, avoir lieu, et qui montre, une fois de plus, comment Heidegger inscrit constamment dans une circularité pleine, l'opération de présentification :

> "L'apparaissant s'aliène dans son apparaître. Par cette aliénation, la conscience atteint à la dernière *extrémité* de son être. Mais ainsi elle ne s'en va pas de soi ou de son essence ; et l'absolu ne tombe pas, par l'aliénation, dans le vide de sa faiblesse. L'aliénation est bien plutôt la retenue de la plénitude de l'apparaître *à partir de la force* de cette volonté où *règne* la parousie de l'absolu. L'aliénation de l'absolu est son intériorisation dans la marche de l'apparaître de son absoluité. L'aliénation est si peu aliénation dépaysante dans l'abstraction que c'est par elle seulement que l'apparaître retrouve au contraire son *foyer* propre dans l'apparaissant comme tel."[288]

Hegel utilise, dès le premier paragraphe, la métaphore bien connue – de Platon à Heidegger – du rayon (de soleil), du trait irradiant, par laquelle l'absolu vient auprès de nous (parousie), métaphore que Heidegger fait sienne[289], puis explicite ainsi :

> "Hegel semble vouloir répondre aux exigences critiques de la représentation naturelle concernant un examen de la connaissance. Mais en vérité il lui tient à cœur de nous renvoyer à l'absolu en sa parousie auprès de nous. Par ce renvoi, nous ne sommes proprement renvoyés à rien d'autre qu'au rapport à l'absolu dans lequel nous nous trouvons déjà."[290]

Heidegger reprend la phrase déjà citée et commentée dans *La "Phénoménologie de l'Esprit" de Hegel*[291]. Cette "phrase grandiose" est celle où la conscience atteint le "point" du savoir absolu, d'où s'étend un règne de puissance :

> "L'apparaître est maintenant la présence sur le mode de la présentation dans l'orbe de la représentation. L'apparaître du savoir apparaissant est la présence immédiate de la conscience. Mais cette présence se déploie sur le mode de l'expérience. Avec elle, l'absolu, l'esprit accède à l'"entier royaume de la vérité" (...). A partir de cette pure épiphanie, règne la puissance qui exerce sur la conscience même le mouvement de l'expérience. La puissance de l'absolu qui règne dans l'expérience "pousse la conscience vers la vraie existence". Existence signifie ici la présence sur le mode de l'apparaître à

[288] HEIDEGGER, *Chemins..., op. cit.*, p. 233. Souligné par moi.
[289] Cf. HEIDEGGER, *Chemins..., op. cit.*, p. 161.
[290] HEIDEGGER, *Chemins..., op. cit.*, p. 162.
[291] Cf. *supra* mon chapitre II, § 1.

soi. C'est ici, en ce point, que la pure apparition de l'absolu coïncide avec le déploiement de son être."[292]

Il n'est pas besoin de longs développements pour souligner la parenté thématique avec certains passages de *Sein und Zeit* et certains textes de l'époque du Rectorat. Mais l'œuvre *La Phénoménologie de l'Esprit* évoque elle-même, pour Heidegger, un cercle parfait, dont l'extrait cité serait à la fois le noyau récapitulateur – et non l'introduction[293] – en même temps qu'un commencement que viendrait rejoindre l'extrême fin du texte : "Dans l'"auprès de nous", au début du morceau, la nature du "nous" est encore impensée. Dans le "pas sans nous" à la fin de l'œuvre, la nature du "nous" s'est déterminée. (...). L'anneau s'est fermé. Le dernier mot de l'œuvre, comme un écho, retourne se perdre en son début."[294]. Hegel (avec Heidegger) boucle la boucle.

Il y a plus. Comme pris dans la fascination de la structure centro-circulaire, Heidegger s'attache au caractère central du mot *expérience* à travers la genèse des titres. Entre les quinzième et seizième paragraphes, Hegel a écrit : "Par cette nécessité, le chemin vers la Science est déjà lui-même *Science*, et par là, selon le contenu de celle-ci, Science de l'*expérience de la conscience*."[295]. Or, comme le remarque Heidegger dès le cours de 1930-31, la *Phénoménologie de l'Esprit* s'intitulait précédemment *Science de la phénoménologie de l'esprit*, et auparavant encore, *Science de l'expérience de la conscience*[296]. Dans *Holzwege*, la démonstration est devenue plus éprise du centre :

"Les deux génitifs "de l'expérience" et "de la conscience" ne nomment pas un génitif objectif mais un génitif subjectif. C'est la conscience, et non pas la Science, qui est le sujet se déployant sur le mode de l'expérience. Mais l'expérience est le sujet de la Science. D'autre part, il n'est pas contestable que le génitif objectif ne garde son sens qu'autant que le génitif subjectif ne perd pas le sien. Pensés exactement, aucun des deux n'a une prééminence sur l'autre. Les deux nomment en sa subjectivité la relation sujet-objet du sujet absolu. C'est en gardant *les yeux fixés sur* celui-ci – qui a son essence dans l'expérience – que nous devons lire ce titre à travers le *foyer du mot médiateur*, et à la fois dans un sens et dans l'autre, d'arrière en avant et ensuite toujours davantage vers l'avant."[297]

Pourtant, Hegel a reculé devant le Centre-foyer, comme le Kant de la *Critique* : "Pourquoi Hegel a-t-il renoncé au titre d'abord choisi de

---

[292] HEIDEGGER, *Chemins...*, *op. cit.*, p. 238.
[293] Cf. HEIDEGGER, *Chemins...*, *op. cit.*, p. 248.
[294] *Ibid.*
[295] Cité par Heidegger, dans *Chemins....*, *op. cit.*, pp. 158 et 235.
[296] Cf. HEIDEGGER, *La "Phénoménologie de l'Esprit" de Hegel*, *op. cit.*, p. 28.
[297] HEIDEGGER, *Chemins...*, *op. cit.*, p. 240. Souligné par moi.

"Science de l'*Expérience* de la Conscience" ? Nous ne le savons pas. Mais nous pouvons le présumer. S'effrayait-il devant ce mot d'"Expérience" placé par lui-même, en italique, au centre ? Ce mot est maintenant le nom pour l'être de l'étant."[298]. Impensé suprême chez notre auteur que le rapprochement entre la *position* centrale du signifiant et la *prééminence* absolue du signifié questionné sans relâche : oui, pourquoi Hegel a-t-il oublié le maître-centre, bâtissant un système à la structure circulaire désormais superficielle ? C'est un coup de la "philosophie d'école"[299] !

Pour comprendre ce "coup" (bas) dans toute son ampleur, il faut maintenant se pencher sur la dérive moderne, dont Platon est le lointain ascendant : comment des *centres concurrents* ont-ils pu apparaître et régner, confortant l'occultation de l'Etre ? Ensuite, comment l'épuisement de la possibilité de cette concurrence et même de cette suprématie conduit-il au rêve d'une parousie originelle de l'Etre ? Enfin, comment l'historialité elle-même joue-t-elle un (mauvais) tour à l'Etre, et donc à la philosophie ?

Le Centre usurpateur : l'Un-Bien

La magistrale et célèbre démonstration de *La doctrine de Platon sur la vérité*[300] n'a pas à être reprise ici : l'intelligentsia philosophique a intériorisé la "dérive" de la vérité-dévoilement vers la vérité-*adequatio*-

[298] HEIDEGGER, *Chemins...*, *op. cit.*, p. 242.

[299] Ainsi Hegel qualifie-t-il le mot de "phénoménologie" qui remplacera celui d'expérience : cf. HEIDEGGER, *Chemins...*, *op. cit.*, p. 243.

[300] *Platons Lehre von der Wahrheit* a été une première fois rédigé en 1930-1931 – vers la même époque que *De l'essence de la vérité* – puis réécrit en 1940 et imprimé en 1942. Comme je ne connais que le texte publié, je le place et traite ici, tout en étant conscient que les idées principales étaient déjà évoquées par Heidegger avant le Rectorat. Dans son livre, Wolin confère à cet essai, qu'il date de 1931-32, un statut important de "correction" des aspects trop métaphysiques (ou trop anthropologiques) de *S.u.Z.* ; il y voit une influence des lecteurs de Nietzsche et un intérêt grandissant de Heidegger pour la crise socio-culturelle de l'Occident et pour la politique comme réponse à cette crise des valeurs (cf. *op. cit.*, pp. 112-115 et 133-135). Il est donc possible que Heidegger, dès avant le Rectorat, ait entrevu une solution de type politique à la crise de la métaphysique jusque dans la radicalité de celle-ci par rapport à la conception de la *vérité* : "La solution politique, si elle existe, doit elle-même avoir un *caractère éminemment métaphysique* : elle doit établir une *relation entièrement nouvelle entre l'homme et l'Etre*. Il faut donc qu'elle soit non-platonicienne ; elle doit se fonder sur une conception de la vérité entièrement différente de celle qui a dominé l'Occident durant 2.500 ans. Une politique authentique de l'Etre doit tendre à la restauration de la polis grecque préplatonicienne sous une forme moderne. Car ce n'est qu'à cette condition que la notion de "vérité comme *alétheia*" a pu éclore" (WOLIN, *op. cit.*, p. 135). Si cette analyse paraît juste à l'échelle de l'itinéraire philosophique heideggerien, il faut cependant observer que le *Discours de Rectorat* se réclame encore de Platon (cf. *supra*, § 2). Sur ce texte, voir aussi DE SAINT GERMAIN, *op. cit.*, pp. 242-246.

exactitude, et les contradictions qui subsistent chez Platon et Aristote[301] quant à cette dualité. Mais plutôt que de contempler, ébahis, cette démonstration et d'en rajouter à sa célébration, efforçons-nous de penser les *conséquences*, pour l'homme moderne, d'un retour, *d'un pas en arrière vers une vérité-dévoilement.*

C'est une vérité qui n'a plus son siège dans le jugement *humain*, mais dans la chose même ; on retourne donc en deçà d'une conception de la subjectivité, comme "source" de vérité, pensée comme exactitude ou comme "véracité" – conception que Nietzsche lui-même n'a pas surmontée ou questionnée[302] ; dans l'*a-lètheia*, c'est l'homme-*Dasein* qui laisse venir la chose, et non plus l'homme-sujet qui la perçoit et la juge. Plus originaire que la *ratio* : l'expérience du dé-voilé.

D'autre part, la prééminence de l'ἰδεα sur l'ἀληθεια détectée dans la *République* de Platon fait question : non plus "comment l'ἰδεα s'y prend-elle pour acquérir ce statut ?" (ou autre question de ce genre) mais bien "quelle ἰδεα ?". C'est l'Idée *de Bien.* Heidegger écarte d'emblée la dimension morale, qu'il évacue de la pensée grecque et apparente à la notion de *valeur* apparue au dix-neuvième siècle[303]. La conception éthique est ravalée au sens moderne de *bien* présenté comme "bien-être de la prospérité" ou "ordre de la bonne organisation"[304], après quoi le "vrai sens" de l'ἀγαθον grec est donné : "ce qui est apte à quelque chose et qui rend apte à quelque chose"[305]. Ce sens est répété dans les cours de 1940 et 1941 sur Nietzsche[306].

Le Bien est donc l'idée suprême comme source de toute possibilité et comme ce qui est le plus haut. Cette "inaptitude" de Heidegger à penser l'ἀγαθον autrement que comme "aptitude", et le *Bien* au sens éthique le plus profond et le plus universaliste, est assez cohérente avec sa pensée : le retour en deçà de la métaphysique est grec, le "grec" est en deçà de la morale. Nietzsche, encore "dans" la métaphysique, ne pouvait que faire une lecture "morale" du platonisme et proposer un renversement des "valeurs".

---

301 Sur les distorsions que Heidegger fait subir dès les années 20, au texte d'Aristote à propos de la vérité de l'étant, cf. A. DROZ, *Parcours philosophique, T. 2, D'Aristote à Heidegger*, L'Harmattan, Paris, 2001, pp. 9-27.

302 Cf. HEIDEGGER, *Nietzsche I, op. cit.*, p. 400.

303 Cf. HEIDEGGER, *Questions II, op. cit.*, p. 148.

304 HEIDEGGER, *Questions II, op. cit.*, p. 149.

305 *Ibid.* Sur les interprétations de la transcendance de l'ἀγαθον par Heidegger, cf. BOUTOT, *op. cit.*, p. 167-173.

306 Cf. HEIDEGGER, *Nietzsche II, op. cit.*, pp. 179, 182, 219-220, et aussi p. 334 : si Thomas d'Aquin traduit ἀγαθον par *bonum*, Heidegger ne sent évidemment pas sa traduction fragilisée. Au contraire, il avance que Thomas pense, comme Platon, l'Etre-Dieu comme aptitude totale, sommet de causalité. Rien n'est plus étranger à la pensée de Heidegger que de voir dans l'Un-Bien platonicien une préfiguration du "Dieu-Amour" chrétien.

Si l'Un-*Bien* est centre chez Platon, il est aussi le lointain père de l'humanisme et de la subjectivité, par lesquels sont devenus possibles le renversement de la théocratie vers la démocratie, et aussi l'esprit scientifique moderne, où l'homme est le centre du monde. Heidegger ne s'y trompe pas :

> "Le début de la métaphysique, qui s'observe dans la pensée de Platon, est en même temps le début de l'"humanisme". Ce mot doit être ici pensé en mode essentiel, donc en son acception la plus large. "Humanisme" désigne alors le processus – lié au début, au développement et à la fin de la métaphysique – par lequel l'homme, dans des perspectives chaque fois différentes, mais toujours sciemment, se place en un centre de l'étant, sans être encore lui-même, pour autant, l'Etant suprême."[307]

Ce thème sera encore développé dans la *Lettre sur l'Humanisme*[308]. Retourner à une pensée (de l'Homme mais avant tout de l'Etre) pré-humaniste et pré-platonicienne revient à retourner à (ou postuler) une pensée pré-éthique ou a-éthique, dans la mesure où le centre plus originaire que l'Un-Bien cesse d'être *Bien* pour être seulement *Un*, et où l'homme ainsi déduit n'est plus "centre" (vision humaniste laïque), ou participant du Centre infiniment bon (vision théologique) mais jeté dans la déréliction et l'angoisse par un Centre plus ferme, plus implacable, in-différent.

La "vérité" heideggerienne équivaut à la perte du sujet, et donc de l'inter-subjectivité dans toute sa consistance éthique occidentale. Le penseur qui remonte à la Source par l'entente authentique se rend radicalement étranger à tout jugement moral : le départ qu'il effectue ne se juge pas à l'aune du moral ou de l'immoral, mais de l'authentique ou de l'inauthentique. On comprend mieux alors le silence de Heidegger sur les aspects moraux de la société qu'il traverse, et singulièrement du régime nazi (et donc de l'holocauste – qui en effet, à bien le lire, n'est pas un problème philosophique).

La conséquence de l'usurpation : l'errance

La même thématique est reprise dans *Vom Wesen der Wahrheit*[309]. Après avoir décrit et écarté, élitisme oblige, le concept courant de vérité, Heidegger s'interroge sur la possibilité intrinsèque de la concordance.

---

[307] HEIDEGGER, *Questions II, op. cit.*, p. 160. Sur l'articulation Platon-Nietzsche dans l'horizon de la métaphysique, du nihilisme, de la théologie, etc. cf. BOUTOT, *op. cit.*, pp. 173-300.

[308] Cf. *supra* mon chapitre II, § 4 et *infra* § 4.

[309] Ce texte a été terminé en 1943, mais avait déjà fait l'objet de communications en 1930 et 1932. La publication sur laquelle se fonde la version française ici utilisée est celle de Klostermann en 1954. Je l'insère ici, tout en sachant que le texte doit beaucoup à la première période. Voir à ce sujet BIRAULT, *op. cit.*, pp. 452-527.

Pour que l'énoncé soit vrai – en l'occurrence : “cette pièce de monnaie est ronde”[310] – il faut que l'homme fasse preuve d'ouverture (apérité) à l'apparaître de la chose. Dès lors que “la vérité n'a pas sa résidence originelle dans le jugement”[311] mais dans l'apérité, celle-ci “se fonde dans la liberté”[312]. Si la liberté est l'essence de la vérité en tant que rendant possible la conformité, elle-même “reçoit sa propre essence de l'essence plus originelle de la seule vérité vraiment essentielle”[313]. Voici donc la liberté soumise à plus grand ou plus profond que soi ; elle ne doit donc surtout pas être pensée comme “libre arbitre” ou “libre examen”, “libertés individuelles”, etc.

Sans ambiguïté, le *Dasein* est situé par rapport à cette liberté ainsi entendue : “L'homme ne “possède” pas la liberté comme une propriété, mais tout au contraire : la liberté, le *Da-sein* ek-sistant et dévoilant, possède l'homme, et cela si originairement qu'*elle* seule permet à une humanité d'engendrer la relation à l'étant en totalité et comme tel, sur quoi se fonde et se dessine toute histoire.”[314]. Cette “liberté comme laisser-être de l'étant”[315] ou comme “directive intrinsèque de conformer son apprésentation à l'étant”[316] est donc, une fois encore, pré-éthique, ou a-éthique, la question éthique ne se pose même pas, et ce “vide” est d'autant plus vite refoulé que l'on passe immédiatement à l'incarnation de cette liberté dans l'Histoire : “L'homme ek-siste signifie maintenant : l'histoire des possibilités essentielles de l'humanité historique se trouve ménagée pour celle-ci dans le dévoilement de l'étant en totalité. Selon la manière dont est présente *(west)* l'essence originaire de la vérité, naissent les quelques décisions capitales de l'histoire.”[317].

D'où le procès des savoirs, de la domination technique, de l'installation dans la vie courante, mais aussi – et c'est plus neuf et plus radical dans le ton – de l'errance :

> “L'agitation qui fuit le mystère pour se réfugier dans la réalité courante, et pousse l'homme d'un objet quotidien vers l'autre, en lui faisant manquer le mystère, est l'*errer (Irren)*. L'homme erre. L'homme ne tombe pas dans l'errance à un moment donné. Il ne se meut que dans l'errance parce qu'il

---

[310] Cf. HEIDEGGER, *Questions I, op. cit.*, p. 168 : toujours le cercle ! Ce n'est pas au hasard que l'on choisit ce qui doit *illustrer* la vérité, laquelle n'est pas (surtout pas !) monnaie courante mais la *pièce* dont on joue et (d') où l'on joue...

[311] HEIDEGGER, *Questions I, op. cit.*, p. 172.

[312] HEIDEGGER, *Questions I, op. cit.*, p. 173.

[313] HEIDEGGER, *Questions I, op. cit.*, p. 175.

[314] HEIDEGGER, *Questions I, op. cit.*, p. 178. Ce que paraphrase Birault : “Heidegger reconduit la vérité vers une liberté qui nous possède plus que nous ne la possédons, Heidegger nous décharge en revanche des formes primitives et essentielles de l'erreur, de l'errer ou de l'errance.” (*op. cit.*, p. 475).

[315] HEIDEGGER, *Questions I, op. cit.*, p. 184.

[316] HEIDEGGER, *Questions I, op. cit.*, p. 179.

[317] *Ibid.*

insiste en ek-sistant et ainsi se trouve toujours-déjà dans l'errance. (...). L'errance est l'antiessence fondamentale de l'essence originaire de la vérité (...). L'errance est le théâtre et le fondement de l'*erreur*. Non pas une faute occasionnelle, mais l'empire de cette histoire où s'entremêlent, confondues, toutes les modalités de l'errance, telle est l'erreur. (...). L'errance domine l'homme en tant qu'elle le pousse à s'égarer. Mais par l'égarement, l'errance contribue aussi à faire naître cette possibilité que l'homme a le moyen de tirer de son ek-sistence et qui consiste à *ne pas* succomber à l'égarement. Il n'y succombe pas s'il est susceptible d'éprouver l'errance comme telle et de ne pas méconnaître le mystère du *Da-sein*."[318]

Semblablement, dans *Überwindung der Metaphysik* (*Dépassement de la Métaphysique*, notes des années 1936 à 1946), sous l'influence de la technique et du mouvement international des affaires, la terre est forcée à sortir du "cercle de son possible" et "apparaît comme le non-monde de l'errance. Du point de vue de l'histoire de l'Etre, elle est l'astre errant."[319].

Annonciatrice du *Gestell*, l'errance a donc essentiellement une connotation négative, qui s'apparente à celle de la technique et apparaît comme forme dominante de l'"histoire" humaine ; mais elle est "positive" en ce qu'au milieu d'elle peut naître une prise de conscience de l'erreur, une perception de l'errance *comme telle* et un arrêt sur l'essence originaire de la vérité. Le contraire de l'errer pourrait être "se fixer", se tenir dans l'immobilité de l'être de l'étant – le mystère. C'est pourquoi Heidegger parle d'oscillation : "La pleine essence de la vérité, incluant sa propre anti-essence, garde le *Dasein* dans la détresse par le fait de cette oscillation perpétuelle entre le mystère et la menace de l'égarement"[320]. Le règne est le salut de l'errance.

Le mystère *règne*[321] sur l'homme, mais ce règne est *menacé* par l'errance : en résulte l'instabilité dans laquelle se trouve l'homme. Revoici le "souci" (*S.u.Z.*) mais aussi la possibilité d'un "salut" historial, par lequel l'homme se fixe entièrement sur le mystère et entre en vérité :

"(...) le laisser-être de l'étant comme tel et en sa totalité ne se fait authentiquement *(wesensgerecht)* que lorsque, de temps à autre, il est assumé dans son essence originaire. A ce moment, l'acceptation ré-solue du mystère commence à s'accomplir au sein de l'errance aperçue comme telle. Dès ce moment, la question de l'essence de la vérité se trouve posée dans son originalité radicale."[322]

[318] HEIDEGGER, *Questions I, op. cit.*, p. 187.
[319] HEIDEGGER, *Essais et Conférences, op. cit.*, p. 113.
[320] HEIDEGGER, *Questions I, op. cit.*, p. 188.
[321] *Ibid.*
[322] HEIDEGGER, *Questions I, op. cit.*, p. 189.

Heidegger ne précise pas les "conditions de possibilité" de ce "de temps à autre" – s'agit-il d'une allusion à des circonstances historiques, voire à des "régimes" identifiables ? – ni ne décrit l'apparaître comme tel de "ce moment", mais il signale que c'est seulement dans ce contexte que l'errance comme telle apparaît, puisqu'on la regarde, avec du recul, de plus loin, ou "de l'extérieur" – cet "extérieur" n'étant possible que de l'intérieur, puisque c'est en se laissant envahir par le (surgissement du) Centre que l'on peut voir qu'on se trouvait en périphérie et considérer tout ce qui est ex-centrique et s'affaire alentour. C'est pourquoi le texte identifie finalement l'essence de la vérité comme "l'Unique dissimulé de l'histoire"[323].

Le "mauvais centre" moderne : l'homme

L'on savait déjà pour de bon, au moins depuis l'*Introduction à la Métaphysique*, sinon depuis *S.u..Z.*, que la question de l'homme doit être posée à partir de celle de l'être. Alors, l'appréhension est "l'entrée en scène de l'homme, en pleine conscience, en tant qu'homme historial (gardien de l'être)"[324]. En revanche, l'homme inauthentique s'investit dans toutes les directions de "l'étant circondominant", cet homme "s'embourbe sur ses propres voies, s'embrouille dans ce qu'il a frayé, trace dans cet embrouillamini *le cercle de son monde*, s'empêtre dans l'apparence et se barre ainsi le chemin de l'être. De cette façon, en se tournant de tous côtés, *il tourne dans son propre cercle.*"[325].

Quand l'homme existe comme *moi*, c'est non pas en soi (*an sich*), c'est "dans la mesure où il apparaît centré en lui-même (*in sich*), c'est-à-dire comme égoïté", enseigne *Dépassement de la métaphysique*[326]. C'est pourquoi, "la philosophie qui a cours à l'époque de la métaphysique achevée est l'anthropologie"[327].

Sans doute le Surhomme nietzschéen est-il considéré, dans l'approche heideggerienne de 1937, comme une réplique cinglante au "on", au sens de *S.u.Z.*, comme l'opposé du "dernier homme" qui se tient au milieu de la médiocrité[328]. Mais ce surhomme apparaîtra aussi comme la manifestation suprême de la volonté de puissance en tant qu'exaltation de la subjectivité. Dès 1937 en effet, Heidegger écrit que "dans l'interprétation du monde selon la pensée de l'Eternel Retour, lors même que l'essence de l'éternité s'appréhende en tant que *midi* et *instant*, un rapport à l'homme s'annonce,

---

[323] HEIDEGGER, *Questions I, op. cit.*, p. 192.
[324] HEIDEGGER, *Introduction à la métaphysique, op. cit.*, p. 148.
[325] HEIDEGGER, *Introduction à la métaphysique, op. cit.*, p. 164. Souligné par moi.
[326] HEIDEGGER, *Essais et conférences, op. cit.*, p. 99.
[327] *Ibid.*
[328] Cf. HEIDEGGER, *Nietzsche I, op. cit.*, pp. 225-226.

et cela en fonction de ce même cercle qui veut que l'homme se pense à partir du monde et le monde à partir de l'homme."[329].

Le mécanisme de l'instauration de la science moderne dérivant de la conception platonicienne de la vérité et du triomphe de la subjectivité cartésienne est démonté dans la conférence de 1938 *Die Begründung des neuzeitlichen Weltbildes durch die Metaphysik* : "strictement parlant, il n'y a science comme recherche que depuis que la vérité est devenue certitude de la représentation"[330]. C'est ce qui rend possible une conception du monde (*Welt*/monde comme étant dans sa totalité et *Bild*/image, représentation) : "l'être de l'étant est désormais cherché et trouvé dans l'être-représenté de l'étant"[331].

Cette représentation fonctionne aussi comme cercle, mais *viciosus* ("le procédé de la science se fait toujours encercler par ses résultats"[332]). Dans la sophistique grecque, l'être est encore présence et la vérité un "ouvert sans retrait", mais l'homme n'est pas encore sujet ; d'où cette description de la révolution cartésienne :

> "Sauvegarder l'*orbe* de l'ouvert sans retrait à chaque fois délimitée par l'entente du présent (l'homme comme μέτρον) est une chose. Une autre est la pénétration investigatrice du *rayon* affranchi de limites de l'objectivation possible, pénétration s'effectuant par la calculation du représentable accessible à tout le monde et normatif par tous."[333]

Tel est bien l'apport de la subjectivité moderne dans la modification, cette fois radicale, de la conception de l'être de l'étant. D'où part ce rayon pénétrant ? De l'homme, comme centre : "L'homme devient le centre de référence de l'étant en tant que tel"[334]. Il a quitté le cercle pour se fixer au centre. Heidegger décrit donc ces deux expériences opposées : "regardé par l'étant, compris, contenu et ainsi porté dans et par l'ouvert de l'étant, pris dans le *cycle* de ses contrastes et signé de sa dissension : voilà l'essence de l'homme pendant la grande époque grecque"[335] ; au contraire, dans la représentation moderne, l'homme se fixe et devient le référent de l'étant, qui doit lui faire allégeance : il "se pose lui-même comme la scène sur laquelle l'étant doit désormais se présenter, c'est-à-dire être image conçue"[336].

On retrouve la même idée dans le *Nietzsche* ("A l'intérieur de l'histoire des Temps modernes et en tant que l'événement de l'humanisme moderne,

---

329 HEIDEGGER, *Nietzsche I, op. cit.*, p. 285.
330 HEIDEGGER, *L'époque des "conceptions du monde"*, *Chemins..., op. cit.*, p. 114.
331 HEIDEGGER, *Chemins..., op. cit.*, p. 117.
332 HEIDEGGER, *Chemins..., op. cit.*, p. 110.
333 HEIDEGGER, *Chemins..., op. cit.*, p. 138. Souligné par moi.
334 HEIDEGGER, *Chemins..., op. cit.*, p. 115.
335 HEIDEGGER, *Chemins..., op. cit.*, p. 119.
336 *Ibid.*

l'homme dans tout domaine et à chaque fois tente à partir de soi-même de s'ériger en tant que centre et mesure de toutes choses..."[337]) et dans *Concepts fondamentaux* ("Ainsi, alors que le douteur Descartes contraignait les hommes au doute, il les amenait à penser à eux-mêmes, à leur "Je". Ainsi le "Je", la subjectivité humaine, fut-il proclamé centre de la pensée. C'est ici que prit sa source le point de vue du Je, et le subjectivisme de l'époque moderne"[338]). Par conséquent, l'être de l'étant est oublié, l'homme tombe dans l'in-essence, avec l'étant gravitant autour de lui-même. Heidegger, au contraire, découple le Je-Centre (de la pensée !) en un Etre-Centre d'une part, un *Da-Sein* dé-centré d'autre part.

La dérive subjectiviste décrite en mots très durs ("Ce n'est que là où l'homme est déjà, par essence, sujet, qu'est donnée la possibilité de l'aberration dans l'inessentiel du subjectivisme au sens de l'individualisme"[339]) ressemble à une apocalypse philosophique : "Dans l'impérialisme planétaire de l'homme organisé techniquement, le subjectivisme de l'homme atteint son point culminant, à partir duquel il entrera dans le nivellement de l'uniformité généralisée pour s'y installer à demeure."[340].

Une telle évolution portée à son paroxysme pourrait cependant contenir la chance d'une perception d'un appel plus originel[341]. C'est pourquoi Heidegger conclut, non sans une fois encore en appeler à Hölderlin[342], qu'une authentique méditation "transpose l'homme du futur dans cet Entre-deux dans lequel il appartient à l'être cependant qu'au milieu de l'étant il reste étranger."[343]. Une formulation exemplairement ramassée qui ressasse le caractère étranger (sans patrie) de l'homme comme centre des étants, mais aussi son salut dans son appartenance à l'être, soit dans le rapport être-étant mis à jour par la Pensée (non-technique et non-planétaire).

Les dernières usurpations : finalité, valeurs, volonté de puissance

Ni l'Un-Bien (en haut), ni l'homme (en bas) ne sont donc des centres recevables dans l'économie de la pensée heideggerienne. Reste le but (en avant), dernier avatar du déploiement de la Raison. Son compte va être réglé dans *La volonté de puissance en tant que connaissance* (1939) :

> "Pourquoi Nietzsche mentionne-t-il la finalité avec une particulière insistance ? (...) parce que la finalité, c'est-à-dire le fait de viser quelque chose, d'envisager telle chose dont tout dépend, caractérise l'essence de la raison dans son fondement. Car toute visée tendant à la consistance est dans le

337 HEIDEGGER, *Nietzsche II, op. cit.*, p. 118.
338 HEIDEGGER, *Chemins..., op. cit.*, p. 109.
339 HEIDEGGER, *Chemins..., op. cit.*, p. 121.
340 HEIDEGGER, *Chemins..., op. cit.*, p. 144.
341 HEIDEGGER, *Chemins...., op. cit.*, p. 145.
342 En citant le poème "Aux Allemands", ce qui n'est évidemment pas fortuit.
343 HEIDEGGER, *Chemins..., op. cit.*, p. 125.

fond une manière constante de poser devant soi telle chose que l'on vise, c'est le noir <*Zweck*> au centre de la cible : <*die Zwecke : der Zweck*>. Donc fixer un but, clouer un clou au centre d'une cible et faire mouche."[344]

Ce centre exogène n'a donc rien d'authentique : ce n'est qu'une projection de l'homme rationnel. Nietzsche a bien vu, estime Heidegger, que la finalité est "la catégorie fondamentale de la raison"[345].

La doctrine de *l'éternel retour* fait éclater la prétention téléologique. C'est en ce sens qu'elle comprend et génère le "nihilisme" :

> "Car le plus accablant (...) revient à s'expliquer avec le fond nihiliste même de la pensée de l'Eternel Retour, en ce sens que c'est le nihilisme qui veut que, dans cette pensée, il soit admis que l'étant ne poursuit aucun but final. Ainsi cette pensée qui éternise l'absence totale de but, le "pour rien", le "en vain'", constitue la pensée la plus décourageante qui soit, celle qui paralyse la volonté."[346]

Nietzsche pense le nihilisme comme le processus fondamental de l'histoire occidentale, cœur de la métaphysique même, mais reste "prisonnier" de la métaphysique. Dès 1936-37, Heidegger observe que Nietzsche entend *l'être* au sens platonicien, même après inversion du platonisme[347]. Quand il dénonce le suprasensible et prétend inverser les valeurs, c'est encore une façon d'en promouvoir et donc de se situer dans l'éthique, confirme Heidegger en 1943 dans *Le mot de Nietzsche : "Dieu est mort"* : "La valeur, et tout ce qui tient d'elle, devient ainsi l'ersatz positiviste du métaphysique"[348]. Elle est ainsi un *faux centre*, un point périphérique pris pour le centre :

> "La valeur est valeur dans la mesure où elle vaut. Elle vaut dans la mesure où elle est posée comme ce qui importe. Elle est ainsi posée par une visée, par un regard sur ce avec quoi il faut compter. Le centre de perspective, le regard, le rayon de visée, tout cela entend bien ici "vue " et "voir" en un sens déterminé par les Grecs ; mais ce sens rassemble en même temps toutes les interprétations de l'*idea*, au cours de sa métamorphose depuis l'εἶδος jusqu'à la *perceptio*. Voir, c'est ici la représentation qui, depuis Leibniz, est saisie le plus nettement dans le trait fondamental de l'*appetitus*."[349]

---

344 HEIDEGGER, *Nietzsche I, op. cit.*, pp. 457-458. Le jeu de mots autour de "*Zweck*" évoque l'obscurantisme de la cible parfaite de la raison.
345 HEIDEGGER, *Nietzsche I, op. cit.*, p. 458.
346 HEIDEGGER, *Nietzsche I, op. cit.*, p. 339. Sur la lecture de Nietzsche par Heidegger, voir aussi BIRAULT, *op. cit.*, pp. 143-152, 391-393, 440-441, 558-624.
347 HEIDEGGER, *Nietzsche I, op. cit.*, pp. 158-159. Cf. aussi "Dépassement de la métaphysique", dans *Essais et conférences, op. cit.*, p. 91.
348 HEIDEGGER, *Chemins..., op. cit.*, p. 274.
349 HEIDEGGER, *Chemins..., op. cit.*, p. 275.

C'est pourquoi Heidegger est si sensible à la manière dont Nietzsche exalte le caractère *central* de la volonté de puissance comme *valeur*, et au caractère "centralisateur" des valeurs qu'il prétend transmuter :

> "La "volonté de puissance" est ainsi le trait fondamental de la "vie" – terme que Nietzsche emploie souvent aussi dans le sens large qui l'a fait identifier, à l'intérieur de la Métaphysique, au mot de "devenir" (cf. Hegel). "Volonté de puissance", "devenir", "vie", et "être" au sens le plus large signifient, dans la langue de Nietzsche, le Même (...). A l'intérieur de ce devenir, la vie, c'est-à-dire le vivant, se concentre en diverses formes, à chaque fois durables, de la volonté de puissance. Par suite, ces concentrations sont des "centrales de domination". C'est comme telles que Nietzsche comprend l'art, l'Etat, la religion, la science, la société. C'est pourquoi Nietzsche peut dire aussi (…) : "'Valeur', cela est essentiellement le point de vue pour le renforcement ou l'affaiblissement de ces centres de dominations" (dans la perspective, précisément, de leur caractère de domination)."[350]

Pour subvertir cette instauration d'un centralisme ontologique à ses yeux faussement nouveau, Heidegger démonte d'abord l'expression "volonté de puissance" pour en conclure que c'est "tout bêtement l'appétit de pouvoir"[351] et qu'elle "est du ressort de la psychologie"[352]. Conclusion toute provisoire, car force est de constater que la volonté de puissance marque l'ensemble de la métaphysique, ce que Nietzsche lui-même avait aperçu. En langage heideggerien, le discours nietzschéen sur la volonté de puissance devient une *occasion* de démonter/dépasser/dénoncer la métaphysique en la comprenant comme se déployant jusque dans la domination technique de la terre par l'homme.

Cela peut s'effectuer par une torsion sur le sens même des mots du penseur étudié : "Nietzsche dit (...) : la volonté de puissance "est l'essence la plus intime de l'être". "L'être", cela veut dire ici, dans la langue de la Métaphysique : l'étant dans son entier."[353]. Pétition de principe : Nietzsche est toujours "dans" la métaphysique, il ne peut donc que parler sa langue : il ne peut dès lors parler véritablement de l'être – même quand il parle de l'être, il désigne – sans le savoir ! – l'étant tout entier ; donc il ne peut que se trouver encore *dans* la métaphysique, c.q.f.d.

Et si, au contraire, c'était Nietzsche qui voyait "juste", ayant ainsi, plus radicalement que Heidegger, dépassé la Métaphysique[354] ? S'il parlait réellement ici de l'être, le vrai, celui de Heidegger ? Si, anticipativement, il poussait Heidegger à bout, en formulant, dans sa fulgurante acuité, ce

---

[350] HEIDEGGER, *Chemins...*, *op. cit.*, p. 278.
[351] HEIDEGGER, *Chemins...*, *op. cit.*, p. 280.
[352] HEIDEGGER, *Chemins...*, *op. cit.*, p. 281.
[353] HEIDEGGER, *Chemins...*, *op. cit.*, p. 285.
[354] Ce point de vue est soutenu par P. CHASSARD dans *Heidegger, l'être pensé*, Albatros, Paris, 1988.

que celui-ci n'a pas vu ou pas voulu voir ? Cela ne ferait, après tout, que corroborer, prolonger, radicaliser tout ce qui a été lu chez Heidegger dans le sens de : injonction de l'être, violence de la parousie de l'absolu, sauvageté, surgissement, etc. Heidegger n'a-t-il pas lui-même parlé de la "surpuissance" de l'Etre ? Mais surtout cela donnerait, par une relecture de Nietzsche, un pouvoir institutif à l'Etre arrivant à l'état pur, en termes de maîtrise sociale, de culture, d'Etat !

Que Nietzsche ait prétendu et réussi (ou non) à surmonter ce nihilisme par la pensée de l'éternel retour comprise comme cercle parfait et/ou par la volonté de puissance, ou qu'il se présente comme "nihiliste intégral" n'est pas l'enjeu ici. La question, c'est la lecture critique, par Heidegger, de Nietzsche, en tant que pensée insuffisamment proche de l'être-centre et, en même temps, comme pensée nécessaire – et même comme "aubaine philosophique" – pour que s'effectue le retournement/dépassement de la métaphysique vers l'Etre-Centre plus parfait. Dans cette lecture, la "volonté de puissance" nietzschéenne apparaît bien comme le dernier mauvais "centre" proposé par la Métaphysique arrivant à son terme.

Cette question serait aisée s'il y avait une définition univoque et non-évolutive de la volonté de puissance. Arendt a observé qu'elle est perçue "positivement" dans *Nietzsche I* (jusque 1939) et "négativement" dans *Nietzsche II*. C'est d'abord, éminemment, l'"art", mais donc l'Etre qui "se veut" *devenir*[355]. C'est, à l'inverse de ce que soutenait Baumler, penseur proche de l'idéologie officielle, une réciproque nécessaire et interdépendante de la pensée de l'Eternel Retour[356].

C'est ensuite la forme extrême de la connaissance comme vérité-*adequatio*-rectitude, logique, lutte pour le savoir et donc la préparation de son dépassement dans l'art, le chaos, la "vie" ; par elle s'exprime un commandement, à l'égard des autres mais surtout de soi-même (surélévation de soi[357]). Le sens commun, les interprétations "politiques" de Nietzsche passent à côté de l'essence de cette volonté, qui "transmute" l'Etre lui-même. "Pour une oreille commune, nombre de passages s'entendent comme si Nietzsche aspirait à une dynamique générale, étendue à la totalité de l'univers, d'"explosions" de "centres de forces", comme s'il représentait l'univers en tant que force, absolument dans le sens de "conceptions du monde" (...) qui s'imposaient à son époque..."[358].

A partir de 1940, la volonté de puissance a certes l'avantage de "tuer" la finalité, puisqu'elle n'a de but qu'en soi, mais dans son mouvement circulaire, elle décrit malgré elle un cercle déjà vicieux :

---

355 Cf. HEIDEGGER, *Nietzsche I, op. cit.*, p. 196.
356 Cf. HEIDEGGER, *Nietzsche I, op. cit.*, pp. 27-28, 323 svv., 359 et *Nietzsche II, op. cit.*, pp. 228 svv.
357 Cf. HEIDEGGER, *Nietzsche I, op. cit.*, p. 505.
358 HEIDEGGER, *Nietzsche I, op. cit.*, p. 499.

> "... la Volonté de puissance en tant que principe de la nouvelle institution de valeurs ne souffre point d'autre but en dehors de l'étant dans sa totalité. Mais parce qu'il faut que tout ce qui est en tant que Volonté de puissance, c'est-à-dire en tant qu'un incessant dépassement de la puissance par la puissance elle-même, soit un *constant* "devenir", que toutefois ce "devenir" loin de pouvoir jamais progresser en un mouvement qui l'emporterait "vers un but" *hors de soi-même*, bien plutôt, entraîné dans le mouvement circulaire de l'intensification de la puissance, retourne constamment à cette dernière ; il faut aussi que l'étant dans sa totalité revienne toujours lui-même en tant que ce devenir conforme à la puissance, et se ramène au Même."[359]

Mais du même coup, la transmutation des valeurs au nom de cette volonté conduit à l'"inconditionnelle souveraineté sur le globe terrestre"[360]. Il s'ensuit qu'à partir de cette période, Heidegger rejoint le "sens commun" dans la perception de la volonté de puissance que lui-même décriait auparavant ; le caractère "positif" du commandement et de l'art de se surmonter est devenu une spirale infernale. Les "centres" et "formations de domination", pour reprendre les expressions de Nietzsche[361], deviennent non des appellations superficielles, mais les lieux même où se déploie l'essence de la volonté de puissance. Celle-ci est maintenant prise à son propre piège de la nécessaire constante augmentation de soi vers des degrés de plus en plus élevés de puissance. Au lieu de représenter le "sas" vers le dépassement de la Métaphysique et l'être même, elle devient l'exacerbation même de la Métaphysique en tant que technique planétaire.

Dès lors, on ne s'étonnera pas de voir ranger la "métaphysique de la volonté de puissance" du côté de la Romanité et du *Prince* machiavélien[362]. Elle est définie telle que l'homme contemporain l'entend au premier degré : "Ce que signifie "volonté", chacun le peut à tout instant éprouver devers soi : vouloir est un aspirer à quelque chose. Ce que "puissance signifie", chacun le connaît par quotidienne expérience : l'exercice de la violence"[363].

Or, ce changement de perception se produit alors que l'Etre commence à être compris comme *retrait*, intrinsèquement. *Concepts fondamentaux* représente la dernière grande tentative de systématisation des principaux thèmes philosophiques, avec des accents qui, tantôt rappellent l'époque de l'ontologie fondamentale, tantôt annoncent la dernière période. Ce cours de 1941 reprend en effet certains traits de *S.u.Z.* : l'oubli de l'être ("l'être est ce qui est le plus oublié tout en étant mémoire"[364]), la réciprocité de

---

[359] HEIDEGGER, *Nietzsche II, op. cit.*, p. 36.
[360] HEIDEGGER, *Nietzsche II, op. cit.*, p. 37.
[361] Cf. HEIDEGGER, *Nietzsche II, op. cit.*, p. 87.
[362] Cf. HEIDEGGER, *Nietzsche II, op. cit.*, p. 176.
[363] HEIDEGGER, *Nietzsche II, op. cit.*, pp. 211-212.
[364] HEIDEGGER, *Concepts fondamentaux, op. cit.*, pp. 89 svv.

l'être et du néant, l'un (et) l'autre unique(s)[365] ainsi que le rôle fondateur d'une liberté authentique : "l'être donne licence à tout étant de se risquer à être tel, c'est-à-dire de s'échapper et de s'élancer pour être, à la faveur d'un tel bond, un étant, et ainsi, "lui-même". L'être donne licence à tout étant de bondir vers lui-même. L'être est le *bond de l'origine* (*der Ursprung*)."[366]. Tant et si bien que le concept génère une béance révélatrice de notre finitude :

> "'Concepts fondamentaux', voilà qui, dit sans plus, nous invite à concevoir le fondement de l'étant en son entier. Mais concevoir ne signifie pas ici nous complaire à représenter le fondement et à émettre des pensées à son sujet. Lorsque nous avons saisi quelque chose, nous disons aussi que "quelque chose s'est ouvert pour nous" (*er ist uns etwas aufgegangen*). La plupart du temps, cette expression donne aussi à entendre que nous sommes déportés en ce qui s'est "ouvert", qui ne cesse dès lors de nous déterminer. C'est pourquoi "con-cevoir" le fondement signifie ici pour nous, d'abord et avant tout, que nous sommes compris dans l'"essence" du fondement à partir du fondement lui-même, et qu'en notre savoir nous sommes interpellés par lui. *Con-cevoir* s'annonce à nous comme un *être-com-pris dans l'"essence" du fondement.*"[367]

Pour renouer avec l'essence pure, il faut se tourner vers ce qu'il y a de plus antérieur, l'initial, savoir la Grèce[368], d'où la méditation de l'antique sentence "μελέτα τὸ πᾶν" ("prends en souci l'étant en son entier"), ce qui revient à viser "quelque chose d'unique"[369]. C'est en méditant cette entièreté, ce πᾶν (littéralement : tout ; le grand Pan devient l'incarnation de l'univers dans le paganisme hellénistique pré-chrétien) que l'on peut accéder à la pensée de l'être, celle-là gravitant autour de celui-ci :

> "(...) méditant l'étant, nous pensons chaque fois, "par la même occasion" ("*dabei*"), l'*être*. L'étant en son entier n'est pas la somme de tout l'étant, pas plus qu'il ne suffit, pour penser l'étant en son entier, de parvenir à représenter son "entièreté" ("*Ganzheit*"). Car s'il est vrai que l'entièreté ne se réduit pas à un supplément par rapport à l'entier, mais a au contraire, en tout étant, l'avance du déterminant – elle qui détermine, en sa tonalité d'"étant", l'étant en son entier "comme tel" –, alors l'entièreté elle-même n'est que le satellite de ce qui signe l'étant comme étant. Méditant l'étant en son entier, nous pensons l'étant entier en tant qu'étant, et le pensons d'emblée à partir de l'être."[370]

---

[365] Cf. HEIDEGGER, *Concepts fondamentaux, op. cit.*, p. 99.
[366] HEIDEGGER, *Concepts fondamentaux, op. cit.*, p. 85.
[367] HEIDEGGER, *Concepts fondamentaux, op. cit.*, p. 37.
[368] Cf. HEIDEGGER, *Concepts fondamentaux, op. cit.*, p. 21.
[369] HEIDEGGER, *Concepts fondamentaux, op. cit.*, p. 41.
[370] HEIDEGGER, *Concepts fondamentaux, op. cit.*, p. 63.

Le mot-clé est ici "satellite" : étymologiquement, le satellite est l'exécutant d'un chef ; depuis le dix-septième siècle, le mot désigne une planète décrivant une orbe autour d'une autre ; au vingtième, l'expression "pays satellites" évoque une étroite dépendance politique. Ces trois sens peuvent s'appliquer à l'interprétation du présent texte. Ce qui assigne l'étant comme étant est *centre* autour duquel circule et dont dépend l'entièreté, qui n'est pas la "sommation" des étants (ce serait trop proche du monde technique et de la calculation) mais le *tout de l'étant*. Cette entièreté ne peut faire l'objet d'une représentation, mais elle doit être pensée comme tout.

En pensant le tout, on peut penser d'emblée à partir de l'être : c'est la compréhension de la sphère qui s'effectue à partir du centre et qui y mène ; qui a compris qu'il y a sphère sait qu'il y a centre. Mais chaque point de la sphère est révélateur, contient la dimension de l'être à condition de postuler la différence ontologique, car chaque point est relié au centre par (un rayon...) : "La distinction / "l'étant et l'être" / indique implicitement que "de l'étant" en général, ou "l'étant", abrite en soi le Rapport (*Bezug*) à l'être."[371].

La circularité seule apparaît aussi, dans *Concepts fondamentaux*, comme lieu d'une pensée sans issue, avec le côté désespérant et même trompeur de l'être :

> "Nous voilà donc entre deux limites pareillement incontournables : d'une part, nous transformons d'emblée l'être en un étant en le pensant et en disant de lui qu'il "est", et renions ainsi l'œuvre propre de l'être : *l'être est par nous rejeté*. Mais, d'autre part, jamais nous ne pouvons renier l'"être" et le "est", où que nous fassions l'expérience de l'étant. (...). Il nous faut (...) tenter d'éprouver que, placés entre deux limites, nous sommes transplantés en un séjour unique en son genre, d'où il n'y a aucune issue. Transplantés dans cette situation sans issue, nous devenons attentifs, cependant, au fait que cette situation sans aucune échappatoire possible pourrait bien à son tour, provenir de l'être lui-même. Les idées directrices montrent en effet, dans leur ensemble, une singulière duplicité de l'être."[372]

L'expérience (historiale) de l'Etre fait bel et bien problème. Mais cette absence d'issue serait plutôt à prendre comme un signe de ce qu'au lieu de chercher une issue (hors du cercle), il faudrait "prendre enfin pied sur ce site prétendument sans issue et nous familiariser avec lui "[373], la recherche d'issues ne découlant que "de notre rage (*Sucht*) de l'étant"[374]. C'est dans le séjour d'une "situation sans issue" que "nous éprouvons à présent la dimension humaine séjour dans lequel l'être, lancé jusqu'à nous, annonce

---

[371] HEIDEGGER, *Concepts fondamentaux, op. cit.*, p. 65.
[372] HEIDEGGER, *Concepts fondamentaux, op. cit.*, p. 108.
[373] HEIDEGGER, *Concepts fondamentaux, op. cit.*, p. 110.
[374] *Ibid.*

son caractère incontournable et, en cela, intangible"[375]. Ce séjour dans l'être étant "ce *en* quoi et *à partir de* quoi peuvent se décider chaque fois, et toujours différemment, le mode, le rang et l'originalité essentiels de notre humanité historiale"[376] : magnifique résumé des rôles indissociables du côté "centre" et du côté "cercle-sphère" de l'être.

La remémoration du commencement grec est celle d'un déploiement de l'essence de l'être qui se poursuit encore – sans "actualisation" possible[377]. Y faire retour, c'est se tourner vers le fond-centre : "recueillir toute méditation en allant au "fond", concevoir le fond. Fond, c'est ici : accueillir à partir de soi, en soi recueilli – recueillement qui est garant de l'Ouvert où il est donné à tout étant d'être. *Fond signifie l'être même, et c'est lui le commencement.*"[378]. Toute conception est récapitulation, resserrement, fusion essentielle : "*Concevoir l'être, c'est concevoir le "fond"*. Concevoir signifie ici "être pris ensemble avec" dans l'être et par l'être."[379].

Le centre se dérobe "résolument"

Comment la longue fréquentation de Nietzsche va-t-elle aider, chez Heidegger, à faire perdre à l'Etre sa centralité *comme fixité et sol* ? Partons de l'examen de la circularité dans *Zarathoustra*, lu par Heidegger.

Le nain a certes deviné l'énigme de la rotation du temps, de l'incessant retour du même, mais n'a pas saisi la pensée de l'Eternel Retour elle-même en sa profondeur ; c'est pourquoi Zarathoustra le laisse croupir[380]. Le clivage apparaît bien entre un centre-cercle du commun (le "toutes choses tournent dans un cercle" du nain) et le centre-cercle de l'élite philosophique : "la pensée la plus lourde devient terrifiante, car derrière ce que l'on se représente par un se-mouvoir en des cercles perpétuels, elle *pense* encore un tout autre mouvement, un autre cercle, elle pense la pensée d'une autre manière que ne la pensent les nains."[381]. Cette question supérieure a été posée à partir du vrai centre, qui est nommée ici l'"instant"[382].

Pour faire comprendre cet *instant*, cet autre cercle si fondamental que la masse n'y a pas accès, Heidegger passe à deux autres morceaux du *Zarathoustra :* le *Prologue* et *Le convalescent*, où il est question des animaux de Zarathoustra, l'aigle (l'altier) et le serpent (le sage) ; tous deux figurent l'éternel retour :

---

[375] HEIDEGGER, *Concepts fondamentaux, op. cit.*, p. 112.
[376] HEIDEGGER, *Concepts fondamentaux, op. cit.*, p. 117.
[377] Cf. HEIDEGGER, *Concepts fondamentaux, op. cit.*, pp. 114-115.
[378] HEIDEGGER, *Concepts fondamentaux, op. cit.*, p. 116.
[379] HEIDEGGER, *Concepts fondamentaux, op. cit.*, p. 121.
[380] Cf. HEIDEGGER, *Nietzsche I, op. cit.*, pp. 232-233.
[381] HEIDEGGER, *Nietzsche I, op. cit.*, p. 234.
[382] *Ibid.*

> "L'aigle décrit ses vastes cercles dans les hauteurs. Son vol circulaire est la figure de l'Eternel Retour – mais vol dont les cercles s'élèvent en spirales et se maintiennent dans les hauteurs. Le serpent est suspendu à l'aigle, enroulé autour de son cou : là encore, l'enroulement et l'anneau que forme ainsi le serpent symbolisent l'anneau de l'Eternel retour."[383]

Zarathoustra sent ces "animaux" lui échapper : voilà pourquoi commence là son déclin, évoqué dès le *Prologue*. C'est après avoir *compris* le cercle (externe) et l'anneau (central) étrangers aux nains, que Zarathoustra "premier penseur proprement dit de la 'pensée des pensées'"[384] décline.

Le Convalescent campe Zarathoustra dans une solitude parfaite, toutes bêtes ayant fui, sauf l'aigle et le serpent :

> "Zarathoustra appelle à lui sa profondeur ultime et ainsi parvient à lui-même. Il devient ce qu'il est et se reconnaît pour celui qu'il est : "L'affirmateur de la vie, l'affirmateur de la souffrance, l'affirmateur du Cercle." La vie, la souffrance, le mouvement circulaire ne sont pas trois réalités différentes, mais coïncident dans l'Un : l'étant dans sa totalité, auquel appartiennent la souffrance, l'abîme, et qui *"est"* en revenant constamment dans son mouvement circulaire. Ces trois-là révèlent leur mutuelle appartenance, alors que par le suprême assentiment de Zarathoustra ils sont rassemblés, soit pensés en plein jour dans leur unité. Dans cet instant suprême, alors que la pensée est saisie et véritablement pensée, Zarathoustra s'écrie : "O félicité !" – mais cette allégresse est à la fois un "Malheur à moi !" – donc victoire qui se surmonte encore en tant que suprême danger, tandis qu'elle se comprend elle-même en tant que déclin. A peine cela s'est-il accompli que Zarathoustra s'effondre..."[385]

L'instant est bien la saisie fulgurante, éphémère et bouleversante du Centre adoré dont on ne se remet pas. Le saint des saints de la pensée brûle qui le touche : l'Un tient tout ensemble mais on ne peut s'y tenir. L'on succombe immédiatement au déclin et à l'effondrement sitôt le Centre compris.

Le nain et Zarathoustra disent chacun la même chose – le cercle – et en même temps un abîme les sépare : le nain n'a rien compris à l'anneau de l'Etre dont parlent les animaux de Zarathoustra[386] : "Le nain n'a rien appris de ce que signifie la connaissance réelle de l'anneau des anneaux"[387]. S'il n'a pas compris, c'est qu'il n'est capable *que* de se tenir *en périphérie*, en dehors de cet anneau ; il est donc à côté de la question, au lieu d'éprou-

---

[383] HEIDEGGER, *Nietzsche I, op. cit.*, p. 235.
[384] HEIDEGGER, *Nietzsche I, op. cit.*, p. 223.
[385] HEIDEGGER, *Nietzsche I, op. cit.*, p. 239.
[386] Cf. HEIDEGGER, *Nietzsche I, op. cit.*, pp. 241-242.
[387] HEIDEGGER, *Nietzsche I, op. cit.*, p. 243.

ver le resserrement du cercle, d'être aspiré au Centre, dans l'instant qui rassemble passé et avenir :

> "Qui se tient dans l'instant, laisse se produire en lui-même le choc de cette rencontre du passé et de l'avenir et tout de même n'arrête point leur course, alors qu'il déploie et endure le conflit de ce qui lui est imposé et donné en partage. Discerner l'instant signifie : s'y maintenir. Or le nain se tenait en dehors, accroupi à côté. Qu'est-ce que tout cela peut bien nous apprendre quant à penser authentiquement la pensée de l'Eternel Retour ? Cette chose essentielle : ce qui est à venir relève précisément de la décision ; loin de se refermer quelque part dans l'infini, c'est dans l'instant que l'anneau se referme, c'est dans l'instant, centre du conflit, qu'il connaît son infrangible continuité."[388]

Zarathoustra est bien l'homme du centre, le surhomme – comparé aux nains cantonnés dans l'ex-centrique. Et Nietzsche lui-même, à son image, sera dépeint comme un penseur solitaire qui se tint "ferme au centre caché de l'étant"[389].

Mais comment alors comprendre le "déclin" de Zarathoustra ? Quelle qu'eût été la pensée véritable de Nietzsche, fondons-nous sur le lexique heideggerien : "déclin signifie : 1) départ en tant que transition ; 2) descente en tant que reconnaissance de l'abîme"[390]. C'est donc le prix à payer de la saisie du Centre : moyen terme, point de transition, mais instant de plénitude, de saisie de l'étant en sa totalité – comme le commencement grec évoqué dans le *Discours de Rectorat*. Cependant, Heidegger ajoute à présent la connotation de l'abîme : ce n'est plus l'espoir d'un "se dresser", mais une descente dans le sans-fond.

Cette descente, Zarathoustra la vit dans le silence et la solitude absolue, après avoir reçu le signal des animaux porteurs de l'éternel retour. Or il est significatif qu'avec cet instant, *l'héroïsme*, au sens de *S.u.Z.*, et *l'absence d'éthique* apparaissent avec une parfaite évidence[391]. Toutefois, ce silence du héros est aussi, on le verra, le déclic annonciateur de l'aphasie philosophique : sans doute le *Nietzsche* de Heidegger est-il infiniment prolixe sur la doctrine de l'éternel retour, mais il conduit au

---

[388] HEIDEGGER, *Nietzsche I, op. cit.*, p. 245.

[389] HEIDEGGER, *Nietzsche I, op. cit.*, p. 479. Ce qui ne veut pas dire que Nietzsche ait définitivement compris la "vérité de l'être", le dépassement de la Métaphysique, etc.

[390] HEIDEGGER, *Nietzsche I, op. cit.*, p. 247.

[391] "Dans quelle mesure Zarathoustra est-il pour lors silencieux ? Il se tait, parce qu'il ne s'entretient qu'avec son âme, qu'il a trouvé sa destination et qu'il est devenu celui qu'il est. Même l'adversité et le mal, il les a surmontés, apprenant que l'abîme répond à la hauteur. La victoire sur le mal n'en est pas l'élimination, mais la reconnaissance de sa nécessité. (...). Zarathoustra est passé lui-même à l'état héroïque, alors qu'il s'est incorporé la pensée de l'Eternel Retour dans sa pleine consistance en tant que le poids le plus lourd." (HEIDEGGER, *Nietzsche I, op. cit.*, pp. 247-248).

constat capital de la perte du Centre métaphysique et de l'impossibilité d'un substitut.

L'éternel retour du Même ramène le *devenir* universel (conception platonicienne de l'être) au Même[392]. En tant que pure question, il est aussi *circulus vitiosus deus* comme cercle effroyable entourant l'étant, subversion du "Dieu" moral et personnel qui est mort. Le dieu de l'éternel retour n'est qu'une question et c'est pourquoi il ne saurait être "bon"[393]. Heidegger présente cet éternel retour comme le cercle vicieux de la Métaphysique qui se referme :

> "L'essentiel consiste en ceci, à savoir que par le mouvement de retour au commencement qu'opère la pensée métaphysique de Nietzsche, le cercle se referme. Or, dans la mesure où ce n'est point l'initial commencement, mais le commencement déjà suspendu qui vient ici à prévaloir, le cercle même va se prendre dans sa propre fixité, qui n'a plus rien d'initial. A se refermer *de la sorte*, le cercle interdit désormais la possibilité de l'interrogation essentielle de la question conductrice. La métaphysique qui traite cette question même en est donc à sa fin."[394]

L'insistance sur le "*de la sorte*" indique que ce n'est nullement le Cercle (en soi philosophiquement si l'on peut dire) que Heidegger remet en question, mais son mode de fermeture *par Nietzsche* en tant que représentant de la fin de la Métaphysique. Parce qu'il est ce représentant, la "*concentration la plus grande*"[395] s'accomplit dans sa/la métaphysique. C'est dans le resserrement sur soi, sur le centre, que se produit le déclin, qui signifie ici la fin.

La Métaphysique, en perspective heideggerienne, était ce "mauvais cercle", ce discours qui passait à côté du centre. Le penseur véritable s'approche de l'Etre-centre en tournant autour :

> "Le penseur s'interroge sur l'étant dans sa totalité en tant que tel, il cherche le monde en tant que tel. De cette manière, dès le premier pas, sa pensée va au-delà du monde et ainsi du même coup retourne au monde. Sa pensée va au-delà vers ce autour de quoi un monde devient monde. La où cet "autour de quoi" n'est pas constamment ni explicitement nommé mais tu, mais implicite à sa plus intime interrogation, là ce "autour de quoi" est le plus profondément, le plus purement pensé. Car ce qui est tu est aussi le proprement celé, le plus proche aussi et le plus réel. Là où *l'entendement vulgaire* ne voit et ne peut pas voir autre chose que de l'athéisme, c'est, dans le fond, du contraire qu'il s'agit : *sous les vocables de néant et de mort, c'est l'Etre, rien que l'Etre qui le plus profondément se pense...*"[396]

---

[392] Cf. HEIDEGGER, *Nietzsche I, op. cit.*, p. 289.
[393] Cf. HEIDEGGER, *Nietzsche I, op. cit.*, pp. 253-255.
[394] HEIDEGGER, *Nietzsche I, op. cit.*, p. 364. Observons que c'est l'auteur qui souligne.
[395] *Ibid.* Souligné par moi.
[396] HEIDEGGER, *Nietzsche I, op. cit.*, p. 365. Souligné par moi.

Dès lors, il importe de savoir ce que Heidegger vise, ou entend, à cette époque, par ce mot. L'idée que l'Etre soit retrait, que la méconnaissance ou l'oubli de l'Etre ne soit pas le fait des hommes – ou de la métaphysique – mais de l'Etre lui-même, apparaît sans doute pour la première fois en 1939 dans *L'éternel Retour du Même et la Volonté de puissance* : "Ce qui arrive à proprement parler, c'est la déréliction de l'étant par rapport à l'Etre : en ce sens que l'Etre abandonne l'étant à lui-même, et *en cela se refuse.*"[397].

Avec *Projets pour l'histoire de l'Etre en tant que métaphysique* (1941) "L'achèvement de la métaphysique installe l'étant dans <la déréliction ontologique> l'abandon où le laisse l'Etre. L'abandon de l'étant par l'Etre est le dernier reflet de l'Etre en tant qu'occultation de la désoccultation en quoi tout étant de tout genre peut apparaître en tant qu'un tel."[398].

Mais c'est dans le cours de 1941, *Concepts fondamentaux*, que Heidegger est le plus explicite à cette époque sur cette question :

> "Ainsi il appartient à l'être de se soustraire, par essence, à toute explication à partir de l'étant. *En s'y soustrayant*, il échappe à la sphère du déterminable et à la manifesteté. En se dérobant à la manifesteté, il se retire à l'abri. Ce mouvement de *retrait* appartient à l'être-même. Si nous ne voulons pas désavouer ce fait, il faut que nous disions : *l'être même "est" retrait.*"[399]

Amorce également d'une pensée de l'être non plus comme plénitude, présence ou fixité, fût-elle insaisissable, mais en tant qu'*abîme* : "l'être est l'appui le plus sûr tout en étant a-bîme (*Ab-grund*)"[400]. Heidegger parle également de l'être comme d'un "sol qui se dérobe, c'est-à-dire cède constamment, n'offre aucun appui et nous refuse toute base et tout soubassement. L'être déçoit toute attente de ceux qui voudraient s'en servir comme d'un fondement. Partout il s'avère être le sans-fond, l'*a-bîme*."[401]. Jamais sans doute notre auteur n'était allé aussi loin en direction de ce vertige, esquissant ainsi une sorte de renversement de la structure ontologique dominante qui veut que le centre soit fixe et que la périphérie reçoive de lui sa fermeté, que le *Da-sein* se tienne par lui debout.

A cette époque, fond solide et abîme sont encore comme les deux faces d'une même médaille. Par la suite, l'abîme va, pour ainsi dire, l'emporter : se dessinera une sorte de spirale descendante, happant tous les étants dans le gouffre central, au point que ce centre attire à la disparition en son tourbillon *et disparaisse à son tour*.

---

[397] HEIDEGGER, *Nietzsche II, op. cit.*, p. 26.
[398] HEIDEGGER, *Nietzsche II, op. cit.*, p. 380.
[399] HEIDEGGER, *Concepts fondamentaux, op. cit.*, p. 83.
[400] HEIDEGGER, *Concepts fondamentaux, op. cit.*, p. 85.
[401] HEIDEGGER, *Concepts fondamentaux, op. cit.*, p. 86.

Que ce mouvement corresponde précisément, historialement, à celui de la Germanité institutionnalisée ne laisse pas de troubler.

Au-delà de la métaphysique : le Centre enfin ?

Le cercle de l'éternel retour était présenté comme cercle vicieux, mais aussi, en un sens, fructueux, car permettant une contre-position qui soit aussi une "contre-figure", celle d'une *centro-circularité authentique*, dont témoigne la révélation hölderlinienne, esquisse géo-politique de la nouvelle "patrie ontologique". Le titre *Dépassement de la métaphysique*[402], constitue comme un programme et illustre parfaitement la hantise de la période 1936-1946 : retrouver le Centre perdu, au-delà de cette perte et de cette impossibilité dont Nietzsche est le révélateur. Pour comprendre cette quête et ses avatars, il faut passer par l'explication de Heidegger avec le *nihilisme*.

Au départ, Heidegger, taxé de "nihiliste" par les idéologues officiels[403], s'emploie à démontrer que le nihilisme n'est pas de son côté. Dans les textes de 1936-37, "la doctrine de l'Eternel Retour du Même ne se peut comprendre qu'à partir de l'expérience du nihilisme et de la notion de son essence"[404] ; elle est une dernière tentative de surmonter le nihilisme occidental. Or celui-ci, pour Heidegger-lecteur-de-Nietzsche, n'est ni le nihilisme formel de la négation de quelque chose (ou de tout) ni l'identité de l'Etre et du Néant mais la fin du *but* : "Par nihilisme, Nietzsche entend l'événement que constitue le fait historial, que les suprêmes valeurs se dévaluent, que tout but est anéanti, que tous les jugements de valeurs se contredisent."[405]. A ce stade, le nihilisme signe l'arrêt de mort, non de la philosophie, mais seulement de la téléologie.

L'approfondissement de la méditation sur Nietzsche conduit à tenir ce penseur, non pas seulement pour celui qui fut doué de plus d'acuité que ses prédécesseurs, mais pour celui qui *acheva le cycle* même de la Métaphysique ; c'est clair au moins à partir de 1939 : dans la pensée nietzschéenne de la volonté de puissance "s'achève préalablement la façon

---

402 Cf. HEIDEGGER, *Essais et conférences, op. cit.*, pp. 80-115.

403 Voir la documentation et l'analyse de J.P. FAYE, et spécialement la phase-clé de l'attaque très dure de Krieck, proche de Rosenberg, dans *Volk im Werden* (1934) : "Le ton fondamental de la doctrine de Heidegger comme vision-du-monde est déterminée par les concepts de souci et d'angoisse, qui tous deux visent le Néant. Le sens de cette philosophie est un athéisme explicite et un nihilisme métaphysique, comme il a été surtout représenté auparavant chez nous par les littérateurs juifs, c'est-à-dire un ferment de décomposition et de dissolution pour le peuple allemand." (*Le piège, op. cit.*, p. 101). C'est Krieck qui "fait cadeau" à Heidegger de l'expression "nihilisme métaphysique", que celui-ci va transmuter à son "profit", en deux phases : se poser face au nihilisme, d'abord, face à la Métaphysique (entière) ensuite, jusqu'à l'équation : métaphysique = authentique nihilisme, en fin de cycle mondialement guerrier.

404 HEIDEGGER, *Nietzsche I, op. cit.*, p. 337.

405 HEIDEGGER, *Nietzsche I, op. cit.*, p. 144.

métaphysique même de penser. Nietzsche, le penseur de la pensée de la Volonté de puissance, est le *dernier métaphysicien* de l'Occident."[406].

Si Nietzsche pense l'être, la puissance, les valeurs dans le langage de la métaphysique, il en va de même du nihilisme. En 1940, Heidegger souligne le caractère classique, et donc philosophiquement imparfait, du nihilisme nietzschéen : celui-ci prétend dévaloriser les suprêmes valeurs et vider le supra-sensible (post-platonisme) mais méconnaît que "le *nihil* est un concept de l'*Etre* et non pas un concept de *valeur*"[407] et ne questionne pas véritablement le néant (donc pas : l'Etre). *L'essence vraie du nihilisme réside dans cette insuffisance/incapacité de penser.* "Dans la notion de valeur se pense – à l'insu de qui la pense – l'*essence* de l'Etre sous un rapport déterminé et nécessaire, à savoir l'Etre dans sa non-essence."[408]. C'est par l'émergence de la notion de valeur, par la valorisation de la valeur, due à Nietzsche, que la métaphysique commence à achever sa propre essence[409].

La compréhension de ce processus – l'agonie de la métaphysique – est justement la condition pour accéder au *vrai Centre* enfoui sous la combat ou la décision pour les valeurs : "L'expression même de fin de la métaphysique est assurément celle d'une décision historiale. Il est à présumer que le ressouvenir de l'essence plus originelle de la métaphysique nous conduise dans la proximité du lieu où se prend ladite décision. Ce ressouvenir coïncide avec la compréhension de l'essence onto-historiale du nihilisme européen."[410]. Ce ressouvenir implique donc que l'Etre ait une histoire et que son parcours en métaphysique puisse être désormais vu de l'extérieur. En posant cette essence plus originelle, Heidegger à ce moment, poursuit avec obstination la démonstration *de ce qu'il n'est pas, lui-même, nihiliste.*

En 1940, il croit donc encore "possible" l'ontologie fondamentale, au moins dans son sens grec ("le fait d'interpeller et de comprendre l'être de l'étant"[411]) par opposition aux opinions successives de la philosophie d'école (l'auteur parle alors d'"onto-logie"). Il la croit possible comme "pensée" de la différence ontologique :

> "La distinction de l'être et de l'étant est entendue en tant que fondement de la possibilité de l'ontologie. Cependant, la "différence ontologique" n'est pas introduite ici pour résoudre de la sorte la question de l'ontologie, mais pour nommer cela même qui, dans le fond, demeure non questionné jusqu'alors, rend problématique toute "ontologie", c'est-à-dire la métaphysique. Attirer

[406] HEIDEGGER, *Nietzsche I, op. cit.*, p. 374.
[407] HEIDEGGER, *Nietzsche II, op. cit.*, p. 45.
[408] HEIDEGGER, *Nietzsche II, op. cit.*, p. 49.
[409] Cf. HEIDEGGER, *Nietzsche II, op. cit.*, p. 81.
[410] HEIDEGGER, *Nietzsche II, op. cit.*, p. 162.
[411] HEIDEGGER, *Nietzsche II, op. cit.*, pp. 166-167.

> l'attention sur la différence ontologique, c'est nommer la raison et le “fondement” de toute onto-logie et partant de toute métaphysique.”[412]

C'est cet “attirer l'attention” sur le point central et l'écart entre lui et les étants qui *demeure* par-delà le discours sur le nihilisme, la fin de la métaphysique etc. Le dépassement de la métaphysique implique, à son insu (?) une téléologie nouvelle ; c'est le rêve de retrouver un centre plus fondamental que celui de toute la métaphysique. Mais ce rêve est d'emblée hypothéqué par la caducité de la situation centro-circulaire née de la vision *externe* du cercle de l'Eternel Retour. La contre-figure est topologiquement introuvable, mais elle reste pensée comme voix, appel, etc.

Les textes terminés en 1943, *De l'essence de la vérité*, la post-face à *Was ist Metaphysik ?*, *Hegel et son concept de l'expérience* et *Le mot de Nietzsche : “Dieu est mort”* révèlent brutalement le “*nihil*” auquel mènent la méditation sur le nihilisme et l'*impensabilité* d'un Centre – de l'Etre – hors de la métaphysique. A la vérité, ce que plus tard Heidegger nommera “le tournant” (*Kehre*) pourrait s'être joué là[413]. Il ne s'agit plus de traiter *tactiquement* (vis-à-vis du régime) du nihilisme : c'est celui-ci qui “s'impose”.

Dans *Vom Wesen der Wahrheit*, si Heidegger écrit d'un côté que “la pensée de l'Etre, dont cette interrogation <n.d.l.r. : celle de l'être de l'étant dans sa totalité> dérive originairement, se conçoit depuis Platon comme “philosophie” et a reçu plus tard le nom de ‘métaphysique’”[414], il précise en note que son texte à lui réalise “une révolution de l'interrogation qui entraîne un *dépassement* de la métaphysique”[415], ce qui indique qu'il se situe lui-même, solitaire, dans un temps “post-métaphysique”, alors que l'errance et la dissimulation étendent leur emprise – de par le jeu intrinsèque de l'Etre même.

Hegel et son concept de l'expérience développe la conception “nouvelle” de l'objet de la “méta-Métaphysique” comme d'un “in-fondé” plutôt que d'un “fondement”, d'un “impensé” plutôt que de ce qui est *à penser* ou fut un jour initial, *pensée*. La métaphysique, avec toutes ses insuffisances, serait établie en amont du platonisme :

> “Si nous pensons – ce qui pour l'avenir s'avérera nécessaire – l'essence de la Métaphysique dans la percée du dédoublement entre ce qui est présent et sa présence à partir de l'ambiguïté secrète de l'*όν*, alors le début de la Métaphysique coïncide avec le début de la Pensée occidentale. Si, au contraire, on prend comme essence de la Métaphysique la séparation entre un monde

[412] HEIDEGGER, *Nietzsche II, op. cit.*, p. 167.
[413] Sur le sens du mot *Kehre* (infléchissement du chemin en montagne, dans le dialecte de Fribourg…), les discussions autour de la datation, les aspects linguistiques du *tournant*, cf. VANDEVELDE, *op. cit.*, p. 223-228.
[414] HEIDEGGER, *Questions I, op. cit.*, p. 189.
[415] HEIDEGGER, *Questions I, op. cit.*, p. 193.

suprasensible et un monde sensible, et que celui-là passe pour le vraiment étant en face de celui-ci comme n'étant qu'apparence, alors la Métaphysique commence avec Socrate et Platon. Or, ce qui commence avec leur pensée n'est qu'une interprétation spécialement orientée de cette initiale ambiguïté dans l'όν. Avec elle commence la défaillance *(Umwesen)* de la Métaphysique. Ceux qui sont venus après mésinterprètent jusqu'à nos jours, à partir de cette défaillance, la véritable essence de la Métaphysique. Cependant, la défaillance à penser ceci n'est rien de négatif, si nous méditons que, dès le début du déploiement de la Métaphysique, la différence qui règne dans l'ambiguïté de l'*όν* reste impensée, et cela précisément de telle sorte que ce rester impensé constitue l'essence même de la Métaphysique. Conformément à cet Impensé, le λόγος de l'όν reste également infondé. Mais c'est cet infondé qui donne à l'Onto-Logie l'irrésistibilité de son déploiement. Derrière ce nom, se recèle pour nous l'Histoire de l'être. Ontologie, cela signifie : accomplir le rassemblement de l'étant sur son étantité."[416]

Ainsi vient *le sens nouveau de l'ontologie*. Si Heidegger ne se départit pas de la logique du rassemblement, à ses yeux se tient maintenant à l'aurore de la pensée, non plus la pensée d'un fondement central, mais ce qui déploie le questionnement "métaphysique" propre. Plus originaire que la pensée initiale est donc postulée une non-pensée, un im-pensé, un abîme de pensée dont on verra que les Présocratiques eux-mêmes n'avaient sans doute pas éprouvé le caractère fondateur.

La post-face à *Was ist Metaphysik ?* abonde dans le même sens : "La question "*Qu*'est-*ce* que la métaphysique ?" questionne par-delà la métaphysique. Elle surgit d'une pensée qui est déjà entrée dans le dépassement de la métaphysique."[417]. Un tel dépassement procède encore cependant du "logo-centrisme", d'un *Logos* aux consonances héraclitéennes : "seul de tout l'étant, l'homme éprouve, appelé par la voix de l'Etre, la merveille des merveilles : *Que* l'étant *est*"[418]. La force authentique de l'homme est tout le

[416] HEIDEGGER, *Chemins..., op. cit.*, pp. 215-216.

[417] HEIDEGGER, *Questions I, op. cit.*, p. 73. Par cette postface, Heidegger modifie le sens de sa conférence de 1929 qui ne prétendait pas au *dépassement de la métaphysique*, mais au dépassement de l'existant, de l'étant en totalité, *par la métaphysique* (mieux identifiée). Sur cette question, cf. FAYE, *op. cit.*, pp. 36-37. Quant à Gadamer, il en apporte un éclairage contextuel intéressant : "La postface distingue ce nouveau questionnement, celui de la "pensée essentielle", de celui de la "logique" et de la pensée "calculatrice". L'apologie se transforme alors en un appel qui tente, pour ainsi dire, de présenter à partir de l'être lui-même cette pensée qui se laisse déterminer par "l'autre de l'étant", en utilisant des mots et des images où frémit le *pathos* eschatologique propre à ces années de la catastrophe allemande. Il y est question de la nécessité du sacrifice, de la gratitude qui pense à l'être et qui préserve sa mémoire, de "l'écho à la faveur de l'être", et de l'in-sistance dans le *Dasein*, qui cherche à porter l'être au mot. Il y a comme une confirmation de cette métaphorique pathétique dans le rapprochement étroit qui est fait à la fin de la postface entre le dire du penseur et le nommer du poète." (GADAMER, *op. cit.*, p. 67).

[418] HEIDEGGER, *Questions I, op. cit.*, p. 78.

contraire de la "dégénérescence" de la "logique"[419] ; elle provient de cette disposition à obtempérer :

> "La pensée, *obéissant à la voix de l'Etre*, cherche pour celui-ci la parole à partir de laquelle la vérité de l'Etre vient au langage. C'est seulement lorsque le langage de l'homme historique surgit de la parole qu'il est d'aplomb. Mais s'il se tient d'aplomb, alors lui fait signe la garantie de la voix silencieuse de sources cachées. La pensée de l'Etre veille sur la parole et dans une telle vigilance remplit sa destination."[420].

Semblablement, la métaphysique n'est pas la somme des métaphysiques ni *a fortiori* des opinions de tel et tel penseur : c'est la vérité de l'Etre qui "s'en est remise à eux pour dire l'Etre, soit à l'intérieur de la métaphysique *l'Etre de l'étant*."[421]. Chacun n'est en quelque sorte que l'instrument (où l'on retrouve Hegel...) du non-dévoilement programmé en étapes – de l'Etre – jusqu'à Heidegger.

Le mot de Nietzsche "Dieu est mort" parle d'un "stade terminal" de la Métaphysique "parce que, dans la mesure où, par Nietzsche, la Métaphysique se prive elle-même, en quelque sorte, de sa propre possibilité de déploiement, nous n'apercevons plus d'autres possibilités pour la Métaphysique."[422]. Cette privation s'effectue par la négation d'un monde suprasensible et l'avènement du "nihilisme", par la promotion nietzschéenne d'un anti-courant, d'un renversement du platonisme.

Contrairement à ce qui se passait avant la période du Rectorat, le mot "métaphysique" prend, de plus en plus, un sens négatif, registre de l'étant – opposé à la "positivité" (provisoire) et à l'originalité du questionnement de Heidegger lui-même :

> "Le domaine du déploiement et d'avènement du nihilisme, c'est la Métaphysique elle-même – étant convenu que par la Métaphysique nous n'entendons pas une doctrine ou une discipline particulière de la philosophie, mais la structure de base de l'étant en son entier, dans la mesure où ce dernier est divisé en monde sensible et monde suprasensible, et où celui-ci détermine celui-là. La Métaphysique est le lieu historial dans lequel cela même devient destin, que les Idées, Dieu, l'Impératif Moral, le Progrès, le Bonheur pour tous, la Culture et la Civilisation perdent successivement leur pouvoir constructif pour tomber dans la nihilité."[423]

---

[419] Cf. HEIDEGGER, *Questions I, op. cit.*, p. 79. Ceci rappelle l'attaque contre la logique formulée plus amplement dans *Qu'est-ce qu'une chose ?* et ailleurs.
[420] HEIDEGGER, *Questions I, op. cit.*, p. 83. Souligné par moi.
[421] HEIDEGGER, *Nietzsche II, op. cit.*, p. 208.
[422] HEIDEGGER, *Chemins..., op. cit.*, p. 253. Le texte (*Nietzsches Wort "Gott ist tot"*) est tiré d'un cours de 1943 et publié dans les *Holzwege* (et non dans le *Nietzsche*).
[423] HEIDEGGER, *Chemins..., op. cit.*, pp. 266-267.

L'ampleur du domaine désormais couvert par la Métaphysique coïncide avec le nihilisme et avec l'impossibilité de penser l'avènement de d'Etre dans une "manifestation" historique ou philosophique quelconque. Au "totalitarisme" métaphysique, correspond l'impuissance de la pensée, y compris présocratique, et même heideggerienne. Ainsi comprend-on mieux que, dans ce même opuscule, Heidegger écrive, à ma connaissance pour la première fois – nous sommes en 1943 – ces phrases de pur désespoir :

> "Nulle part nous rencontrons une pensée qui penserait la vérité de l'être même, pensant ainsi la vérité elle-même comme être. Même là où la pensée pré-platonicienne prépare, en tant que début initial de la pensée occidentale, le déploiement de la Métaphysique par Platon et Aristote, même là l'être n'est pas pensé. Le *estiv (eov) gar einai* nomme bien l'être lui-même. Mais il ne pense justement pas la présence en tant que présence à partir de sa vérité. L'Histoire de l'être commence, et cela nécessairement, *avec l'oubli de l'être.*"[424]

Il faut se rappeler l'importance de la topologie chez Heidegger pour prendre toute la dimension *nihiliste* de ce "nulle part". Ainsi les traces du questionnement originaire relevées chez Aristote, Kant, Hegel... n'étaient qu'illusion ! Ainsi l'exercice philosophique ne débouche-t-il sur *Rien*. Le nihilisme nietzschéen n'est qu'une évocation imparfaite à côté du nihilisme heideggerien : celui-ci se révèle, s'éprouve, se raconte à partir de l'étincelle donnée par celui-là. Il n'est point fortuit que de tels propos – annonciateurs de la thématique du déclin de la philosophie – affleurent dans un texte sur la volonté de puissance ou la mort de Dieu : si le philosophe ne se veut plus dieu parmi les hommes, s'il n'a pas "tout bêtement l'appétit de pouvoir", et si un tel pouvoir s'avère historialement hors d'atteinte à jamais, la philosophie elle-même voit son arrêt de mort signé.

La Métaphysique désormais ainsi entendue, n'est plus celle de *Was ist Metaphysik ?* ou de l'*Introduction à la Métaphysique :* seulement l'histoire de la vérité de l'étant seul, alors même qu'il n'en est rien de l'être. Cela conduit, non à penser qu'il faille enfin s'atteler à une "vraie métaphysique", voire à une pensée "espérante", constructive ou renouvelée de l'être qui ne se prétendrait plus métaphysique, mais à constater que *l'être n'est plus et n'a jamais été "à l'ordre du jour" de la philosophie* :

> "Pensé à partir du destin de l'être, le *nihil* du nihilisme signifie que l'être lui-même est tenu pour rien. L'être n'entre pas dans la lumière du déploiement de son règne. Lors même de l'apparition de l'étant comme tel, l'être lui-même fait défaut. (...). Ainsi donc, le nihilisme serait en son essence une Histoire se passant avec l'être lui-même. Il tiendrait alors à l'essence de l'être lui-même qu'il reste impensé, parce qu'il se dérobe (...). La Métaphysique

[424] HEIDEGGER, *Chemins..., op. cit.*, pp. 317-318.

> elle-même n'aurait alors pas simplement omis la question de l'être non encore méditée. Encore moins serait-elle une erreur. La Métaphysique aurait, en tant qu'Histoire de la vérité de l'étant comme tel, pris site à partir du destin de l'être même. La Métaphysique serait, en son essence, le secret impensé, parce que retenu, de l'être lui-même. S'il en était autrement, la pensée qui s'efforce de s'en tenir à ce qu'il faut penser – à l'être, cesserait d'avancer toujours la question : Qu'est-ce que la Métaphysique ?"[425]

C'est justement parce que cette question, ainsi formulée, demeure obsessionnellement récurrente, qu'il est démontré qu'il ne peut être parlé de l'Etre en dehors du mot "métaphysique" – autrement dit : qu'il n'y a pas de Centre autre que celui repéré dans la structure centro-circulaire. Quand Nietzsche inverse le platonisme, il trouve encore l'Etre comme puissance. Lorsque Heidegger dépasse la métaphysique, il convient, ce processus achevé, qu'il n'y a *rien* – rien pour la pensée, c'est-à-dire rien à déclarer, c'est-à-dire rien.

Or, un tel nihilisme n'était sûrement pas son projet initial ; le nihilisme occidental, y compris dans sa radicalité nietzschéenne, eût pu être subsumé par une espérance post-métaphysique pourvu que le penseur eût gardé foi dans le possible surgissement de l'Etre en verbe et/ou en histoire. Tel est bien ce que nous pourrions appeler *le tournant de 1943, et qui fait porter sur l'essence de l'être lui-même* – et non plus sur la métaphysique, ou Platon, etc. – *la "responsabilité" de l'oubli de l'être et son indicibilité parfaite*. Dans cette perspective nouvelle, le nihilisme "coexiste" avec l'être depuis l'origine, en tant que meurtre initial et permanent de l'être de l'étant. La célébration de la mort de Dieu, plus que la fin d'une croyance, serait le signe d'une incapacité de chercher Dieu, découlant elle-même d'une incapacité de penser.

Si l'être ne peut plus être "l'objet" de la pensée, Heidegger n'en continue pas moins de prêcher *la pensée*, et de pourfendre les "voyous publics" qui "ont aboli la pensée et mis à sa place le bavardage, ce bavardage qui flaire le nihilisme partout où il sent son bavardage en danger"[426]. La structure sociétaire qui, dans *S.u.Z.*, départageait le *on* de l'authentique (angoisse) reste d'actualité, mais cette authenticité change insensiblement de nature ou de contenu : elle s'abstrait des conditions politico-historiales de son avènement pour émerger en dehors de tout peuple et de toute Histoire et même de tout *Logos*. Pourtant elle cherche toujours désespérément un "centre" pour éviter sa propre errance.

Ce centre (factice) pourrait être le lieu d'où part la *critique* de la métaphysique et du nihilisme, tant il est vrai que le seul discours qui puisse encore être tenu consiste à ressasser le "rien" de toute l'histoire de la philosophie pour mieux masquer le rien plus réel d'où l'on parle.

---

[425] HEIDEGGER, *Chemins..., op. cit.*, pp. 319-320.
[426] HEIDEGGER, *Chemins..., op. cit.*, p. 323.

Ainsi apparaissent désormais des cibles vers lesquelles s'acharne la rhétorique heideggerienne (outre le précités, bientôt la domination planétaire, le *Gestell* etc.), comme si le dénonciation avait pour effet de révéler, en creux, la grandeur de l'Etre à un niveau inégalé. D'où les redites des années 1944-46, telles qu'elles apparaissent dans *La détermination ontologico-historiale du nihilisme* : "*La métaphysique en tant que la métaphysique est l'authentique nihilisme.* L'essence du nihilisme *est* historialement en tant que la métaphysique, la métaphysique de Platon n'est pas moins nihiliste que la métaphysique de Nietzsche."[427]. C'est pourquoi Nietzsche, tout nihiliste qu'il soit ou se prétende, ne se rend pas compte du nihilisme authentique où il se meut. Seul Heidegger…

L'équation : métaphysique = nihilisme veut définitivement venir à bout de l'un *et* l'autre : "La métaphysique pense-t-elle l'Etre même ? Jamais. Elle pense *l'étant* eu égard à l'Etre."[428]. Mais le *nihil* de l'étant ainsi dénoncé ne permet pas, au contraire, la proclamation de son origine : c'est là qu'il faut chercher l'incapacité du dernier Heidegger à reparler de l'Etre.

Si la métaphysique ne pense *jamais* l'Etre, qui ou quoi le pense *parfois* ? Rien ni personne, sauf, dans une certaine mesure Heidegger qui dit cette impossibilité, en répétant : "l'Etre même se soustrait"[429], "le demeurer-impensé tient à l'Etre même"[430], l'Etre même détermine du même coup que l'omission de lui-même se produise dans la pensée de l'homme et par cette pensée"[431]. Et pourtant, malgré cette stratégie générale de voilement, la pensée peut encore espérer, non point penser l'Etre, mais, ayant intégré l'essence du nihilisme, faire retour sur le site du manque, le cratère éteint et vide – c'est-à-dire à la fois le centre et le non-centre :

> "La pensée de-meure en arrière, en ce qu'elle accomplit d'abord au préalable le décisif *pas en arrière*, le pas de retour – de retour de l'omission, pour aller où ? Où donc ailleurs, si ce n'est dans le domaine que depuis longtemps déjà l'Etre a laissé à la pensée, laissé sous la forme assurément voilée de l'*essence* de l'homme."[432]

---

[427] HEIDEGGER, *Nietzsche II, op. cit.*, p. 275. *Die Seinsgeschichtlige Bestimmung des Nihilismus* est chronologiquement le dernier texte de *Nietzsche* (même s'il n'est pas édité en dernière place dans l'ouvrage : *toujours le brouillage*…). Il date des années 1944-1946, autant dire à la charnière de la *Capitulation*. A cette époque, Heidegger, informé de la situation militaire et politique, a toutes les raisons de préparer sa ligne de défense qui rangera aussi le régime national-socialiste vaincu, dans le champ de la métaphysique et du nihilisme, ce que l'équation formulée rendra possible.

[428] HEIDEGGER, *Nietzsche II, op. cit.*, p. 277.

[429] HEIDEGGER, *Nietzsche II, op. cit.*, p. 285.

[430] *Ibid.*

[431] HEIDEGGER, *Nietzsche II, op. cit.*, p. 294.

[432] HEIDEGGER, *Nietzsche II, op. cit.*, p 295.

Le rêve de parousie subsiste : le “se soustraire à...” est encore une venue, l'occultation une promesse différée[433]. Dans très longtemps.

L'ambivalence autour de l'historialité

Il est frappant que, durant ces années, le penseur de Fribourg reste marqué par une ambivalence intime à propos de la manifestation de l'Etre dans l'Histoire. On se rappelle le schéma de la période du Rectorat, qui voulait, *grosso modo*, qu'un grand moment de l'Etre ait vu le jour avec l'interrogation grecque et qu'une seconde occasion destinale soit offerte, aux Allemands, de faire surgir le Centre initial. Dès lors que le début grec est lui-même inclus dans la Métaphysique et donc le nihilisme, y a-t-il encore place pour une intrusion historiale – allemande ou autre – de l'Etre, ou bien l'opacité de l'occultation est-elle totale ? Et si l'Etre n'est plus ce point fixe repérable pour le Penseur et les Hommes de la lointaine injonction grâce au re-tour (pas en arrière), devient-il, en un sens, *évolutif* ?

Les notes sur le *Dépassement de la métaphysique* (1936-1946) situent la pensée nietzschéenne dans *un parcours chronologique de l'Etre* :

> “Dans la volonté de puissance, la métaphysique de Nietzsche fait apparaître l'*avant*-dernière étape du processus par lequel l'étantité de l'étant exerce et déploie sa volonté comme volonté de volonté. Que la dernière étape ne soit pas encore parcourue s'explique par la prépondérance de la “psychologie”, par les idées de puissance et de force, par l'enthousiasme pour la vie.”[434]

Au-delà de la mise en forme, voilà qui signifie que Nietzsche serait le dernier des “pré-heideggeriens”, et surtout, pour nous, que l'étant – et avec lui l'Etre – a une “histoire”.

Cette histoire de l'Etre s'identifie à celle de la Métaphysique. En 1939, Heidegger écrit : “Toute pensée occidentale depuis les Grecs jusqu'à Nietzsche constitue une pensée métaphysique. Chaque siècle de l'histoire occidentale se fonde sur sa métaphysique respective. Nietzsche anticipe l'achèvement des Temps modernes. (...). L'achèvement est par rapport à l'état qui a prévalu jusqu'alors, quelque chose de nouveau.”[435]. Passage significatif : l'Etre a bien un “état” différent selon les époques. Il est donc légitime de parler d'un état et d'états successifs – de l'Etre. Quel est-*il* à la fin de la Métaphysique ? Radicalement autre par rapport à *toutes* les formes antérieurement prises depuis l'aube de la philosophie. Et quelle est la forme post-métaphysique-nihiliste ? La *non-patrie* dans la domination planétaire de la technique. Cette nouvelle phase est d'autant plus ample et plus profonde qu'elle devrait permettre une parousie plus résolue mais

---

[433] Cf. HEIDEGGER, *Nietzsche II, op. cit.*, pp. 296-297.
[434] HEIDEGGER, *Essais et conférences, op. cit.*, p. 93.
[435] HEIDEGGER, *Nietzsche I, op. cit.*, p. 373.

peut-être aussi plus lointaine. Reprenons la structure centro-circulaire pour comprendre. Nietzsche promeut un cercle qu'il croit révolutionnaire : l'éternel retour. A révolutionnaire, révolutionnaire et demi : Heidegger indique, montre, s'agenouille devant le Centre impensé, qui eût pu se tenir au centre du cercle nietzschéen. Mais ce Centre serait d'autant plus abordable (un jour) que tout l'étant a maintenant basculé en périphérie, dans le déchaînement planétaire, entraînant avec lui science et philosophie.

En 1941, Heidegger parle encore de "l'Etre au cours de son histoire en tant que métaphysique"[436]. Les deux titres d'alors *La métaphysique en tant qu'histoire de l'Etre* et *Projets pour l'histoire de l'Etre en tant que métaphysique* montrent la réciprocité heideggerienne de la métaphysique et de l'histoire de l'être, au moins jusqu'à ce moment[437]. Si l'Etre n'advient en histoire qu'à travers de la métaphysique (qui l'occulte et par laquelle il s'occulte) cela signifie que cet *adventum* s'effectuerait par des *textes* (ceux des philosophes) plutôt que par une *expérience* (intime, héroïque, sociétaire ou politique). Il n'y a d'ailleurs de textes sur l'être-de-l'étant que dans la mesure où il n'y a guère d'expérience de lui. Heidegger devenu en puissance *historien de l'Etre,* dessine des schémas à partir de moments, de documents qu'il conforte et compare. Mais il n'ira pas plus loin que le projet, l'esquisse, le brouillon : sa grande Histoire de l'Etre eût nécessairement débouché sur une philosophie de l'histoire, sur un système ; c'est pourquoi il s'est arrêté sur le seuil.

Est-ce à dire que le "peuple historial" soit désormais radicalement étranger à cette historicité ? Si l'occultation métaphysique est parfaite, il faut évidemment que toute manifestation en peuple soit effectivement impossible (le rêve de la rendre possible relevant seulement de la mission du poète). Dès 1940, on peut relever ce passage énigmatique : "A l'heure qu'il est nous venons d'être les témoins d'une mystérieuse loi de l'histoire, à savoir qu'il arrive un jour à un peuple de ne plus être à la hauteur de la métaphysique issue de sa propre histoire et ceci à l'instant même où cette métaphysique s'est convertie en absolu"[438]. La traduction de cet *absolu* sera l'économie machinaliste, le surhomme technicien, la domination à l'échelle planétaire. Cela signifie que le peuple allemand *n'est plus* (affirmer qu'il ne l'est *pas* eût été se dédire) en mesure de surmonter la métaphysique, qui a pourtant atteint sa forme extrême chez lui.

La nostalgie du surgissement affleure encore en 1941, dans *La remémoration dans la métaphysique :*

> "De temps en temps, l'Etre a besoin de l'être humain et, tout de même, il n'est jamais dépendant de l'humanité existante. Sans doute celle-ci se tient-elle dans le rapport à l'Etre, en tant qu'humanité historiale, connaissant et

---

[436] HEIDEGGER, *Nietzsche II, op. cit.*, p. 361.

[437] Cf. aussi HEIDEGGER, *Nietzsche II, op. cit.*, p. 304.

[438] HEIDEGGER, *Nietzsche II, op. cit.*, p. 133.

> préservant l'étant en tant que tel ; mais la disposition supposée de l'essence humaine dans le rapport à l'Etre même n'est pas toujours manifestée (soit re-propriée) par celui-ci en tant que garantie par laquelle une humanité peut avoir en propre le mérite de participer au venir à soi-même de la vérité de l'Etre. A semblable époque, à partir de la revendication de l'Etre, surgit parfois la tentative d'une réponse, pendant laquelle il faut qu'une humanité en vienne à sacrifier quelques isolés qui, revendiqués, font remémorer l'Etre et, par là, pensent son histoire à partir de l'Etre-ayant-été."[439]

Texte aisément décodable, qui rejoue la pièce du peuple allemand isolé pour participation à la venue de l'Etre comme remémoration.

Tel est bien le problème : si une humanité historiale révèle encore l'Etre, ce n'est plus en créant virilement l'avenir, mais en évoquant passivement le passé, ce n'est plus comme victoire, mais comme nostalgie. Qu'en 1943 la phrase de Nietzsche déjà citée (la volonté de puissance est l'essence la plus intime de l'être) soit non seulement peu méditée, mais réduite, vite refermée, que son compte soit réglé par une feinte sémantique – et donc que l'Etre ne *puisse plus* être pensé comme puissance – annonce *aussi* un Heidegger qui ne pense plus l'avènement de l'Etre dans un peuple et un Etat – comme il le fit jusqu'en méditant Hölderlin – ou dans des moments historiques privilégiés, mais célèbre son "impossible avènement".

Une dernière résurgence apparaît dans la Post-face à *Was ist Metaphysik ?* La force de l'écoute et de l'obéissance quasi-militaire à l'Etre-à-dire va chercher son ancrage dans l'angoisse : "Que serait toute vaillance, si elle ne trouvait, dans l'expérience de l'angoisse essentiale son point d'appui permanent ?"[440]. Ce point d'appui est moins ferme que jamais, mais l'héroïsme reste d'actualité, l'offrande est même une urgence[441] : "L'offrande est le départ de l'étant dans la marche pour la sauvegarde en faveur de l'Etre (...). Son accomplissement s'origine dans l'insistance, au sein de laquelle tout homme historique agissant – la pensée essentielle est aussi un agir – préserve l'existence acquise pour la sauvegarde de la dignité de l'Etre."[442]. Cette offrande (dont la connotation guerrière est manifeste, jusqu'à indisposer tout amateur de pensée, tout lecteur bienveillant) est l'agir même du "dépassement" de la métaphysique. C'est dans cette guerre à outrance que se noue le destin de la vérité de l'être : c'est parce que la guerre est perdue pour le Peuple de l'Etre que la dignité de l'Etre a été célébrée et, en ce sens, sauvegardée dans l'angoisse absolue.

---

[439] HEIDEGGER, *Nietzsche II, op. cit.*, p. 393. *Die Erinnerung in die Metaphysik* est un texte court, parfois extrêmement complexe à traduire, qui prend place à la fin de *Nietzsche II*, bien qu'il ne soit pas particulièrement consacré à ce penseur.

[440] HEIDEGGER, *Questions I, op. cit.*, p. 78.

[441] Cf. HEIDEGGER, *Questions I, op. cit.*, p. 81.

[442] HEIDEGGER, *Questions I, op. cit.*, p. 82.

Et ce n'est pas au hasard que Heidegger termine cette post-face par une citation de Sophocle qui appartient à la fin absolue d'une époque, celle du grand âge grec :

> "Le dernier poème du dernier poète de l'hellénisme originel, l'Œdipe à Colone de Sophocle, prend fin sur une parole qui, de façon fulgurante, se retourne vers l'histoire celée de ce peuple et réserve l'entrée de celui-ci dans la vérité inconnue de l'Etre :
>
> *Mais cessez maintenant, jamais plus désormais*
> *Ne réveillez la plainte ;*
> *Car partout l'Advenu tient près de soi gardé une décision d'accomplissement.*"[443]

Le sort du peuple (gréco-allemand) est déjà scellé : c'est le moment du regard en arrière, vers son histoire celée. Mais quelle que soit l'issue militaire, le peuple est entré, fût-ce brièvement et par effraction, dans la vérité de l'Etre, lequel tient toujours une décision d'accomplissement.

Telle est la dernière allusion à la manifestation de l'Etre en peuple. Le deuil de cette historialité du surgissement de l'Etre sera aussi lourd à porter que celui de la Centro-circularité : mais l'effondrement de celle-ci va de pair avec la fin du rêve de celle-là. Heidegger épouse si bien son époque (politique) qu'il la devance en la pressentant, ou en "digère" spirituellement les événements. S'il maintient que l'Etre ne parle jamais qu'historiquement[444], encore faut-il que les conditions historiques de cette "parole" soient ; mais n'est-ce pas l'inexistence constatée de ces conditions qui rend l'Etre sans voix ?

Quoiqu'il en soit, une "manifestation" toute autre de l'Etre se fait jour à partir de 1944-46 : il se déchaîne, à travers l'étant, dans la volonté de puissance et la domination planétaire : telle est la forme même de son retrait[445]. Et c'est bien l'opposé d'une patrie ou d'un peuple. La détresse vient de ce que "l'homme de ce siècle non seulement reste (...) étranger à la vérité de l'Etre, mais que, là même où parfois l'Etre émerge, il l'interprète en tant que fantomalité de la pure abstraction, et, pour l'avoir ainsi méconnu, le rejette comme futile inanité. Au lieu de penser à la plénitude historiale de l'essence des mots "Etre" et "être", l'on entend, au prix de toute réflexion remémorante, plus rien que des *mots* que l'on éprouve à juste titre pour agaçants par le seul bruit qu'ils produisent."[446]. L'important

---

[443] HEIDEGGER, *Questions I*, *op. cit.*, p. 84.
[444] Cf. *supra* mon § 2.
[445] Cf. HEIDEGGER, *Nietzsche II*, *op. cit.*, pp. 301 et 303.
[446] HEIDEGGER, *Nietzsche II*, *op. cit.*, p. 317. Tout ce que j'ai pu apprendre de la complexité de la lecture heideggerienne de Nietzsche affaiblit la théorie selon laquelle les tendances national-socialistes de Heidegger auraient été dues, en grande partie, à un nietzschéisme aigu, dont il se serait ensuite dégagé grâce à ces cours sur Nietzsche qui constitueraient le "tournant" ou le "renversement" de son évolution philosophique (cf.

est ici que : (1) parfois l'Etre émerge encore en ce siècle ; (2) c'est par des *textes* jugés abstraits etc. (Heidegger par exemple, sinon lui seul) ; (3) une historialité est toujours pensable à partir de/dans Etre-être mais l'homme de ce siècle s'en détourne.

Pour que le *tournant* soit complètement accompli, il restera alors à taire toute forme d'émergence et à la post-poser dans un horizon eschatologique tellement éloigné que sa crédibilité – celle même de la philosophie – soit entamée. C'est que le dépassement de la Métaphysique dérègle la structure centro-circulaire, non seulement dans le champ philosophique mais dans celui de la πόλις.

§ 4. Le Centre anéanti (de l'après-guerre à la fin)

"La façon dont l'être s'offre à nous dépend toujours elle-même de la façon dont il s'éclaire. Or cette façon est la marque d'une certaine dispensation de l'être, *la marque d'une époque*, et comme telle elle n'existe pour nous que si nous la laissons libre de réintégrer ce qui a toujours constitué son être propre" écrit Heidegger en 1957, dans *La constitution onto-théologique de la métaphysique*[447]. En nous réclamant simplement de lui-même, nous pouvons avancer sur le chemin de l'être dans cette dernière époque.

La période 1946-1976 est traversée par deux filières, qui, à maints égards, s'enchevêtrent : l'une, mineure, ressasse le rêve, plus explicite que jamais, d'un Etre-Centre, d'une sphère tautologique structurante ; l'autre, majeure, intériorise fondamentalement les données politiques et spirituelles d'après-guerre, fait son deuil de ce Centre, jusqu'au point-limite de l'aphasie philosophique. Je les examinerai tour à tour.

L'époque se caractérise d'abord par un désespoir, une amertume jamais éprouvés antérieurement, qu'il s'agisse de l'absence de Dieu, du triomphe de la technique et de la pensée calculante, du désarroi social, de la fin de la philosophie. Or face à cette adversité, ainsi que l'a relevé Habermas[448], le philosophe ne célèbre plus ni le combat, ni l'héroïsme, ni l'offrande.

Le discours prononcé en décembre 1946 *Pourquoi des poètes ?* commence par des évocations particulièrement sombres sur la perte divine ressentie par Hölderlin, l'avancée du crépuscule et de la nuit avec la fin du séjour des dieux – perte de centre, de récapitulation : "le défaut de dieu

---

WOLIN, *op. cit.*, pp. 205-220) sans pour autant élaborer une ontologie et une philosophie pratique "positives" ou "constructives". Outre qu'une telle théorie fasse l'impasse sur d'autres influences essentielles (Kant, Hegel, Husserl, et surtout les Présocratiques), elle surévalue le poids des "valeurs" nietzschéennes avant 33 et confère un caractère à la fois unidimensionnel et apolitique à l'*explication* des années 1936-45.

[447] HEIDEGGER, *Questions I, op. cit.*, p. 301. Souligné par moi.

[448] Cf. HABERMAS, *Profils..., op. cit.*, p. 96.

signifie qu'aucun dieu ne rassemble plus, visiblement et clairement, les hommes et les choses sur soi, ordonnant ainsi, à partir d'un tel rassemblement, l'histoire du monde et le séjour humain en cette histoire."[449]. A première vue, cette ère pourrait commencer avec la mort du Christ, dernier des dieux, ou correspondre à l'époque de Hölderlin. En vérité, Heidegger veut parler – mais il le fait, comme d'habitude, en langage codé – de son temps, celui de l'après-guerre, et de l'effondrement de l'Allemagne. A quoi le voyons-nous ? D'abord dans ce passage du même texte : "Long est le temps de détresse de la nuit du monde. Celle-ci doit d'abord, longuement, accéder à son propre milieu. Au milieu de cette nuit, la détresse du temps est la plus grande. Alors, l'époque indigente ne ressent même plus son indigence. Cette incapacité, par laquelle l'indigence même de la détresse tombe dans l'oubli, voilà bien la détresse elle-même de *ce* temps."[450]. Cette thématique a été aussi développée dans *La détermination ontologico-historiale du nihilisme* (1944-46)[451].

L'Esprit, le mal qui enflamme

Pour comprendre à fond cette déréliction, cette désespérance, cette sensation de vide, il faut clarifier une bonne fois la *destination finale* de l'Un rassembleur, de la *Versammlung*, du Centre-feu précédemment appelé et célébré. Son autre nom, l'Esprit, révèle enfin, dans toute sa coupable ampleur, l'ambition meurtrière du règne de l'Un-Centre – jusqu'en sa décomposition. Seul le poète peut assumer la détresse infinie, atteindre l'abîme d'où, comme on le verra, pourrait germer un jour l'esquisse d'un salut. Soit. Mais le poète, nous apprend *La parole dans l'élément du poème* (1953), doit avoir en vue le Spirituel – *das Geistliche* – par opposition à *geistig* (spirituel comme contraire à matériel, physique, ou supra-sensible comme contraire à sensible). Le *Discours de Rectorat* utilisait encore *geistig* comme ce qui s'oppose à l'interprétation christo-théologique ou métaphysique. A présent, *geistig* est situé dans la tradition platonicienne.

A la lecture de Trakl, tout paraît enfin s'éclairer, en Heidegger, quant au véritable *Geist* :

---

449 HEIDEGGER, *Chemins..., op. cit.*, pp. 323-324. *Wozu Dichter ?* fut prononcé en 1946 à l'occasion du vingtième anniversaire de la mort de Rilke et publié dans les *Holzwege*.

450 HEIDEGGER, *Chemins..., op. cit.*, p. 325. Mon ami philosophe Raphaël Célis commença sa belle préface à mon deuxième livre, *Le feu de tous* (1974), par la phrase "Long est le temps de détresse du monde". L'exergue du même ouvrage était tirée de Hölderlin. Tout imprégné de heideggerianisme (fût-il critique et persifleur) m'apparaît encore mon cinquième livre de poèmes *Ce qui est demeure du temps* (1985). Par l'esthétisme et le questionnement renouvelé, le charme opérait. Pourtant, la mise à distance s'imposait, en tant que condition d'une parole poétique qui fût éthiquement tenable.

451 Cf. HEIDEGGER, *Nietzsche II, op. cit.*, pp. 313-315.

> "Qu'est-ce donc alors l'Esprit ? Dans son dernier poème, *Grodek*, Trakl nomme "la flamme ardente de l'Esprit" (201). L'Esprit est ce qui flambe, et c'est peut-être seulement à ce titre qu'il est souffle. L'Esprit, Trakl ne l'entend pas d'abord comme *Pneuma* ou *Spiritus*, mais comme flamme qui embrase, suscite, transporte, dessaisit. Le flamboiement est ardeur luminante. Le flamboyant est l'extase qui illumine et fait resplendir, mais dont la puissance n'en finit pas non plus de tout ronger et consumer jusqu'au blanchissement de la cendre. "La flamme est frère du plus blême", dit-on dans le poème *Métamorphose du Mal* (129). Trakl voit l'Esprit à partir de ce qui est nommé dans la signification originelle du mot *Geist* ; car *gheis* signifie : être soulevé, transporté, hors de soi."[452]

Il n'y a donc de *pneuma* que parce qu'il y a *Geist* comme flamme[453]. Flamme totale, jusqu'à la consumation parfaite : flamme-cendre, rougeur du feu, blanchiment de la poussière. Nous avons déjà vu le caractère central de tout feu, la dimension politique de la flamme ; en 1933, son action criminelle, dévastatrice n'était pas encore célébrée : la voilà – c'est la mort totale. Pour comprendre réellement l'Esprit-feu, Heidegger remonte, comme d'habitude, au sens plus ancien d'un mot (allemand) : de *Geist* à *gheis*, c'est l'histoire d'une ἀρχη (la possession de la pensée) à une autre (la dépossession – ou les "possédés") et l'introduction consentie de la dimension du mal.

Le déplacement de *geistig* à *geistlich* d'abord. En allemand courant moderne, *geistig* signifie spirituel-intellectuel, et *geistlich* spirituel-religieux (un *geistlicher* est un ecclésiastique, *die Geistlichen* désigne le clergé). La *Geistigkeit* évoque la nature intellectuelle, morale. Si Heidegger se place du côté de *geistlich*, ce n'est évidemment pas pour "réhabiliter" une spiritualité d'Eglise, mais parce que ce mot paraît, dans son langage à lui, rappeler une instance plus originaire que *geistig*, à présent assimilé à toutes les "dégradations" de la métaphysique (rationalisme, subjectivisme, intellectualisme, idéologie etc.).

Mais la dimension éthique, absente (en apparence) de concepts-frères tels que Etre, *Ereignis*, différence, *Logos*..., la voici. Heidegger parle

---

452 HEIDEGGER, *La parole dans l'élément du poème. Situation du Dict de Georg Trakl* (1953), dans : *Acheminement..., op. cit.*, pp. 62-63. Je reproduis tout le texte de Trakl, dans la traduction de Stierlin, qui met en évidence l'impact *politique* de l'Esprit :
"Sous les frondaisons d'or de la nuit constellée
S'avance en chancelant l'ombre de la sœur, par le bosquet silencieux,
Pour saluer l'âme des héros, leurs têtes sanglantes ;
Et dans les roseaux chantent faiblement les sombres pipeaux de l'automne.
O deuil orgueilleux ! Autels de bronze !
L'ardente flamme de l'esprit se consume
aujourd'hui dans cette immense douleur
Nos descendants qui ne verront pas le jour."
(Cité par PALMIER, dans *L'expressionnisme comme révolte*, *op. cit.*, p. 203).

453 Cf. DERRIDA, *De l'esprit, op. cit.*, p. 157.

immédiatement et explicitement du Mal, comme si cette norme, soudain, s'imposait (à lui) :

> "L'esprit ainsi entendu déploie son être selon la double puissance de la douceur et de la destruction (...). La destruction provient de l'effrènement qui se consume en sa propre subversion, se faisant ainsi entreprise de malfaisance. Le Mal est toujours provenant d'un Esprit. Le mal avec sa méchanceté n'est pas le sensible, le matériel. Il n'est pas non plus de nature simplement immatérielle *(geistig)*. Le Mal est Esprit (*geistlich)* comme l'insurrection de l'effrayant, dont la flambée se dissipe à l'aveugle et qui transplante dans la dispersion du non-salut, menaçant de dévorer l'éclosion où se recueille la douceur."[454]

L'Esprit *contiendrait* le mal, c'est-à-dire l'"opposé" du rassemblement : la dispersion, la dissipation, la dévoration. Et pourtant tel est le processus même de la puissance du déploiement. Et Derrida commente : "Dans la dénomination affirmative de l'esprit – l'*esprit en-flamme* – se loge déjà la possibilité interne du pire. Le mal a sa provenance dans l'esprit même."[455].

L'esprit-flamme transporte, déporte, possède en dépossédant, car il rassemble. Mais cette opération frénétique, jusqu'à l'extase, culmine dans la destruction ; celle-ci n'est *pas* déconcentration : c'est du centre même que partent les germes de mort, du cratère que sort la lave qui annihile en poussière. La brûlure parfaite est inscrite dans les gênes de l'esprit. Et cela, pour la première fois, Heidegger relisant Trakl l'évoque par "le Mal". Pour signifier l'opposé du Mal, de la destruction, Heidegger, plutôt que d'écrire le "Bien", utilise le mot "douceur". Pour identifier de plus près ce Mal, on pourrait dire alors : "la violence" ou "la dureté"[456]. Le Mal détruit dans la violence, lieu du "tout est perdu" qui est aussi le "tout est consumé". Avec l'Esprit règnera l'incinération.

Si ce *Geist* est un nouveau nom de l'Etre qui rassemble, du Centre-cercle, on pourrait appliquer, *mutatis mutandis*, à l'Etre tout ce qui vient d'être écrit sur l'Esprit. Nous aurions donc ici la clé d'une reconnaissance tacite – d'un aveu capital – savoir que c'est la *structure ontologique* même (en son achèvement heideggerien) qui porte la mort dans sa fonction réca-

---

[454] HEIDEGGER, *Acheminement vers la parole, op. cit.*, p. 63.

[455] DERRIDA, *op. cit.*, p. 157.

[456] Il faut aller plus loin, dans le commentaire du poème *L'Orage*, pour y lire un mot sur le Bien : "Seul ce qui vit plein d'âme peut remplir sa destination essentielle. Par la vertu d'un tel pouvoir, il est capable de l'unisson de ce comportement mutuel en quoi tout ce qui a vie s'appareille. Appartenant à cette capacité, tout ce qui vit est capable, c'est-à-dire bon. Mais le Bien est Bien suivant l'ordre de la douleur." (HEIDEGGER, *Acheminement..., op. cit.*, p. 65). La Bonté est une capacité d'unisson et de douceur qui se manifeste dans la douleur. Or qu'est-ce que la douleur, sinon subir le mal, s'y résigner, l'accepter ? La vie bonne s'incline devant le règne de l'Esprit.

pitulatrice et aussi, ce qui n'est pas moindre, qu'un enjeu éthique grave gît au cœur de la structure ontologique !

Mais ne peut-on concevoir un Esprit plutôt vivifiant, d'une ardeur créatrice, bref une flamme bénéfique, non dévorante ? Ce n'est pas ce qu'indique le texte : "C'est *dans la mesure où* l'essence de l'Esprit *réside dans l'embrasement* qu'il fraye la voie, lui donne ouverture et met en route. Comme flamme, l'Esprit est la tempête qui "monte à l'assaut du ciel" et "à la conquête de Dieu"."[457]. Il faut que l'esprit réside, ait son lieu, son séjour, son point d'attache dans l'embrasement lui-même pour que l'ouverture, le rayon de lumière soient. C'est seulement à la mesure de cette capacité d'ignition violente que l'avènement "spirituel" est possible : autant dire que le *Geist* n'est pas la colombe de la paix (ni "l'Esprit saint"), et que la volonté primordiale, quand elle se manifeste, ne fait pas que du bien.

Enflammée, la maison de la représentation diversifiée de l'ordre ancien où le centre relevait de la multitude ! Enflammées, les écritures empêchant que le *Logos* fût Un ou contrariant le *Muthos* récapitulateur ! Enflammés, les mortels, les demeures, les terres par où devaient passer les hommes de la lointaine injonction, le bondissement de l'Origine et l'élargissement de l'Ouvert ! Enflammées, les races errantes qui entachaient la pureté de l'Etre-Etat et durent, de force, humer le souffle de l'Esprit ! Enflammé, finalement, le Royaume essentiel lui-même, l'Etat d'Urgence en son extrême détresse, et jusqu'en son point d'*expérience* absolue d'où se dressait la force du questionnement, son fondement de béton dorien, son Soleil-Quartier-Général au ferme rayonnement, son *Führer* parti d'un coup de feu et disparu en cendres !

L'Esprit (avec majuscule) comme Centre, a affaire à l'âme (avec minuscule) qui procède de lui tout en le confortant :

> "L'Esprit jette l'âme sur la route où la marche est devancement. L'Esprit transplante en nature étrangère. "L'âme est en vérité chose étrange sur terre". C'est l'Esprit qui fait don de l'âme. Il est l'animateur. Mais l'âme à son tour est gardienne de l'Esprit, et cela de façon si essentielle que sans l'âme, l'Esprit peut-être ne sera jamais l'Esprit. Elle "nourrit" l'Esprit."[458]

Là où Derrida décèle surtout un clivage sexuel, on verrait plutôt un jeu du centre qui pousse hors de soi et reprend à soi, ramenant l'étranger au connu : "C'est ainsi, écrit Derrida, que l'esprit transpose, dépose et déporte dans l'étranger, il transporte l'âme (...). Cette déportation est un don."[459]. L'âme fait exister, valorise l'Esprit, elle entretient le feu sacré.

A l'instar du *Dasein* jeté dans l'ek-sistence, l'âme est condamnée à une certaine solitude, mais qui la tourne vers l'essentiel : "La solitude porte

---

[457] HEIDEGGER, *Acheminement..., op. cit.*, p. 63. Souligné par moi.
[458] *Ibid.*
[459] DERRIDA, *op. cit.*, p. 172.

l'âme au-devant de l'Unique, la rassemble en l'Un, et la confie essentiellement à sa pérégrination."[460]. Pourrait-on mieux identifier l'Esprit et l'Un ? "Solitaire et voyageuse, commente Derrida, l'âme doit assumer le poids de son destin (*Geschick*). Il lui faut se rassembler en l'Un, porter et se porter vers l'essence qui lui est assignée, la migration – mais non l'errance. Elle doit se porter *au-devant, à la rencontre* de l'esprit..."[461]. Le périple de l'âme reste un voyage ordonné : il a une origine et un but, il sert l'Un – à l'inverse de l'errance. Ramener les errants à une migration concentrationnaire, telle serait donc l'ambition de l'Esprit qui enflamme. Les vers de Trakl cités dans le même opuscule de Heidegger et tirés du poème *La Nuit*, prendraient ainsi une étrange résonance :

"*Conquiert le ciel*
Un chef pétrifié"[462]

Le soleil a ses rayons, l'Esprit ses traits qui atteignent dans la douleur. Mais ce trait, comme l'a vu Derrida, n'est pas pensé par Heidegger comme division :

> "C'est le rapport à soi de l'esprit lui-même comme *rassemblement*. Le trait rassemble. Le mot de *Versammlung* (rassemblement) traverse, domine et surdétermine toute cette méditation. Il rassemble tout ce qui est rassemblement : le lieu (*Ort*), le décès (*Abgeschiedenheit*), l'âme que la solitude porte vers l'"unique" et rassemble dans l'Un (*in das Eine*), le *Gemüt* et finalement l'un lui-même (*Ein*) de *Ein Geschlecht*, cet Un qui serait le seul mot souligné dans l'œuvre de Trakl. Cet Un n'est pas, dit Heidegger, l'identité, l'indifférence ou l'uniformité sexuelle, mais le matin le plus matinal auquel sa marche aura destiné l'Etranger. Or la *Versammlung*, ce rassemblement en l'Un, Heidegger l'appelle aussi *Geist* (...). La séparation de ce qui prend son départ dans le décès n'est autre, en son embrasement même que l'esprit (...) et, comme tel, ce qui rassemble."[463]

C'est au moment où l'Esprit se révèle enfin tel qu'en lui-même la Poésie le fige, que la formulation éthique transpire, au moment où la Flamme est aussi perçue comme destructrice que les *ravages politiques* du rassemblement unifiant sautent aux yeux. Heidegger en fut-il conscient ? Il ne reviendra pas sur le caractère annihilant de la récapitulation. Ce n'est pas non plus l'amorce d'une réflexion éthique différente de celle de la *Lettre sur l'Humanisme*. La brèche est vite refermée, car tout développement eût amené à reconnaître les conséquences historiales, éthiques

[460] HEIDEGGER, *Acheminement...*, *op. cit.*, p. 63.
[461] DERRIDA, *op. cit.*, p. 173.
[462] Cité par HEIDEGGER dans *Acheminement...*, *op. cit.*, p. 74.
[463] DERRIDA, *op. cit.*, pp. 175-176.

(anti-éthiques) d'une certaine structuration ontologique ou d'un mode d'articulation du questionnement ontologique, sinon de l'ontologie même.

Si “tournant” il y a, en voici en tout cas un autre, sans doute plus vrai, avec cette *re-venue* de l'Esprit, qui dit enfin que la structure ontologique, l'essence du fondement, poussée à son paroxysme, porte, au-delà d'une fausse lumière, la dégradation, l'abomination et la mort. Si c'est exact, l'acte de décès de l'Esprit (greco-allemand) qui enflamme signerait déjà l'arrêt de mort de la philosophie même. La “récapitulation” contenait bien la “capitulation”.

Nostalgie : l'appel formel du Centre
(a) La voix poétique

Face à l'oubli de l'être, Heidegger oscille entre le rêve d'une parousie lointaine et la tentation de la nostalgie, du rappel, du ressassement. Cette anamnèse s'effectue surtout par la lecture ou la relecture de poètes, qui rappellent la période précédente. Mais cette fois encore – de même que pour l'Esprit – le masque tombe sans ambiguïté : penser et nommer l'Etre, c'est dire : le Centre. *Pourquoi des poètes ?* constitue à la fois un aboutissement, en ce qu'il conclut la série des grandes études ou paraphrases hölderliniennes, et une avant-dernière étape, parce que ce texte met en forme une pensée de l'être comme centre et que la “conscience” de l'être comme centre contient déjà la conscience de l'éclatement de celui-ci. C'est au moment où Heidegger ne voit plus du tout l'avènement de l'être dans un peuple déterminé, qu'il ose parler de centre – et après cela seulement que peut commencer à venir le dernier Heidegger, qui biffera le mot “être”, comme si l'avoir enfin identifié dans sa configuration constante était libératoire, pour s'en délier, annonçant ainsi la déconstruction du Centre que notre temps lui-même a mise en route.

Cette reconnaissance de l'Etre comme centre, Heidegger la donne plus explicitement que jamais dans ce passage capital :

> “L'être, qui tient tout étant en balance, attire ainsi constamment l'étant à soi et sur soi, sur soi comme centre *(die Mitte)*. Comme risque, l'être retient tout étant, en tant que risqué, en cette relation. Mais en même temps, *le centre de cette relation attirante se retire de tout étant*. Ainsi, le centre abandonne l'étant au risque, comme quoi il est risqué. En cet abandon qui rassemble est en retrait l'essence métaphysique de la volonté, pensée à partir de l'être. Le centre de l'étant attirant et médiatisant tout, le risque est la puissance qui donne au risqué un poids, c'est-à-dire une gravité *(Schwere)*. Le risque est la force de gravité *(Schwerkraft)*.”[464]

[464] HEIDEGGER, *Chemins..., op. cit.*, p. 338. Souligné par moi.

L'occasion est donnée par le commentaire d'un poème tardif de Rilke qui contient les vers suivants :

> *"Centre, comme de tout*
> *tu te retires, de l'essor de l'envol*
> *encore, tu te reprends, centre, toi le plus fort."* [465]

Le poème s'intitule *Gravitude*, ce qui signifie "le milieu, le centre de l'étant en entier. C'est pourquoi Rilke l'appelle "le milieu inouï" (...). Elle est le fond qui, en tant qu'inter-médiaire, rattache les choses l'une à l'autre et les rassemble dans le jeu du risque"[466]. Le risque est un autre nom du feu ontologique : "Le risque lâche et libère le risqué, et cela de telle sorte que le lancé n'est lâché qu'attiré vers le centre. Le risqué est investi de cette attirance vers le centre."[467]. La perception pure de l'étant a lieu en tant que celui-ci, risqué, est attiré vers le centre[468].

Dans le même texte, à partir des vers de Rilke :

> *"pour, quelque part dans le plus vaste cercle,*
> *là où le statut nous touche, lui dire oui"* [469]

est célébrée la circularité, réciproque parfaite de la centralité :

> "Le plus vaste cercle entoure tout ce qui est. Ce cercle entoure et unit tout l'étant, de manière qu'en cet unir unissant il soit l'être de l'étant. (...). Seulement, parler du plus vaste cercle ne nous dit rien de précis, si nous tentons maintenant de le penser comme le tout de l'étant, et l'entour du pourtour comme l'être de l'étant. Mais en tant que pensants, nous n'oublions pas qu'originairement déjà, l'être de l'étant a été pensé selon la prise en vue de l'encerclement *(das Umkreisen)*."[470]

Le centre est donc déjà dans la circonférence et *vice-versa* : l'être est "tout entier" dans son cercle, l'unique cercle, par où se situe l'étant en son entier. En même temps l'être de l'étant est aussi "l'entour du pourtour" – ce en quoi il est néant, comme on l'a vu, bref, il est cercle en plein, sphère. La recevabilité de cette "image" – et donc de Rilke à cet endroit – sur le plan ontologique découle d'abord d'un antécédent majeur, d'une autorité

---

[465] Cité par HEIDEGGER, dans *Chemins...*, *op. cit.*, p. 339.
[466] *Ibid.*
[467] *Ibid.*
[468] Cf. HEIDEGGER, *Chemins...*, *op. cit.*, p. 341.
[469] Cité par HEIDEGGER dans *Chemins...*, *op. cit.*, p. 361. Que le pauvre Rilke ne pense pas la sphère à partir de l'être, mais seulement de l'étant, aux yeux de Heidegger (cf. pp. 362-363) ne change rien à l'affaire ; le poème de Rilke – et singulièrement deux vers qui ne disent pas grand chose ! – apparaît plutôt comme un prétexte à l'expression heideggerienne préparant l'occasion de se libérer.
[470] HEIDEGGER, *Chemins...*, *op. cit.*, p. 361.

incontestée, celle de Parménide. Heidegger l'examine donc attentivement :

> "Cette sphéricité de l'être est cependant pensée trop négligemment et toujours superficiellement, si nous n'avons d'abord questionné et éprouvé comment l'être de l'étant déploie originairement son essence. L'ἐον, l'étant, des ἐοντα, de l'étant en entier, se nomme l'Ἑν, l'un unissant. Mais qu'est-ce que cet unir à l'entour, en tant que trait fondamental de l'être ? Que veut dire être ? ἐον, étant, signifie : présent, et présent dans le sans retrait. Mais dans la présence est en retrait une instauration de l'ouvert sans retrait qui laisse se déployer le présent comme tel. Mais véritablement présente, seule l'est la présence elle-même, qui est partout comme le Même en son propre milieu, et, en tant que tel, est la sphère."[471]

La sphéricité est donc déduite à partir d'une épreuve, d'une *expérience*, qu'elle exprime adéquatement, et, pour reprendre une thématique hégélienne, de l'arrivée de l'être chez soi partout, dans une présence déployée.

Ce qui sauve la sphéricité d'une représentation "géométrisante", et finalement *de toute représentation*, c'est la prise en compte du rôle initial et dominant du foyer irradiant, source d'éclaircie. Heidegger fait sienne la sphéricité parménidienne, ce qui implique qu'il en accepte aussi les "contours", ceux-ci n'étant pas pensés ici avant tout comme forclusion, mais comme l'ubiquité de l'unité unissante.

La sphère est donc limitée plutôt que "bornée". Le *Supplément* à *L'origine de l'œuvre d'art* (1955) explique l'expression *Feststellen der Wahrheit* (constituer la vérité). *Stellen* (poser) correspond au grec θέσις : "laisser s'étendre en son rayonnement et en sa présence"[472]. Quant au "*Fest*", il "veut dire : cerné d'un contour, enchâssé dans sa limite (περας), amené dans le tracé du trait (...). Au sens grec, la limite n'enferme pas, mais apporte seulement au rayonnement du paraître le présent lui-même en tant qu'il est produit. La limite met en liberté dans l'ouvert."[473].

La provenance de l'art et la destination de la pensée (1967) définit la limite (du cercle) sur laquelle est tourné le regard de la déesse Athéna : "La limite signifie ce par quoi quelque chose est rassemblé dans ce qu'il a de propre, pour apparaître par là dans toute sa plénitude, pour venir à la présence."[474]. Mettons les deux explicitations ensemble et nous avons la description de la circularité ontologique même, qui, polymorphe, revient constamment identique. La circonférence apparaît comme la condition de

---

[471] HEIDEGGER, *Chemins..., op. cit.*, pp. 361-362.

[472] HEIDEGGER, *Chemins..., op. cit.*, p. 94. Le *Supplément* a été rédigé en 1956 et publié en 1960.

[473] HEIDEGGER, *Chemins..., op. cit.*, pp. 94-95.

[474] HEIDEGGER, "La provenance de l'art et la destination de la pensée", dans *Heidegger*, L'Herne, *op. cit.*, p. 368.

possibilité de l'ouverture et du déploiement, mais l'important est le centre : présence et rayonnement.

Si l'être se diffuse dans tous les étants, il doit bien être partout dans d'égales proportions. La rondeur des extrémités est l'expression de l'Un en ce qu'il advient équilatéralement en présence. On en revient ainsi à constater qu'une "métaphysique" de la présence s'exprime *nécessairement*, de Parménide à Heidegger (inclus), par la circularité/sphéricité. Pour que cette adéquation de la "forme" sphérique soit bien comprise, il faut qu'elle soit pensée comme "centre" et non comme "boule" ou quelque chose du genre. *C'est à partir du centre agissant et célébré que s'éclaire l'évidence de la sphéricité*, évoquée encore dans *Pourquoi des poètes ?* :

> "La sphéricité ne repose pas en une circonvolution qui, après coup, entourerait, mais en ce milieu qu'est la déclosion, milieu qui, éclaircissant, donne asile à un présent. La sphéricité de l'unir unissant, et ce dernier lui-même, ont ce caractère de s'ouvrir en clairière ; au cœur de cette clairière du présent peut advenir comme présent. C'est pourquoi Parménide nomme (fragment VIII, 42) l'ἐον, la présence du présent : εὐκυκλος σφαίρη. Cette sphère bien arrondie est à penser comme l'être de l'étant, au sens de l'unité unissante de la déclosion éclaircissante. Cette caractéristique d'ainsi partout unir nous permet de la dénommer l'orbe d'où émane l'éclaircie, qui en tant qu'il déclôt, précisément n'enferme pas en une clôture, mais libère, lui-même éclaircissant, dans la présence. Cette sphère de l'être et sa sphéricité, nous ne devons jamais nous les représenter objectivement. Comment alors ? Non objectivement ? Non ; cela ne serait qu'une simple façon de parler non rigoureuse. La sphéricité est à penser à partir de l'essence originaire de l'être au sens de la présence qui se déclôt."[475]

La circularité centrale de la *Lichtung* renvoie, dans *La fin de la philosophie et la tâche de la pensée* (1964), au fragment I/28 de Parménide, où l'*Alètheia* "est dite "rondeur parfaite" parce que sa tournure répond à la pure rondeur du cercle sur la ligne duquel, en chaque point, commencement et fin coïncident. D'une telle tournure est exclue toute possibilité de détournement, de déguisement et d'occultation."[476]. La voici, la perfection rêvée par la pensée : le rassemblement de l'*alpha* et de l'*oméga* dans le resserrement du centre-cercle sur soi d'où brille la lumière !

Enfin, à partir de quatre vers également tardifs de Rilke :

> *"Lorsque des mains du marchand*
> *La balance passe*
> *à l'Ange qui dans les cieux*
> *la calme et l'apaise par l'équilibre de l'espace..."* [477]

---

[475] HEIDEGGER, *Chemins..., op. cit.*, p. 362. A propos du fragment VIII, voir *L'aube de l'Un*, pp. 149-157.
[476] HEIDEGGER, *Questions IV, op. cit.*, p. 131.
[477] HEIDEGGER, *Chemins..., op. cit.*, p. 378.

transparaît encore une esquisse de “perception” ontologique :

> “Cet espace équilibrant, c'est l'espace intime du monde, dans la mesure où il fait place à l'entier mondial de l'ouvert. Ainsi, il accorde à l'une et l'autre perception l'apparition de leur unité unissante. Celle-ci entoure, comme la sphère intacte de l'être, toutes les forces pures de l'étant, en ce qu'elle accorde tous les êtres sur le rayon de sa circonférence, les libérant infiniment de toute borne. Tout ceci accède à une présence lorsque la balance passe de l'autre côté.”[478]

Une fois encore, l'unité unissante est présente comme sphère sans “borne” expérimentalement identifiable, mais dans une équidistance parfaite de rayonnement essentiel. Telle est bien la structure ontologique “éternelle”, celle qui, par delà les inflexions de langage, domine, traverse, entretient la Métaphysique, y compris la métaphysique qui se pense comme dépassement de la métaphysique. Mais la philosophie a cessé d'être le lieu même du dire essentiel, passant le relais aux poètes les plus “risquant”, les *risk-lovers* : “leur chant consacre l'intact de la sphère de l'être”[479].

Dans d'autres opuscules, le Centre/cœur d'*Alètheia*-la-sphère-rassemblante prend d'autres noms (*Gedanc*, Dite, Mot, Site, Même, etc.) mais structure et processus fondamentaux sont inchangés.

Le “*Gedanc*”[480] de *Qu'appelle-t-on penser ?* opère la récapitulation générale : “Le *Gedanc*, le fond du cœur, est le rassemblement de tout ce qui nous concerne, qui nous atteint, qui nous intéresse – nous, dans la mesure où nous sommes hommes.”[481]. Le Centre ayant ainsi été “avoué”, Heidegger donne, plus que jamais, libre cours à sa perception de l'être comme lieu. L'expression avouée “topologie de l'être” (justifiée au troisième séminaire du Thor comme “compréhension de l'être-lieu du lieu”[482]) ne serait pas *possible* si, en deçà, l'Etre n'était pensé/impensé comme centre hébergeant, éclairant, rassemblant. Que l'Etre soit/ait un lieu, seule la poé-

---

[478] HEIDEGGER, *Chemins...*, *op. cit.*, p. 378. Dans le passage de la balance des mains du marchand à celle de l'Ange, Heidegger voit le raccordement des mortels à l'univers authentique du risque, de l'être de l'étant – monde inhabituel, dissonant par rapport à celui de la technique et des affaires.

[479] HEIDEGGER, *Chemins...*, *op. cit.*, p. 384.

[480] *Gedanc* “désigne l'âme entière au sens d'un rassemblement intérieur constant auprès de ce qui s'adresse essentiellement à tout le sentiment.” (HEIDEGGER, *Qu'appelle-t-on penser ? op. cit.*, p. 146). L'âme “commémore ce qu'elle a et ce qu'elle est” (p. 147) et ce faisant, “dans sa pensée se tourne vers Cela qui est son partage” (*ibid.*). Cf. même sens, p. 238.

[481] HEIDEGGER, *Qu'appelle-t-on penser ?*, *op. cit.*, p. 237. Rassemblement aussi, que le séjour dans la pré-sence : “Le repos dans l'être pré-sent de l'étant est rassemblement. Il rassemble le Surgissement à l'Avancée, avec la brusquerie cachée d'une Absence dans le Voilement toujours possible.” (p. 219).

[482] HEIDEGGER, *Questions IV*, *op. cit.*, p. 269.

sie est en mesure de le comprendre, enseigne la *Lettre sur l'humanisme* : "la poésie qui pense est en vérité la topologie de l'Etre. A celui-ci elle dit le lieu où il se déploie."[483].

A mesure qu'approche l'après-guerre, la rhétorique heideggerienne fait de plus en plus place au "repos" alors qu'elle était pénétrée de puissance, volonté, affirmation, guidance, surgissement, etc. Mais le schème de la centralité résumant l'essentiel en un espace "spirituel" demeure. Dans la paix, qui ressemble à une arrière-saison historique, seul le pâle reflet de l'être pourra encore être pensé, comme le négatif d'une photographie, en termes plus statiques, mais aussi plus doux, presque féminins[484]. Certes, l'ombre de Nietzsche continue-t-elle de planer : du *Zarathoustra*, dans lequel Heidegger voit son l'œuvre essentielle, la clef se trouve dans l'adresse au soleil ("O grand astre ! Que serait ton bonheur si tu n'avais pas ceux auxquels tu donnes la lumière ? etc."[485]), paroles "qui remontent historiquement jusqu'au centre de la métaphysique de Platon et qui touchent ainsi le noyau de la pensée occidentale"[486]. Mais c'est surtout dans les commentaires de poètes esthétisant à filiation hölderlinienne que la

---

[483] HEIDEGGER, *Lettre..., op. cit.*, p. 37.

[484] On se rappelle de *Pour servir de commentaire à Sérénité* (1944-45), le fameux dialogue triangulaire, où le professeur réexprime au plus près la pensée de Heidegger : l'usage d'expressions "topologiques" va se développer pour désigner le royaume de l'être commence, pour se prolonger dans la *Lettre sur l'Humanisme* et au-delà. Ici il est question de la "contrée" et de la "libre Etendue". Le repos est encore "le foyer et la force de tout mouvement" (HEIDEGGER, *Questions III, op. cit.*, p. 194), mais insensiblement, le ton change, comme si l'Etre se resserrait, se repliait, *s'évaporait* dans une non-histoire et une non-patrie. Et ce n'est pas un hasard si ce texte est la première attaque hardie contre la "représentation" et l'expression d'une certaine idée de la pensée, comme, précisément le contraire de la représentation d'une chose. Apparaît enfin le thème du chemin – "la progression sur le chemin", l'acheminement, etc. pensés comme sérénité, laquelle "vient de la libre Etendue" (p. 203) qui s'approprie originellement (l'être de) l'homme. Cette sérénité vers la libre Etendue se vit comme "non-vouloir" (p. 211). Le grand échec national semble avoir favorisé une sorte de passivité disponible, une attente qui devient désormais l'activité de la pensée, par la "perte" de la représentation ou la libération par rapport à elle. Cette libre Etendue est "l'être caché de la vérité", une sorte d'autre nom de l'Etre-Un-Centre, en dehors de quoi rien n'est :
" E. Ce près et ce loin ne peuvent être rien d'extérieur à la libre Etendue.
P. Parce que la libre Etendue, mettant toutes choses en présence les unes des autres, les rassemble, les rapporte les unes aux autres et les fait revenir à elle-même, à leur propre repos dans le Même." (pp. 220-221). La virilité du "questionnement fondamental", la sauvageté du sacré poétique, l'activisme (dans tous les sens du mot) dont devenus disponibilité, réceptivité, laisser être. A l'ontologie militante succède une pensée spectatrice. Ainsi la locution "sens de l'être" fait-elle place à celle de "vérité de l'être", c'est-à-dire : "vérité comme localité de l'être. Cela présuppose bien sûr une compréhension de l'être-lieu du lieu." (HEIDEGGER, *Questions IV, op. cit.*, p. 269. Cf. aussi p. 276). C'est pourquoi le développement maximal de la topologie (clairière, libre étendue etc.) est typique d'après-guerre et inséparable d'une conception de l'essence de l'agir comme "laisser être" et du refus (de l'incapacité en fait) de tout engagement historial.

[485] Cité par HEIDEGGER dans *Qu'appelle-t-on penser ?, op. cit.*, p. 59.

[486] HEIDEGGER, *Qu'appelle-t-on penser ?, op. cit.*, p. 59.

structuration tirée de la lecture de Rilke va réapparaître avec constance. Ainsi Trakl, déjà cité, et Stefan George, auteur de *Das Neue Reich*[487].

Le déploiement de la parole analyse le poème de George *Le Mot*[488]. Ce texte évoque l'identité de direction – le centre même – du pas en arrière et de la "monstration" du dire : car si "la parole est la maison de l'être"[489], le mot, lui, est un signe (*Zeichen*)[490] et *zeigen* (montrer) et *sagen* (dire) ont la même racine[491]. Quant au mot "*logos*", il "parle simultanément comme nom de l'être et nom du dire"[492] évoquant le souffle saint, la voix, la sonorité du verbe[493]. Revoici encore la topologie : "Le pas qui prend du recul jusqu'au *lieu* où l'être humain a *site* demande autre chose que le pas en avant par lequel le progrès nous précipite dans le machinal."[494]. Quel est ce site ? Que montrent le mot, la poésie ? Les pas qui rétrocèdent "se joignent bien plutôt dans un rassemblement recueilli sur le Même, et ils se jouent en un retour au Même. Ce qui a l'allure d'un détour est en fait entrée dans la mise en chemin proprement dite, à partir de laquelle le voisinage reçoit le ton. Cela est la proximité."[495].

Le "Ce" est désigné ici sous le nom de "proximité" – autre nom du centre ordonnateur qui préside aux deux modes éminents du dire, poésie et pensée : "Si les deux modes du dire voisinent bien à partir de leur proximité, alors, nécessairement, la proximité elle-même doit gouverner

---

[487] St. George (1868-1933), poète animateur d'un cercle expressionniste, qui joua un rôle dans la diffusion de l'œuvre de Hölderlin (cf. SAFRANSKI, *op. cit.*, p. 402), était un esthète aristocratique sympathisant de Nietzsche ; il fut utilisé par les nazis pour son côté patriotique, son rôle de purificateur de la langue allemande. Il quitta l'Allemagne, puis mourut, peu après l'avènement du nazisme. (Cf. PALMIER, *L'expressionnisme comme révolte, op. cit.*, p. 63). *Das Neue Reich*, Le Nouveau Royaume, recueil publié en 1928 eut un certain retentissement. L'importance de l'enjeu m'incite à reproduire ici un poème illustratif de ce livre et de la thématique de George :

"Quand ce peuple, éveillé des lâches somnolences,
Se souviendra de soi, de son choix, de sa tâche,
Il comprendra soudain le sens qu'eut pour les dieux
Son indiscible horreur... Les bras se lèveront
Et les bouches crieront pour acclamer l'Honneur
Et l'étendard royal, marqué des vrais emblèmes,
Flottant au vent de l'aube, incliné, saluera
Les Seigneurs : les Héros !" (Cité par PALMIER, *ibid.*).

[488] *Le Mot* (*das Wort*), fut aussi et surtout le titre de la revue des émigrés antifascistes, regroupés au sein du Front populaire antinazi, qui fut publiée à Moscou (Cf. PALMIER, *op. cit.*, pp. 296 svv.) et "dont l'idée était née à Paris en 1935 lors du congrès pour la défense de la culture" (p. 300) – revue à laquelle Heidegger ne fait évidemment pas allusion : c'est plutôt comme s'il érigeait un "*Das Wort*" alternatif, concurrent.

[489] HEIDEGGER, *Acheminement..., op. cit.*, p. 150.

[490] Cf. HEIDEGGER, *Acheminement..., op. cit.*, p. 147.

[491] Cf. HEIDEGGER, *Acheminement..., op. cit.*, p. 152.

[492] HEIDEGGER, *Acheminement..., op. cit.*, p. 169.

[493] Cf. HEIDEGGER, *Acheminement..., op. cit.*, p. 189.

[494] HEIDEGGER, *Acheminement..., op. cit.*, p. 174. Souligné par moi.

[495] HEIDEGGER, *Acheminement..., op. cit.*, p. 194.

sur le mode de la Dite. La proximité et la Dite seraient alors le Même. Penser cela demeure une très dure mise au défi. Sa violence, en aucun cas, il n'est permis de l'atténuer."[496]. Le Même – la proximité régit des rapports de déport et de retour à soi, comme le fait le centre agissant dans sa structuration[497]. Cet agissement est la Dite – la Poésie, la Pensée, chemins vers un cœur intouchable, mouvement de convergence de la périphérie vers le centre : "Portant calmement le regard à *l'entour*, il devient possible d'aller voir en quelle mesure la proximité et la Dite (...) sont le Même."[498]. Et encore : "La parole, en tant que Dite mettant en chemin le monde, est le rapport de tous les rapports. Elle rapporte, tient ensemble, entretient, tend et enrichit le vis-à-vis les unes pour les autres des contrées du monde, elle les tient et les veille cependant qu'elle-même (la Dite) se retient en soi *(an sich hält)*."[499]. Comment ne pas reconnaître la sphère parménidienne ?

La conférence de 1958 intitulée elle-même *Le Mot* traduit le poème de George, après des extraits de Hölderlin et Antigone[500]. La pensée et sa parente la poésie sont des "activités passives" d'écoute pour se laisser envahir et flotter dans la méditation : "Se laisser dire le digne de pensée est ce qui s'appelle penser."[501]. Le mot reste à entendre :

> "Le règne du mot fulgure comme mise en cause de la chose. Le mot commence à luire comme le rassemblement qui porte enfin à sa présence ce qui vient en présence. Le mot le plus ancien pour le règne du mot ainsi pensé, pour le dire, est : *Logos* : *die Sage*, la Dite – ce qui, donnant à voir, laisse apparaître l'étant en son *il est*. Le même mot *Logos* est, en tant que mot pour le *dire*, du même coup le mot pour l'*être*, c'est-à-dire pour la venue en présence de ce qui est présent. (...). Tout dire essentiel s'en revient prêter

---

[496] HEIDEGGER, *Acheminement..., op. cit.*, p. 187. On n'en a pas encore fini avec le relent d'intentionnalité politique. Fait partie du voisinage, la réciprocité de l'espace-temps, dans un rapport circulaire qui est, *in fine*, de pouvoir : "Quand règne et gouverne le vis-à-vis l'un pour l'autre, tout, chacun étant pour l'autre, est ouvert – ouvert sur son secret ; ainsi l'un se tend jusqu'à l'autre, s'en remettant à l'autre, et tout reste ainsi soi-même ; l'un des vis-à-vis de l'autre en temps qu'il veille sur lui, le prend en garde, et il est sur lui en tant qu'il le recouvre et le voile." (p. 196). Le Même est "ce qui tient rassemblés espace et temps en leur déploiement" (p. 200).

[497] "La mise en chemin du vis-à-vis l'un pour l'autre dans le Cadre du monde fait advenir à soi la proximité, est la proximité en tant qu'approche." (HEIDEGGER, *Acheminement..., op. cit.*, p. 200).

[498] HEIDEGGER, *Acheminement..., op. cit.*, p. 201. Souligné par moi.

[499] *Ibid.*

[500] Le *Wort* c'est "l'antipode du "signe linguistique"" (cf. HEIDEGGER, *Acheminement..., op. cit.*, p. 203) et a en allemand une haute portée : c'est par *Das Wort* que Luther rend le *Verbe* johannique. En ce sens, le mot permet d'entrevoir un plus haut règne que lui-même, où il révèle à la fois sa puissance (réservée au poète) et sa limite : "Cet autre règne du mot se donne à voir au poète en un éclair. Mais du même coup, le mot, qui règne ainsi, fait défaut." (p. 212).

[501] HEIDEGGER, *Acheminement..., op. cit.*, p. 222. Souligné par moi.

oreille à cette entre-appartenance voilée où Dite et être, mot et chose vont ensemble."[502]

La Dite célébrée dans *Le chemin vers la Parole*, est recueil, qui signifie "rassembler le regard sur ce qui depuis soi-même, unifie ce qui va ensemble, dans la mesure où cet unifiant accorde à la parole en son déploiement l'unité qui soit proprement la sienne."[503]. Le parler authentique est un *ça parle en moi*, qui permet que "se laisse dire la Dite", pourvu que "notre propre être, engagé en elle, entre à fond dans la Dite"[504]. Ce déploiement de l'un est un "tracé-ouvrant"[505] qui porte à la présence. Le souffle central alimente l'extrémité vocale physique[506].

Avec *La parole dans l'élément du poème* – toujours à partir de Trakl – l'emphase est portée sur le *Gedicht*, traduit par le Dict – ou "dit poétique", dont il s'agit de méditer le site. D'où, à nouveau, une représentation topologique, procédant de la même structure :

> "Originellement, site *(Ort)* désigne la pointe de la lance. C'est en lui que tout vient se rejoindre. Le site recueille à soi comme au suprême et à l'extrême. Ce qui recueille ainsi, pénètre et transit tout le reste. Comme lieu du recueil, le site ramène à soi, maintient en garde ce qui ramène, non sans doute à la façon d'une enveloppe hermétiquement close, car il anime de transparence et de trans-sonance ce qui est recueilli, et par là seulement le libère en son être propre."[507]

En ce site unique, équivalant au rassemblement, le Dict est dire de l'Un : "Tout grand poète n'est poète qu'à partir de la dictée d'un Dict unique. La grandeur se mesure à l'ampleur de sa dévotion à l'Unique, de telle sorte qu'il sache y contenir pur son dire de poète."[508]. Prière à l'Un, le "vrai" poème rassemble "librement" quant au centre tout ce qui peut être recueilli, opération de nature purificatrice[509].

Enfin, *D'un entretien de la parole* évoque la monstration par *die Sage* (la Dite) : "ce mot dit le Même que le mot *dicere, zeigen*, montrer – au

---

502 HEIDEGGER, *Acheminement...*, *op. cit.*, p. 223.

503 HEIDEGGER, *Acheminement...*, *op. cit.*, p. 236.

504 HEIDEGGER, *Acheminement...*, *op. cit.*, p. 242.

505 HEIDEGGER, *Acheminement...*, *op. cit.*, p. 238.

506 "La montrante Dite met en chemin la parole vers le parler humain" (HEIDEGGER, *Acheminement...*, *op. cit.*, p. 254).

507 HEIDEGGER, *Acheminement...*, *op. cit.*, p. 41.

508 HEIDEGGER, *Acheminement...*, *op. cit.*, pp. 41-42.

509 La philosophie, en tant que pensée, est d'emblée monstration de l'être et ce jusqu'à nos jours : "La pensée européo-occidentale, en suivant le leitmotiv τί τὸ ὄν, qu'est-ce que l'étant dans son Etre, va de l'étant vers l'Etre. La pensée monte de l'un vers l'autre. Suivant sa question directrice, la pensée franchit chaque fois l'étant, elle le transcende dans la direction de son Etre, non pour laisser l'étant derrière elle en l'abandonnant, mais pour représenter l'étant grâce à ce franchissement, à la Transcendance, dans ce qu'il est *en tant que* l'étant." (HEIDEGGER, *Qu'appelle-t-on penser ?*, *op. cit.*, pp. 205-206).

sens de : laisser apparaître et laisser paraître, cela toutefois sur le mode du faire signe (*des Winkens*)."[510]. La circularité fait son nid dans la parole : si l'on parle d'elle, elle nous porte dans son déploiement, etc. – ce qui est appelé "cercle herméneutique"[511], cercle *dans lequel* il faut circuler, étant entendu que cette circulation reconnue ne signifie pas la véritable expérimentation de l'herméneutique[512], car la clé de l'entretien est un point fixe : "*cela* d'*où* ceux qui, apparemment, seuls parlent, les hommes, sont *inter*pellés."[513].

(b) La voix "philosophique"

La conférence prononcée en 1955 à Cerisy, *Qu'est-ce que la philosophie ?* revient à la question du cercle de l'interrogation de la philosophie ; celle-ci ne peut être une problématique que si l'on s'y trouve déjà :

> "Nous voilà ainsi étrangement poursuivis à l'intérieur d'un cercle. La philosophie elle-même apparaît comme étant ce cercle. A supposer que nous ne puissions pas nous libérer immédiatement de l'anneau d'un tel cercle, il nous est néanmoins permis de diriger notre regard sur le cercle. Vers quoi doit s'orienter notre regard ? Le mot grec *philosophia* nous indique la direction."[514].

---

[510] HEIDEGGER, *Acheminement..., op. cit.*, p. 133. *D'un entretien de la parole* (1953) rappelle l'ambition ontologique de *S.u.Z.* : "Il s'agissait, il s'agit encore de porter au jour l'être de l'étant ; assurément plus à la manière de la métaphysique, mais de telle sorte que l'être même vienne à paraître. L'être même – cela veut dire : la présence du présent, la venue en présence de ce qui vient en présence -, c'est-à-dire la duplication des deux à partir de sa simplicité." (p. 115).

[511] HEIDEGGER, *Acheminement..., op. cit.*, p. 137.

[512] Cf. *ibid.*

[513] HEIDEGGER, *Acheminement..., op. cit.*, p. 138.

[514] HEIDEGGER, *Questions II, op. cit.*, pp. 19-20. Le titre original de cette communciation était *Was ist das – die Philosophie ?* Le φιλόσοφος, dit Héraclite selon Heidegger, est celui qui parle "comme parle le Λογος" (p. 21) c'est-à-dire lui correspond, en est le prophète – et aussi celui qui aime le Tout-Un : "L'άνηρ φιλόσοφος aime le σοφον. Ce que ce mot dit selon Héraclite est difficile à traduire. Mais nous pouvons l'élucider en suivant l'interprétation propre d'Héraclite lui-même. Conformément à quoi το σοφόν dit ceci : Έν Παντα, "Un (est) Tout". "Tout" veut dire ici : παντα τα όντα, l'ensemble, la totalité de l'étant. Έν, l'Un, veut dire : ce qui est un, l'unique, ce qui unit tout. Mais, uni, est tout l'étant en l'être. Le σοφον dit : tout l'étant est en l'être. Dit avec plus d'acuité : l'être *est* l'étant. Ici "est" parle au sens transitif et ne veut pas moins dire que "recueille". L'être recueille l'étant en cela qu'il est l'étant. L'être est le recueil – Λογος." (*ibid.*). Le caractère éthique de la σοφια, encore si présent dans notre culture, est ici ignoré ; la seule éthique est celle de l'unité-totale, qui exprime l'agir de l'être comme rassemblement ne manquant rien. Ce passage marque comme une persistance de la conception des périodes antérieures, dans la mesure où il est dit qu'Héraclite et Parménide "étaient encore à l'unisson du Λογος, c'est-à-dire de Έν Πάντα" (p. 23) et que ce n'est que Socrate et Platon qui accomplissent le pas vers la "philosophie". Il y a bien une "aurore de la pensée" dont Aristote constitue "l'achèvement" (p. 26). Toutefois, malgré ses formes multiples jusqu'à Nietzsche, la philosophie "reste même. Car les mutations sont précisément la sauvegarde de la parenté dans le Même." (pp. 25-26).

On retrouve aussi, amené par le mot “correspondance”, le thème de l'écoute : “La correspondance prête oreille à la voix de l'appel. Ce qui s'adresse à nous comme la voix de l'être nous convoque à correspondre. “Correspondre” signifie dès lors : être convoqué, être disposé – à partir de l'être de l'étant. Dis-posé signifie ici à la lettre, ex-posé, éclairé et ainsi transposé dans l'appartenance à ce qui est.”[515]. Mécanisme phono-centriste bien connu. Encore une fois, la relation centre-périphérie dans la figure du cercle nous aide à comprendre : méditons d'abord le “à partir de” (l'être) : tout part de ce point ; puis “l'appartenance”, c'est-à-dire la dépendance, la relation de propriété, de sujétion et le “dans” qui évoque un “milieu ambiant”. C'est dans cette appartenance que le point périphérique correspond (au centre). Le centre enjoint, convoque, *appelle à soi.* Le “disposé” (en français dans le texte) est bien posé ontologiquement en ce qu'il est attiré à l'intérieur du cercle par la convocation du centre qu'il a pu ouïr.

Subir le pouvoir d'attraction de l'origine qui a porté hors de soi pour mieux ramener à soi, tel est bien la condition de la disposition ontologique, et donc la philosophie : “La correspondance à l'être de l'étant est la philosophie ; mais cela, elle ne l'est que dès le moment où, et alors seulement que la correspondance s'accomplit en propre du fait qu'elle se déploie et institue ce déploiement.”[516]. Mais que se passe-t-il lorsque la structure même qui permet ce déploiement est déconstruite, lorsque l'*effet-centre* disparaît d'un socle culturel, lorsque cette “institution” devient tout simplement impossible ? Si la philosophie loge dans cette correspondance – et donc la structuration qu'elle implique – c'est elle-même qui pâtit et dépérit dans leur déclin – ou alors apparaît une “activité philosophique” qui n'est plus la philosophie.

Le deuxième séminaire du Thor (1968) rappelle le désir fondamental de (la) philosophie : “Depuis sa naissance, depuis l'ἑν παντα d'Héraclite et l'ἑν de Parménide, la philosophie pense, non la multitude, mais la multiplicité dans la mesure où elle est rassemblée. (...). C'est seulement si on comprend ce dont la philosophie a besoin – l'unité absolue et totale – c'est seulement alors que l'on comprend pourquoi apparaît le besoin de philosophie.”[517]. La hantise de l'équation Etre = Un est une fois encore reformulée : “Si l'on pense que cette unité s'appelle ἑν depuis Héraclite, et que l'Un est depuis cette origine l'autre nom de l'Etre, alors on se trouve renvoyé à la compréhension de l'être dont parle *Etre et Temps*.”[518].

Mais à côté/en même temps que ce discours (nostalgique) de la plénitude, se déploie un propos autrement fondamental, qui caractérise vérita-

---

[515] HEIDEGGER, *Questions II, op. cit.*, p. 31.
[516] HEIDEGGER, *Questions II, op. cit.*, p. 30.
[517] HEIDEGGER, *Questions IV, op. cit.*, p. 223.
[518] HEIDEGGER, *Questions IV, op. cit.*, p. 231.

blement le dernier Heidegger et surtout concerne l'avenir de la philosophie même – celui du manque absolu de Centre, et qui mène à : Rien.

Au demeurant, pour comprendre la radicalité de la métamorphose en cours, et aussi ce qu'implique, philosophiquement, l'*après-guerre* chez notre auteur, il faut creuser encore le thème de l'oubli de l'Etre, d'abord à partir des penseurs grecs (d'où vient cet oubli ? quand commence-t-il exactement ? quel est maintenant le sens du matin grec ?), ensuite à partir des Lumières et de leur accomplissement (quel est finalement le verdict du procès, toujours repris, de la dialectique, de la subjectivité, de la technique ?). Cet indispensable détour effectué, on prendra comme la mesure de l'histoire de l'Etre, et de sa fin.

L'Etre "acteur" de son retrait :
(a) Derniers regards sur le matin grec

Comparons deux études sur Anaximandre, la première datant de l'été 1941, intitulée *Le dire initial de l'être dans la parole d'Anaximandre*[519], la seconde de 1946, intitulée simplement *La parole d'Anaximandre*[520]. Certes, dans l'une et l'autre, les traductions "philologiques" de Nietzsche et Diels sont critiquées. Mais les résultats des deux lectures sont différents. Le premier opuscule est une méditation qui "colle" à la traduction même du texte, le second élargit la réflexion à l'ensemble du monde grec, au destin de l'Occident, au pouvoir de la technique etc.[521]

Dans le texte de 1941, la parole d'Anaximandre est jugée "jaillie purement de la méditation de l'être"[522] et culmine : "En chaque mot, la sentence parle de l'être et de lui seul, là même où elle nomme expressément l'étant (...). *La sentence est ainsi le dire initial de l'être.*"[523]. Mais en 1946, Heidegger repère déjà le commencement du commencement de l'oubli de l'être – de la différence de l'être et de l'étant. C'est ce qu'indique le débat autour de la traduction de το χρεών, par "le maintien" : "Dans cette traduction (...) est pensé comme ce qui, en l'être même, se déploie."[524]. Et l'auteur d'expliciter :

---

[519] Cf. HEIDEGGER, *Concepts fondamentaux, op. cit.*, pp. 123-158.

[520] Cf. HEIDEGGER, *Chemins..., op. cit.*, pp. 387 svv.

[521] Pourquoi cet intérêt répété pour Anaximandre ? Le texte de 1946 commence par cette justification biographique, terre à terre, qui montre que Heidegger se situe parfois dans le concept courant de temps : "Elle <cette parole> passe pour la plus ancienne parole de la pensée occidentale. Anaximandre aurait vécu entre la fin du septième et le milieu du sixième siècle, dans l'île de Samos" (HEIDEGGER, *Chemins..., op. cit.*, p. 387). L'antériorité purement chronologique peut être, au moins ici, une piste sérieuse dans la quête d'une parole originaire ; si les débuts de la pensée préplatonicienne commencent à prêter à doute du point de vue de la pensée de la vérité de l'être, pourquoi, effectivement, ne pas remonter au début du début ?

[522] HEIDEGGER, *Concepts fondamentaux, op. cit.*, p. 132.

[523] *Ibid.*

[524] HEIDEGGER, *Chemins..., op. cit.*, p. 443.

> "Le choix du mot "maintien" provient d'une véritable *tra*duction de la pensée qui tente de penser la différence dans le déploiement de l'être, au-devant du début historial de l'oubli de l'être. Le mot "le maintien" est dicté à la pensée dans l'épreuve de l'oubli de l'être. Ce qui reste proprement à penser dans le mot "le maintien", de cela, το χρεών nomme probablement une trace, trace qui disparaît aussitôt dans l'histoire de l'être se déployant historialement comme Métaphysique occidentale."[525]

La quête de ces éphémères traces absorbera le dernier Heidegger. La lecture d'après-guerre révèle que l'ouvert des ἑοντα "était familier au tout premier monde grec – sans pourtant que les Grecs aient été capables, ni que la tâche leur fût dévolue de penser comme telle cette plénitude d'éclosion."[526] et que "dans cette parole du matin de la pensée, ferait apparition l'élément pessimiste, pour ne pas dire nihiliste de l'épreuve grecque de l'être."[527] .

Ce n'est pas "la faute" des Grecs, ni de leurs successeurs, ni de "la métaphysique" ; il appartient à l'être même de se retirer, d'être oublié, de sombrer dans l'impensé : "l'oubli de la différence n'est nullement l'effet d'une négligence de la pensée. L'oubli de l'être fait partie de l'essence même de l'être, par lui voilée."[528]. L'être est *acteur de son propre retrait* ; c'est pourquoi Heidegger parle "de l'abîme de la relation en laquelle l'être a situé en propre *(ereignet)* l'essence de l'homme occidental"[529], ou écrit que "ce retrait de son essence et de sa provenance est le trait par lequel l'être lui-même s'éclaircit initialement, et cela de telle sorte que la pensée ne le suit justement *pas*. (...). L'être se retire cependant qu'il se déclôt dans l'étant."[530].

Plus intéressant encore : c'est dans ce même texte que l'auteur observe un "fossé"[531] entre le parler allemand et le parler grec, et accentue les difficultés de traduction, alors qu'auparavant, il cherchait les soudures possibles, dessinait en filigrane un axe greco-allemand, voyait dans l'Allemagne historiale un nouveau surgissement du commencement grec. Alors : si le matin grec n'a pas véritablement eu lieu, à quoi bon vouloir le refaire en Germanie et chercher la filiation d'un ancêtre inexistant ? Mais on pourrait retourner la question : si le matin *allemand* n'a pas été possible, s'il a d'emblée tourné court, quelle est la *validité* du matin grec dont il se revendiquait et auquel il s'abreuvait et s'identifiait ? Si l'être n'est pas

---

525 HEIDEGGER, *Chemins...*, *op. cit.*, p. 445.
526 HEIDEGGER, *Chemins...*, *op. cit.*, p. 423.
527 HEIDEGGER, *Chemins...*, *op. cit.*, p. 428.
528 HEIDEGGER, *Chemins...*, *op. cit.*, p. 439.
529 HEIDEGGER, *Chemins...*, *op. cit.*, p. 404. Cf. aussi *infra* : *De l'Ereignis comme fin du centre.*
530 HEIDEGGER, *Chemins...*, *op. cit.*, p. 405.
531 HEIDEGGER, *Chemins...*, *op. cit.*, p. 396.

advenu dans un contexte national et historial qui, de force, mettait tout en œuvre pour sa nouvelle inauguration, n'est-ce pas l'idée même d'inauguration qui doit faire question ? Si l'Allemagne "est" la Grèce, ne participent-elles pas toutes deux de cet oubli de l'être ?

Pour sortir la Grèce de sa contingence historique (au sens courant) et ethnique (un peuple déterminé), l'auteur écrit à présent : "Grec, cela ne signifie pas, dans notre façon de parler, une propriété ethnique (*völkisch*), nationale, culturelle ou anthropologique ; grec est le matin du destin sous la figure duquel l'être même s'éclaircit au sein de l'étant, etc."[532]. Ce qui veut dire littéralement, que même les penseurs grecs n'étaient pas complètement grecs, et donc qu'il n'y aurait pas de peuple particulier – ni grec ni autre – qui soit lié d'un lien particulier à ce matin.

Dans les écrits ultérieurs, la Grèce reste une référence, mais en ce sens que, pour penser profond, il faut "partir" des Grecs afin de les dépasser dans leur propre authenticité de pensée : "Notre pensée d'aujourd'hui a pour tâche de prendre ce qui a été pensé de façon grecque pour le penser de façon encore plus grecque."[533].

La philosophie grecque devient ainsi l'objet d'un regard différent. Peut-être y a-t-il/y eut-il un dire inaugural. *Mais, d'Anaximandre à Aristote, il y a maintenant continuité plutôt que rupture.* Qu'est-ce qui les réconcilie et permet à tous de "trouver grâce" aux yeux de Heidegger du point de vue de la pensée de la vérité de l'être ? Dans une récapitulation saisissante, il répond :

> "L'ἐνεργεια, pensée par Aristote comme trait fondamental de la pré*sence*, de l'ἐον ; l'ἰδεα, pensée par Platon comme trait fondamental de la pré*sence* ; le Λογος, pensé par Héraclite comme trait fondamental de la pré*sence* ; la Μοιρα, pensée par Parménide comme trait fondamental de la pré*sence* ; le Χρεών, pensé par Anaximandre comme ce qui se déploie dans la pré*sence*, nomment le Même. Dans la richesse en retrait du Même est pensée, par chacun des penseurs en sa guise propre, l'Unité de l'Un unissant, le Ἑν."[534]

On retrouve le même genre d'alignement dans la conférence de 1962, *Zeit und Sein* (*Temps et Etre)* :

> "(...) se-déployer-en-présence se montre en tant que le Ἑν, l'Un unique unifiant ; en tant que *Logos*, le recueillement sauvegardant le Tout ; en tant que ἰδεα, οὐσια, ἐνεργεια, *substantia, actualitas, perceptio*, Monade ; en tant qu'objectivité ; en tant que thèse de la position de soi au sens de la volonté de raison, de la volonté d'amour, de la volonté d'esprit, de la volonté

[532] HEIDEGGER, *Chemins..., op. cit.*, p. 405.
[533] HEIDEGGER, *Acheminement..., op. cit.*, p. 125.
[534] HEIDEGGER, *Chemins..., op. cit.*, p. 447.

> de puissance ; en tant que volonté pour la volonté dans l'éternel retour de l'égal."[535]

Par ce formidable raccourci, l'auteur met désormais sur le même pied les formulations pré-socratiques de l'être et toutes celles qui ont suivi, qui sont comme des "paroles de l'être"[536]. Du même coup, la grande Métaphysique fait l'objet d'un examen rénové.

Cependant, pour "oublieuse" de l'Etre qu'elle soit déjà, cette parole de la présence est encore plus proche de lui que la présence ultérieurement conçue comme objectivité ou représentation :

> "Le pré*sent* appartient à l'Un de la pré*sence*, en ce que chaque pré*sent* est pré*sent* à l'autre en son séjour, séjournant avec l'autre. Cette multitude (πολλα) n'est pas un alignement d'objets séparés, derrières lesquels se tiendrait autre chose qui les comprendrait en leur ensemble. C'est au contraire au sein de la pré*sence* comme telle que s'ordonne le règne de la convergence des séjours, à partir d'un foyer secrètement rassemblant. C'est pourquoi, découvrant dans la présence ce déploiement qui rassemble, unit et déclôt, Héraclite nomme Λογος l'Ἓν (l'être de l'étant)."[537]

Le Ἓν est encore un nom de l'être qui rassemble ; en ne perdant pas de vue cet Un unissant, les penseurs Grecs ont encore à nous parler de l'être. Ce qui "échappe" à l'Un est encore décrit en termes particulièrement durs ; revoici l'errance (*die Irre*) traduite ici par *l'erroire* :

> "L'étant est amené à lui-même (*ereignet*) dans l'erroire où, en s'égarant, il rôde à l'entour de l'être, installant par là le règne de l'erreur (*Irrtum*). Là est l'espace où se déploie l'histoire. En lui, l'errance de ce qui est historialement essentiel passe à côté de ce qui lui est semblable. Voilà pourquoi tout avènement historial est nécessairement mal interprété. A travers cette mésinterprétation, le destin est en attente de ce que devient sa semence."[538]

A ce stade, plus aucune allusion n'est faite à la possibilité de "sortir" de l'errance, de prendre conscience d'elle, de s'en dégager. La nuit est tombée sur le monde ; l'histoire n'est qu'une immense errance et une longue erreur. Phrase sibylline aussi sur l'avènement historial, qui pourrait vouloir dire : l'*Ereignis* grecque est mal interprétée – comme le fut l'*Ereignis* allemande.

L'entretien à la ZDF (1969) corrige l'impression négative que pourraient laisser des expressions comme "oubli de l'être" et autres :

---

535 HEIDEGGER, *Questions IV*, *op. cit.*, p. 22.
536 HEIDEGGER, *Questions IV*, *op. cit.*, p. 25.
537 HEIDEGGER, *Chemins...*, *op. cit.*, pp. 425-426. Cf. aussi p. 424.
538 HEIDEGGER, *Chemins...*, *op. cit.*, p. 406.

> "Je ne parle pas d'une histoire de la déchéance, mais seulement du destin (*Geschick*) de l'Etre dans la mesure où il se retire de plus en plus par rapport à la manifesteté de l'Etre chez les Grecs – jusqu'à ce que l'Etre devienne une simple objectivité pour la science et aujourd'hui un simple fonds de réserve *(Bestand)* pour la domination technique du monde. Donc : nous nous trouvons non pas dans une histoire de la déchéance, mais dans un *retrait de l'Etre*."[539]

Mais c'est seulement à partir du Grec que cet Etre, ce centre perdu, peut être commémoré. Le clivage nouveau s'opère entre question métaphysique et question de l'essence de la métaphysique, ou entre philosophie et pensée[540].

Heidegger a donc pris acte – événement essentiel – que le centre s'est retiré, dérobé, n'est plus "joignable". L'idée, déjà présente dans les textes de la période de guerre, qu'il appartient à l'essence même de l'Etre d'être inaccessible, est accentuée dans *Qu'appelle-t-on penser ?* (1951-52) : "ce qui nous donne proprement à penser ne s'est pas détourné de l'homme à un moment quelconque, en un temps que l'on puisse dater historiquement ; c'est en effet depuis toujours que ce qui demande proprement à être pensé se tient ainsi détourné."[541]. Le jeu tourne autour du "se tourner vers", du détournement et du retournement, du retrait : "l'homme n'*est* homme qu'en tant qu'il est tiré vers ce qui se retire, qu'il est en mouvement vers lui, et qu'il montre ainsi dans la direction du retirement"[542]. L'homme a à montrer ce qui fait retrait, il est en mouvement vers ce qui se retire : "L'homme est cet être qui est pour autant qu'il montre vers l'Etre"[543]. L'Etre, comme centre caché, donne à penser dans la mesure où il y a *convergence* vers lui, attraction et diffusion de sens. En se tenant auprès de l'Etre par la pensée, l'homme se met dans la zone de l'Etre, dans son orbite intime, pour participer de l'irradiation de pensée : "C'est *tourné vers* ce qui donne le plus à penser que nous pensons ce qu'il y a à penser"[544].

Ainsi la philosophie n'est-elle plus l'histoire d'un oubli de l'être qui commença *un jour* : est jugé en effet "erroné" (et ici, à son insu, Heidegger s'auto-critique vertement) le procédé qui "consiste à croire que les penseurs du début, en tant qu'ils sont chronologiquement les premiers, sont du même coup et par excellence les plus grands, raison pour laquelle il ne conviendrait de ne philosopher qu'en pré-socratique et de dénoncer le

---

539 "Entretien du professeur Richard Wisser avec Martin Heidegger", dans *Heidegger*, L'Herne, *op. cit.*, p. 384.
540 Cf. HEIDEGGER, *Entretien....*, *op. cit.*, pp. 388-389.
541 HEIDEGGER, *Qu'appelle-t-on penser ?*, *op. cit.*, p. 25.
542 HEIDEGGER, *Qu'appelle-t-on penser ?*, *op. cit.*, p. 28.
543 HEIDEGGER, *Qu'appelle-t-on penser ?*, *op. cit.*, p. 151.
544 HEIDEGGER, *Qu'appelle-t-on penser ?*, *op. cit.*, p. 239.

reste comme malentendu et décadence. Des conceptions aussi enfantines sont aujourd'hui effectivement en circulation."[545].

Etre et Temps, comme Présence, sont deux faces du même centre – *Cela* même qui est/doit être source de question : "Alors ne devient-il pas visible que dans le noyau le plus intime de ce qui détermine et conduit toute la Métaphysique occidentale, dans l'être de l'Etre, quelque chose de ce qui fait cet être est demeuré impensé ? A travers la question "Etre et Temps", ce qui est visé c'est l'Impensé de toute Métaphysique."[546]. *Mais qu'est-ce que cet Impensé sinon le centre du Centre, le cœur du "noyau" ?* Et n'est-il pas remarquable que l'évolution de la pensée heideggerienne tende à resserrer ses filets sur cet insaisissable noyau, ne le trouvant désormais plus dans aucune historialité déterminée, dans aucun texte défini comme tel, mais comme une hantise qui entrerait furtivement, pour mieux s'en évader, dans de nombreuses œuvres de pensée ? Que ce resserrement explique à la fois la déconstruction de son "système", le mépris même de la structure alentour (les cercles du quotidien, de la πόλις, de la technique, de l'éternel retour) et la découverte de l'abîme qui fera raturer l'être même ? La toute grande philosophie (devenue telle) se laisse aimanter par le centre devenu *ex-centre*, et le vise comme vide, signant sa propre fin avant d'être aspirée dans son trou noir.

(b) Le procès de la Subjectivité/dialectique, du primat de l'homme

Il faut ici partir du double sens de *Logos*. *Qu'appelle-t-on penser ?* évoque le "bon" et le "mauvais" *Logos*. C'est comme rassemblement qu'il faut entendre λέγειν, traduit ici par "laisser être posé-devant"[547]. Le λεγειν "se déploie de lui-même en νοειν"[548] qui signifie prise en garde, mais qui reste un λεγειν : "Quand nous prenons en garde ce qui est posé-devant, nous gardons le respect de son "être posé-devant". Dans ce respect, nous nous assemblons autour de ce qui est posé-devant, et nous rassemblons ce qui est pris en garde. Où le rassemblons-nous ? Où, sinon en lui-même, de sorte qu'il paraisse de la même façon que celle qu'il a d'être de lui-même posé-devant ?"[549]. Le rapport λέγειν-νοειν est donc une "articulation" de choses qui "ont la même tournure"[550], mais n'a pas son fondement en soi-même : νοειν et λέγειν "renvoient en eux-mêmes à ce qui les concerne, et qui par là les détermine enfin pleinement"[551] et que le mot άληθεια exprime aussi.

---

545 HEIDEGGER, *Qu'appelle-t-on penser ?*, *op. cit.*, p. 175.
546 HEIDEGGER, *Qu'appelle-t-on penser ?*, *op. cit.*, p. 77.
547 HEIDEGGER, *Qu'appelle-t-on penser ?*, *op. cit.*, p. 192.
548 *Ibid.*
549 HEIDEGGER, *Qu'appelle-t-on penser ?*, *op. cit.*, p. 193.
550 *Ibid.*
551 HEIDEGGER, *Qu'appelle-t-on penser ?*, *op. cit.*, p. 194.

Le sens de *Logos* a été dévié, permettant la *ratio* moderne et sa fille, la domination technique : “C'est seulement parce qu'une fois l'appel à la pensée s'est produit comme λογος qu'aujourd'hui la Logistique prend les dimensions d'une forme d'organisation planétaire de toute représentation.”[552].

La thèse de Kant sur l'être (1962) se propose de “considérer le site (*Ort*) auquel appartient ce que Kant situe (*erörtet*) sous le terme d''Etre'.”[553]. Heidegger conclut : “Dans la thèse de Kant sur l'Etre comme position, mais aussi dans tout le domaine de son interprétation de l'Etre de l'étant comme objectivité et réalité objective, prévaut l'Etre au sens de présence qui dure. (...). L'Etre est élucidé et “situé” à partir du rapport à la pensée. Elucidation et “situation” ont le caractère de la réflexion, qui se fait jour comme pensée sur la pensée.”[554]. Le titre-clé de Kant “Etre et pensée” rappelle évidemment la parole parménidienne mais le “et” indique une relation d'identité qui “a sa racine dans la pensée, c'est-à-dire dans un acte du sujet humain.”[555]. Autrement dit, la faiblesse de Kant fut la part prépondérante accordée à l'homme, créateur de subjectivité/objectivité, plutôt qu'à l'Etre.

La *dialectique* fait toujours l'objet d'un procès minutieusement instruit. Chez Hegel, elle représente, selon *Principes de la pensée* (1958), un “sommet” de la pensée occidentale historiquement repérable :

> “L'événement se situe, si nous l'évaluons chronologiquement, il y a un siècle et demi à peine. Il s'annonce dans le fait que, par les efforts des penseurs Fichte, Schelling et Hegel, préparés par ceux de Kant, la pensée est portée dans une dimension autre, la dimension à certains égards la plus haute de ses possibilités. La pensée devient en toute connaissance de cause dialectique. Dans le cercle de cette dialectique se meut également, et plus intensément concernée encore par ses profondeurs insondées, la méditation poétique (*dichterische Besinnung*) de Hölderlin et de Novalis. Le déploiement complet de la dialectique, déploiement théorique et spéculatif qui la porte à serrer démonstrativement tout ce qu'elle enclôt, s'accomplit dans l'œuvre de Hegel qui porte le titre de *Science de la Logique*.”[556]

Ainsi la dialectique, où se meut encore Marx lui-même, étend-elle son pouvoir moderne à travers la technique, le commerce, l'industrie, qui régissent les rapports planétaires. La pensée s'est mise à se penser complètement, par la dialectique, mais elle perd de vue le fondement de ses propres principes de pensée. Ceux-ci se trouvent toujours comme dans le

---

[552] HEIDEGGER, *Qu'appelle-t-on penser ?, op. cit.*, p. 160.
[553] HEIDEGGER, *Questions II, op. cit.*, p. 74.
[554] HEIDEGGER, *Questions II, op. cit.*, pp. 111-112.
[555] HEIDEGGER, *Questions II, op. cit.*, p. 113.
[556] HEIDEGGER, “Principes de la pensée”, dans *Heidegger*, L'Herne, *op. cit.*, pp. 98-99.

dos[557] du *Dasein* qui se tient nécessairement sur la circonférence. Seuls encore auprès du centre du cercle, au plus profond : les grands poètes allemands. C'est à tort que la pensée moderne croit connaître ses lois comme une évidence en pleine clarté. Le cœur du cercle dialectique est bien obscur, dont les principes ne sont que des "présuppositions". Aussi Heidegger estime-t-il que la pensée claire et distincte ne peut saisir elle-même ce dont elle procède, c'est-à-dire le centre du cercle[558].

Hegel et les Grecs (1958) permet à l'auteur de donner sa propre sémantique des concepts fondamentaux des principaux penseurs grecs, interprétation qui en sort "plus grecque" que celle de Hegel lui-même. On y mesure une fois encore l'importance, pour lui, de l'*antériorité :* tandis que la pensée grecque est pour Hegel, un "pas encore", une insuffisance d'accomplissement, une préparation de la pensée de l'Esprit subjectif absolu, elle est, aux yeux de Heidegger, plus originaire, plus proche de la source ontologique. Le *télos* hégélien se trouve devant nous, le heideggerien en arrière de nous.

Pour montrer la déviance hégélienne par rapport au matin philosophique, les concepts fondamentaux sont comparés un par un[559]. L'Ἀλήθεια, Hegel ne la porte pas au langage, car il conçoit la vérité, but de la philosophie, comme "certitude absolue du sujet absolu se connaissant"[560]. C'est donc à partir des définitions de l'Ἀλήθεια que nous pouvons saisir ici le "statut" de la pensée et de ce qu'elle vise sans pouvoir jamais l'atteindre. Encore une fois, le concept de centre est déterminant pour comprendre – mais un centre évaporé, obscur, impensable.

D'abord, le centre hégélien, le concurrent :

---

557 Cf. HEIDEGGER, *Principes de la pensée, op. cit.*, p. 98.

558 "Convenons-en calmement : la provenance des principes de la pensée, le lieu de la pensée qui pose ces lois, le mode d'être du lieu ici nommé et de sa localité, tout cela demeure pour nous voilé dans une obscurité. Cette obscurité est, peut-être, toujours en jeu lors de toute pensée. L'homme ne peut la mettre de côté. Il lui faut bien plus apprendre à reconnaître l'obscur comme l'incontournable, et tenir éloigné de lui les préventions qui perturbent le haut règne de l'obscur." (HEIDEGGER, *Principes de la pensée, op. cit.*, p. 109). On retrouve ici le schème habituel d'un lieu d'où part la pensée (topologie) et qui doit étendre son règne.

559 L'Εν est le mot fondamental de Parménide : l'Un, le Tout. Hegel s'en écarte : "Selon Hegel, la "pensée maîtresse" de Parménide est bien plutôt énoncée dans la proposition : "Etre et penser sont le même." Cette proposition, Hegel l'interprète en effet dans ce sens : l'être, en tant que "la pensée qui est", est une production de la pensée." (HEIDEGGER, *Questions II, op. cit.*, p. 56). Il passe donc à côté de la pensée de l'Un-Centre. Le Λογος héraclitéen ? Pour Hegel, c'est "la Raison au sens de la Subjectivité absolue" (p. 57). Pour Heidegger, c'est "le recueil" et "le nom qu'Héraclite donne à l'être de l'étant" (p. 57). L'Ιδεα platonicienne ? "Le concept" dit Heidegger. Au contraire, chez Hegel, les "idées" sont produites, mises à jour par le savoir absolu, la science (cf. p. 58). Enfin, l'Ενεργεια, mot fondamental d'Aristote, est "pareillement pensée à partir de la dialectique spéculative en tant que pure activité du sujet absolu" (p. 59) chez Hegel, alors qu'il s'agit de l'effectivité, celle où joue l'Ἀλήθεια, et qui n'a à voir avec l'*actus*, l'activité, mais bien avec l'ἔργον, la *présence* (cf. p. 64).

560 HEIDEGGER, *Questions II, op. cit.*, pp. 60-61.

> “Lorsque Hegel fait culminer le centre de référence fondamental de son système dans l'Idée absolue, dans la complète automanifestation de l'Esprit, il devient pressant de se demander si, même dans cet apparaître, c'est-à-dire dans la *Phénoménologie de l'Esprit* et donc l'absolue connaissance de soi et sa certitude, il ne faut pas que le *désabritement* soit *encore* en jeu. Mais aussitôt se présente à nous la question plus ample de savoir si le désabritement a son lieu dans l'Esprit conçu comme Sujet absolu, ou si le désabritement lui-même est le site et renvoie au site où quelque chose de tel qu'un sujet capable de représentation peut seulement “être” celui qui est.”[561]

Si Esprit il y a, dans la conception heideggerienne, il ne peut s'agir que d'un esprit dé-subjectivé, et si l'homme s'y rapporte, ce n'est pas en tant que sujet ; à l'Idée absolue comme centre concevable, il faut substituer un autre centre, in-concevable.

Ensuite, voici dans le texte, le “bon” centre : “*De quoi relève l'Ἀλή-θεια elle-même si elle est délivrée de tout regard sur la vérité et sur l'être, et si elle doit être affranchie dans ce qui lui est propre ?* Est-ce que la pensée possède déjà le centre perspectif pour seulement présumer ce qui advient dans le désabritement et jusque dans l'*abritation (Verbergung)* qui pour tout désabri est ressource ?”[562]. Ce centre perspectif, il ne s'agit point de le trouver dans la subjectivité humaine, mais dans l'homme dépendant, soumis, en tant qu'il est celui qui dit (*sagen*, montrer) – c'est-à-dire fait preuve de réceptivité, car : “l'homme reste *déterminé par le* λογος. (...). L'homme est l'être qui, de son dire, *laisse reposer* devant lui le présent en sa présence, *dans l'entente* de ce qui lui fait face.”[563].

Nous sommes donc conviés à chercher un lieu à la fois pré- et post-philosophique : “Ainsi ce regard sur l'Ἀλήθεια nous fait expérimenter qu'avec elle notre pensée est interpellée par quelque chose qui, *avant* le début de la philosophie et à travers toute son histoire, a déjà fait venir à soi la pensée (...). L'Ἀληθεια est ce qui est le plus digne d'être pensé, cependant impensé, l'affaire *par excellence* de la pensée.”[564]. Mais la pensée est elle-même *impuissante* dans cette quête : tout au plus peut-elle thématiser la quête elle-même, en détecter les traces chez d'autres, reconnaître le pouvoir de son au-delà : “plus une pensée est pensante, c'est-à-dire exigeante vis-à-vis de ce qui lui est question, plus décisif est pour elle le non-pensé, et même ce qui lui est impensable.”[565]. Ainsi la critique de la lecture hégélienne des penseurs grecs débouche-t-elle moins sur un dépassement de Hegel, que sur un aveu d'impuissance de la pensée comme telle.

---

561 HEIDEGGER, *Questions II, op. cit.*, pp. 61-62.
562 HEIDEGGER, *Questions II, op. cit.*, p. 65.
563 *Ibid.* Souligné par moi.
564 HEIDEGGER, *Questions II, op. cit.*, p. 67.
565 HEIDEGGER, *Questions II, op. cit.*, p. 62.

Pour compléter le tableau, outre les insuffisances du *cogito*, de Kant et de Hegel, Heidegger fait encore ressortir, ça et là, l'innovation radicale de *son* œuvre capitale. En quoi *S.u.Z.* marque-t-il une rupture par rapport à une métaphysique humano-centriste ? Le troisième séminaire du Thor fournit des précisions sur la conception "grecque" de l'être et de l'étant et la métaphysique. *S.u.Z.* est expliqué comme déjà le dépassement de celle-ci. "*Etre et temps* attaque la question dans l'optique du *sens* de l'être"[566] c'est-à-dire : se demande non "qu'est-ce que l'étant ?" mais "qu'est-ce que le *est* ?" et donc, renoue avec l'interrogation grecque de l'étant tout en ouvrant à quelque chose de plus originaire. Mais *S.u.Z.* doit lui-même faire l'objet d'un dépassement, en tant qu'étant encore dans l'horizon de la subjectivité cartésienne, du projet "personnel", de l'humanisme. Voici pourquoi : *Sinn von Sein* "se comprend à partir du domaine du projet (*Entwurfsbereich*) que déploie la compréhension de l'être (*Seinsverständnis*). Compréhension, *Verständnis*, doit être à son tour entendu au sens premier de *Vorstehen* : être debout devant, être de niveau avec, être de taille à soutenir ce devant quoi on est. *Sinn* se comprend à partir de *Entwurf* qui s'explique par *Verstehen*. L'inconvénient de cet angle d'attaque, c'est qu'il laisse trop ouverte la possibilité d'entendre le projet (*Entwurf*) comme une performance humaine."[567].

Le domaine de l'être, selon le protocole du séminaire de Zähringen (1973), est comme un cercle où l'objet et l'homme sont *en périphérie* (non clôturée) : "Le domaine dans lequel tout ce qui s'appelle une chose peut être rencontré comme tel est un domaine qui laisse à cette chose la possibilité de se manifester "au dehors". L'être, dans *Da-sein*, doit sauvegarder un "au-dehors". C'est pourquoi le mode d'être du *Da-sein* est caractérisé dans *Etre et Temps* par l'*ek*-stase."[568]. Ce qu'opère *S.u.Z.* – et les références topologiques continuent – c'est un "déplacement" de la "localité du penser"[569] : non plus ce "lieu clos sur lui-même qu'est la conscience"[570] mais le *Da-sein*, lieu où "l'homme n'est que sortant de lui jusqu'à ce tout autre que lui qu'est la clairière (*Lichtung*) de l'être"[571] dont l'homme n'est pas le créateur et auquel il ne peut s'identifier. Se tourner vers ce foyer de lumière est conséquent – et le thème de la *Lettre sur l'humanisme* réapparaît ici : "L'essentiel à voir, c'est que la pensée en sa nouvelle localité abandonne dès le départ le primat de la conscience, et sa conséquence, le primat de l'homme."[572]. Effectivement, c'est bien l'essentiel à voir !

---

566 HEIDEGGER, *Questions IV, op. cit.*, p. 268.
567 *Ibid.*
568 HEIDEGGER, *Questions IV, op. cit.*, p. 321.
569 HEIDEGGER, *Questions IV, op. cit.*, p. 323.
570 *Ibid.*
571 HEIDEGGER, *Questions IV, op. cit.*, p. 324.
572 HEIDEGGER, *Questions IV, op. cit.*, p. 325.

La pensée de l'Etre s'oppose exactement à celle donnant le primat à l'homme, la subjectivité, la conscience. La *Lettre* accentue la dimension "pré" ou "a" éthique de l'auteur alors même que la découverte des crimes contre l'humanité, les procès des tortionnaires nazis, l'explosion d'Hiroshima et la guerre froide jettent une lumière immense et crue sur l'attente morale du monde entier. La pensée de l'être "n'est ni théorique ni pratique. Elle se produit avant cette distinction. (...). Elle ne produit aucun effet. Elle satisfait à son essence du moment qu'elle est."[573]. Elle est donc "inutilisable" du point de vue éthique – ce que confirmera l'entretien au *Spiegel*.

Le concept d'*humanisme* avait une dimension morale profonde. Heidegger s'interroge sur l'opportunité de le conserver[574] et dans la nouvelle conception qu'il proposerait : "'Humanisme' signifie, dès lors, si toutefois nous décidons de maintenir le mot : l'essence de l'homme est essentielle pour la vérité de l'Etre, et l'est au point que désormais ce n'est précisément plus l'homme pris uniquement comme tel qui importe."[575]. Ce qui doit être cherché, c'est la nature de l'homme et plus exactement ce qui fonde l'essence de l'homme, ce là où elle se sent chez elle : "Ce qui compte, c'est l'humanitas au service de la vérité de l'Etre, mais sans l'humanisme au sens métaphysique."[576]. En effet, l'essentiel n'est pas/plus l'homme : "Il ressort de cette détermination de l'humanité de l'homme comme ek-sistence que ce qui est essentiel, ce n'est pas l'homme, mais l'Etre comme dimension de l'extatique de l'ek-sistence."[577]. L'homme se "sauve" en trouvant sa dépendance comme "berger de l'Etre".

Que la *Lettre* renoue avec la critique portée dans *S.u.Z.* sur le "on" n'est d'ailleurs pas fortuit[578]. Pas plus qu'un autre livre, celui-ci ne considère recevable la question "qu'est-ce que l'Homme ?" ; serait-ce d'ailleurs une question heideggerienne ? *Qu'est-ce que... ?* en est bien une, mais dès qu'on ajoute "l'homme", on s'embarque soit dans le procès du discours anthropologique, biologique, phénoménologique..., soit dans la question du *rapport* de l'homme à l'Etre, du *Da-Sein*, donc le *Sein* du *Da-Sein*, ce dernier habitant la maison de celui-là (des expressions comme "dignité humaine", "crimes contre l'humanité", etc. deviennent, dans le lexique heideggerien, aussi inactuelles ou incongrues, sinon davantage, que le mot "humanisme").

A la question de Beaufret sur l'éthique, Heidegger répond que la seule qui vaille est que l'homme vive conformément à son destin et se demande ce que sont l'ontologie et l'éthique – celle-ci n'apparaissant que dans l'éco-

---

573 HEIDEGGER, *Lettre sur l'humanisme, op. cit.*, p. 155. Cf. aussi p. 31.
574 Cf. HEIDEGGER, *Lettre..., op. cit.*, pp. 33-35.
575 HEIDEGGER, *Lettre..., op. cit.*, p. 119.
576 HEIDEGGER, *Lettre..., op. cit.*, p. 139.
577 HEIDEGGER, *Lettre..., op. cit.*, p. 85.
578 Cf. HEIDEGGER, *Lettre..., op. cit.*, surtout les pp. 41 et 123-124.

le de Platon avec la logique et la physique : or c'est alors que la pensée se fait philosophie, qui donne naissance à la science – "ruine de la pensée"[579]. Pour trouver une "éthique" véritable, il faudrait remonter aux présocratiques, à l'ἦθος (séjour) d'Héraclite : "Si donc, conformément au sens fondamental du mot ἦθος, le terme d'éthique doit indiquer que cette discipline pense le séjour de l'homme, on peut dire que cette pensée qui pense la vérité de l'Etre comme l'élément originel de l'homme en tant qu'eksistant est déjà en elle-même l'éthique originelle."[580]. Une telle pensée apparaît donc bien comme l'unique remède au désarroi inégalé dans lequel se trouve placée l'humanité, du fait de l'empire de la rationalité subjectivisante et technicienne.

Présentée comme "un faire qui surpasse d'emblée toute praxis"[581], cette pensée "dans son dire, porte seulement au langage la parole inexprimée de l'Etre. (...). Ainsi le langage est lui-même exhaussé dans l'éclaircie de l'Etre. C'est alors seulement que le langage *est* de cette manière mystérieuse et qui néanmoins constamment nous gouverne."[582]. A la limite – cela n'est jamais formulé, mais se déduit – l'on peut tuer au nom de la vérité de l'Etre, si cela figure parmi les conditions de son accomplissement.

La technique joue contre l'Etre et cette pensée : "L'Etre en tant que l'élément de la pensée est abandonné dans l'interprétation technique de la pensée."[583]. Elle procède d'une logique centre-cercle perverse, comme manifestation suprême du destin de l'être et "retour du même dans une *rotation* continue"[584].

Même idée dans *Pourquoi des poètes ?* La technique *dé-centre l'homme* par rapport à l'être, de telle sorte qu'une forme planétaire d'errance s'instaure : "La technique est l'installation sans réserve, posée dans l'auto-imposition de l'homme, de l'être sans-abri intégral, sur le fond de l'aversion qui règne en toute objectivation contre cette pure perception qui tire à elle, en tant que *centre* inouï de l'étant, toutes les forces pures."[585]. Elle est bien la nuit du monde, elle obstrue la découverte de l'ouvert.

Esquisses tirées de l'atelier (1959) ressasse l'opposition les deux circularités entre pensée authentique et pensée calculante, rappelant l'as-

---

579 HEIDEGGER, *Lettre...*, *op. cit.*, p. 143.
580 HEIDEGGER, *Lettre...*, *op. cit.*, p. 151.
581 HEIDEGGER, *Lettre...*, *op. cit.*, p. 165.
582 *Ibid.*
583 HEIDEGGER, *Lettre...*, *op. cit.*, p. 31. La *Lettre sur l'humanisme* confirme que l'Etre est oublié : "L'ἔστιν γαρ εἶναι de Parménide n'est pas encore pensé aujourd'hui" (p. 89), ou encore : "...la métaphysique ne pose pas la question sur la vérité de l'être, mais encore empêche qu'elle soit posée, dans la mesure où la métaphysique persiste dans l'oubli de l'Etre" (p. 117).
584 HEIDEGGER, *Qu'appelle-t-on penser ?*, *op. cit.*, p. 84. Souligné par moi.
585 HEIDEGGER, *Chemins...*, *op. cit.*, p. 353. Souligné par moi.

sujettissement quasi-général aux "*circuits* étroitement tracés de la représentation technique"[586].

"Les rapports de l'homme au monde, et, avec eux, la totalité de l'existence sociale de l'homme, sont *enclos* dans le domaine où la science cybernétique exerce sa maîtrise", écrit encore Heidegger dans *La provenance de l'art et la destination de la pensée*[587] (1967). Il poursuit : "L'avenir exploré par la futurologie n'est rien d'autre qu'un présent prolongé. L'homme reste *enclos dans le cercle* des possibilités calculées par lui et pour lui."[588]. Ce qui démontre encore que le cercle de la subjectivité et de la technique est un cercle clos, concurrent de celui de l'Ἀλήθεια.

L'ambivalence du Gestell

Le monde actuel reste donc dominé par le règne de la subjectivité objectivante, où l'homme est à lui-même sa propre racine, et qui conduit au "progrès", aux impératifs modernes, à un ordonnancement concurrent de celui de l'Ἀλήθεια ou de la *Lichtung*, que Heidegger nomme *Gestell*, mot qu'on aurait tort de croire univoque, car il est, on va le voir, comme le "sas" vers une espérance indéfinie.

Première approche. "L'essence du *Gestell* est de rassembler en lui toutes les possibilités de la mise en demeure (*Stellen*)"[589] : ainsi commence l'importante conférence *Die Kehre* (1949-50). Est-ce à dire que nous ayions là encore un nouveau nom pour la *Verzammlung*, voire l'Etre même ? Le *ge* de ce mot (qui en langage courant signifie : "tréteau, support, échafaudage, assemblage, montage"[590]) suggère certainement l'idée de rassemblement[591]. Mais, pour le reste, *Gestell* n'évoque-t-il pas plutôt la technique organisatrice ? Or celle-ci a été présentée, jusque là, comme une dislocation (Heidegger parle encore, plus loin dans le texte, de "morcellement technique").

Cette difficulté peut être surmontée si l'on prend désormais la technique comme "manifestation du retrait" de l'être, et passage obligé vers l'espérance de sa future "parousie". Ainsi le conférencier parle-t-il du

---

586 HEIDEGGER, "Esquisse tirée de l'atelier", dans *Heidegger*, L'Herne, *op. cit.*, p. 362. Souligné par moi. On retrouve encore dans *Sérénité*, outre l'idéologie du sol et de l'enracinement, contre lequel jouent la technique et la planification (cf. *supra* mon chapitre II, § 4), le clivage entre la pensée qui calcule et la pensée qui médite, la première étant indifférente à la seconde, c'est-à-dire faisant preuve "d'une totale absence de pensée" (HEIDEGGER, *Questions III, op. cit.*, p. 180) – ce qui revient à ceci : il n'y a de pensée que méditante.

587 HEIDEGGER, "La provenance de l'art et la destination de la pensée", dans *Heidegger*, L'Herne, *op. cit.*, p. 375. Souligné par moi. Cf. aussi p. 372.

588 HEIDEGGER, *La provenance..., op. cit.*, p. 376. Souligné par moi.

589 HEIDEGGER, *Questions IV, op. cit.*, p. 142.

590 HEIDEGGER, *Questions IV, op. cit.*, p. 155.

591 *Ibid.*

Gestell comme "un destin de l'essence de l'être lui-même"[592], mais asserte aussi que l'essence de la technique "repose dans le *Gestell*"[593]. Par rapport à la littérature qui va jusque et y inclus la *Lettre sur l'humanisme*, la technique moderne n'est plus seulement "l'adversaire" abhorré de la vérité de l'être, mais un "moment" de son retrait, à sa propre instigation ; c'est dire que les hommes, loin de "maîtriser" la technique, y sont assignés en raison de l'histoire de l'être – ceci découlant de la position sur l'oubli de l'être lui-même, énoncée auparavant, oubli qui n'est plus le fait des hommes, de leur production philosophique, mais qui appartient à l'essence même de l'être. Mais, de même que la prise de conscience de l'errance pouvait, le cas échéant, permettre une sortie de l'erreur, le péril technique contient en lui-même, à condition d'être perçu comme péril, une possibilité de subsomption[594].

Deuxième approche. Dans le *Supplément* (1960) à *L'Origine de l'œuvre d'art*, par le *feststellen* se détermine le sens de *Ge-stell* : "le rassemblement de la production, du laisser arriver au relief d'une présence dans le tracé comme contour (πέρας)"[595] – le sens originaire d'où n'est dérivé que le sens moderne et "technique". Heidegger continue :

> "C'est par le *Ge-stell* ainsi pensé que s'éclaire le sens de μορφη, comme stature. Et, en fait, le mot de *Ge-stell*, employé plus tard expressément comme *le* mot pour l'essence de la technique moderne, est pensé à partir du *Ge-stell* qui s'est déterminé ici, dans l'essai sur l'*Origine de l'œuvre d'art*, et *non pas* à partir du sens courant de *Gestell* : appareil et appareillage. Cette cohésion est essentielle parce que historiale. Le *Ge-stell* comme essence de la technique moderne provient du laisser s'étendre devant (*Vorliegenlassen*), λογος, de la ποίησις et de la θέσις grecques. Dans le poser de ce second *Ge-stell*, c'est-à-dire dans la provocation pour placer tout en sûreté, c'est la parole de la *ratio reddenda*, i. e. du λόγον διδόναι qui s'adresse à nous, et de telle manière que cette adresse prend sur elle, dans le *Ge-stell*, la domination de l'inconditionné, et que la représentation se rassemble, à partir de l'entendre,

[592] HEIDEGGER, *Questions IV, op. cit.*, p. 143.

[593] *Ibid.* J. Taminiaux le définit à partir du défi lancé par la technique universelle à la *physis* : "Réunissant et condensant en un seul vocable tous les traits de ce défi devenu aujourd'hui universel et fondamental, Heidegger propose de l'appeler *Ge-stell.* Le mot est d'usage courant dans la langue allemande, il s'applique à toutes sortes de montages utilitaires : tréteau, châssis, étagère, armature, cadre. Mais Heidegger prévient qu'en s'appropriant ce mot courant, il en déplace le sens usuel à l'instar du déplacement qu'opérait par exemple Platon lorsqu'il s'appropriait le mot courant d'εἱδος (aspect). Ainsi approprié, le *Ge-stell* évoque par son préfixe *Ge* une fonction de rassemblement, en même temps que par son radical *Stellen* (poser), il évoque toutes les opérations que peuvent désigner en allemand les verbes comportant ce radical : mettre en évidence, représenter, traquer, commettre, intimer, interpeller. Dans le dévoilement sur le mode du défi, toutes ces opérations s'échangent et se rassemblent." (TAMINIAUX, "L'essence vraie de la Technique", dans *Heidegger*, L'Herne, *op. cit.*, pp. 280-281).

[594] Cf. HEIDEGGER, *Questions IV, op. cit.*, p. 142.

[595] HEIDEGGER, *Chemins..., op. cit.*, p. 95.

qui est la "perception grecque", jusqu'à la constitution de tout en une ferme sûreté."[596]

A lire ces lignes, peut-être comprend-on mieux l'opposition entre les deux *Ge-stell* et finalement entre la pensée méditante et l'essence de la technique ; ce sont deux centres-cercles en apparence concurrents mais : le processus est identique (constitution, totalité, poser devant, sûreté, rassemblement dominant, etc.) de telle sorte que les deux ne soient qu'un, du point de vue de l'histoire de la pensée.

Dernières approches. Le troisième séminaire du Thor précise également le *Ge-stell* comme "achèvement et accomplissement de la métaphysique, et en même temps préparation découvrante de l'*Ereignis*"[597] et comme "négatif photographique"[598] de celle-ci. Lors du séminaire de Zähringen (1973) qui constitue l'une des dernières occasions de s'exprimer offertes à Heidegger, celui-ci, selon le protocole publié, viserait par ce mot les contraintes de la réalité contemporaine :

> "Heidegger en rassemble la nomination sous le vocable de *Gestell. Ge-stell*, c'est le rassemblement, l'ensemble de tous les modes de position qui s'imposent à l'être humain dans la mesure où ce dernier ek-siste aujourd'hui. Ainsi, *das Ge-stell* n'est aucunement le produit de la machination humaine ; il est au contraire le mode extrême de l'histoire de la métaphysique, c'est-à-dire du destin de l'être."[599]

Ces approches, en vérité, convergent. L'ambivalence positive de *Ge-stell* a été aussi bien aperçue par les traducteurs de *Die Kehre* en langue française[600] que par Taminiaux, qui écrit que le *Gestell* "est à la fois le règne de l'oubli le plus épais de l'Etre et la manière qu'il a de s'offrir à nous, modernes, en préservant son secret. (...). Pourtant, parce que la technique, comme *Gestell*, est bel et bien un mode du dévoilement, de l'ἀλήθεια, donc une guise de l'Etre en tant qu'il donne à voir en se retenant à même ses dons, on est fondé de penser qu'en elle "croît aussi ce qui sauve", comme le suggère Heidegger s'inspirant de Hölderlin."[601].

---

[596] HEIDEGGER, *Chemins...*, *op. cit.*, pp. 95-96.
[597] HEIDEGGER, *Questions IV*, *op. cit.*, p. 301.
[598] *Ibid.*
[599] HEIDEGGER, *Questions IV*, *op. cit.*, p. 326.
[600] "Heidegger donne à entendre ainsi *das Gestell* dans son ambivalence : *das Gestell* signale d'une part l'accomplissement de la métaphysique et recèle d'autre part le passage de la métaphysique à l'"*anderer Anfang*" (l'"autre commencement")." (Note de Lauxerrois et Roëls dans *Questions IV*, *op. cit.*, p. 156).
[601] TAMINIAUX, *op. cit.*, pp. 282-283. D'une certaine façon, cette position heideggerienne rappelle la "politique du pire" que l'on peut déduire de ses allusions à la guerre à outrance menée par les Allemands pour le salut de l'authenticité occidentale au début des années 40. Le descriptif présenté par Wolin, en s'appuyant également sur la référence à l'encouragement hölderlinien, évoque une radicalité hors de toute proportion : "Car ce n'est qu'une fois que la

Le texte de 1949-50 *Die Kehre* thématise véritablement ce qui s'est produit, me semble-t-il, depuis 1943, sinon plus tôt. Dans la lettre au R.P. Richardson (1962), Heidegger écrit : "la "teneur de la question" pensée sous le nom de tournant aiguillait déjà ma pensée depuis une dizaine d'années antérieurement à 1947"[602], c'est-à-dire l'année de publication de la *Lettre sur l'humanisme,* texte qui évoque explicitement l'affaire pour la première fois.

Qu'est ce que "Le tournant" (*Kehre*) ? Ce processus (car c'est bien de cela qu'il s'agit) consisterait – c'est Heidegger qui parle – en plusieurs *tours :*

> "L'essence du Gestell est le péril. Comme péril l'être se détourne de son essence vers l'oubli de cette essence, et se tourne ainsi du même coup contre la prise en garde de son essence. Dans le péril règne ce se-tourner encore impensé. C'est pourquoi dans l'essence du péril s'abrite en retrait la possibilité d'un tournant, dans lequel l'oubli de l'essence de l'être prend une tournure telle que la vérité de l'essence de l'être, lors de ce tournant (*Kehre*), fait en propre son entrée (*einkehrt*) dans l'étant. Mais il est à présumer que ce tournant, le tournant de l'oubli de l'être, n'advient que si le péril – tournant en son essence encore abritée en retrait – vient d'abord, un moment ou l'autre, lui-même en propre à la lumière, comme le péril qu'il est. Peut-être nous tenons-nous déjà dans l'ombre à l'avance portée de la venue de ce tournant."[603]

Heidegger travaille trop (bien) son style pour que cette structure donne gratuitement le tournis ; il eut été plus simple de dire que l'être pourrait un jour sortir de l'oubli, au paroxysme de la technique – ou quelque chose de semblable. Pourquoi, spéculativement, cette surabondance de tours ? L'extrême détournement de la vérité de l'être conduit, par un tournant, à un possible re-tour de celle-ci, comme l'on dit couramment que "les extrêmes se rejoignent", que quand l'être (ou l'ek-sistant) se détournait de l'essence de l'être, il faisait déjà un tour ; par un autre tour il rejoint le point original (de départ). Le tournant décrit *la trajectoire à accomplir sur un*

---

dévastation de la terre par l'*homo laborans* sera devenue *totale* que la folie de 2.500 ans de pensée métaphysique deviendra manifeste. Ce n'est que quand l'objectivation de l'étant se sera "accomplie" que la longue nuit métaphysique qui commence avec le platonisme aura une chance de s'achever enfin ; alors seulement l'"oubli de l'Etre" déclenché par la métaphysique pourra laisser place à une manière de penser primordiale, que Heidegger désigne simplement comme la "pensée" (*Denken*). Tout se passe comme si, pour Heidegger, le nihilisme total de la frénésie technologique engendrait objectivement son opposé – le salut total. Ou, pour reprendre le vers de Hölderlin que Heidegger aimait tant citer : 'Là où croît le danger, croît aussi ce qui sauve.'" (WOLIN, *op. cit.*, pp. 217-218).

[602] HEIDEGGER, *Questions IV, op. cit.*, p. 185.

[603] HEIDEGGER, *Questions IV, op. cit.*, pp. 146-147.

orbe vers ce qui s'éclaircit, vers la clairière : "Dans le tournant s'éclaircit soudainement la clairière de l'essence de l'être. Cette soudaine éclaircie est l'éclair."[604]. Et cet éclair est "regard dans"[605] qui permet la prise en garde de l'être.

Nous revoici dans le jeu du cercle et du rayon, *mais quelque chose a changé*. L'être n'est plus le point fixe, immuable au centre, ou même advenant à partir de ce point. De plus en plus il "agit", il "se comporte" : Heidegger parle de lui comme d'un étant d'un méga-sujet – ou même en termes d'autrui. Intellectuellement, cela provoque comme un malaise : l'être tourne, se détourne ; mieux : le trajet du tournant n'est pas comme le cercle de jadis qui tournait autour du centre ; *c'est bien l'être qui effectue un "parcours"*. Le tournant pour l'impossible re-tour du centre qui n'est plus ce qu'il était...

D'où l'ambiguïté de cet attribut de "constellation" donné à l'être : "Regard dans ce qui est, – voilà qui nomme la constellation dans l'essence de l'être. Cette constellation est la dimension dans laquelle l'être déploie son essence comme le péril."[606]. Dès lors, "lorsque nous tentons de dire le regard dans ce qui est, nous ne décrivons pas la situation contemporaine. C'est la constellation de l'être qui se dit à nous."[607]. Et la métaphore se poursuit : "Si dieu est dieu, il advient à partir de la constellation de l'être et à l'intérieur de celle-ci"[608]. Or la constellation désigne, selon le lexique courant, un groupe d'étoiles *fixes*, et qui a une forme géométrique, mais pas nécessairement circulaire.

Au troisième séminaire du Thor, Heidegger présente une piste d'explication du remplacement de "sens de l'être" par "vérité de l'être" – le Tournant :

> "Que s'est-il passé dans et par le changement qui remplace *sens* par *vérité* ? D'abord, que veut dire "sens" ? Dans *Etre et Temps*, le sens est défini par le domaine de projet ; et le projet est l'accomplissement du *Dasein*, c'est-à-dire de l'instance ek-statique face à l'ouverture de l'être. Le *Dasein*, ek-sistant, déploie du *sens*. En abandonnant le terme de sens de l'être pour celui de vérité de l'être, la pensée issue de *Etre et Temps* insiste désormais plus sur l'ouverture même de l'être que sur l'ouverture du *Dasein* face à l'ouverture de l'être. Telle est la signification du Tournant *(die Kehre)*, par lequel la pensée se tourne toujours plus résolument vers l'être en tant qu'être."[609]

Il y enseigne aussi que *S.u.Z.* fournit les clés qui permettent de mener à son terme la destruction (*de-struere*, *ab-bauen*, dé-faire) de la Métaphy-

---

[604] HEIDEGGER, *Questions IV, op. cit.*, p. 149.
[605] HEIDEGGER, *Questions IV, op. cit.*, p. 150.
[606] HEIDEGGER, *Questions IV, op. cit.*, p. 151.
[607] HEIDEGGER, *Questions IV, op. cit.*, p. 154.
[608] *Ibid.*
[609] HEIDEGGER, *Questions IV, op. cit.*, p. 279.

sique entendue comme ce qui recouvre le sens de l'être. Le concept métaphysique de temps est "entièrement centré sur le présent"[610], et donc succession de maintenants, tandis que dans *S.u.Z.*, au contraire, il devient "horizon même de la compréhension de l'être"[611]. La destruction[612] est terminée lorsqu'un sens non métaphysique de l'être a pu être cerné. Mais qu'arrive-t-il ensuite ? On se souvient que le "bloc métaphysique" était perçu (négativement) comme ce au-dessus de quoi il fallait passer pour renouer avec un conception profondément originaire. Au contraire, Heidegger déclare à présent ceci :

> "Mais alors apparaît que les divers recouvrements du sens initial de l'être entretiennent une relation essentielle avec ce qu'ils recouvrent. L'histoire de la métaphysique change donc radicalement de signification. Ses diverses étapes peuvent dès lors être comprises positivement comme modifications successives du sens initial, dans l'unité d'un seul envoi – d'où le nom de *Seinsgeschick* (destin de l'être) pour désigner les époques de l'être. Dans l'histoire de ce retrait de l'être qu'est l'histoire de la métaphysique, la pensée peut suivre en effet l'histoire de l'être lui-même, et par conséquent entamer le pas suivant de son cheminement : la prise en vue de l'être *comme être*."[613]

Mais que veulent dire cet "alors" et ce "donc" ? Quand a lieu ce changement radical ? Qu'en est-il de ce "dès lors" ? Heidegger ne les situe pas plus *directement* après *S.u.Z.*, qu'il ne les présente comme le fruit de recherches ultérieures ou toutes récentes. Toujours est-il que le mot "positivement" est clair : l'histoire de la Métaphysique re-devient l'expression de l'être davantage que son oubli, le "pot-aux-roses" du recouvrement ayant été découvert.

De l'Ereignis comme fin du Centre

L'*Ereignis* est thématisée dans *Le chemin vers la parole* (1959). Selon un procédé connu, Heidegger commence par évoquer la circularité du problème posé, où, ici, la parole-information est le nom de l'ancienne sophistique, ou de la raison subjective etc., tandis que la vraie parole originaire apparaît tel le roi par excellence qui, du centre, gouverne :

> "La conférence qui se penche sur la parole comme *information* et, ce faisant, se voit contrainte de penser l'information comme parole nomme "cercle" ce rapport de régression sur soi, et à la vérité un cercle inévitable mais en même temps plein de sens. Le cercle a un sens parce que la direction et le genre de la circulation sont gouvernés depuis la parole même, par un

610 HEIDEGGER, *Questions IV, op. cit.*, p. 272.
611 HEIDEGGER, *Questions IV, op. cit.*, p. 273.
612 Beaufret écrit "destruction" là où Granel aurait probablement traduit "déconstruction".
613 *Ibid.*

> mouvement qui est en elle. L'allure et la portée de ce mouvement, nous aimerions en faire l'expérience à partir de la parole elle-même – en nous engageant pour entrer à fond dans l'entrelacement."[614]

Démarche qui rappelle évidemment la plongée au cœur du cercle dans *Kant et le problème de la métaphysique*. Pour y arriver, il n'y a qu'à *parler*, c'est-à-dire montrer, laisser apparaître, désabriter[615].

L'appropriement est au cœur de *la Dite*, on s'en souvient, autre sens de l'énergie du Centre à l'œuvre : "La ressource, dans le montrer de la Dite, c'est proprier. *Das Regende im Zeigen der Sage ist das Eignen.*"[616]. *Eignen*, proprier, veut dire "faire connaître", révéler en propre"[617]. Heidegger explicite : "Le proprier qui apporte, lui qui remue la Dite en tant que monstre en son montrer, qu'il s'appelle : approprier : *das Ereignis.*"[618]. A la fin de ce texte, il dévoile la structure de l'appropriement – centre générant des rapports constants et totalisants : "l'appropriement – amenant tout à soi, l'y tenant, et se retenant en cette tenue – est le rapport qui entretient tous les rapports. (...). Le rapport (*das Ver-hältnis* : ce qui entretient tous les rapports) est ici partout pensé à partir de l'appropriement et non plus représenté sous la forme d'une simple relation."[619]. Il est en même temps ce qui structure le réel de sorte que chacun et chaque chose soit à sa place :

> "L'appropriement dote les mortels du séjour en leur être – qu'ils soient capables d'être ceux qui parlent. Si nous entendons sous le mot de *Gesetz* (la loi, le statut) le rassemblement de cela qui laisse chaque chose venir en présence en son propre, c'est-à-dire être à sa place là où il appartient à ce qui lui revient, alors l'appropriement est le plus simple et le plus doux des statuts (...). L'appropriement n'est certes pas un statut au sens d'une norme qui planerait quelque part au-dessus de nous ; ce n'est pas un décret qui ordonnance et règle un processus. L'appropriement est *le* statut – en cette mesure qu'il rassemble en l'approprier les mortels sur leur manière d'être et qu'il les y tient."[620]

En effet, pas plus que dans les autres onto-craties, la norme ne "plane" ni n'a besoin d'être décrétée : elle s'impose de soi par l'exercice du questionnement fondamental et structure les rapports sociaux dans la πόλις de manière bien plus efficace que la législation humaine. A sa façon, Platon utilisait déjà l'appropriement pour rassembler les humains chacun confor-

---

614 HEIDEGGER, *Acheminement...*, *op. cit.*, p. 229.
615 Cf. HEIDEGGER, *Acheminement...*, *op. cit.*, pp. 231, 239, 244.
616 HEIDEGGER, *Acheminement...*, *op. cit.*, p. 245.
617 Cf. HEIDEGGER, *Acheminement...*, *op. cit.*, p. 246 (note du traducteur).
618 HEIDEGGER, *Acheminement...*, *op. cit.*, p. 246.
619 HEIDEGGER, *Acheminement...*, *op. cit.*, p. 256.
620 HEIDEGGER, *Acheminement...*, *op. cit.*, p. 248.

mément à son statut, chacun à la place qui lui revient dans l'ordre politico-ontologique.

L'*Ereignis* peut être entendue à partir de la différence dans *La parole*, Heidegger évoque la structure circulaire de la Dif-férence :

> "La Dif-férence, en tant que milieu, fait d'abord arriver monde et choses jusqu'à leur déploiement – c'est-à-dire dans ce rapport mutuel dont elle porte et supporte l'unité (...). La Dif-férence n'est pas plus distinction qu'elle n'est relation. La Dif-férence est tout au plus Dimension pour monde et chose (...). La Dif-férence est *la* dimension, pour autant qu'elle mesure, et ainsi amène monde et chose à ce qui leur est propre."[621]

Et plus loin : "... la Dif-férence appelle monde et chose au milieu de leur intimité."[622]. La Dif-férence "er-ereignet" ; or, quelles qu'en soient les difficultés de compréhension et de traduction, il semble bien que ce mot recouvre ici un mouvement de surgissement qui porte d'un centre vers ses extrêmes pour en même temps rapporter à lui en consolidant ainsi la permanence du rapport. L'explicitation du traducteur en devient lumineuse : "*Ereignen* veut donc dire, en une première approximation pensive : le mouvement d'amener (*er-*) au propre *(das Eigene)*. (...). Le maître-mot *Ereignis* est traduit par le mot *appropriement* (attesté en vieux français). Cette traduction aimerait pouvoir faire entendre l'ancien sens du verbe *proprier* qui est : offrir ce qui est approprié."[623]. Ancien français et ancien allemand doivent (ou peuvent) ainsi se rejoindre dans la "proximité" de l'origine. L'*Ereignis* ainsi comprise est comme l'autre face de la Différence, celle-ci exprimant l'écart qui se produit à l'intérieur du même évoqué par celle-là. Ainsi se joue et se noue une réciprocité absolue : la dif-férence approprie, et l'*Ereignis* diffère. Or pour se figurer – au sens se représenter par la pensée, concevoir – ce processus, on en revient toujours à l'activité d'un centre se déployant et ramenant à soi selon l'exacte proportionnalité du cercle/de la sphère[624].

La parole, qui s'abreuve dans l'écoute, doit, pour être elle-même, *s'originer* dans la Dif-férence : "La parole est parlante dans la mesure où le recueil d'injonction de la Dif-férence appelle monde et choses à la

---

621 HEIDEGGER, *Acheminement..., op. cit.*, pp. 28-29.
622 HEIDEGGER, *Acheminement..., op. cit.*, p. 33.
623 HEIDEGGER, *Acheminement..., op. cit.*, p. 28.
624 La lecture du poème de Trakl permet de donner un autre nom à la Différence, celui de douleur. Reprise et illustration : "La douleur disjoint assurément, elle distingue, mais de telle sorte que du même coup elle tire tout à soi, rassemble tout en soi. En tant que distinction ressemblante, ce déchirement est ce tir qui, comme trait premier ouvrant d'un coup l'espace, signe et ajointe ensemble ce qui est tenu à distance dans la Dis-jonction. La douleur est ce qui joint dans le déchirement qui distingue et rassemble. (...). Elle supporte l'entre-deux, le milieu des deux qui sont en elle dis-joints. (...). La douleur est la Dif-férence même." (HEIDEGGER, *Acheminement..., op. cit.*, p. 30).

simplicité unie de leur intimité."[625]. Un silence rassembleur est antérieur au parler humain ; autrement dit, la parole est plus originaire que l'homme même ; pour parler, le mortel doit avoir écouté, et répondre[626].

Pourtant un sens plus profond, et beaucoup plus décisif pour l'avenir, de *Ereignis* apparaît par ailleurs.

Dans *Le principe d'identité* (1957), Heidegger médite d'abord l'égalité A=A, formule courante du principe d'identité, auquel il préfère la forme "A est A", qu'il comprend comme un double retour de la chose (comme centre) à soi : "Tout A est lui-même le même avec lui-même. L'identité implique la relation marquée par la préposition "avec", donc une médiation, une liaison, une synthèse : l'union en une unité. De là vient que, d'un bout à l'autre de l'histoire de la pensée occidentale, l'identité se présente avec le caractère de l'unité."[627].

Pas suivant : Heidegger se focalise sur le "est" de "A est A" et conclut : "Le principe d'identité nous parle de l'être de l'étant."[628]. Ici, c'est un principe formulé par "nous", qui évoque l'être. Pas suivant : "L'appel de l'identité parle à *partir de* l'être de l'étant."[629]. Cette fois, c'est une origine distincte de l'homme qui appelle, parle. Une telle gradation a permis de partir d'une égalité logique (ou mathématique) pour arriver à célébrer un centre, l'être. Comment l'être a-t-il lancé cet appel à l'identité ? Chez Parménide, "le plus tôt et le plus ouvertement"[630] et son mot célèbre sur l'identité de l'être et du penser, qui veut dire "que l'être – ainsi que la pensée – a sa place dans le même. L'être est défini à partir d'une identité et comme un trait de cette identité"[631], alors que par la suite, la métaphysique a fait l'inverse en définissant l'identité comme un trait de l'être.

Il y a donc coappartenance de l'être et de la pensée ; on a tendance à se représenter le "co" de ce mot : "Dans ce cas, "appartenance" équivaut à : être assigné à l'ordre d'un ensemble et mis à sa place en cet ordre, intégré dans l'unité d'une diversité, rassemblé en l'unité d'un système, bénéficier de la médiation du centre unifiant d'une synthèse déterminante."[632]. Cette définition n'est pas fausse, elle s'avère insuffisante : il faut penser l'appartenance de co-appartenance. Cela nous mène-t-il ailleurs qu'au centre ?

L'appartenance à l'être est "ce qui domine en l'homme"[633]. Comment l'appréhender ? En un "saut" qui nous libère de la pensée représentative –

---

[625] HEIDEGGER, *Acheminement..., op. cit.*, p. 34.

[626] Cf. HEIDEGGER, *Acheminement..., op. cit.*, pp. 35-36.

[627] HEIDEGGER, *Questions I, op. cit.*, pp. 258-259. Cette médiation au sein de l'Un n'a véritablement trouvé une "place" qu'avec l'idéalisme allemand (cf. surtout p. 259).

[628] HEIDEGGER, *Questions I, op. cit.*, p. 260.

[629] *Ibid.*

[630] HEIDEGGER, *Questions I, op. cit.*, p. 261.

[631] HEIDEGGER, *Questions I, op. cit.*, p. 262.

[632] HEIDEGGER, *Questions I, op. cit.*, pp. 262-263.

[633] HEIDEGGER, *Questions I, op. cit.*, p. 265.

y compris celle qui considère l'être comme “fond”. Ce saut est une sorte de retour en soi-même[634] :

> “Le saut est l'arrivée subite dans le domaine à partir duquel l'homme et l'être se sont, depuis toujours, déjà atteints l'un l'autre dans leur essence : c'est, en effet, par la vertu d'un seul et même don *(Zureichnung)* que tous deux sont transpropriés l'un à l'autre. C'est l'entrée dans le domaine de cette transpropriation qui, dès le début, donne le ton à l'expérience de la pensée et lui confère ses déterminations.”[635].

Au-delà de la complexité stylistique qui fascine, ne perdons pas de vue le mot clé : “domaine” – partout chez Heidegger, on finit par retrouver la topologie – et qui procède encore de cette pensée représentative dont on prétend se libérer. Le conférencier va-t-il nous préciser ce “domaine” à partir duquel une affaire si essentielle se noue ? Pas directement, car il “bifurque” soudainement vers une vaste description de la technique et du *Gestell* (Arraisonnement), comme caractéristique de cette constellation actuelle de l'être et de l'homme.

Par ce détour, il introduit le “terme directeur” d'*Ereignis : “Ce qu'aujourd'hui le monde technique nous fait entrevoir dans l'Arraisonnement, entendu comme la constellation de l'homme et de l'être, est un prélude* à ce que nous désignons par le terme de Co-propriation *(Er-eignis)*.”[636]. Cette “chose simple” que “nous avons atteinte”, comment la penser sans retomber dans la métaphysique ainsi dépassée ? Revoici le domaine : “La Co-propriation est le *domaine* aux pulsations internes, à travers lequel l'homme et l'être s'atteignent l'un l'autre dans leur essence et *retrouvent leur être*, en même temps qu'ils perdent les déterminations que la métaphysique leur avait conférées.”[637].

Ainsi l'être lui-même a-t-il retrouvé son être ! Et incidemment l'homme aussi[638]. Telle était la visée du propos : “notre tentative pour diriger la pensée vers le *lieu* de l'origine essentielle de l'identité.”[639]. Mais qu'est-ce que cette conférence a ainsi pu retourner ? “La métaphysique enseigne que l'identité est un trait fondamental de l'être. Il apparaît maintenant que l'être, comme la pensée, a sa place dans une identité dont l'essence procède de ce “laisser-coappartenir” que nous appelons la Copropriation. L'essence de l'identité appartient en propre à la Co-propriation.”[640].

---

[634] Cf. HEIDEGGER, *Questions I, op. cit.*, p. 266.
[635] HEIDEGGER, *Questions I, op. cit.*, pp. 266-267.
[636] HEIDEGGER, *Questions I, op. cit.*, pp. 270-271.
[637] HEIDEGGER, *Questions I, op. cit.*, pp. 271-272. Souligné par moi.
[638] Heidegger insiste : “La Copropriation est la conjonction essentielle de l'homme et de l'être, unis par une appartenance mutuelle de leur être propre” (HEIDEGGER, *Questions I, op. cit.*, p. 272).
[639] HEIDEGGER, *Questions I, op. cit.*, p. 273.
[640] *Ibid.*

A cette *Ereignis*, désormais plus originaire que l'"être" même, peut-on attribuer les caractères constants de l'être "old fashion" que nous avons relevés chez Heidegger ? Oui et non. Oui, en ce sens que c'est toujours un "domaine" d'où part et où revient le mouvement de l'identité, qui est celui de la pensée, du *Da* et du *Sein*. Non, car *ce domaine a cessé d'être* une patrie et, rigoureusement parlant, *un centre*. Comment cela ?

Dans l'expression "principe d'identité", Heidegger s'attache au mot "principe" – en allemand *Satz*, qui veut dire aussi "saut" (cela tombe bien, *sic*). En jouant sur ce double sens, il effectue l'opération suivante :

> "Ce principe *(Satz)* se présente tout d'abord sous la forme d'une proposition de fond *(Grundsatz)*, laquelle présuppose que l'identité est un trait de l'être, c'est-à-dire du fond de l'étant. Chemin faisant, ce principe, ce *Satz* au sens d'une énonciation, est devenu pour nous un *Satz* au sens d'un saut : d'un saut qui part de l'être comme fond *(Grund)* de l'étant pour sauter dans l'abîme, dans le sans-fond *(Abgrund)*. Cet abîme, toutefois, n'est pas un néant vide et pas davantage une obscure confusion, mais bien la Co-propriation elle-même."[641]

Le saut fait appréhender l'appartenance de "co-appartenance", où le "co" (en allemand *zusammen*) évoquait le centre récapitulateur "classique". Il est "tombé" dans un domaine qui est un *Abgrund* – mais présenté comme co-propriation : revoici donc le "co" que l'on n'a pu vraiment gommer, parce qu'il implique un "partenariat" et donc un "commun" aux deux partenaires : en français en tout cas ; mais en allemand la *Zusammengehörigkeit* (coappartenance) a cédé le pas à l'*Ereignis* (copropriation) d'où tout "*zusammen*" est banni ! L'*Ereignis* devient un "à partir de" pur, un mouvement de l'origine dépourvu d'origine, un "domaine" non-identifiable, non-repérable.

Esquisse d'une lointaine parousie

Que l'*Ereignis* finisse par "l'emporter" sur le *Gestell*, tel est le vœu ici et là formulé : "N'est-il pas possible, se demande-t-il, que l'Arraisonnement (...) se dise à nous comme la Copropriation, comme ce qui tout d'abord, exproprie l'homme et l'être pour les diriger vers ce qu'ils ont en propre ? Au cas où cette possibilité s'offrirait à nous, l'homme disposerait alors d'un chemin le conduisant à appréhender en mode plus originel l'étant, le tout du monde technique contemporain, la nature et l'histoire, et avant tout leur être."[642]. Le mot-clé est ici "*ex*-proprie" : la technique/le *Gestell* met "ex", la pensée de l'*Ereignis* ap-proprie : tout fonctionne encore classiquement, sur le mode du *in* et du *out*, du convergent et de

---

641 *Ibid.*

642 HEIDEGGER, *Questions I*, *op. cit.*, p. 274.

l'excentrique – compris dans le registre de *l'histoire* de la pensée. Ce qui explique que le conférencier rêve à un “retour à l'origine essentielle de l'identité”, à une méditation qui “se tourne vers le déjà-pensé”, dans laquelle “la tradition nous dirige”[643].

Une formulation resserrée de l'espérance d'un retournement historique se trouve dans *Esquisse tirée de l'atelier* : “Une *possibilité* demeure : que l'accomplissement de la domination de l'essence de la Technique <c'est-à-dire du Dis-positif (*Ge-stell*)> donne lieu à une éclaircie de sa vérité propre <c'est-à-dire de l'événement d'appropriation (*Ereignis*)> afin qu'ainsi seulement la vérité de l'être parvienne à sa libre manifestation. Cette em-prise originelle (*An-fang*) ne viendrait qu'en dernier lieu.”[644]. A la domination de la technique, répond le souhait, non d'une “libération”, mais d'une autre domination.

La même idée d'une parousie lointaine réapparaît dans *La constitution onto-théo-logique de la métaphysique* : “Personne ne peut savoir si, quand, où ni comment ce pas de la pensée s'affermira jusqu'à devenir chemin véritable, passage, construction de voies : “véritable” veut dire qu'il s'agit du chemin où fulgure l'être propre.”[645]. Mais comment pourrait “s'affermir” cette pensée si elle est en deçà non seulement de la raison, mais du clivage rationnel/irrationnel ?

Avec l'hégémonie de la raison, renchérit *Contribution à la question de l'être*, “l'on dénie à la pensée toute possibilité de parvenir à une vocation qui se tienne en dehors du “ou bien ou bien” du rationnel et de l'irrationnel. Une telle pensée, pourtant, pourrait être préparée par ce que recherchent en tâtonnant, selon différentes modalités, l'éclaircissement historial, la méditation, la recherche du site.”[646].

Cette “pensée” à venir, que Heidegger essaie de “préparer” exigerait “un retour au contenu originaire de la langue qui nous est propre”[647]. Faisant désormais son deuil d'une “résistance” à la technique ou de sa “condamnation”[648], cette pensée ne peut espérer que régner à nouveau dans le très long terme – “à un millénaire de distance” dit Heidegger citant von Kleist[649]. Nous voici loin de la puissance triomphante du *Discours de Rectorat*.

Prenant l'allure d'un nouveau millénarisme, cet espoir de voir, fût-ce dans plusieurs siècles, l'être et l'homme enfin *dirigés* vers leur site propre, illustre la persistance d'une téléologie de la réconciliation (à priori

---

643 HEIDEGGER, *Questions I, op. cit.*, pp. 275-276.
644 HEIDEGGER, “Esquisse tirée de l'atelier”, dans *Heidegger*, L'Herne, *op. cit.*, p. 363.
645 HEIDEGGER, *Questions I, op. cit.*, p. 307.
646 HEIDEGGER, *Questions I, op. cit.*, p. 203.
647 “Entretien du professeur Richard Wisser avec Martin Heidegger”, dans *Heidegger*, L'Herne, *op. cit.*, p. 389.
648 *Entretien du professeur Richard Wisser..., op. cit.*, p. 386.
649 *Entretien du professeur Richard Wisser..., op. cit.*, p. 389.

étrangère à l'économie de l'œuvre heideggerienne, mais bel et bien présente chez Platon, Hegel et Marx, dont il se défend) appliquée cette fois à un enjeu inédit et une très longue période : – premier moment : le discours parménidien (ou l'impensé de celui-ci) ; – deuxième moment : la métaphysique, les Lumières, le subjectivisme, la technique, le *Gestell* ; – troisième moment : la lointaine réconciliation, le grand Retour, une pensée de l'avenir, à préparer.

L'impossible sol ou l'abîme non-centre

Qu'on ne s'y trompe pas, cette espérance n'a rien de commun avec l'attente, l'avent de la première période, qui avaient encore un fondement (dans tous les sens de ce mot). Relisons *Pourquoi des poètes ?*, écrit peu après la capitulation du *Reich* :

> "Peut-être la nuit du monde va-t-elle *maintenant* devenir pleinement temps de détresse. Mais peut-être pas, encore pas, toujours pas, malgré l'incommensurable nécessité, malgré toutes les souffrances, malgré la misère sans nom, malgré l'incessante carence de repos et de paix, malgré le désarroi croissant. Long est le temps parce que même la terreur, prise pour elle-même comme cause possible d'un virage, ne peut rien tant qu'il n'y a pas de revirement des mortels."[650].

La condition de possibilité de l'avènement de l'être, Heidegger ne la voit plus dans un peuple historial, mais dans une angoisse abîme ; elle n'est plus lumière, mais ténèbres ; dans cette déréliction, l'être est plus caché que jamais. La terreur elle-même ne suffit pas, pour créer cette angoisse vaillante pour la mort qui amenait l'ek-sistence authentique, comme dans *S.u.Z.* Seule "solution" : descendre au fond de l'*Abgrund*, virer à partir de l'abîme : "pour cela, il faut qu'il y ait certains qui atteignent l'abîme"[651]. Qui sont ces "certains" ? Les Allemands, peuple élu ? Ou cette élite spirituelle que sont les poètes ? Ici, c'est – fidélité à Hölderlin encore – aux poètes qu'il appartient de tracer "le chemin du revirement"[652].

La question est plutôt de savoir si une pensée de l'*Ab-grund* aurait germé si le sol ne s'était pas *auparavant* dérobé. Pour comprendre en quoi cette dernière période de Heidegger règle le sort de la philosophie même, il importe, ayant capitalisé les sens derniers de *Geist*, *Gestell* et *Ereignis*, de se pencher sur la problématique du *Grund* – fondement, sol. Comme l'esprit, le "sol" est un concept peu commenté par l'intéressé, mais révélateur.

---

[650] HEIDEGGER, *Chemins...*, *op. cit.*, p. 325.
[651] HEIDEGGER, *Chemins...*, *op. cit.*, p. 324.
[652] HEIDEGGER, *Chemins...*, *op. cit.*, p. 327.

Dans *L'être, le fond et le jeu* (chapitre du cours de 1955-56), la raison est présentée comme un arbre à deux branches, la *Vernunft* (*ratio*) et le *Grund* (fondement)[653]. Appliqué à l'être, le principe de raison dit "Etre et raison : le Même"[654]. Si la raison se traduit par λογος, on comprend : l'être aussi pratique le λεγειν, le rassemblement[655], la conservation et la préservation d'un "laisser-étendu-devant"[656] et le sol, le fond. Mais la co-appartenance d'être et raison est voilée, hors de vue[657].

Observons le jeu : "Or l'être et le fond ne sont pas une uniformité vide, mais bien la plénitude cachée de ce qui, dans la dispensation de l'être, apparaît dès l'abord comme histoire de la pensée occidentale."[658]. Ce qui permet de penser un *Ab-grund* dans le "prolongement" du *Grund* : "L'être : l'abîme. (...). Pour autant que l'être s'étend comme fond, il est lui-même sans fond."[659]. L'être est sans raison ni fond dès lors qu'être et raison soient le même. L'être n'a pas de "terrain" sur lequel on pourrait le ramener, mais un "Jeu de Ce où l'être jouit comme être de son repos (*ruht*)."[660].

Plus fondamental que l'être : la co-appartenance au jeu, l'abîme. Le fragment 52 d'Héraclite, appelé en renfort, compare la "dispensation" de l'être à un enfant qui joue. Le jeu est sans pourquoi-parce que, donc sans cause : "Le jeu seul demeure : il est Ce qu'il y a de plus haut et de plus profond. Mais ce "seul" est tout. C'est l'Un, l'Unique."[661]. Heidegger nous a mené au bord du gouffre, où, plus fort que l'être, il trouve, non un centre fixe, un point d'ancrage, mais un abîme, l'imprévisibilité ludique, l'imprécis, l'aléatoire intégral – mais au moment de conclure, il revient à l'identification aisée, sécurisante : tout, un, unique – catégories classiques de l'ontologie. Il ne reste plus qu'à entrer dans le Jeu/Un, à s'en remettre à lui, à jouer pour lui, l'unique occupant, le grand annexionniste. Mais si la philosophie est désormais sans raison, il faut voir clair dans son jeu : le rattraper dans l'Unique, c'est maintenant jouer perdant ; déclarer forfait, non moins.

Significativement, le concept de "sol" apparaît à propos de Husserl et Descartes. Résultat d'un tour de force (*sic*), l'être-donné – et non le *cogito*,

---

[653] Cf. HEIDEGGER, *Le principe de raison, op. cit.*, p. 223.
[654] HEIDEGGER, *Le principe de raison, op. cit.*, p. 226.
[655] Cf. HEIDEGGER, *Le principe de raison, op. cit.*, p. 231.
[656] HEIDEGGER, *Le principe de raison, op. cit.*, p. 232.
[657] Cf. HEIDEGGER, *Le principe de raison, op. cit.*, pp. 234 et 237.
[658] HEIDEGGER, *Le principe de raison, op. cit.*, p. 238.
[659] HEIDEGGER, *Le principe de raison, op. cit.*, p. 239. Sur l'importance de l'Abîme chez le dernier Heidegger, cf. notamment GADAMER, *op. cit.*, pp. 281-282.
[660] HEIDEGGER, *Le principe de raison, op. cit.*, p. 240. Observons les majuscules et minuscules !
[661] HEIDEGGER, *Le principe de raison, op. cit.*, p. 243. A propos du fragment 52 d'Héraclite, voir *L'aube de l'Un*, p. 184.

la conscience humaine – est bien le fondement sur lequel est bâti *Etre et Temps* :

> "Pour pouvoir même déployer la question du sens de l'être, il fallait que l'être soit *donné*, afin d'y pouvoir interroger son sens. Le tour de force de Husserl a justement consisté dans cette mise en présence de l'être, phénoménalement présent dans la catégorie. Par ce tour de force, ajoute Heidegger, j'avais enfin le sol : "être", ce n'est pas un simple concept, une pure abstraction obtenue grâce au travail de la déduction. Le point, cependant, que ne franchit pas Husserl est le suivant : ayant quasiment obtenu l'être comme *donné*, il ne s'interroge pas plus avant. Il ne déploie pas la question : que veut dire "être" ?"[662]

Qu'au séminaire de Zähringen, l'être-donné soit présenté comme "sol" ne doit pas laisser croire qu'il y ait encore là du "solide", car le troisième séminaire du Thor a, pour de bon, découplé "sol" et "fermeté" : "Avec lui <Descartes n.d.l.r.>, dit Hegel, la pensée atteint pour la première fois "*ein fester Boden*", un sol ferme. En fait, ce que fait Descartes, c'est déterminer le sol par la *fermeté* – donc ne plus laisser être un sol comme il est de lui-même. Descartes en réalité abandonne le sol. Il le quitte pour la fermeté."[663]. Cette fermeté, c'est celle des idées claires et distinctes, de la conscience, de la perception, de la représentation etc.

Le "sol" devient donc le contraire de la fermeté. Si le Heidegger qui s'exprime ici est bien fidèle et cohérent avec celui des années 30, cela veut dire que sans discontinuer le concept heideggerien de "sol" (à partir de l'apport husserlien de l'être-donné) s'oppose, *grosso modo*, à la subjectivité comme rationalité à l'œuvre. Pourtant la connotation des textes de ces années était faite de "dureté", d'une dureté qui représenterait comme la part non-subjective de l'homme, c'est-à-dire celle par où le *Dasein* investi de "l'appel", va vers la mort, par où un peuple s'exprime comme tel, fort, dans son Etat (du reste, l'idéologie "sang et sol", à laquelle ni *S.u.Z.* ni le *Discours de Rectorat* ne sont étrangers, n'évoque pas la mollesse des lieux – on n'imagine pas du sable fin volant au vent – mais un surface solide où pourront résonner les bruits de bottes, une argile idéale pour les combats, les moissons, l'enterrement des morts). Dire que Descartes "abandonne le sol" est donc conforme à la pensée heideggerienne d'avant-guerre, laquelle n'aurait pourtant pas mis la *fermeté* du côté du *cogito* cartésien, mais de l'être-donné.

Or, chez le dernier Heidegger, le sol n'est – ou ne peut plus être – défini par la fermeté : cela impliquerait qu'une pensée et donc une politique de la "fermeté" appartiendrait encore au champ subjectivo-rationalis-

---

662 HEIDEGGER, *Questions IV, op. cit.*, p. 315. Cf. aussi "De la compréhension du temps dans la Phénoménologie et dans la pensée de la question de l'être", dans *Questions IV* également, pp. 192-194.

663 HEIDEGGER, *Questions IV, op. cit.*, p. 263.

te, hégéliano-cartésien, et réciproquement, qu'une pensée/politique du "vrai sol" ne pourrait justement pas être qualifiée de *ferme*. Mais alors, s'agit-il encore à proprement parler d'un sol ? Le concept est-il encore recevable ? Qu'est-ce qu'un sol non-ferme sinon les sables mouvants (les "im-pen-sables") – un abîme qui ne dirait pas son nom ? Le sol, en vérité, s'est dérobé : l'être donné ne s'est pas vraiment donné.

On le constate aussi dans *Temps et Etre* (1962), où l'être n'est plus le "fond" (*Grund*) – ce qui était encore une conception métaphysique : "Penser l'être en propre demande que soit abandonné l'être comme fond de l'étant..."[664]. Dans le Séminaire sur cette conférence, Heidegger explicite la raison pour laquelle le mot "fondamental" est devenu inadéquat, et donc a été abandonné[665]. Peuvent s'y substituer des approches comme *Es gibt*, *Anwesen lassen*[666].

Il nous reste à esquisser une description des nouvelles conceptions heideggeriennes relatives aux "statuts" de la philosophie, de l'être et de la pensée.

La rature de l'Etre

Contribution à la question de l'être, hommage à Junger, est, comme l'a vu Bourdieu[667], un texte révélateur : néant et centre s'y rejoignent. Heidegger invite à décrire le mouvement de l'action du nihilisme : "Qui prend sa part d'une telle *responsabilité* doit rassembler celle-ci dans une *réponse* telle, qu'elle jaillisse d'un questionnement ancré dans ce qui fait le plus largement possible et le plus dignement question dans le nihilisme, et telle qu'elle soit reprise et soutenue jusqu'au bout comme ce qui correspond à ce centre."[668].

Il est piquant d'observer que ce qu'exprime la croix *sur l'Etre*, la rature, procède de la même représentation du centre, et du travail de celui-ci. Le "signe de la biffure en croix" n'est pas seulement négatif quant à son message :

> "Il indique plutôt les quatre Régions du Cadran et leur Assemblement dans le Lieu où se croise cette croix. (...). L'homme est dans son être la Mémoire de l'Etre, mais de l'**Etre**. Ce qui veut dire : l'être de l'homme est de l'obédience de ce qui, dans la biffure en croix de l'Etre, place la pensée sous la requête d'un plus initial Rappel. Etre pré-sent se fonde dans l'Atour, qui en tant que tel tourne à soi – emploie – l'être de l'homme, de sorte que celui-ci se dépense pour lui."[669]

---

[664] HEIDEGGER, *Questions IV, op. cit.*, p. 19.
[665] Cf. HEIDEGGER, *Questions IV, op. cit.*, p. 62.
[666] Voir plus loin, même §.
[667] Cf. BOURDIEU, *op. cit.*, pp. 43 svv.
[668] HEIDEGGER, *Questions I, op. cit.*, p. 204.
[669] HEIDEGGER, *Questions I, op. cit.*, pp. 232-233.

Ce qui intéresse – et encore fait sens – c'est bien le point de jonction des deux traits, le nœud du croisement, le cœur de la croix, qui fonctionne comme un centre qui appelle et pour lequel on donne de soi. Dans la même opération de biffure (qui s'inscrit dans le projet d'abandonner radicalement la langue et la représentation métaphysiques), l'Etre comme mot cesse d'être un *en-devant* de l'homme, perd cette apparence de concept clos sur soi, trouble l'homme scripteur qui le croyait ou le voulait intouchable et distinct de lui. Enfin, l'Etre passe derrière la rature, et ce qu'elle véhicule – le centre à la croisée –, l'Etre est placé *sous* le Centre qui, en quelque sorte, a effectivement et explicitement pris la relève (pour quelle issue ?).

Le cercle du Néant définitif

Au-delà du cercle de professeurs d'université[670], du cercle du travail et du travailleur, à prendre comme "un signe" au lieu d'une manifestation d'illogisme[671] ou encore de la circularité de la *Critique de la raison pure*[672], l'essai mène au dernier cercle, le cercle tout à fait à part, inédit, innommable, inouï, que provoque le questionnement du néant :

> "Quel est le Lieu du Néant ? Nous ne questionnons pas *trop*, sans y prendre garde, quand nous cherchons le lieu, et que nous voulons une topique de l'essence de la ligne. Mais alors, s'agit-il de quelque chose d'autre que de tenter d'accomplir ce que vous demandez : "Une bonne définition du nihilisme" ? On dirait que la pensée est entraînée, menée par le bout du nez, toujours davantage dans un cercle enchanté autour du Même, sans pouvoir pourtant s'en approcher jamais. Mais peut-être le cercle est-il une spirale cachée ? Peut-être celle-ci s'est-elle entre-temps rétrécie ?"[673]

Apparemment, ce que veut signifier Heidegger c'est l'insuffisance des propositions prédicatives. Oui, mais si les mots, prédicatifs, dépassaient sa pensée ? Si, plus exactement, il exprimait le mouvement de fond de sa propre pensée, voire de la philosophie du vingtième siècle ? Si la fulgurance de ce passage reflétait, au-delà du moment pédagogique, ce à quoi nous mène exactement la pensée de l'Etre/Néant – la rature et le vide, l'aspiration par le centre vers le rien ?

Donc, plutôt que le centre-cercle, Heidegger traque désormais l'impensable. A travers et au-delà de la Différence, *La constitution onto-théologique de la métaphysique* célèbre un re-tour à un stade tellement initial de la

---

670 HEIDEGGER, *Questions I, op. cit.*, p. 205.
671 Cf. HEIDEGGER, *Questions I, op. cit.*, p. 218.
672 Cf. HEIDEGGER, *Questions I, op. cit.*, p. 222.
673 HEIDEGGER, *Questions I, op. cit.*, p. 231.

pensée qu'il est impensé : “Pour nous, la loi d'un dialogue avec la tradition historique est la même, pour autant qu'il s'agit de *pénétrer dans la vigueur de la pensée d'autrefois*. Seulement nous ne cherchons pas cette vigueur dans ce qui a déjà été pensé, mais dans un *impensé* d'où le pensé reçoit le lieu de son essence.”[674]. A cette fin, il faut procéder au “pas en arrière”, vers “l'*oubli* de la différence”[675] c'est-à-dire l'essence même de la métaphysique. Pour observer celle-ci du dehors, Heidegger recourt doublement, mais en des sens différents, à la logique de circularité.

D'une part, en analysant le processus dialectique/logique chez Hegel, et particulièrement l'unité commencement/résultat, un cercle où tout est l'Etre (“Commencement et fin du mouvement et, avant la fin, le mouvement lui-même, demeurent partout l'Etre. Il se déploie comme le mouvement circulaire qui va de la plénitude à l'extrême aliénation, et de celle-ci à la Plénitude qui se parfait. Le propos de la pensée est ainsi pour Hegel la Pensée qui se pense, c'est-à-dire l'Etre qui tourne en cercle intérieurement à lui-même”[676]), d'autre part, pour expliciter le caractère onto-théologique de la métaphysique même :

> “Quand l'être se déploie comme être de l'étant, comme Différence, comme Conciliation, alors et dans la même mesure, l'écart et la relation mutuelle de : la fondation *(Gründen)* et de la fondation en raison *(Begründen)* sont et durent, alors l'être fonde l'étant, et l'étant, comme Etant maximum, fonde l'être en raison. L'un sur-vient à l'autre, et l'un arrive dans l'autre. Survenue et Arrivée apparaissent comme se reflétant l'une dans l'autre. Ce qui, du point de vue de la différence, veut dire : la Conciliation est une roue qui tourne, l'être et l'étant gravitant l'un autour de l'autre.”[677]

Cet Etant maximum est la Cause suprême, Dieu : il fonde la fondation, l'être qui lui-même fonde l'être de l'étant. Il faut donc sortir de la roue de la conciliation. Ce cercle est “vicieux”, lui aussi, dans la mesure où l'être et l'étant sont tour à tour centre de gravitation. La métaphysique est onto-logique lorsqu'elle pense l'étant dans son “fond commun”, et théo-logique quand elle se tourne vers l'Etant suprême comme fondateur en raison (principe de causalité) en ayant pensé l'étant comme tout. C'est évidemment quant à ces deux dimensions qu'il y a lieu de la dépasser.

Hors de cet horizon seulement peut être pensée l'“origine”[678] de la Différence, dans “une région où n'atteignent pas les termes recteurs de la métaphysique : être et étant, fond et fondé.”[679]. La Différence est la Conciliation “dé-couvrante et abritante” de la Survenue et de l'Arrivée – c'est-à-

[674] HEIDEGGER, *Questions I, op. cit.*, p. 283. Souligné par moi.
[675] HEIDEGGER, *Questions I, op. cit.*, p. 285.
[676] HEIDEGGER, *Questions I, op. cit.*, p. 288.
[677] HEIDEGGER, *Questions I, op. cit.*, p. 304.
[678] HEIDEGGER, *Questions I, op. cit.*, p. 308.
[679] HEIDEGGER, *Questions I, op. cit.*, pp. 305-306.

dire le Même qui permet à l'être et à l'étant de s'accomplir comme différents[680].

Temps et Etre le rappelle, les Présocratiques ont sans doute pensé l'être, pas le *Es gibt*, plus originaire : "Au début de la déclosion de l'être, l'être, εἶναι, ἐόν, est bien pensé – mais non le "Il y a". Au lieu de cela, Parménide dit : "ἔστι γαρ εἶναι – "Il est à vrai dire être". (...). Dans le ἔστι est en retrait le Il y a. Au début de la pensée occidentale, l'être est bien pensé, mais non le "Il y a" comme tel."[681].

Il y a, *anwesen*, mais aussi temps : l'unité unifiante de ce qui porte et apporte[682], temps véritable aux quatre dimensions, dont la quatrième et la première est la "proximité approchante" qui "approche l'avenir, l'avoir-été, le présent les uns des autres dans la mesure où elle libère et déploie un lointain"[683] : ce serait toujours le même centre-cercle à l'œuvre, *sauf que* dans celui-ci ce centre *n'est plus*. Le "Il" du "Il y a être" "nomme – en tout cas dans l'interprétation qui s'offre en premier – une avancée d'*absence*"[684] mais aussi "cet "Il" s'atteste comme l'*Ereignis*"[685]. Pour ce mot, le traducteur propose "ce qui amène jusqu'à être proprement (*eigen*) sa propriété" ou encore "ce qui laisse advenir proprement jusqu'à soi"[686]. L'*Ereignis* ne doit pas être pensé à partir d'un *quid* à définir, d'un appel à entendre. Ce n'est pas un nouveau nom de l'être ni un mode de l'être – pas plus que l'être ne serait un mode de l'*Ereignis*.

Bien que par certains aspects – traces du passé – l'*Ereignis* fonctionne encore en centre structurant centralement l'autre dans le même (comme opéraient l'Etre, le Temps originel, la *Physis*, etc.[687]), il n'est plus *le Centre*, parce qu'un centre, fût-ce parfaitement *in abstracto*, se conçoit comme un point et suppose une structure de mise en cercle, d'ouverture-fermeture qui garde l'équipollence des rapports. "*Ereignis* n'est pas le concept suprême qui comprend tout, et sous lequel être et temps se laisseraient ranger."[688]. On ne peut le poser comme "ce qui comprend et embrasse tout"[689] : il n'est plus fondement ou récapitulation. "L'être s'évanouit dans l'*Ereignis*"[690], lequel est retrait, suspension, empêchement,

---

680 Cf. HEIDEGGER, *Questions I, op. cit.*, p. 299.
681 HEIDEGGER, *Questions IV, op. cit.*, pp. 22-23.
682 Cf. HEIDEGGER, *Questions IV, op. cit.*, p. 32.
683 HEIDEGGER, *Questions IV, op. cit.*, pp. 34-35.
684 HEIDEGGER, *Questions IV, op. cit.*, p. 39.
685 HEIDEGGER, *Questions IV, op. cit.*, p. 40.
686 HEIDEGGER, *Questions IV, op. cit.*, p. 51.
687 "A l'*Ereignis* comme tel appartient le dépropriement. Par ce dernier, l'*Ereignis* ne se délaisse ni ne s'abandonne lui-même, mais au contraire sauvegarde ce qui lui est propre." (HEIDEGGER, *Questions IV, op. cit.*, p. 45). Ou encore : "Que reste-t-il à dire ? Rien que ceci : l'*Ereignis* – l'appropriement approprie. Ainsi, à partir du Même et en direction du Même nous disons le Même." (p. 47).
688 HEIDEGGER, *Questions IV, op, cit.*, pp. 43-44.
689 HEIDEGGER, *Questions IV, op. cit.*, p. 46.
690 HEIDEGGER, *Questions IV, op. cit.*, p. 44.

réserve... Il “soustrait à la déclosion sans limite ce qu'il a de plus propre”[691]. Il n'est pas, et l'on ne peut même plus dire qu'*il y ait* de l'*Ereignis*[692]. Le pas qui rétrocède n'avait finalement pas de direction[693].

Silence du Rien aphasique

Heidegger renonce donc finalement au “projet” de surmonter la Métaphysique – sauf à “formuler” l'*Ereignis*, ce qui n'est pas évident[694]. Parvenue ainsi à ce point-limite (*ex-point*), la pensée “ex-ontologique” n'a plus rien à dire, sauf si, à moins de se muer simplement en critique studieuse (examen des penseurs précédents), elle célèbre l'indicible mouvement de l'appro-priation, donc : *ne plus rien dire*, puisque ne plus pouvoir évoquer le centre évaporé, anéanti, introuvable.

L'ex-pensée ontologique, qui s'appelle encore provisoirement elle-même “pensée” va donc se mettre en quête d'un impensé, qui se révèle un inéluctable impensable. Ainsi est-elle devenue Critique en analysant – pour prendre un exemple-limite – un “sommet” comme la thèse de Kant sur l'être, dont celle-ci, elle en convient, “appartient à ce qui demeure impensé dans toute métaphysique.”[695]. Mais dans la mesure où il serait encore autre chose que de la Critique, le texte *La thèse de Kant sur l'Etre* (1962), devrait indiquer d'où et au nom de quoi il regarde Kant ; or c'est précisément ce qui du même coup prépare la faillite de la “pensée” elle-même : “Dans le “est” sans apparence se cache tout le digne-d'être-pensé de l'Etre. Le plus digne-d'être-pensé en cela demeure toutefois que nous nous demandions si “Etre”, si le “est” peut lui-même être, ou si Etre n'“est” jamais, et que cependant demeure vrai : il se donne de l'Etre (*Es gibt Sein*).”[696]. La démarche du dernier Heidegger tiendra à la fois dans le ressassement de cette tautologie de l'impensé qui ne s'avoue pas l'impensable (faute de quoi elle cesserait de pouvoir être qualifiée de tautologie) et le constat du rien, de la non-pensée.

En 1947, la *Lettre sur l'humanisme* annonçait encore : “La pensée à venir ne sera plus philosophie, parce qu'elle pensera plus originellement que la métaphysique, mot qui désigne la même chose.”[697]. Mais peut-on garder l'illusion d'une possible pensée au-delà du terme de la philosophie ? En 1962, *La fin de la philosophie et la tâche de la pensée* confirme certes l'attachement au mot *Ort* (lieu) : toucher ce lieu c'est en même temps arriver au bout de la philosophie ; or nous avons vu que dans

[691] HEIDEGGER, *Questions IV, op. cit.*, p. 45.
[692] Cf. HEIDEGGER, *Questions IV, op. cit.*, p. 47.
[693] Cf. HEIDEGGER, *Questions IV, op. cit.*, p. 59.
[694] HEIDEGGER, *Questions IV, op. cit.*, p. 48.
[695] HEIDEGGER, *Questions II, op. cit.*, pp. 115-116.
[696] HEIDEGGER, *Questions II, op. cit.*, pp. 114-115.
[697] HEIDEGGER, *Lettre sur l'humanisme, op. cit.*, p. 171.

l'imaginaire heideggerien, ce “lieu” s'identifie comme le centre d'où s'épanouit la clairière qui rend possible l'ouvert, etc. Ce centre est rassemblement, et cette fois de la philosophie. En d'autre termes, *la logique centralisatrice et récapitulatrice fonctionne une dernière fois pour s'appliquer à la philosophie elle-même* : “L'ancienne signification du mot allemand *Ende* (fin) est la même que celle du mot *Ort* (lieu) : *Von einem Ende zum anderen* signifie : d'un lieu à l'autre. La fin de la philosophie est lieu – celui auquel le tout de son histoire se rassemble dans sa possibilité la plus extrême. Fin comme achèvement signifie ce rassemblement en un seul lieu.”[698]. Ainsi Heidegger représente-t-il le moment culminant de la philosophie/métaphysique qui a enfin trouve son lieu, c'est-à-dire son abîme dans le désarroi de sa propre fin.

Resterait alors l'idée d'une tâche de la pensée, qui ne soit ni métaphysique ni science ; cette pensée “tente seulement, face au présent, de faire entendre en un prélude quelque chose qui, du fond des âges, juste au début de la philosophie, a déjà été dit pour celle-ci sans qu'elle l'ait proprement pensé.”[699]. C'est-à-dire en-deçà de la Métaphysique, qui est de fond en comble platonicienne[700]. La pensée pourrait “se demander enfin si la libre clairière de l'Ouvert ne serait pas précisément le site où l'ampleur de l'espace et les horizons du temps ainsi que tout ce qui, en eux, se présente et s'absente, sont contenus et recueillis.”[701].

Pour penser cette clairière de l'Ouvert, Heidegger évoque l'Ἀλήθεια : or celle-ci n'est plus “dévoilement”, mais une sorte de baptême de l'insaisissable. Si l'oubli de l'être n'est plus à mettre au compte de la “négligence” de l'activité intellectuelle de l'homme, c'est aussi parce que cette activité n'a plus de “raison d'être” face à la question du sens ou de la vérité de l'être, qui donc n'a plus d'autre choix que de mourir à soi-même, déclarer forfait, abdiquer. Ce que l'Ἀλήθεια est en elle-même demeure en retrait “parce que se retirer, demeurer en retrait” lui appartient “comme le cœur même de l'Ἀλήθεια”[702]. De ce cœur, part ce qui advient :

> “Et ce qui règne au sein d'un tel retrait où se reprend l'Ouvert de la présence, ne serait-ce pas alors, et dans quelle vigueur d'abriter et de préserver, cela même d'où advient le déploiement du non-retrait, celui dans lequel seulement du présent peut paraître à son tour avec l'éclat de la présence ? (...). S'il en était ainsi, alors ce serait seulement avec cette question que nous serions sur un chemin conduisant à la tâche de la pensée, quand la philosophie est à bout de course.”[703]

---

[698] HEIDEGGER, *Questions IV, op. cit.*, p. 114.
[699] HEIDEGGER, *Questions IV, op. cit.*, p. 120.
[700] Cf. HEIDEGGER, *Questions IV, op. cit.*, pp. 114 et 130.
[701] HEIDEGGER, *Questions IV, op. cit.*, p. 128.
[702] HEIDEGGER, *Questions IV, op. cit.*, p. 136.
[703] HEIDEGGER, *Questions IV, op. cit.*, pp. 136-137.

Cependant la fin du texte conclut à l'impossibilité radicale du propos : "Dans quel cercle sommes-nous ici, et vraiment sans aucune issue ?" et "Qu'avons-nous à entendre dans cet il y a (*es gibt*) ? La tâche de la pensée serait dès lors l'abandon de la pensée en vigueur jusqu'ici pour en venir à déterminer l'affaire propre de la pensée."[704]. Le cercle de la clairière s'est révélé lui-même "viciosus" : la tautologie ontologique se révèle avoir été un piège suprême et fatal, parce que la pensée, au lieu de s'initialiser, y finit, y meurt.

Dès lors que "le rôle de ce qui fut la philosophie jusqu'à nos jours a maintenant été pris par les sciences"[705] – ce qui inclut, me semble-t-il, les "sciences philosophiques" qui étudient scolairement les philosophes – l'entretien au *Spiegel* de 1966 réduit à presque rien cette démarche post-philosophique : "Il nous reste pour seule possibilité de préparer dans la pensée et la poésie une disponibilité pour l'apparition du dieu ou pour l'absence du dieu dans notre déclin ; que nous déclinions à la face du dieu absent."[706].

Ainsi comprend-on mieux de *Qu'appelle-t-on penser ?* ce passage énigmatique, mais fondamental :

> "Sur une face, les mots étant et Etre ne disent rien qu'on puisse saisir. Sur l'autre face, ce sont les suprêmes rubriques de la philosophie. Mais en même temps ces rubriques, quand elles sont accentuées d'une certaine façon, prennent de nouveau l'apparence de corps étrangers dans le langage. Elles gênent la marche sonore et simple d'un dire sans artifice. En définitive, il souffle un air glacial autour de ces mots."[707]

Vient l'estocade de la pensée à la pensée au troisième séminaire du Thor (1969). Puisque seul l'étant est, la pensée devrait plutôt dire "l'être n'est pas étant", ou l'être est né-ant"[708]. Dès lors, selon le protocole, "Heidegger indique qu'il vaut mieux abandonner ici les "est" – et écrire simplement :

Etre : Rien"[709]

Ces mots surprenants, proche de l'idiotie, sont présentés comme encore "dérivés" de la Métaphysique ; d'où l'interrogation sur la possibilité de tenir un langage non-métaphysique à partir de matériaux métaphysiques :

---

[704] HEIDEGGER, *Questions IV, op. cit.*, p. 139.
[705] HEIDEGGER, *Réponses et questions sur l'histoire et la politique, op. cit.*, p. 53.
[706] HEIDEGGER, *Réponses et questions..., op. cit.*, p. 49.
[707] HEIDEGGER, *Qu'appelle-t-on penser ?, op. cit.*, p. 200.
[708] HEIDEGGER, *Questions IV, op. cit.*, p. 281.
[709] *Ibid.*

"Mais qu'advient-il au rien dans *Qu'est-ce que le métaphysique ?* A partir d'où Heidegger peut-il énoncer :

Etre : Rien : Même ?

A partir d'un questionnement sur l'essence de la métaphysique, laquelle n'a rien de métaphysique. La parole de Heidegger n'est ni du côté de l'étant, ni simplement du côté de l'être – elle est là où l'horizon de la différence elle-même devient visible."[710]

En ce sens, l'être n'est plus "centre" d'où part... mais (grand) écart, différence de rien à rien... Ce rien est le "rien néantissant" ; ou encore "le néantir du néant "est" l'être"[711]. Terminé, le centre fertilisant ; évaporé, anéanti, il n'est plus "questionnable" : tel était donc ce fameux sol ! L'homme est le berger de l'être, cela veut maintenant dire – propos du Maître écouté dans un silence respectueux par les disciples réunis sous le ciel de Provence – : "l'homme est le lieutenant du Rien"[712]. Le nihilisme n'est donc pas seulement exprimé dans "la forme politique du fascisme", il apparaît comme l'aboutissement, non plus de la métaphysique, mais du prétendu dépassement de celle-ci.

Dans *L'habitation de l'Homme* (1970), Heidegger conclut :

"Toujours encore nous pensons, trop pressés, passant à côté du secret que recèlent le "ne... pas" et le Rien. Nous ne faisons pas encore l'épreuve suffisamment claire de ce qui s'annonce à nous dans le retrait – parce que, le retrait lui-même, le poétique dans l'impoétique, nous ne le connaissons pas encore."[713]

Si le Rien lui-même ne peut être éprouvé, il reste moins que rien. Silence !... Silence de la philosophie première, induit par la conjonction de l'*Abgrund* et de l'*Abbau*, entendue comme "éboulis", abandon ou comme "déconstruction"[714], solution finale d'un heideggerianisme ainsi dénazifié, ouvert à son au-delà, en des termes que Gérard Granel a magnifiquement pesés :

"*Penser après Heidegger*, cela veut donc dire pour nous penser dans un "après" de la philosophie qui n'est certes ni une invention ni une thèse d'un dénommé Martin Heidegger, mais la clôture d'un monde : celui du monophénomène "être" et du "logos" présentatif correspondant. Formidable et soudain épuisement, formidable et soudain silence, à quoi la pensée en

---

[710] HEIDEGGER, *Questions IV, op. cit.*, pp. 295-296.

[711] HEIDEGGER, *Questions IV, op. cit.*, p. 296.

[712] HEIDEGGER, *Questions IV, op. cit.*, p. 306.

[713] HEIDEGGER, "L'habitation de l'Homme", dans *Exercices de la Patience*, n° 3/4 (printemps 1982), Obsidiane, Paris, p. 154.

[714] Cf. FAYE, *op. cit.*, pp. 176-189 et JANICAUD, *Heidegger en France*, *op. cit.*, T. 2, pp. 156-157.

Heidegger, de toutes ses forces et par tous ses mots, tente uniquement d'ouvrir l'espace de résonance d'une sorte de contre-silence."[715]

Pour autant que tout ce qui précède y autorise, venons-en à la conclusion de ce long chapitre. La substantivation solennelle de l'être de l'étant conduit à lui conférer une position dans une structuration, à le considérer comme un "méta-sujet tout-puissant" pour reprendre l'expression de Wolin[716], auquel finissent par être prêtés des intentions, une stratégie à long terme, une histoire, etc. Est-il néanmoins approprié de consacrer l'expression de Wolin "la politique de l'être" ? Une telle expression pourrait se déduire *à l'intérieur* de l'heideggerianisme, mais s'il s'agit de considérer celui-ci, aussi d'un point de vue extérieur, critique, l'adopter confère ainsi à l'Etre une telle "proactivité", dût-elle être dégagée du contingent historique, que cela revient à rentrer dans le jeu, sinon l'*imperium* spirituel de Heidegger lui-même. Celui-ci, à en croire Wolin, en devient lui-même incapable de comprendre le monde contemporain et s'éloigne du concret existential pourtant promis au début de l'œuvre[717], au point de vue d'aboutir à "un *rejet in toto de la rationalité*"[718]. Dans cette optique, il n'y a pas lieu d'interpréter le nazisme – pas plus qu'un quelconque fait historique – comme un *événement métaphysique*[719], et seule une restauration (contem-

---

[715] G. GRANEL, "Que l'on peut, que l'on doit penser après Heidegger – et comment", dans J. POULAIN et W. SCHIRMACHER, *Penser après Heidegger*, L'Harmattan, Paris, 1992, p. 95.

[716] Cf. WOLIN, *op. cit.*, p. 230 (et la citation de FRANZEN, auteur de : *Von der Existenzianologie zur Seinsgeschichte*).

[717] Cf. WOLIN, *op. cit.*, pp. 250-255.

[718] WOLIN, *op. cit.*, p. 256.

[719] L'auteur soutient que la métaphysique n'explique pas le nazisme, qu'il y a des causes historiques, économiques, etc, et que si la cause était philosophique, il y aurait eu du nazisme en beaucoup d'autres pays. Il faut donc examiner les conditions historiques concrètes de l'Allemagne des années 20, etc. Mais il ne voit pas que (1) la *pression* philosophique n'est pas assimilable à une "cause" à mettre en balance avec d'autres "causes" ; (2) précisément c'est la Centralité et la tradition philosophique propres à l'Allemagne qui prédisposaient celle-ci à accueillir, intellectuellement, la thématique en question et son processus. A l'autre extrême, Auschwitz est conçu comme le signal suprême de l'achèvement de la Métaphysique comme nihilisme (Lacoue-Labarthe, et autres), ce qui revient, sous une forme hautement spéculative et sécularisée (mais tout de même…) à conférer une "valeur rédemptrice" à un sacrifice collectif, à l'origine duquel une responsabilité politique et pratique serait *in fine* difficilement attribuable. Mais le peuple juif qui continue d'honorer la mémoire de ses martyrs (et, avec lui, l'humanité entière) n'a que faire d'une quelconque "justification" philosophique ou religieuse de ce qui devient alors une sublime "oblation". Et de même, la "pensée de la déconstruction" ne rend pas service, à *justifier* tantôt Heidegger, tantôt Auschwitz, ou les deux à la fois. Ce qui est libératoire, ce n'est pas la sortie de la Métaphysique platonicienne. Ce qui est libératoire, c'est, concrètement et pratiquement, chaque écroulement d'un régime totalitaire (*a fortiori* s'il reposait sur des fondements philosophiquement élaborés) et si la réciprocité ontologie-centralisme est vraie, chaque écroulement a un impact dérivé sur l'ontologie, dans son histoire. Ce qui est libératoire, abstraitement, c'est le travail intellectuel qui questionne avec recul l'ontologie fondamentale, radicale, originaire, obsessionnellement pure.

poraine ou “post-moderne”) de la raison pratique héritée du kantisme est en mesure d'éviter l'invasion d'un dangereux esthétisme dans la politique. C'est précisément ce qui subsistait en lui de “métaphysique de la subjectivité rationalisante” qui aurait sauvé l'individu Heidegger d'une persévérance dans la dérive nationale-socialiste (ce qui, *grosso modo*, est une thèse assez différente de celle des philosophes de la déconstruction).

Résister à la “surenchère poético-rhétorique sur la raison”[720] qu'incarnent un Nietzsche, un Sade, un Bataille voire un Derrida, et qui conduit à une exaltation des pulsions au détriment de l'éthique et du droit, telle serait la leçon, pour un post-moderne, de l'égarement de type heideggerien et de la politisation de l'Etre. Mais il me semble que l'aporie se pose en ces termes :

1) ou bien il y a eu un *sujet délibérant* qui a choisi certaines options philosophiques/politiques et un engagement partisan déterminé, contestables sous l'angle de la rationalité ; selon cette vision du problème, la “politique de l'Etre” découle du mauvais choix individuel (ontologique, critique et/ou éthique) qui eût pu être évité et qui, peu ou prou, était rattrapable par un sujet raisonnable ; selon le degré de responsabilité qu'on attribue à celui-ci, l'on décroche son portrait de la galerie des philosophes (et avec lui – tant pis pour la philosophie – tout le questionnement qu'il porte), ou l'on le place “à l'index” avec les réserves appropriées ;
2) ou bien il ne s'agit *que* d'ontologie/de pensée, et de celle-ci la dimension politique est niée, refoulée, relativisée, considérée comme une *ombre* (Janicaud) ou comme la voix de l'Etre (qui parla, notamment, par un certain Heidegger), voix par rapport à laquelle aucun jugement humain n'est légitime.

Pour sortir de cette aporie, seul le concept de “réciprocité ontologie-centralisme” paraît satisfaisant : selon ce concept, ce n'est pas “l'Etre” qui *per se* serait Centre ou aurait une politique, mais l'onto*logie* qui *va avec* un *imperium* politique centralisant, avec ou sans Heidegger. Il se fait que cette réciprocité atteint une effectivité tout simplement splendide dans le parcours heideggerien. Avec elle, il y a lieu de parler d'Etat (comme *Staat* et comme *Stand*) *de* (comme appartenance et comme provenance) l'Etre, mais non d'activation ou d'activisme politique de la part d'un Méga-sujet, d'une sorte de providence sécularisée. Nous avons vu que la transposition du *Stand* en *Staat* se complète par une transposition (ou un “effet retour”) du *Staat* en *Stand* observable dans le temps. Il reste à vérifier cette effectivité du point de vue pratique, existentiel, chez l'homme public par qui cette réciprocité s'est exemplairement manifestée.

---

[720] WOLIN, *op. cit.*, p. 266.

CHAPITRE IV : L' ἈΡΧΗ DU PHILOSOPHE

Dans ce chapitre, j'examinerai la pratique heideggerienne du pouvoir, l'expression de la conception heideggerienne du philosophe dans une πόλις. Cette investigation nécessite une relecture de certains textes, y compris de niveau biographique et historique. Elle débouche sur une reformulation de la question de la "fin" de la philosophie, à partir du constat de sa désinstallation comme Centre – c'est-à-dire de la perte d'identité et de pouvoir de celle-ci.

A cet égard, tout malentendu doit être écarté d'emblée ; il ne s'agit pas d'utiliser les péripéties biographiques comme telles à des fins d'argumentation philosophique. Il s'agit de prendre en compte la spécificité du travail philosophique : "entre les deux cas-limites du travail purement scientifique (où ne compte que le résultat objectif) et les figures adverses de la confession ou du journal intime, l'œuvre philosophique transcende son auteur sans toujours réussir à le masquer tout-à-fait."[1]. Il s'agit de philosophie pratique, d'interaction entre pensée et comportements *publics*, nullement de l'histoire privée. La coupure définitive entre "philosophie" et certains aspects de la vie concrète n'est pas réaliste, ni intellectuellement tenable ; au nom de quoi mettre d'un côté des propos tenus dans une enceinte universitaire et de l'autre, des propos tenus dans un journal, à la radio, ou lors d'une manifestation ? D'autre part, les actes administratifs d'un philosophe exerçant des fonctions d'autorité académique ne peuvent pas être arbitrairement négligés s'ils sont signifiants de choix éthiques ou politiques. Enfin, lorsqu'un penseur est devenu un personnage public, la perception qu'auront ses publics – c'est-à-dire finalement toute la société – de ses faits et dires, peut concerner la philosophie elle-même du point de vue de son statut et de son histoire. Autrement dit, il est réducteur, même d'un point de vue philosophique, de ne considérer *que* des textes élus (et par qui ?) comme philosophiquement *purs*.

C'est sur ces bases que ce chapitre est constitué. Il y a encore un argument supplémentaire et probablement le plus important, pour traiter de l'articulation entre la texture du philosophe et la pratique publique – son mode d'être dans une cité – de ce même philosophe. Il est fourni par *Sein und Zeit* lui-même, ainsi que l'a observé Wolin :

> "Tout d'abord,, la philosophie de Heidegger elle-même élimine – semble-t-il – cette distinction traditionnelle et artificielle entre la pensée et l'action. Une grande partie de *Etre et Temps* s'attache en vérité à contredire la distinction philosophique conventionnelle entrez la raison théorique et la raison pratique – ce qui est montré clairement par le point de départ "pragmatique"

---

[1] JANICAUD, *L'ombre...*, *op. cit.*, p. 154.

de l'analytique du Dasein : l'"être-au-monde", et non la "substance pensante" cartésienne. Plus important encore, ce qui est sans doute la catégorie centrale de l'ontologie existentiale de Heidegger – la catégorie d'"authenticité" – exclut automatiquement cette distinction simpliste entre la vision philosophique et les choix de vie concrets. En tant qu'œuvre d'ontologie fondamentale, *Etre et Temps* s'attache à cerner les déterminations essentielles, existentiales, de l'être-au-monde. (...). La catégorie d'authenticité exige que les structures *ontologiques* de *Etre et Temps* aient un remplissement pratique ou *ontique* ; autrement dit, la réalisation de ces déterminations catégoriales dans les situations actuelles et concrètes de la vie est essentielle pour la cohérence du projet heideggerien. (...). L'authenticité exige que les choix et les engagements ontiques ou pratiques – les décisions concrètes et les choix politiques – deviennent un aspect essentiel de l'existence authentique."[2]

Au terme de l'analyse que j'ai effectuée dans les deux précédents chapitres, il ne me faut pas seulement "projeter"' ou vérifier les catégories d'*Etre et Temps* telles que la résolution et l'authenticité, dans le comportement public de leur "inventeur", mais, beaucoup plus amplement, comprendre en quoi une pensée du Centre (attendu, surgi, dérobé, anéanti) sur les versants ontologiques et ontiques généraux, peut conduire pratiquement à des postures personnelles par rapport à certains enjeux : la vie philosophique, la relation aux non-philosophes, l'accès au langage philosophique, le pouvoir de l'université, la communication sociale, la vérité des faits établis, etc.

S'agissant du *biographique* proprement dit, Heidegger lui-même va parfois sur cette pente. Jusqu'il y a peu, l'idéologie dominante en heideggerianisme tenait en ceci, que la caractéristique d'une grande pensée (comme de l'intérêt pour celle-ci), est de ne pas s'attacher aux péripéties personnelles. C'est en ce sens que Haar parle, s'agissant de Heidegger, de "biographie reléguée" et de "son refus d'assimiler la pensée avec une expérience subjective individuelle"[3]. En appui de cette attitude, vient invariablement la phrase du cours sur Aristote : "il est né, a travaillé et est mort". Un examen plus attentif de tous les écrits heideggeriens infirme des positions aussi peu nuancées.

Sur lui-même, d'abord, Heidegger n'est pas avare de commentaires : non seulement sur sa terre natale, son mode de vie, sa hutte de Todnauberg, son type de carrière[4] mais aussi sur son cheminement intellectuel, jusque dans une narcissique auto-interprétation[5]. On rétorquera qu'il s'agit

---

[2] WOLIN, *op. cit.*, pp. 63-64.

[3] M. HAAR, "La biographie reléguée", dans *Heidegger*, L'Herne, *op. cit.*, p. 22.

[4] Cf. HEIDEGGER, *Pourquoi nous restons en province, op. cit.*, ARENDT/HEIDEGGER, *op. cit.* et HAAR, *art. cit.*, p. 27.

[5] Cf. notamment HEIDEGGER, "Mon chemin de pensée et la phénoménologie", dans *Questions IV, op. cit.*, pp. 161-175, et, du même, "D'un entretien de la parole", dans *Acheminement vers la parole, op. cit.*, surtout pp. 91-95.

d'expliciter sa pensée, et que les rares indications véritablement biographiques n'apparaissent pas dans les écrits philosophiques, mais seulement dans la correspondance, les entretiens etc. Mais Aristote, Kant, Hegel, Marx – pour ne citer que quelques-uns – procèdent-ils différemment ? En quoi leur biographie serait-elle plus présente ? En quoi Heidegger innove-t-il ?

Sur les autres figures, ensuite, Heidegger est généralement moins sobre, de ce point de vue, qu'envers Aristote. Il traite abondamment de l'influence des fonctions et des lieux de travail successifs de Hegel sur son œuvre, sans rater le cliché de Napoléon à cheval à Iéna[6], s'inspire des pérégrinations de Hölderlin pour expliquer *La Germanie*[7], *Le Rhin*[8], *Retour*[9], *Souvenir*[10], s'appuie sur le *curriculum vitae* de Nietzsche[11], repère Anaximandre dans l'Antiquité[12], commence sa conférence sur Hebel par une très subjective narration de sa vie[13], évoque les conditions d'écriture de Rilke[14] et le parcours du combattant Schlageter[15], fournit des indications bio-bibliographiques sur Théophraste[16], von Hellingrath[17], Stefan George[18], etc. Chaque fois, le promoteur d'une nouvelle conception de la temporalité mentionne généreusement les dates, pour les actes comme pour les écrits.

Pour appréhender cet ἀρχη, je dois examiner trois aspects décisifs – l'injonction qui appelle une πραξις déterminée et fondée (§ 1), la communication du penseur dans la πόλις (§ 2), la posture par rapport à la vérité factuelle (§ 3) – pour être amené aux enseignements philosophiques du problème éthique et de l'atteinte à l'imago heideggerienne (§ 4).

---

[6] Cf. HEIDEGGER, *La "Phénoménologie de l'Esprit" de Hegel, op. cit.*, pp. 32-37, *La Germanie*, dans *Les hymnes de Hölderlin, op. cit.*, pp. 125-127, ainsi que *Questions IV*, p. 214 (Deuxième séminaire du Thor).

[7] Cf. HEIDEGGER, *Les hymnes..., op. cit.*, pp. 124-126.

[8] Cf. HEIDEGGER, *Les hymnes..., op. cit.*, p. 159.

[9] "Le précepteur Hölderlin a quitté, au printemps 1801, Hauptwyl, localité de Turgovie près de Constance, pour regagner sa patrie souabe en traversant le Bodensee." (HEIDEGGER, *Approche de Hölderlin, op. cit.*, p. 15).

[10] Cf. HEIDEGGER, *Approche de Hölderlin, op. cit.*, pp. 104-105.

[11] Cf. HEIDEGGER, *Nietzsche I*, notamment pp. 17, 207-209 etc. et *Qu'appelle-t-on penser ?, op. cit.*, pp. 121-122.

[12] Cf. HEIDEGGER, *Chemins..., op. cit.*, p. 387.

[13] Cf. HEIDEGGER, *Questions III, op. cit.*, pp. 45 svv.

[14] Cf. HEIDEGGER, *Chemins..., op. cit.*, p. 332.

[15] Cf. FARIAS, *op. cit.*, pp. 102-103 et 106.

[16] Cf. HEIDEGGER, *Chemins..., op. cit.*, p. 390.

[17] Cf. HEIDEGGER, *Acheminement vers la parole, op. cit.*, p. 167 (*Le déploiement de la parole*).

[18] Cf. HEIDEGGER, *Acheminement..., op. cit.*, pp. 146, 167 (*Le déploiement de la parole*) et 206 (*Le mot*).

§ 1. L'injonction, unité de la vie et de l'œuvre

Ἀρχη évoque le "commencement" *et* le "commandement". La proximité, sinon l'identité, de ces deux concepts est particulièrement évidente chez Heidegger. "Le mot grec ἀρχή, c'est dans la plénitude de son sens qu'il nous faut le comprendre, enseigne *Qu'est-ce que la Philosophie ?* Il nomme ce à partir de quoi quelque chose prend issue. Mais cet "à partir de quoi" n'est pas, dans l'issue qui est prise, laissé en arrière. L'ἀρχή en vient bien plutôt à ce que dit le verbe ἀρχειν – à ce qui ne cesse de dominer."[19]. Le propos est cohérent avec celui, plus explicite encore, de *Die Physis bei Aristoteles* :

> "Ἀρχη signifie en même temps prise de départ et emprise. En laissant de côté la rigueur ontologique, cela veut dire : commencement et commandement ; pour exprimer l'unité des deux dans son double mouvement d'éloignement et de retour à soi, ἀρχη peut être traduit par "pouvoir originaire" et "origine se déployant en pouvoir". L'unité de ce double visage est *essentielle.*"[20]

Dans *La fin de la philosophie et la tâche de la pensée*, l'auteur rapproche l'Ἀρχη du *Grund* – mot capital, autre nom de l'être : "Car l'être de l'étant, depuis le début de la philosophie et dans ce début même, s'est manifesté comme *Grund* (ἀρχη, ἀιτιον, principe)."[21]. Il se dévoile davantage en rendant ἀρχη par "injonction" dans sa traduction d'Anaximandre de 1941 :

> "L'ἀρχη est bien ce d'où quelque chose est issu ; mais ce dont quelque chose provient garde, dans le mouvement même de cette provenance, la détermination de la venue, et donne sa tonalité à ce vers quoi le surgissement s'oriente. L'ἀρχη est ce qui fraye la voie à la nature et au domaine du surgissement. Frayant la voie, l'ἀρχη prend ainsi les devants, et cependant,

---

[19] HEIDEGGER, *Questions II, op. cit.*, p. 32. Faut-il le souligner, *Etre et Temps* peut difficilement être interprétée comme une œuvre "anarchiste" : ni sous l'angle d'un individualisme radical, ni comme utopie collective. Wolin cite certains auteurs (Löwith, Habermas, ...) qui, à partir de la connotation individualiste de la *résolution* (caractérisant le *Dasein* authentique) auraient conclu que de *S.u.Z.* (1927) à la prise de pouvoir par les nazis (1933), se serait produit une rupture ou une réinterprétation, marquant un passage de splendide isolement (*anarchisant*) à la glorification du collectif historialement décidé. Mais comme on l'a déjà vu, et comme Wolin le pense aussi, la dimension sociétaire est déjà présente dans *S.u.Z.* et s'amplifie dans les écrits ultérieurs, selon un processus qui relève davantage de la continuité que de la rupture. De surcroît, une lecture purement individualiste est d'emblée infirmée par les concepts d'être-avec (*Mitsein*) et de Destinée (*das Geschick*) (cf. WOLIN, *op. cit.* pp. 90-100 et notamment p. 95, sa citation de Karsten Harries "*La compréhension que Heidegger a de la destinée ruine toutes les tentatives pour tirer des conséquences anarchistes de Etre et Temps.*").

[20] HEIDEGGER, *Questions II, op. cit.*, p. 190.

[21] HEIDEGGER, *Questions IV, op. cit.*, p. 113.

elle demeure, en tant qu'inaugurale, en arrière et auprès d'elle-même. L'ἀρχη n'est pas le début laissé en arrière. L'ἀρχη libère le surgissement et ce qui surgit, mais de telle sorte que ce qu'elle a délivré demeure dès lors détenu dans l'ἀρχη comme injonction. L'ἀρχη est l'issue qui enjoint. D'où l'on peut déjà conclure que ce à partir de quoi (ἐξ ὧν) le surgissement provient demeure le Même, vers quoi en retour s'en va ce qui va se perdre."[22]

Décrite ainsi, l'ἀρχη apparaît comme un autre nom du Centre en tant que maître du cercle. Elle règne, en effet, entre le commencement et le retour à soi. Heidegger poursuit :

"Mais c'est encore trop peu dire, car l'ἀρχη est aussi injonction qui dispose de l'entre-deux entre surgissement et évanouissement. (...). L'ἀρχη règne sur la transition, et tout du long. Elle est en elle-même l'issue qui partout prévaut, qui inclut tout en son injonction et, par cette inclusion, détermine un domaine ; en déterminant un domaine (*Bereich*), l'ἀρχη ouvre quelque chose de tel que l'étendue d'une région (*Be-reich*). Comme, dans l'essence de l'ἀρχη, issue et prédominance s'entre-appartiennent, un troisième moment s'y est d'emblée établi, non certes à titre de conséquence, mais comme moment essentiellement co-originaire : le caractère régional, recteur de l'ἀρχη, ce dont on peut prendre la mesure, ce qui est mesuré en toute son étendue."[23]

Par "région", il faut entendre ici ce qui est régi (du latin *regere*, de l'allemand *reichen*). De l'ἀρχη au *(be)reich*, y a-t-il une grande différence ? Le *reichen* fonctionne comme cercle captivant, et comme révélation de l'initial, de l'Un : "dans l'initial ne règne pas l'indigence de quelque rapport conçu unilatéralement et à moitié, mais bien la richesse intacte de tous les rapports. Cependant, rien ne nous autorise à penser pour autant que tout s'y liquéfie dans l'indéterminé ; car c'est partout, en même temps, le règne de l'unique, vers lequel *convergent* méditation et questionnement."[24].

L'on comprend que le "commencement" soit prééminence et pouvoir – ce que la Conférence d'Athènes (1967) relève encore : "le commencement d'un destin est ce qu'il y a plus grand. Il tient d'avance tout ce qui vient après lui sous sa puissance."[25]. Le "commencement" heideggerien ne ressemble donc en rien à ce qu'on entend couramment par des "débuts prometteurs" ou une "impulsion de départ", etc. : l'origine tient tout sous son emprise.

---

[22] HEIDEGGER, *Concepts fondamentaux*, *op. cit.*, p. 140.
[23] HEIDEGGER, *Concepts fondamentaux*, *op. cit.*, p. 141.
[24] HEIDEGGER, *Concepts fondamentaux*, *op. cit.*, p. 142. Souligné par moi.
[25] HEIDEGGER, *La provenance et la destination de la pensée*, dans *Heidegger*, L'Herne, *op. cit.*, p. 366.

C'est pourquoi la puissance et la force ont toujours à voir avec le souffle de l'ἀρχη, présent dans une grande œuvre philosophique, et même dans l'interprétation de celle-ci. Dès 1929, Heidegger écrit en effet :

> "Il est vrai que pour saisir au-delà des mots ce que ces mots veulent dire, une interprétation doit fatalement user de *violence*. Mais cette *violence* ne peut se confondre avec un arbitraire fantaisiste. L'interprétation doit être *animée* et *conduite* par la *force* d'une idée *inspiratrice*. La *puissance* de cette idée permet seule à l'interprète le risque, toujours présomptueux, de se confier à l'*élan* secret d'une œuvre, pour s'attacher à ce qu'elle n'exprime *pas* et tenter d'en trouver l'expression. L'idée *directrice* elle-même se confirme alors par sa *puissance d'éclairement*."[26]

Voilà qui situe brillamment toutes les exégèses heideggeriennes ultérieures[27].

Cette force inspiratrice est à l'œuvre éminemment dans la poésie, comme le révèlent quelques phrases épinglées dans les textes des leçons sur Hölderlin :

- "il faut (...) que la poésie dispose de nous, de telle sorte que notre *Dasein* devienne le vivant support de sa puissance"[28] ;

- "Ce n'est pas nous qui possédons le langage, c'est le langage qui nous possède, pour le meilleur et pour le pire"[29] ;

- "Dans la langue en tant que telle advient le débat (...) qui tranche entre Etre et non-être, le surgissement adverse des forces et la résistance ou la défaite en ce combat, mais aussi la vacuité qui sombre dans l'indifférence de tout savoir et de tout pouvoir"[30] ;

- Dès lors "il nous appartient d'entrer dans *la sphère de puissance* de la poésie"[31].

Quelle est l'injonction du philosophe ? En quoi et sur quoi règne-t-il ? Quel royaume représente finalement cette œuvre colossale ? Pour répondre à ces questions je dois faire le détour par la vie dans une histoire publique.

Pendant la plus grande partie de cette vie, Heidegger ne s'abaisse pas à commenter la vie publique et sa vulgarité. Une lecture attentive subvertit cependant cette image officielle : la période du rectorat est explicitement politique ; celle allant de la démission à la fin de la guerre fournit des textes qui, politiquement, peuvent être aisément décryptés ; après la guer-

---

[26] HEIDEGGER, *Kant et le problème de la métaphysique, op. cit.*, p. 256. Souligné par moi.

[27] Du même coup, nous voici justifiés dans notre lecture, à supposer que nous ayions fait violence aux textes : il s'agissait d'une interprétation heideggerienne de Heidegger.

[28] HEIDEGGER, *Les hymnes de Hölderlin..., op. cit.*, p. 32.

[29] HEIDEGGER, *Les hymnes..., op. cit.*, p. 35.

[30] HEIDEGGER, *Les hymnes..., op. cit.*, p. 71.

[31] HEIDEGGER, *Les hymnes..., op. cit.*, p. 56. Souligné par moi. La même expression est employée p. 205.

re, outre que la même exégèse soit possible, les écrits et conférences sont parsemés de références à l'actualité, toujours négatives du point de vue du destin de l'homme et de l'être.

Toutefois, alors que sous le nazisme, Heidegger prenait des *positions* politiques, dans l'Allemagne démocratique, il n'entre pas dans le débat – ce qui est assez cohérent, finalement, puisqu'un régime jugé nul du point de vue spirituel ne mérite pas qu'on s'y implique et que le refus de traiter de politique est conforme à l'élitisme. Mais n'est-ce pas aussi reconnaître que la Métaphysique, même "auto-dépassée", n'est plus en mesure d'inspirer et de structurer la πόλις ? N'y a-t-il pas aussi le signe de ce que la Démocratie s'est libérée de la "tutelle ontologique" et qu'elle peut fonctionner sans le philosophe inspirateur ?

Le pouvoir de l'université : importance philosophique et politique

Il y a une cohérence profonde entre une certaine lecture de l'authenticité exprimée spécialement dans *Etre et Temps* et les conceptions majoritaires du mandarinat universitaire allemand de l'entre-deux-guerres. Comme l'a écrit Wolin :

> "La séparation *de facto* de la nature humaine en authentique et inauthentique est radicalement anti-démocratique. Ce dualisme ontologique a pour corollaire politique une division naturelle des être humains : il y a ceux qui dirigent et ceux qui obéissent. A vrai dire, cette conviction autoritaire était un précepte que les mandarins avaient adopté depuis longtemps en Allemagne et qui se reflétait bien dans la division en classes de la société allemande (et surtout prussienne). En louant cette division des types humains et de leurs capacités, Heidegger ne fait que codifier sous une forme ontologique un cliché consacré de la pensée politique autoritaire allemande."[32]

Cependant la pensée et la pratique de Heidegger vont beaucoup plus loin que la justification ou le renforcement d'une position sociale. Ce qui est en jeu, c'est une initiation à l'existence authentique et au questionnement fondamental, dont l'Université (allemande) a le monopole. Le *Discours de Rectorat*, nous l'avons vu, en souligne le rôle politico-historial éminent, mais, jusqu'à sa mise à la retraite forcée, dont il se guérira difficilement, Heidegger ne se départira pas de sa vision du *Logos* académique comme guidance vers l'Etre authentique. En effet, la *science* occupe une position centrale dans un peuple historial. Se tenir au centre du monde spirituel/du peuple, ce n'est pas rien, cela entraîne "la puissance formatrice de l'université allemande en tant que corps"[33]. Ainsi l'université

---

[32] WOLIN, *op. cit.*, pp. 94-95.

[33] HEIDEGGER, *L'auto-affirmation...*, *op. cit.*, p. 18. Lacoue-Labarthe estime que le motif politique relatif à l'université est le seul qui n'ait pas été renié par Heidegger (*La fiction...*, *op. cit.*, p. 161) ce qui est beaucoup s'avancer, d'autant que le même auteur écrit plus loin

doit-elle s'organiser pour être une structure, un interlocuteur du régime nouveau, au moins aussi puissant que l'armée, le capital ou les églises, pour ensuite assumer le *leadership* spirituel de l'Etat (voir le télégramme adressé le 20 mai 1933 entre autres, par Heidegger à Hitler : "Je sollicite respectueusement l'ajournement de la réception prévue du bureau de l'Association des universités allemandes, jusqu'au moment où la direction de l'Association des universités sera assumée dans l'esprit de la mise au pas (*Gleichschaltung*) particulièrement nécessaire en son sein"[34]) : fabuleuse et inédite ambition, non seulement de l'université, mais de Heidegger lui-même, dont l'élan déclinerait en 1934.

Dans le processus souhaité par le Recteur, l'université, devenue haute école, récapitule en son sein les trois démarches (donc, en ce compris travail et armes) et ce faisant, devient un lieu du *Kampf* :

> "(...) l'université allemande ne trouvera forme et puissance que si les trois services – celui du travail, celui des armes et celui du savoir – se rassemblent originellement en *une seule* force marquante (...). La volonté-de-l'essence du corps des étudiants (...) doit donner au savoir qu'elle a, par connivence, du peuple et de son Etat, la forme de l'essence de la science, en lui apportant exigence et déterminité. Ces deux volontés doivent se contraindre réciproquement au combat. Toutes les capacités de volonté et de pensée, toutes les forces du cœur et toutes les aptitudes de la chair, doivent se déployer *par* le combat, se renforcer *dans* le combat et se conserver *en tant que* combat."[35]

Ces principes se traduisent notamment par la formation para-militaire, les exercices de "sport défensif" auxquels devront se livrer les étudiants sous la haute surveillance du recteur[36]. Le corps étudiant a donc un savoir du peuple et de l'Etat, par la connivence qu'ils entretiennent – ce mot voulant dire : proximité, partage, complicité, symbiose. Mieux encore que le discours direct du *Volk*, l'université exprime le peuple et son Etat. Il n'est

---

que le philosophe "au fond ne reniait rien, ou presque" de l'aventure nazie allemande (p. 172). Quoiqu'il en soit, le *rôle* de l'université est peut-être ce sur quoi Heidegger a été le moins interrogé à propos de la période du rectorat et, en l'absence de positions contraires connues, je me permets de considérer que celles exprimées ici sont restées valables sans retouches jusqu'à sa mort.

[34] Cité par OTT, *op. cit.*, p. 201. Cf. aussi SAFRANSKI, *op. cit.*, p. 344 et WOLIN (*op. cit.*, p. 17), qui estime que par ce télégramme, Heidegger "se montra bien *plus royaliste que le roi*".

[35] HEIDEGGER, *L'auto-affirmation...*, *op. cit.*, p. 20.

[36] Cf. OTT, *op. cit.*, pp. 158 et 162. Deux lettres adressées au Conseiller Aschoff et au Ministre de l'éducation nationale (fin mai-début juin 33) attestent sa volonté d'introduire des exercices sportifs militaires (*Wehrsport*) à l'université (cf. MÜNSTER, *op. cit.*, pp. 31-35). L'importance accordée par Heidegger au combat – physique – contraste avec sa nature chétive, ses faibles performances pendant la guerre 1914-18, sa tentative d'échapper à tout service armé à la fin de la seconde guerre mondiale, via une intervention de E. Fischer (cf. OTT, *op. cit.*, pp. 166-167 et MÜNSTER, *op. cit.*, p. 32).

pas exagéré de constater que Heidegger fait ainsi jouer à celle-ci, dans la construction de l'Etat nouveau, un rôle comparable à celui dévolu par Marx au prolétariat. Dans les deux cas, un corps social "privilégié" spirituellement assume, en avant-garde, la conscience collective ; dans les deux cas, ce corps a ses guides qui mènent à bien le processus révolutionnaire[37].

Le processus heideggerien doit mener l'université allemande au pouvoir – ainsi s'explique la curieuse mais très platonicienne expression de "législation spirituelle" – est un processus de ferme concentration au cours duquel se constitue et se structure une élite :

> "La communauté de combat des professeurs et des élèves ne transformera cependant l'université allemande pour en faire le lieu de la législation spirituelle, elle ne produira en elle les moyens de se concentrer de la façon la plus ferme en vue du plus haut service du peuple dans son Etat, que si le corps enseignant et le corps des étudiants mènent leur existence d'une façon plus simple, plus dure et plus libre de besoins que ne le feront tous les autres membres du peuple."[38]

Comme dans la *République* de Platon, une élite spirituelle est invitée à se *former* pour exercer le réel pouvoir politique, et cette élite retrouvera ainsi l'autonomie – la vraie – dont il était question au départ. C'est par son style de vie, son austérité, sa dureté, son combat, et notamment son combat sur soi-même, que cette élite, qui connaît mieux le peuple que le peuple lui-même, se "démarquera" du peuple tout en l'assumant.

Heidegger avait une vision assez claire de la centralisation (mise au pas) des universités allemandes et du rôle que lui-même entendait y jouer. Les conférences données à Heidelberg et Kiel à l'été 1933 "s'accordaient avec son objectif : devenir un des führers spirituels du mouvement en matière de politique scientifique, et peut-être même l'autorité suprême en

---

[37] Il est piquant d'observer que *Mai 68* procède de cette double filiation : Cohn-Bendit et consorts veulent organiser le pouvoir étudiant, tandis que leurs militants vont simultanément faire la cour aux ouvriers dans les usines pour qu'ils leur indiquent la voie. Pour la deuxième fois dans le siècle, mais à gauche cette fois, l'université refait *le coup* du processus révolutionnaire en s'auto-affirmant comme telle tout en contestant son propre système, son académisme, son traditionalisme, au nom du travail manuel (modèle Mao), du lien à la nature (la forêt, le travail paysan, modèle écolo), du combat du peuple (rebaptisé luttes populaires) et même des "aptitudes de chair" (remises au goût du jour). Dans les deux cas, l'expérience est brève : il y est mis fin par l'intervention du pouvoir (civil, s'appuyant sur les hommes en armes) mais son retentissement intellectuel se prolonge dans le corps social. Ce qui différencie certainement Fribourg de *Mai 68*, c'est que le second est émietté, an-archique, anti-autoritaire, tandis que le premier est habité, mû, contrôlé par une rude volonté d'unification – d'où l'exigence récapitulatrice exprimée par le martèlement verbal ("*toutes...*" qui vient à trois reprises). Sur ces questions, cf. SAFRANSKI, *op. cit.*, p. 369.

[38] HEIDEGGER, *L'auto-affirmation...*, *op. cit.*, p. 21.

ce domaine"[39], ce qui impliquait une réforme "menée de façon uniforme et globale dans tout le Reich"[40]. Il est question, à l'automne, d'une mission politique particulièrement importante à Berlin, tendant probablement à concrétiser ce projet[41]. Mais dans l'absence d'aboutissement de celui-ci, comme dans le fait que les nouvelles structures de la Conférence des recteurs (novembre 1933) ne font pas de place à Heidegger en dépit de son discours de Leipzig[42], il faudrait peut-être chercher les vraies raisons, non seulement de la démission du rectorat, mais du repli sur la province. Toujours est-il que le site berlinois, où il aurait été nommé avec l'appui de Bäumler, lui paraissait dépourvu d'authenticité : "Tout cela n'aurait *pas de sol.* Lorsque j'ai quitté Berlin, j'étais soulagé", écrit-il le 19 septembre à Elizabeth Blockmann[43].

Héraclite, le monarchiste, prend la défense de son ami Hermodore, Platon conseille des tyrans ratés, Aristote éduque le futur empereur, Machiavel joue les faiseurs de princes, Hobbes travaille pour un régime bien précis, Marx institue un principat nouveau, Heidegger voit dans la *Führung* universitaire sa manière, sinon de "prendre" du pouvoir, en tout cas d'aborder le politique. Certains comparent Heidegger à Platon auprès de Denys de Syracuse[44] ; sans aller jusque là, Lacoue-Labarthe écrit : "Je constate qu'il existe une parenté troublante entre la lettre VII et les écrits testamentaires de Heidegger, et je persiste à croire que la *Führung* telle que la pense Heidegger n'est pas étrangère à la *basileia* platonicienne,

---

[39] OTT, *op. cit.*, p. 204.Cf. aussi SAFRANSKI : "Lors de la conférence de l'"Association de l'enseignement supérieur", qui se tint en juin 1933, la fraction des professeurs nationaux-socialistes, au sein de laquelle Heidegger aspirait à occuper une position dominante, parvint à persuader les anciens membres du comité directeur de l'association de donner leur démission. Au cours de l'assemblée rectorale qui eut lieu peu après, Heidegger se prononça pour une dissolution de l'association. Fribourg devait être le fleuron de la révolution nationale-socialiste dans les universités. Heidegger aurait pu devenir une sorte de *Führer* des universités allemandes. Il avait assez d'ambition pour cela. Mais il ne put s'imposer face aux autres recteurs. La fraction nationale-socialiste quitta l'assemblée en signe de protestation. Les tentatives de Heidegger au niveau national ne rencontraient pas le succès escompté ; il voulut au moins réaliser une action exemplaire au niveau régional. Durant l'été 1933, il participa activement à l'élaboration de la réforme de l'enseignement supérieur de Bade, qui entra en vigueur le 21 août : la Bade fut ainsi le premier *Land* à réaliser la mise au pas des universités selon le *Führerprinzip.*" (*op. cit.*, pp. 368-369).

[40] OTT, *op. cit.*, pp. 205-206.

[41] Cf. OTT, *op. cit.*, p. 208.

[42] Cf. OTT, *op. cit.*, pp. 209-211. Cet épisode pourra certainement être éclairci par la consultation des archives rendue possible par la réunification de l'Allemagne.

[43] Cité par SAFRANSKI, *op. cit.*, p. 394. Souligné par moi.

[44] Cf. Contribution de H. ARENDT à *Heidegger a quatre-vingts ans*, (ARENDT/ HEIDEGGER, *op. cit.*, pp. 177-188 – j'y reviens dans ma conclusion) et aussi cette remarque d'un collègue, Wolfgang Schadewaldt, qui lance au philosophe immédiatement après sa démission : "Alors, Monsieur Heidegger, de retour de Syracuse ?" (cf. SAFRANSKI, *op. cit.*, p. 396 et WOLIN, *op. cit.*, p. 139).

compte tenu de la propre interprétation de ce concept par Heidegger."[45]. Pour abusif qu'il soit d'assimiler tout grand philosophe à une politique manqué, il est remarquable que chacun, à sa manière, ait *pratiqué* un pouvoir dans une cité et que cette expérience l'ait marqué dans son histoire et son œuvre.

La démission du Rectorat, présentée en prétextant une querelle – mineure – d'attribution de chaire, alors qu'il s'agissait d'un échec à la fois politique et de gestion[46] peut apparaître, comme on l'a généralement laissé faire jusqu'ici, comme une parenthèse qui se referme après un moment d'égarement. Le véritable "échec du rectorat" n'est pourtant pas à chercher à Fribourg, mais dans l'échec d'une *transposition nationale* et d'une assomption politique générale des principes défendus par le penseur, pour lesquels l'intéressé ne possédait manifestement pas la carrure appropriée ou les appuis ponctuels nécessaires[47].

Πράξις de Führer

Il ne suffit pas de dénoncer le "pacte diabolique conclu entre le plus grand philosophe du siècle (du moins dans la tradition occidentale) et le régime politique le plus barbare que le monde ait jamais connu."[48]. Il faut examiner *la pratique de pouvoir* heideggerienne *sensu stricto*, pour éphémère qu'elle fût ; elle s'est déployée dans deux cadres : celui du rectorat proprement dit et celui du camp de Todtnauberg (4-10 octobre 1933). Les instructions données dans ce dernier sont sans ambiguïté : discipline nationale-socialiste, réveil matinal et couvre-feu, "on portera d'uniforme SA ou SS, éventuellement l'uniforme des Casques d'acier avec brassard"[49]. Heidegger, en tant que "Führer du camp" écrivait encore : "La période de camp ne doit pas s'écouler suivant un programme vide. Elle

[45] LACOUE-LABARTHE, *La fiction...*, *op. cit.*, p. 47. "Selon Jaspers, Heidegger considérait que le nazisme se tenait dans une relation essentielle à l'Etre. Il croyait donc qu'il leur appartenait de "diriger le dirigeant" – *den Führer führen* – à la manière d'un philosophe-roi moderne." (WOLIN, *op. cit.*, p. 139).

[46] Cf. OTT, *op. cit.*, pp. 253-255 et SAFRANSKI, *op. cit.*, p. 396.

[47] Heidegger ne rompit pas aussi facilement avec la perspective berlinoise que pourrait le laisser croire *Pourquoi nous restons en province*. En 1934, après la démission du rectorat, il remet sur la table une idée déjà esquissée à l'automne 33 : celui d'une "communauté de vie éducative", chargée de former les jeunes cadres universitaires selon l'idéologie *völkisch*. Elle serait établie à Berlin, ce qui n'impliquait pas, semble-t-il, que Heidegger y déménageât. Cette sorte de "couvent" philosophique et scientifique, quoique décrit avec précision dans les proposi-tions heideggeriennes d'août 34, ne vit pas le jour, notamment à la suite des intrigues de Krieck et Jaensch (cf. SAFRANSKI, *op. cit.*, pp. 396-398).

[48] WOLIN, *op. cit.*, p. 36.

[49] Cité par OTT, *op. cit.*, p. 235.

doit au contraire s'épanouir à partir d'un véritable rapport de commandement et, de là, se donner son propre règlement."[50].

Quant au Recteur (*Führer* à partir du 1er octobre 1933), on sait (à moins de refuser de savoir ou de nier l'évidence) qu'il fut à la fois une personnalité mesquine et autoritaire et un gestionnaire incompétent, qui se livra à des dénonciations et diffamations d'adversaires philosophiques et politiques. Le premier acte vise un de ses étudiants, Eduard Baumgarten, neveu de Max Weber (c'est le rapport du 16 décembre 1933 au *Führer* de l'université de Göttingen : Baumgarten y est dépeint comme issu "du cercle d'intellectuels libéraux-démocrates de Heidelberg" et accusé d'avoir fréquenté "très activement le Juif Fraenkel"[51]). Le second cas est celui de Staudinger, chimiste mondialement renommé : lors de la visite du responsable badois des universités (29 septembre 1933), Heidegger dénonce le savant pour actes anti-nationaux au cours de la guerre 1914-1918 ; la Gestapo ayant instruit le dossier, le recteur dactylographie lui-même et envoie (sans la faire enregistrer à l'Université) une lettre datée du 10 février 1934, qui constitue un rapport accablant se terminant par "Il faudrait envisager la révocation plutôt que la mise à la retraite. Heil Hitler !"[52]. Les cas Ruge et Stadelman montrent aussi l'importance des critères politiques dans les avis donnés par Heidegger en vue de l'attribution des chaires[53]. Semblablement, il rédige un rapport signalant que l'un de ses plus brillants élèves, Max Müller n'est pas favorable au régime[54].

Si les écrits philosophiques ne contiennent pas de trace d'antisémitisme militant[55], les actes, documents et paroles académiques ne sont pas

---

[50] *Ibid.* Sur cette expérience, et spécialement l'autoritarisme de type médiéval déployé par Heidegger, voir aussi SAFRANSKI, *op. cit.*, pp. 373-374.

[51] Cf. OTT, *op. cit.*, pp. 196-197, SAFRANSKI, *op. cit.*, pp. 387-388, FARIAS, *op. cit.*, pp. 234-236 et LACOUE-LABARTHE, *La fiction..., op. cit.*, p. 53. Heidegger et Baumgarten s'étaient brouillés intellectuellement en 1933, mais en 1929, Heidegger était intervenu en faveur de cet étudiant ; la lettre de recommandation – qui est donc bien antérieure à la prise de pouvoir par les nazis – contient un passage très révélateur de l'antisémitisme culturel de son auteur : "Ce qui est en jeu n'est rien moins que la conscience aiguë" que nous sommes devant un choix : régénérer la vie spirituelle *allemande* avec des éducateurs et une force humaine authentique, indigène [*bodenständige*], ou l'abandonner définitivement à une judéification [*Verjudung*] croissante." (cité par WOLIN, *op. cit.*, p. 20). La lettre dénonçant Baumgarten et Fraenkel fut un choc pour K. Jaspers, qui en rendit compte dans son attestation de 1945.

[52] Cf. OTT, *op. cit.*, pp. 216-229, SAFRANSKI, *op. cit.*, pp. 389-391 et FARIAS, *op. cit.*, pp. 130-132.

[53] Cf. FARIAS, *op. cit.*, pp. 236-237.

[54] Cf. LACOUE-LABARTHE, *La fiction..., op. cit.*, p. 54.

[55] Sauf si l'on considère l'absence de mention de la pensée appartenant à la filiation judaïque – et c'est sans doute Derrida qui porte, sur ce plan, le jugement le plus sévère : "Heidegger a tordu le cou, étranglé, réduit au silence, toute référence à des penseurs juifs, de Spinoza à Bergson, à des choses hébraïques plus originaires, à ce qu'on appelle l'"Ancien Testament". Il y a une violence de fait, délibérée ou non, à l'égard de la tradition de pensée juive." (cf. JANICAUD, *Heidegger en France*, *op. cit.*, T. 2, p. 118). Un silence philosophique répondant au silence "politique" (sur l'holocauste).

aussi purs. Dès 1929, Heidegger souligne la nécessité d'éviter que la vie intellectuelle allemande ne soit livrée "à l'enjuivement croissant"[56]. Lors du boycott des commerces, médecins et avocats juifs, en avril 33 à Fribourg, Heidegger met en garde contre les dangers de "l'internationale juive"[57]. Dans une lettre du 12 juillet 1933, Heidegger assure le ministre de l'Education nationale "de son entier soutien aux décrets nationaux-socialistes interdisant aux juifs l'accès à la fonction publique, c'est à dire aux actions connues sous le nom de *Säuberung* ("épuration")"[58]. A l'été 33, la violence exercée par des étudiants nazis envahissant le siège d'une organisation juive n'est suivie d'aucune poursuite, le recteur ayant refusé toute enquête et fermé les yeux sur ces excès[59].

Heidegger renonce aussi à présider à la promotion d'une étudiante juive fort douée, bien qu'elle termine une thèse sous sa direction[60]. Le philosophe Max Müller est très net : "A partir du moment où Heidegger devint recteur, il n'autorisa aucun des étudiants juifs qui avaient commencé leur dissertation avec lui à la soutenir avec lui."[61]. Devant le désordre de la bibliothèque de l'université, il déclare : "ce sont deux Juifs, Husserl et Kohn, qui y ont mis la pagaille"[62]. D'un autre côté, il intervient (en vain) pour éviter le licenciement à son assistant et à des collègues juifs[63]. A Hannah Arendt, qui s'était émue des bruits qui couraient sur son comportement académique antisémite, Heidegger, dans une lettre de l'hiver 1932-33, s'en défend en citant plusieurs contre-exemples[64].

D'une manière plus générale, il semble – mais cela demanderait une recherche approfondie – que le "problème juif" pour Heidegger soit moins de nature biologique que topologique au sens ontologico-politique (la position, le centre, l'ἀρχη, le cosmopolitisme) : "Heidegger se sentait mal à l'aise dans les villes, tout spécialement en raison de 'l'esprit mondain des milieux juifs, qui est chez lui dans les centres des métropoles de l'Ouest'."[65].

Il faut aussi noter que le 13 avril 1934, le Recteur adresse au Ministre du Culte, de l'Enseignement et de la Justice du Land de Bade, une lettre

---

[56] Lettre publiée par *Die Zeit* du 22.12.1989, citée par PALMIER en postface de l'ouvrage de OTT, *op. cit.*, p. 394. Cf. aussi SAFRANSKI, *op. cit.*, p. 364.

[57] Cf. MÜNSTER, *op. cit.*, p. 55.

[58] WOLIN, *op. cit.*, p. 20 et MÜNSTER, *op. cit.*, p. 53.

[59] Cf. SAFRANSKI, *op. cit.*, p. 365.

[60] Heidegger : "Vous comprenez, Frau Mintz, qu'étant donné que vous êtes juive je ne peux pas diriger vos recherches". Témoignage apporté par Léopoldine WEIZMANN, qui fut étudiante de Heidegger, dans la revue *Etudes*, n° 368, de mai 1988 (cf. WOLIN, *op. cit.*, p. 21 et *Le Monde* du 6.05.1988).

[61] Cité par WOLIN, *op. cit.*, p. 21 et par SAFRANSKI, *op. cit.*, pp. 366-367.

[62] *Ibid.*

[63] Cf. SAFRANSKI, *op. cit.*, pp. 362-363.

[64] Cf. ARENDT/HEIDEGGER, *Lettres...*, *op. cit.*, pp. 70-72.

[65] Témoignage d'un ami intime, Heinrich Petzet, publié par Th. SHEEHAN, "Heidegger and the Nazis", *New-York Review of Books*, n° 15 (juin 1988), et cité par WOLIN, *op. cit.*, p. 18.

exigeant de retirer ses charges d'enseignement au Pr. Nissle et demandant de nommer, à la place de celui-ci, "une personne apte à l'enseignement (...) pour qu'on puisse demander ensuite, auprès du Ministère, la création d'une chaire extraordinaire pour les disciplines de "doctrine raciale" et de "biologie héréditaire"[66].

Le Recteur-*Führer* réforma les statuts de l'université, mais il souhaitait aller jusqu'à une "refonte interne" de tout l'enseignement qui devait être pénétré de sa pensée. Le document adressé à l'ensemble du corps enseignant de toutes les Facultés le 20 décembre 1933 contient l'injonction, dépourvue de toute mesure concrète, de la "transformation fondamentale de l'éducation scientifique *à partir des forces et des exigences de l'Etat-national-socialiste.*"[67]. Cette injonction "était née de l'impuissance, écrit Ott ; elle demeurait figée, sans points d'appui concrets, dans l'à-peu-près, comme une vaine gesticulation guerrière."[68].

Le prétexte officiel pour jeter l'éponge fut une affaire de nomination à une chaire d'économie politique, mais il faut peut-être chercher les vraies motivations du côté d'un *déficit de puissance* : le recteur "décollait" du réel, sa "*Führung*" n'avait plus de prise sur rien. On comprend mieux *a posteriori* la sourde hostilité qu'il nourrissait à l'égard de la phrase de Marx, souvent citée, par laquelle la philosophie doit transformer la réalité, car c'est précisément ce en quoi le *Führer*-recteur s'était révélé impuissant : "Il avait échoué comme recteur, mais pas seulement comme recteur. Aucune réalité ne correspondait à ses grandes paroles (...). Pourtant, au lieu de reconnaître cet état de fait, Heidegger chercha des boucs émissaires, à qui il pût faire endosser son échec."[69]. Ceux-ci furent, à un premier degré, les enseignants, les militants du parti qui n'avait pas compris le souffle nouveau qui devait imprégner l'université, et, à un second degré, l'ensemble du peuple allemand qui n'avait pu discerner l'aurore de la vérité qui avait surgi en 1933.

§ 2. La communication dans la πόλις

Il faut se demander si l'attitude de Heidegger par rapport à la société, à la communication dans la société et à sa propre place dans la philosophie n'a pas été modifiée par l'épisode du Rectorat. En gros, le Heidegger

---

[66] Cité par MÜNSTER, *op. cit.*, p. 29. Heinz Riedel, nazi militant, fut nommé à ce poste. Il avait antérieurement dirigé l'office de la Race ('*Rassenamt*') de la SS de Fribourg et été l'élève d'Eugen Fischer, ami personnel de Heidegger. Il faut savoir que le 1er janvier 1934 était entrée en vigueur la loi de prévention relative aux descendants héréditairement malades, qui prévoyait la stérilisation par intervention chirurgicale.

[67] Archives universitaires de Fribourg, cf. OTT, *op. cit.*, p. 246.

[68] OTT, *op. cit.*, p. 246.

[69] OTT, *op. cit.*, p. 255.

d'après 1934, jusqu'à sa mort, est, tel qu'il se présente lui-même, *victime* de la πόλις où il vit, qui n'a rien compris à ce qu'il a voulu dire, tout en éprouvant le besoin de se justifier (politiquement) et de se commenter (philosophiquement). Ainsi devient-il son propre exégète tout en ironisant sur l'époque et la société qui n'ont pas reçu un aussi éminent message, époque et société auxquelles il doit, tout de même, rendre compte de temps en temps.

Un trait remarquable est la très haute estime dans laquelle Heidegger se tient lui-même, et singulièrement son œuvre – majeure il est vrai – *Etre et Temps*. Il la réexplique déjà à la fin de *Kant et le problème de la* métaphysique. En 1939, il parle de la "Machination" contemporaine frappée d'amnésie à l'égard de l'Etre[70]. Dans le texte de 1940, *Le nihilisme européen*, il médite sur l'incompréhension qui l'accueillit (pour cause de modernisme subjectiviste)[71]. Mais si, surtout après la guerre, il insiste à ce point sur ce livre d'avant le rectorat, c'est évidemment pour des raisons philosophiques, mais peut-être aussi, parce qu'à l'inverse des écrits des années 30, *S.u.Z.* ne peut *a priori* être suspectée de collusion : focaliser les esprits sur ce texte conduit aussi, *de facto*, à en reporter d'autres dans l'ombre. Ainsi, la *Lettre sur l'Humanisme*, qui contribua significativement à faire connaître Heidegger en France, en explicite-t-elle abondamment certains passages ou concepts[72].

Puis, dans *Le retour au Fondement de la Métaphysique*, Heidegger – et ceci encore rappelle les "races sans discernement" de Parménide – écrit :

> "La philosophie ne pouvait pas apporter une preuve plus évidente de l'empire exercé par cet oubli de l'Etre dans lequel toute philosophie a sombré, mais qui est en même temps devenu et resté dans *S.u.Z.* la revendication du destin à la pensée, que cette assurance du somnambule avec laquelle elle est passée à côté de la question propre et unique de *S.u.Z.* C'est aussi pourquoi il ne s'agit pas là d'incompréhension vis-à-vis d'un livre, mais de notre abandon de l'Etre."[73]

Avec *Contribution à la question de l'Etre*, il pourfend les mauvais exégètes et situe l'incompréhension dans l'histoire de la pensée, rien de moins :

> "Il est d'un grotesque à peine surpassable de proclamer que ma tentative de pensée est la démolition de la pensée et dans le même temps de se maintenir grâce à cette tentative sur des chemins de pensée et dans des représentations

---

[70] HEIDEGGER, *Nietzsche II, op. cit.*, p. 13.

[71] Cf. HEIDEGGER, *Nietzsche II, op. cit.*, pp. 155-156.

[72] Cf. HEIDEGGER, *Lettre..., op. cit.*, pp. 67, 69, 73, 75, 77, 81, 87, 89, 93, 111, 115, 125. (Qui, après lecture, n'a pas conclu qu'il doit acheter *Etre et Temps*, n'a rien compris).

[73] HEIDEGGER, *Questions I, op. cit.*, p. 39.

que l'on a empruntées (je ne dis pas dont on s'avoue redevable) à cette prétendue démolition. La question ici n'est pas qu'il faut dire merci, mais qu'il faut réfléchir. Or l'irréflexion a commencé déjà en 1927, avec la mécompréhension superficielle de la *Destruktion* exposée dans *Sein und Zeit*, qui ne connaît pas d'autre désir, en tant que Dé-construction de représentations devenues banales et vides, que de regagner les épreuves de l'être qui sont à l'origine celles de la métaphysique."[74]

La mécompréhension à l'égard de la question "qu'est-ce que la métaphysique ?" s'explique, profondément, par la "zone de nihilisme" où nous nous mouvons[75].

D'un entretien de la parole permet d'expliquer le rôle de la théologie et de l'herméneutique dans la genèse de son chef-d'œuvre[76] et de donner des instructions à l'interlocuteur japonais : "La réponse à votre question se trouve dans l'introduction à *Sein und Zeit* (§ 7C)"[77], ou encore : "lisez donc plus attentivement le paragraphe 34"[78]. Interlocuteur qui, du reste, n'est pas à l'abri de l'erreur : "Je dois vous avouer qu'ici vous vous trompez"[79], mais qui valorise au mieux celui qui demande : "Pour nous, de loin, cela a toujours été un sujet d'étonnement que l'on n'arrête pas de vous prêter une attitude de rejet par rapport à l'histoire, jusqu'ici, de la pensée, alors que tout votre effort au contraire tend uniquement à préparer son originale appropriation."[80]. Encore les ravages du "on"... Les séminaires de la fin de vie, et particulièrement le troisième séminaire du Thor fournissent des occasions d'expliciter *S.u.Z.* tout en soulignant "la durable non-compréhension du livre"[81]. Le "Tournant" a également fait l'objet de "bavardages sans fondement et sans foi"[82].

Position du philosophe contre "le commun"

Dans ses *Profils*, Habermas parle *au passé* de la philosophie comme expression d'une élite intellectuelle – ceci étant caractéristique de son identité, aujourd'hui en crise :

"La philosophie était l'affaire d'une élite de culture, elle n'a jamais atteint les masses. Les formes selon lesquelles l'enseignement philosophique était or-

---

[74] HEIDEGGER, *Questions I, op. cit.*, p. 240. Granel a traduit *Abbau* par *Dé-construction*, concept qui fera fortune.
[75] Cf. HEIDEGGER, *Questions I, op. cit.*, p. 246.
[76] HEIDEGGER, *Acheminement..., op. cit.*, pp. 94-95 et 115.
[77] HEIDEGGER, *Acheminement..., op. cit.*, p. 95.
[78] HEIDEGGER, *Acheminement..., op. cit.*, p. 127.
[79] HEIDEGGER, *Acheminement..., op. cit.*, p. 120. Sur les erreurs d'interprétation de *S.u.Z.* à éviter, cf. encore "Temps et Etre", dans *Questions IV, op. cit.*, p. 24.
[80] HEIDEGGER, *Acheminement..., op. cit.*, p. 105.
[81] HEIDEGGER, *Acheminement..., op. cit.*, p. 258.
[82] HEIDEGGER, "Lettre à Richardson", dans *Questions IV, op. cit.*, p. 185.

ganisé et la composition sociale de ses destinataires se sont transformées au cours de l'histoire de la philosophie, mais de fait, et selon la conception qu'elle a d'elle-même, la philosophie a été réservée depuis ses débuts à ceux qui disposaient de loisirs, c'est-à-dire à ceux qui étaient dispensés d'un travail productif. Le préjugé de l'aristocratie de l'esprit qui voulait que le grand nombre fût incapable par nature d'intelligence philosophique, a accompagné la philosophie jusqu'à Hegel."[83]

Peut-être le marxisme et tout ce qu'il a inspiré, ainsi que la démocratisation de l'université et la "médiatisation" de nos sociétés ont-ils mis en cause cette conception ; mais l'attitude de fond de la philosophie n'a pas changé, et certainement pas chez Heidegger. Bien davantage encore que ses prédécesseurs, il se démarque avec application du langage commun : non seulement il veut éviter le "piège" de l'approche vulgaire, mais il prétend, pour un nombre élevé de concepts, instaurer un *sens nouveau* distinct de celui que leur prêtent ordinairement même les intellectuels et les gens philosophiquement formés.

Was ist Metaphysik ? s'appuie précisément sur Hegel pour justifier le rôle de *guide* et l'originalité de la métaphysique : "Du point de vue du "bon sens", la philosophie est, selon le mot de Hegel, le "monde à l'envers". En conséquence le caractère spécifique de notre initiative a besoin d'être préalablement marqué en propre."[84]. Dans *Principes de la pensée*, Heidegger évoque et épouse la démarche hégélienne bien connue à propos des lois de la pensée :

> "Hegel montre que ces lois posent autre chose, et plus, que ce que la représentation courante trouve immédiate-ment dans leurs formules. Car la représentation de tous les jours n'y trouve rien. C'est ainsi que la formule du principe d'identité A = A, passe, auprès du sens commun, pour une proposition qui ne dit rien. Hegel (....) a mis en évidence de manière irréfutable que notre pensée habituelle précisément quand elle se donne pour la pensée juste, n'obéit pas du tout aux lois de la pensée, mais les contredit en permanence."[85]

L'exemple du principe d'identité n'est pas là par hasard, c'est dans l'excellence de la formulation et de la compréhension de celui-ci que se révèle l'*altiérité* du philosophe face au discours de la foule.

---

[83] HABERMAS, *Profils...*, *op. cit.*, pp. 37-38.

[84] HEIDEGGER, *Questions I*, *op. cit.*, p. 47. Suit alors la description de la qualité de préséance et d'unité de la philosophie par rapport aux sciences. La recherche peut avoir un rôle de *guide* à condition de savoir ce qui s'historialise – et qui est de l'ordre métaphysique (voir aussi *supra*, mon chapitre II, § 2).

[85] HEIDEGGER, "Principes de la pensée", dans *Heidegger*, L'Herne, *op. cit.*, pp. 102-103. Selon Löwith et Wolin, Hegel et Aristote, contrairement à Heidegger, dépassent la dérision à l'égard du sens commun, et se servent de celui-ci comme d'une "espèce de vérification externe de la vérité de la spéculation philosophique." (WOLIN, *op. cit.*, p. 259).

Le “on” est le lieu de l'équivoque : “Quand se rencontre au milieu de l'être-en-compagnie quotidien ce qui est accessible à chacun et sur quoi chacun a son mot à dire, enseigne *S. u. Z.*, il devient rapidement impossible de départager ce qui doit d'être découvert à un entendre véritable et ce qui ne le doit pas.”[86]. *Kant et le problème de la métaphysique* évoque “la généralité empirique et indéterminée des doctrines morales des philosophies populaires”[87] et l'élitisme de la vraie démarche critique : “une prise de position idéologique, c'est-à-dire toujours ontique et populaire (...) n'arrive jamais à se placer dans la dimension de la problématique de la métaphysique du *Dasein.* C'est en ce sens que Kant a dit : “La critique de la raison... ne pourra jamais devenir populaire, mais elle n'a non plus jamais besoin de l'être.”[88]. Et de même, “pour nous orienter dans le sens de ce phénomène transcendental du monde, renchérit *Vom Wesen des Grundes*, il nous faut tout d'abord caractériser, réserve faite des lacunes inévitables, les significations principales qui se présentent dans l'histoire du concept de monde. Pour les concepts élémentaires de ce genre, l'acception vulgaire ne correspond presque jamais à la signification primitive et essentielle.”[89].

Innombrables sont les exemples de cet élitisme dans *La “Phénoménologie de l'Esprit” de Hegel* : la familiarité des mots familiers “nous égare”[90], la signification vulgaire d'un titre est réductrice[91], la “plèbe philosophique” est à côté de la question[92], le sens commun “déploie son inessentialité”[93], “l'entendement commun se hérisse contre l'entendement essentiel et effectif”[94]. Hegel est encore orienté sur l'interprétation vulgaire de la différence sensible-suprasensible, et naturalisme, positivisme et psychologie relèvent encore de la “représentation vulgaire”[95].

La philosophie s'écarte du sens commun et du vulgaire par son sens du même et de l'être : “Il en va exactement comme dans la proposition générale : “la diversité est mêmeté”. Non sens ! s'écrie le sens commun : la diversité est justement être-divers, être-différent, et à aucun prix mêmeté ! Mais justement répond la philosophie : la diversité de deux moments divers n'est possible en ce qu'elle est que parce que les moments divers sont rapporté à l'unité d'un même.”[96]. Heidegger parle encore de “la désignation du coup d'envoi fondamental du problème de l'être, donc de

[86] HEIDEGGER, *Etre et Temps, op. cit.*, p. 220.
[87] HEIDEGGER, *Kant et le problème..., op. cit.*, p. 224.
[88] HEIDEGGER, *Kant et le problème..., op. cit.*, pp. 292-293.
[89] HEIDEGGER, *Questions I, op. cit.*, p. 111.
[90] HEIDEGGER, *La “Phénoménologie de l'Esprit” de Hegel, op. cit.*, p. 50.
[91] Cf. HEIDEGGER, *La “Phénoménologie...”, op. cit.*, p. 55.
[92] Cf. HEIDEGGER, *La “Phénoménologie...”, op. cit.*, p. 83.
[93] HEIDEGGER, *La “Phénoménologie...”, op. cit.*, p. 137.
[94] HEIDEGGER, *La “Phénoménologie...”, op. cit.*, p. 155.
[95] HEIDEGGER, *La “Phénoménologie...”, op. cit.*, p. 204. Cf. aussi p. 170.
[96] HEIDEGGER, *La “Phénoménologie...”, op. cit.*, p. 207.

quelque chose qui se trouve en deçà de toutes les querelles vulgaires et 'gnoséologiques'."[97].

Le clivage social est aussi marqué dans le cours de 1935-36 : "La philosophie est cette pensée avec laquelle on ne peut essentiellement rien entreprendre et à propos de laquelle les servantes ne peuvent s'empêcher de rire" dit le professeur, en conclusion de l'aventure de Thalès tombé dans le puits[98]. Et, dans sa démonstration, il souligne : "Où prendre pied ? Le sol nous manque. Peut-être sommes-nous déjà sur le point de tomber dans le puits ; en tout cas les servantes rient déjà ; et n'allons-nous pas nous-mêmes nous ranger de leur côté pour avoir silencieusement découvert par nous-mêmes que tout ce discours sur le "ceci" et tout ce qui s'ensuit, est fantasque et vide."[99]. Tout mais pas ça ! Sur le *Chemin d'explication*, "la véritable compréhension est donc le contraire d'un abandon de l'originalité et le contraire d'une familiarité vulgaire"[100].

L'expression intellectuelle de la vulgarité, on l'appelle le bon sens. Dans sa conférence *De l'essence de la vérité*, Heidegger évoque les objections éventuelles à un questionnement sur l'essence de la vérité (caractère abstrait, irréel, gratuit etc.) :

> "Mais qui s'exprime en ces objections ? Le simple "bon sens". Celui-ci s'entête à soutenir les exigences de l'immédiatement utile et s'emporte contre le savoir relatif à l'essence de l'étant, savoir fondamental qui porte depuis longtemps le nom de "philosophie". Le sens commun a sa nécessité propre ; il défend son droit en usant de la seule arme dont il dispose. Il se réclame de l'"évidence" de ses prétentions et de ses critiques. La philosophie de son côté ne peut réfuter le sens commun puisque ce dernier est sourd à son langage. Bien plus, elle ne saurait même avoir l'intention de le réfuter car le sens commun est aveugle à tout ce qu'elle propose de regarder comme essentiel. Au surplus, nous restons nous-mêmes au niveau de l'intelligibilité du sens commun, tant que nous nous croyons en sécurité parmi ces "vérités" diverses que nous dispensent l'expérience de la vie, l'action, la recherche scientifique, la création artistique et la foi. Nous mêmes participons à la révolte du sens commun contre tout ce qui exige d'être mis en question."[101]

---

[97] HEIDEGGER, *La "Phénoménologie...", op. cit.*, p. 217. Cf. aussi pp. 53 et 179.
[98] HEIDEGGER, *Qu'est-ce qu'une chose ?, op. cit.*, p. 15.
[99] HEIDEGGER, *Qu'est-ce qu'une chose ?, op. cit.*, p. 38. Si le sol manque à la philosophie, le peuple (les servantes) sont gagnées par le rire : processus contagieux où un *vide commun* est au rendez-vous.
[100] HEIDEGGER, "Chemin d'explication", dans *Heidegger*, L'Herne, *op. cit.*, p. 73.
[101] HEIDEGGER, *Questions I, op. cit.*, pp. 162-163. La note du traducteur éclaire encore le mépris du conférencier pour le sens commun : "Nous traduisons *Selbstverständlichkeit* par évidence. Il importe toutefois de remarquer que, dans la langue de Heidegger, le terme comporte une nuance très nettement péjorative, qu'il n'a pas en français. Heidegger l'emploie toujours pour désigner les évidences prétendues du sens commun qui se donnent comme telles, à raison de l'incapacité même du sens commun à poser un problème authentique." (p. 162).

Par rapport à l'"univers hégélien", l'impérialisme du sens commun s'est encore étendu : il gagne la science, l'art, la foi etc., bref les activités de l'humanité généralement jugées éminentes. Heureusement que, plus haut encore, est juchée la philosophie qui interroge vraiment ! Elle commence, en l'occurrence, par démanteler le "concept courant de vérité"[102] (concordance, adéquation, conformité). Parler de la non-essence et de la non-vérité comme Heidegger le fait (dissimulation, etc.) "heurte trop fort l'opinion encore courante et paraît une accumulation forcée de "paradoxes" arbitraires. Parce que cette apparence est difficile à éliminer, nous voulons renoncer à ce langage qui n'est paradoxal que pour la *doxa* (opinion) commune. Pour celui qui sait, tout au moins, le "non" de la non-essence originelle de la vérité comme non-vérité, indique le domaine encore inexploré de la vérité de l'Etre (et non seulement de l'étant)."[103]. On retrouve ici le partage parménidien entre l'opinion éloignée de la vérité et le penseur singulier, "celui qui sait"..., qui à accès à la pensée de l'Etre.

Semblablement, l'ouvrage *Concepts fondamentaux* résume : "le mot d'ordre du bon sens : agir et se montrer efficace au sein de l'étant plutôt qu'être des songe-creux penchés sur l'être"[104]. Une interprétation correcte d'Anaximandre doit se défier du "bon sens d'aujourd'hui"[105].

Was heisst denken ? stigmatise encore ce bon sens, "plat produit de cette forme de représentation dont le mûrissement est dû finalement au siècle des lumières"[106], mais aussi la "jugeotte banale" de tout le monde[107], l'habituel[108], assimilé au médiocre, à l'absence de question[109], en distinguant le *logos* du "on dit", du "bavardage", de la "simple parlotte"[110], etc.

Sont ainsi départagés deux types de parole, et identifiées la minorité qui accède à la parole, à ce joyau qu'est l'essence de la philosophie, et la masse engluée dans le sens commun :

> "C'est dans la pensée de l'Etre que la libération de l'homme pour l'ek-sistence, libération qui fonde l'histoire, accède à la parole. La parole n'est pas en premier lieu l'"expression" d'une opinion, mais, d'emblée, l'articulation protectrice de la vérité de l'étant en totalité. Le nombre de ceux qui entendent cette parole importe peu. La qualité de ceux qui peuvent y prêter attention, décide de la position de l'homme dans l'histoire. Mais à ce même moment de l'histoire du monde, où s'accomplit le début de la philosophie,

---

[102] HEIDEGGER, *Questions I, op. cit.*, p. 163.
[103] HEIDEGGER, *Questions I, op. cit.*, pp. 183-184.
[104] HEIDEGGER, *Concepts fondamentaux, op. cit.*, p. 55.
[105] HEIDEGGER, *Concepts fondamentaux, op. cit.*, p. 130.
[106] HEIDEGGER, *Qu'appelle-t-on penser ?, op. cit.*, p. 108.
[107] HEIDEGGER, *Qu'appelle-t-on penser ?, op. cit.*, p. 111.
[108] "L'habituel possède en propre cet effrayant pouvoir de nous déshabituer d'habiter dans l'essentiel" (HEIDEGGER, *Qu'appelle-t-on penser ? op. cit.*, p. 141) ; cf. aussi "la grossièreté brutale de la traduction habituelle" de Parménide (p. 184).
[109] Cf. HEIDEGGER, *Qu'appelle-t-on penser ?, op. cit.*, p. 198.
[110] HEIDEGGER, *Qu'appelle-t-on penser ?, op. cit.*, p. 187.

commence aussi la domination *expresse* du sens commun (de la sophistique). Le sens commun fait appel à l'évidence (*Fraglosigkeit*) de l'étant révélé et qualifie toute interrogation philosophique d'attentat contre lui-même et son ombrageuse susceptibilité. Mais ce que le bon sens, d'abord justifié dans son domaine propre, estime de la philosophie, n'atteint pas l'essence de celle-ci, qui ne se laisse déterminer que relativement à la vérité de l'étant comme tel en totalité."[111]

Le *Nietzsche* regorge de dénonciations de la "platitude" ou de la "cuistrerie" contemporaines[112], de l'opinion ou de l'entendement "vulgaires"[113], et d'insistances sur le caractère éminent de la pensée philosophique[114]. Plus révélatrice encore est, dans le *Zarathoustra*, la position du nain qui, incarnant le commun, croupissant dans l'étant, est bien évidemment, situé en périphérie, par rapport à l'Instant (qui, en l'occurrence, est le nom du Centre) ou à l'anneau de l'Etre, hors du vrai domaine de l'Interrogation et de l'entente[115].

La *Lettre sur l'humanisme* réécrit l'histoire d'Héraclite et du four. Laissons ici l'intention philosophique proprement dite et observons comment Heidegger parle de la foule entourant le penseur :

> "Dans son mouvement de curiosité importune, la masse des visiteurs étrangers est déçue et décontenancée au premier regard jeté sur le séjour du penseur. (...). De cette visite, elle espère tirer, au moins pour un temps, la matière d'un divertissant bavardage. Les étrangers qui veulent rendre visite au penseur s'attendent à le surprendre au moment précis peut-être où, plongé dans une méditation profonde, il pense. Les visiteurs veulent vivre ce moment, non pour avoir été si peu que ce soit touchés par la pensée, mais uniquement afin de pouvoir dire qu'ils ont vu et entendu quelqu'un, dont on ne dira au surplus qu'une chose, c'est qu'il est un penseur."[116]

La masse grouillante importune évidemment le penseur, qui doit être seul, à distance des autres mortels ; qui plus est, il s'agit ici de visiteurs étrangers – des ex-centriques, de vrais "autres", quoi ! Il est inconcevable qu'ils puissent désirer être touchés par la pensée en faisant le détour par Héraclite – non, ce qu'ils cherchent assurément, tous sans exception, c'est voir, dire, raconter, communiquer, commenter, discuter, témoigner ailleurs – toute activité qui irrigue la société ouverte, la démocratie moderne. Méditer, penser au moment précis où les témoins étrangers sont là, c'est encore faire le jeu de la masse ! N'importe quoi, mais pas cela ! N'importe quoi, par exemple se chauffer près d'un four à pain, et lancer une boutade,

---

[111] HEIDEGGER, *Questions I, op. cit.*, pp. 189-190.
[112] HEIDEGGER, *Nietzsche I, op. cit.*, p. 250, *Nietzsche II, op. cit.*, p. 13.
[113] Cf. HEIDEGGER, *Nietzsche I, op. cit.*, p. 376, *Nietzsche II, op. cit.*, p. 119.
[114] Cf. notamment HEIDEGGER, *Nietzsche I, op. cit.*, pp. 40 et 232-245.
[115] Cf. HEIDEGGER, *Nietzsche I, op. cit.*, pp. 232-234, 241-245.
[116] HEIDEGGER, *Lettre sur l'humanisme, op. cit.*, p. 147.

un bon mot à retenir ("ici aussi les dieux sont présents") afin – c'est trop de bonté ! – de ne pas "priver la masse d'une sensation attendue"[117].

Par rapport au dirigeant politique, même le numéro un d'une grande puissance, le philosophe en remontre : "Il nous faut avant tout peser le contenu de la déclaration de Krouchtchev, auquel il est vrai lui-même *ne* pense *pas* (...)"[118]. Qu'en sait Heidegger, après tout ? (Suit évidemment une considération sur la pensée authentique etc.).

Notre auteur reproduit donc le schème constant, depuis les Présocratiques, du rapport social qui caractérise l'activité philosophique ; probablement l'exprime-t-il plus nettement que jamais. Significatifs sont aussi l'opposition entre le nombre et la qualité, et l'amalgame entre *sens commun* et sophistique ou anthropologie. Ceci implique un travail formel de haut vol, dans lequel il excelle, mais qui masque la possibilité intrinsèque d'une lecture démystifiante ; par exemple celle de Bourdieu :

> "La mise en forme est, par soi, une mise en garde : elle dit, par sa hauteur, la distance souveraine à toutes les déterminations, s'agirait-il des concepts en -isme qui réduisent l'unicité irréductible d'une pensée à l'uniformité d'une classe logique ; distance aussi à tous les déterminismes, et tout spécialement aux déterminismes sociaux, qui réduisent la singularité irremplaçable d'une penseur à la banalité d'une classe. C'est cette distance, cette *différence*, qui se trouve instituée explicitement au cœur du discours philosophique au travers de l'opposition entre l'ontologique et l'ontique (ou l'anthropologique) et qui fournit au discours déjà euphémisé une seconde défense, imprenable celle-là : chaque mot porte désormais la trace ineffaçable de la coupure qui sépare le sens authentiquement ontologique du sens ordinaire et vulgaire et qui s'inscrit parfois dans la substance signifiante, par un de ces jeux phonologiques si souvent imités depuis (*existentiell/existential*). Le double jeu avec des mots dédoublés trouve un prolongement naturel dans la mise en garde contre les lectures "vulgaires" et "vulgairement" "anthropologiques" qui ramèneraient au grand jour les significations déniées mais non reniées..."[119]

L'essence de la philosophie ne peut être atteinte, en sa pureté, par le sens commun : quelle que soient les allégations, les critiques ou le nombre de ceux qui l'attaquent ou s'en détournent, voire le contexte où ce misérable sens se déploie, l'activité du philosophe est indifférente, inaltérable, immobile. Oui, l'altière situation où se maintient le praticien de la philosophie, voilà le bon critère de repérage : *cogito, ego sum* (pas d'*alter ego*), *solus sum (solus sanctus, altissimus)*.

---

[117] HEIDEGGER, *Lettre...*, *op. cit.*, p. 149.
[118] HEIDEGGER, "Esquisse tirée de l'atelier", dans *Heidegger*, L'Herne, *op. cit.*, p. 362.
[119] BOURDIEU, *L'ontologie politique...*, *op. cit.*, pp. 94-95.

Pour chaque concept, philosophique ou autre, utilisé ou pris en considération (humanisme, *Logos*, vérité, temps, valeur, monde, etc.), Heidegger s'inscrit en faux contre l'expression généralement donnée jusqu'à lui, pour ensuite apporter *le* sens correct, le vrai, le "bon" sens. L'extension du vocabulaire vulgaire est telle qu'y croupissent nombre de philosophes antérieurs – aucun d'entre eux n'aurait jamais osé en remontrer autant à ses prédécesseurs – et que l'ensemble des écrits relevant de la "métaphysique" rejoigne les bas-fonds du "sens commun". Chacune dans son rôle, même les sommités comme Kant ou Hegel, ne représentent que des étapes, des approches – n'ayant qu'entrevu, et vite refoulé, la question du sens de l'être. Quant à Husserl, il est "en progrès par rapport au néo-kantisme", mais "il reste bloqué dans l'immanence"[120] – stade que Heidegger a évidemment dépassé.

Un semblable niveau de prétention paraît inédit dans l'histoire de la philosophie[121] et n'a pas d'équivalent au XXe siècle ; mais il a une force d'entraînement sur ceux qui, lisant Heidegger, y adhèrent et prennent ainsi pied dans un séjour où quelques initiés ont l'indicible sensation de se mettre à penser, ou en tout cas de penser en termes neufs, à un niveau qui n'atteint pas la contradiction, celle-ci, fût-elle formulée philosophiquement, n'exprimant qu'une forme d'indigence. En vérité, le processus d'argumentation normal d'un discours philosophique a été abandonné : dès *Etre et Temps*, l'auteur procède d'une manière "évocative et non-argumentative" (Tugendhat)[122]. Bourdieu a observé l'écart infranchissable qu'a réussi à creuser Heidegger entre son texte et toute interprétation. L'insuffisance nécessaire de celle-ci, quelle qu'elle soit, découle du travail conceptuel de l'auteur lui-même : "en établissant que le sens de la "différence ontologique" qui sépare sa pensée de toute pensée antérieure est aussi ce qui sépare des interprétations authentiques les interprétations "vulgaires", infra-ontologiques et naïvement "anthropologiques" (...), Heidegger met son œuvre hors de prise et condamne à l'avance toute lecture qui, intentionnellement ou non, s'en tiendrait au sens vulgaire..."[123].

Sein und Zeit stigmatise le "concept courant de temps"[124] avec ses "significations envahissantes" telles que "passé", "présent", "futur", concept dont restèrent prisonniers Aristote[125], Hegel[126], Kierkegaard[127]

---

[120] HEIDEGGER, *Questions IV, op. cit.*, p. 320.

[121] L'exception pourrait être Hegel, mais il le fait en majesté : il récapitule les penseurs précédents, et les glorifie comme "progrès" dans l'histoire de l'Esprit.

[122] Cité par WOLIN, *op. cit.*, p. 41.

[123] BOURDIEU, *op. cit.*, p. 105.

[124] Cf. HEIDEGGER, *Etre et Temps, op. cit.*, pp. 386-387.

[125] Cf. HEIDEGGER, *Etre et Temps, op. cit.*, p. 500.

[126] Cf. HEIDEGGER, *Etre et Temps, op. cit.*, pp. 471-472 et 499.

[127] Cf. HEIDEGGER, *Etre et Temps, op. cit.*, p. 400.

Bergson[128], les linguistes[129] – tous finalement suppôts du "on" dont seul se dégage *un* penseur. Rupture également, dans *Kant et le problème de la métaphysique* avec "l'expérience vulgaire du temps"[130] et "le temps de la compréhension vulgaire"[131].

Chose ? "le concept courant de la chose (...) ne saisit pas la chose en son essence ; il l'insulte."[132]. Agir ? "On ne connaît l'agir que comme la production d'un effet dont la réalité est appréciée suivant l'utilité qu'il offre. Mais l'essence de l'agir est l'accomplir. Accomplir signifie, etc."[133]. Langage ? "le langage, en son essence, n'est pas le moyen pour un organisme de s'extérioriser, ni non plus l'expression d'un être vivant. On ne saurait jamais non plus, pour cette raison, le penser d'une manière conforme à son essence, partant de sa valeur de signe, pas même peut-être de sa valeur de signification. Le langage est la venue à la fois éclaircissante et celante de l'Etre lui-même."[134]. Prêcher ? Un mot à entendre "dans un sens plus profond (…) : proclamer quelque chose, et par là, annoncer, vanter et faire apparaître ainsi dans tout son éclat ce qui est à dire."[135]. Souffrance ? A entendre non du côté de la "vaine patience", "déploration" ou "pitié" – comme le croirait le vulgaire – mais "intimité recueillant tout en soi"[136].

Le crépuscule ne signifie pas nécessairement "couchant", il peut vouloir dire "levant"[137], la mort n'est pas la "terminaison de la vie terrestre"[138], la fin n'est pas "ce en quoi vient s'éteindre le début", mais elle "précède, comme fin de l'espèce corrompue, le début de l'espèce ingénérée"[139]. *Es gibt* n'est pas employé, dans la pensée heideggerienne, au sens de "il y a" mais "*il*, le mot, *donne*."[140]. Libérez la Différence ! "L'intimité, monde et chose, se déploie dans le *Dis-* de l'entre-deux, dans la Dif-férence. Le mot de Dif-férence est ici libéré de tout usage courant. Ce que nomme à présent le mot la "Dif-férence" n'est pas un concept générique pour toutes les différences possibles. La Dif-férence à présent nommée est Une en tant que telle."[141].

---

[128] Cf. HEIDEGGER, *Etre et Temps, op. cit.*, pp. 393 et 500.
[129] Cf. HEIDEGGER, *Etre et Temps, op. cit.*, p. 411.
[130] HEIDEGGER, *Kant et le problème..., op. cit.*, p. 294.
[131] HEIDEGGER, *Kant et le problème..., op. cit.*, p. 296.
[132] HEIDEGGER, "L'origine de l'œuvre d'art" dans *Chemins..., op. cit.*, p. 23.
[133] HEIDEGGER, *Lettre..., op. cit.*, p. 27.
[134] HEIDEGGER, *Lettre..., op. cit.*, p. 65.
[135] HEIDEGGER, *Questions III, op. cit.*, p. 60.
[136] HEIDEGGER, *Approche de Hölderlin, op. cit.*, p. 95.
[137] HEIDEGGER, *Acheminement..., op. cit.*, p. 46.
[138] HEIDEGGER, *Acheminement..., op. cit.*, p. 50.
[139] HEIDEGGER, *Acheminement..., op. cit.*, pp. 59-60.
[140] HEIDEGGER, *Acheminement..., op. cit.*, p. 178. Sur ce thème, cf. aussi "Temps et Etre", dans *Questions IV, op. cit.*, pp. 71-74.
[141] HEIDEGGER, *Acheminement..., op. cit.*, p. 27.

Mais ce n'est pas tout : "Nous avons l'habitude d'employer le mot *Sage*, enseigne *Le chemin vers la parole*, comme bien d'autres mots de notre langue, dans un sens appauvrissant. *Sage* ne signifie plus que "simple on-dit", la rumeur non attestée et par conséquent indigne d'être crue. *Die Sage* n'est pas pensée ici en ce sens."[142]. Attention aussi à l'interprétation correcte d'*Ereignis* :

> "Ce qui vient d'être dit autorise, oblige même d'une certaine manière à dire comment l'*Ereignis* ne doit pas être pensé, explique *Temps et Etre*. Nous ne pouvons plus représenter ce qui se nomme par ce nom d'*Ereignis* au fil conducteur de la signification courante du nom ; car celle-ci entend *Ereignis* au sens de "ce qui arrive", "ce qui se passe", l'*événement* – et non à partir du *Eignen* – faire advenir à soi-même en sa propriété – comme éclaircie sauvegardante de la porrection et destination."[143]

Aujourd'hui, plus qu'hier, l'intentionnalité *politique* de cette transmutation méthodique peut être percée : "La frontière entre le politique et la philosophie est un véritable seuil ontologique : les notions relevant de l'expérience pratique et quotidienne, et les mots, souvent les mêmes, qui les désignent, subissent une transformation radicale qui les rend méconnaissables aux yeux de ceux qui ont accepté de faire le bond magique dans un autre univers."[144].

De cette opération, la lecture de poètes constitue un terrain particulièrement favorable : il s'agit de "faire dire" à de grands poètes, inspirés, proches de l'Origine, des sens de mots qui sont à l'opposé de ce que croit d'ordinaire le vulgaire. Un nouveau langage semble naître à l'intérieur même de la philosophie – *élitisme de l'élitisme*, et qui implique une solide initiation. Et pourtant ce *nouveau* renoue avec *l'ancien*, en dégageant de vieux mots allemands et souabes, dont le sens le plus reculé est nécessairement le vrai – d'où l'importance de la conservation de ce passé originel, thématisée dès *Kant et le problème de la métaphysique* : "Conserver un problème signifie libérer et sauvegarder la force intérieure qui est à la source de son essence et qui le rend possible comme problème"[145] ; ainsi en va-t-il du langage.

Une conception trouble du débat public

L'opinion courante, mais aussi tout ce qui s'y rapporte (la vie en commun, les équipements collectifs, la chose publique, la publicité, la science de la communication, l'information, les médias, l'actualité, etc.)

---

[142] HEIDEGGER, *Acheminement...*, *op. cit.*, p. 240.
[143] HEIDEGGER, *Questions IV*, *op. cit.*, p. 42. Cf. aussi *Acheminement...*, *op. cit.*, p. 28.
[144] BOURDIEU, *L'ontologie politique...*, *op. cit.*, p. 47.
[145] HEIDEGGER, *Kant et le problème...*, *op. cit.*, p. 261.

sont à chaque occasion, considérés avec condescendance, suspicion ou mépris. Rien d'étonnant qu'ils soient évoqués dans les pages célèbres sur le "on" de *Etre et Temps* :

> "Dans l'usage des moyens publics de transport en commun et dans le recours à des organes d'information (journal), chaque autre équivaut l'autre. (...). Le on a lui-même ses propres manière d'être. La tendance de l'être-avec que nous avons nommée la distantialité repose sur l'être-en-compagnie qui comme tel est préoccupé par l'*être-dans-la-moyenne*. (...). Distantialité, être-dans-la-moyenne, égalisation constituent en tant que manière d'être du on ce que nous connaissons sous le nom de "publicité". Elle réglemente d'abord toute explicitation du monde et du *Dasein* et a raison en tout (...). La publicité noie tout dans sa grisaille et fait passer ce qu'elle a ainsi mis sous le boisseau pour bien connu et accessible à quiconque."[146]

De même la communication, lieu du "on-dit" : "En raison de l'intelligence moyenne qui se trouve déjà dans la langue parlée tandis qu'elle s'exprime, la parole qui est communiquée peut être largement entendue sans que l'auditeur se porte en un être originalement ententif par rapport à ce sur quoi il y a parole."[147].

A l'échelle de sa vie entière, le philosophe Heidegger aura joué sur tout le clavier de la communication contemporaine, mais avec des accents et des choix variables selon la nature de son activité et l'évolution de sa pensée. Les cours, conférences, séminaires et publications s'étalent tout au long de la carrière. Les discours de circonstance (inauguration d'un monument, hommage à un combattant, discours pro-Hitler, exhortation du solstice, adresse aux travailleurs etc.) et les articles dans les journaux sont surtout pratiqués jusqu'à la démission du rectorat. A cette époque, les médias sont les bienvenus : les retransmissions de discours par la presse et la radio paraissent participer de l'éclat du *Geist* qui se révèle.

La *lettre*, par laquelle le penseur consent à répondre à une demande (au rectorat de l'Académie de l'université Ludwig, à Beaufret, à Richardson...) est plutôt typique d'après-guerre. Mais cette même correspondance prouve l'importance que Heidegger accordait au monde de la communication dans les années 30, et notamment la presse du parti, les revues *Peuple en devenir, Volonté et Puissance*[148], le phénomène de l'édition et les catalogues de publications[149] – toutes choses qui eussent pu être ignorées comme émanation du "on-dit" ou de l'être-dans-la-moyenne. C'est d'ailleurs un article de *Der Alemane* du 18 avril 1933 qui précipite la

---

[146] HEIDEGGER, *Etre et Temps, op. cit.*, pp. 169-170.

[147] HEIDEGGER, *Etre et Temps, op. cit.*, p. 215.

[148] Cf. HEIDEGGER, "Lettre au rectorat de l'université Albert Ludwig", dans *Heidegger*, L'Herne, *op. cit.*, p. 398.

[149] Cf. HEIDEGGER, "Lettre au Président du Comité politique d'épuration", dans *Heidegger*, L'Herne, *op. cit.*, p. 403.

démission de von Möllendorf, ouvrant ainsi la voie à l'élection de Heidegger le 21 avril[150]. C'est encore *Der Alemane* qui salue l'adhésion du philosophe au NSDAP, le 1er mai, comme un événement[151]. La radio de Fribourg retransmet le *Discours de Rectorat* le 27 mai 1933, et diffuse *Pourquoi nous restons en province* le 7 mars 1934[152].

Après la démission, Heidegger renoue avec les accents de *S.u.Z.* contre la communication. Dans l'analyse du poème *Le Rhin* :

> "N'est pas, en tout cas, poète – aujourd'hui – celui qui "met en vers le contenu spirituel de notre temps" (...) parce qu'une telle poésie n'instaure rien et ne se distingue que par nuances de l'activité d'un journaliste, n'étant rien de plus que reportage poétique. Lors d'un tel reportage, c'est toujours ce qui se trouve être là sous les yeux, et non ce qui est historique, qui fournir le point d'appui et le fonds par ailleurs manquants à ceux qui ignorent tout "devoir" – un tel devoir ne venant jamais que de l'Etre qu'il s'agit d'instaurer."[153].

L'historique, bien entendu, ce n'est pas ce à quoi tout le monde peut assister (des guerres, des manifestations de masse, par exemple) et qui gonfle les journaux, non, l'historique ne peut être que caché, devant être dévoilé dans l'ordre existential, ce que ne peuvent les journalistes, qui saisissent peut-être beaucoup de choses, mais pas l'essentiel. *Souvenir* reprend ce thème : "Les poètes ne sont aucunement, comme dit la même préface, des "faiseurs de comptes rendus" à la poursuite des "faits" toujours nouveaux du monde qui va son train."[154].

L'époque des conceptions du monde voit dans "l'importance croissante du règne de l'éditeur" la manifestation de la planification, de la "publicité", d'une "efficience pilotée"[155]. Le travail journalistique est défini (dans *Nietzsche II*), comme objectivation de l'étant :

> "... l'exercice efficace de la science historique est passé de la science au journalisme. Ce nom désigne de façon juste et non point péjorative la mise en sécurité et l'installation métaphysiques de la quotidienneté de l'époque commençante sous la forme de l'information historique qui travaille avec

---

[150] Cf. OTT, *op. cit.*, pp. 151-152.

[151] Cf. OTT, *op. cit.*, p. 142. On peut lire dans ce quotidien ce qui suit : "Nous savons que Martin Heidegger, de par son sens aigu des responsabilités, son souci de la destinée et de l'avenir du peuple allemand, et ce au plus profond de son être, occupe une place primordiale au sein de notre glorieux mouvement ; nous savons également qu'il n'a jamais caché ses sentiments nationalistes, et qu'il a pendant des années apporté un soutien extrême au parti de Adolf Hitler, de la phase ardue de son existence jusqu'à la conquête du pouvoir. Il n'a jamais hésité à sacrifier pour l'Allemagne ce qu'il avait de plus cher, et tout sympathisant national-socialiste peut compter sur son soutien." (cité par WOLIN, *op. cit.*, p. 109).

[152] Cf. FARIAS, *op. cit.*, pp. 109 et 190.

[153] HEIDEGGER, *Les Hymnes...*, *op. cit.*, p. 232.

[154] HEIDEGGER, *Approche de Hölderlin*, *op. cit.*, p. 173.

[155] HEIDEGGER, *Chemins...*, *op. cit.*, pp. 128-129. Cf. aussi p. 453.

sûreté, soit avec le plus de rapidité et de compétence possibles, grâce à quoi chacun peut disposer de l'objectivité du jour à chaque fois utilisable."[156]

A mesure que se réalise la *publicité*, précisément, du penseur, et singulièrement par-delà les frontières allemandes après la guerre, les grands médias sont de plus en plus dénigrés, snobés. La *Lettre sur l'humanisme* déplore "le marché de l'opinion publique"[157] qui a besoin d'étiquette, de "...ismes" – signes irréfutables du déclin de la pensée originelle – et dénonce "l'asservissement à la publicité. Or celle-ci est l'effort, conditionné métaphysiquement parce qu'il a ses racines dans la domination de la subjectivité, pour diriger l'ouverture de l'étant vers l'objectivation inconditionnelle de tout et l'y installer. C'est pourquoi le langage tombe au service de la fonction médiatrice des moyens d'échange, grâce auxquels l'objectivation, en tant que ce qui rend uniformément accessible tout à tous, peut s'étendre au mépris de toute frontière. Le langage tombe ainsi sous la dictature de la publicité."[158].

Pris dans le texte même, le passage est séduisant, il fait sérieux, mais rapproché de l'ensemble des attaques de Heidegger contre la subjectivité et la communication modernes, il produit un autre effet.

Qu'appelle-t-on penser ? évoque "un certain genre de reportage romancé qui ne fouille que sur les pentes et dans les bas-fonds"[159], oppose la compréhension des penseurs à la lecture des journaux[160], ironise sur la publicité et la "foire littéraire"[161]. Dans sa conférence *Sérénité*, Heidegger traite des médias dans un couplet particulièrement désabusé sur l'encerclement de l'homme par la technique : "Ainsi, ce que je suis en train de vous dire au sujet du monde technique, chacun peut le relire aujourd'hui dans un illustré habilement dirigé ou l'entendre à la radio. Mais... c'est une chose que de lire ou d'entendre ceci ou cela, c'est-à-dire d'en prendre seulement connaissance ; et c'en est une tout autre que d'en acquérir la connaissance, c'est-à-dire de l'appréhender par la pensée."[162]. L'almanach du bon vieux temps, à l'inverse d'un *Spiegel* quelconque, favorisait la pensée :

---

[156] HEIDEGGER, *Nietzsche II, op. cit.*, p. 310.
[157] HEIDEGGER, *Lettre..., op. cit.*, p. 35.
[158] HEIDEGGER, *Lettre..., op. cit.*, p. 39. Dans sa correspondance d'après-guerre avec Hannah Arendt, Heidegger multiplie les remarques du même genre : "Le journalisme, devenu aujourd'hui planétaire, constitue peut-être la première convulsion de cette dévastation imminente de tout ce qui s'est risqué à titre de commencement, comme de tout ce qui a pu nous en être transmis." (Lettre du 12/4/50). "Nul n'est plus en mesure de faire quoi que ce soit contre la tyrannie des "mass media" et des institutions – rien, en tout cas, lorsqu'il y va de la provenance de la pensée à partir du geste inaugural de la pensée grecque." (Lettre du 14/3/74) (ARENDT/HEIDEGGER, *op. cit.*, pp. 94 et 239).
[159] HEIDEGGER, *Qu'appelle-t-on penser ?, op. cit.*, p. 35.
[160] Cf. HEIDEGGER, *Qu'appelle-t-on penser ?, op. cit.*, p. 220.
[161] HEIDEGGER, *Qu'appelle-t-on penser ?, op. cit.*, p. 234.
[162] HEIDEGGER, *Questions III, op. cit.*, pp. 173-174.

"Aujourd'hui, le "magazine illustré" a remplacé et détruit le vieil almanach. Le magazine distrait, désagrège, jette l'essentiel et l'inessentiel pêle-mêle sur le même plan : celui de la platitude et de l'actualité sensa-tionnelle mais tout aussitôt démodée. L'almanach au contraire était autrefois capable de faire voir le permanent dans ce qui est apparemment insignifiant et se prêtait à des lectures et des méditations toujours reprises."[163]

Pourtant, Heidegger était trop fin pour ne pas avoir compris l'importance de la communication moderne pour sa propre notoriété, et donc le rayonnement de sa pensée. La cohérence de celle-ci vis-à-vis de la technique impliquait sans doute qu'il n'en épargnât pas l'une des dimensions. Mais il fait preuve d'une telle hargne qu'on en vient à se demander comment il pouvait se permettre ce luxe. La multiplication de petits cénacles, de filières discrètes (Beaufret et le *lobby* heideggerien français par exemple) paraît sans doute plus efficace pour relayer une pensée complexe, et aussi pour éviter la confrontation avec le "on", le discours de tout le monde. Aussi est-ce à grand peine que la presse lui arrachera une interview. Celle du *Spiegel* donnée en 1966 ne devait être publiée qu'après la mort : un immense philosophe vivant peut-il parler *avec des journalistes* ? Elle aura été de surcroît écrite et réécrite, (auto)censurée[164]. En 1969, à l'occasion de son 80ième anniversaire, Heidegger accepte un entretien à la ZDF, mais avec le professeur Richard Wisser, qui commence l'entretien par "Monsieur le Professeur...." : de professeur à professeur... Et c'est d'emblée Heidegger qui fixe les règles du jeu – sa première réponse commençant par : "Je ne répondrai qu'à la dernière question"[165]. Ces signes indiquent une volonté de ne jamais véritablement *entrer dans un débat* de plain pied avec autrui, qui précisément caractérise la pratique démocratique.

Il est plus commode ou plus astucieux de répondre au besoin d'expression dialoguée en écrivant soi-même les questions et les réponses. Le sommet de cet art est atteint avec *D'un entretien de la parole*, sous-titré : "Entre un Japonais et un qui demande". Pour qui lit bien, celui qui demande est celui qui fournit les réponses au Japonais, faire-valoir malgré lui – et il s'avère bien vite que c'est Heidegger lui-même qui peut ainsi s'expliquer sur son cheminement, devenant fort prolixe sur les origines de *S.u.Z.*, ses rapports avec Husserl et la phénoménologie, son cours de "Logique" de l'été 1934[166], la manière de le lire correctement[167]. Bref, créé

---

[163] HEIDEGGER, *Questions III, op. cit.*, p. 50. Imaginons un instant le crédit dont jouirait aujourd'hui, dans la communauté philosophique, un "penseur" qui s'abreuverait aux almanachs provinciaux d'autrefois et s'en vanterait.

[164] Cf. FARIAS, *op. cit.*, pp. 301 svv.

[165] "Entretien du professeur Richard Wisser avec Martin Heidegger" dans *Heidegger*, L'Herne, *op. cit.*, p. 381.

[166] Cf. HEIDEGGER, *Acheminement..., op. cit.*, pp. 92-93.

pour la circonstance, le professeur nippon est un répondant de qualité, voire un flatteur subtil[168].

Autre formule : le trilogue, où un professeur discute avec un savant et un érudit, lesquels tiennent sûrement des propos intelligents mais ne font que s'approcher de la pensée heideggerienne exposée par le professeur, qui gagne ses interlocuteurs à la sienne, de sorte qu'en fin de parcours, ils se répondent en parfaite harmonie, écrivant chacun un morceau d'une phrase majestueusement conclusive[169].

La façon dont Heidegger menait ses séminaires révèle également une faible propension à un dialogue ouvert[170].

Il est pourtant des circonstances dans la carrière de Heidegger qui l'obligent à se prononcer, même quand il préférerait ne pas parler du tout. La manière dont il y fait face quant à la forme, et les réponses sur le fond nous éclairent mieux encore sur sa conception (impensée ?) de la "communication" – mais aussi, finalement, d'autrui et de la vérité. On s'apercevra alors avec tristesse que si les "médias" ne sont qu'une des formes d'autrui en général, le mépris dont ils sont l'objet n'aura été, *in fine*, qu'une "façon acceptable" de ne pas considérer autrui.

§ 3. La vérité historique : dévoilement, occultation, négation

L'on est ainsi amené à examiner les "libertés" que prend Heidegger à l'égard des faits, soit par inexactitudes formulées, soit par omission. Les milieux pro-heideggeriens ont accueilli avec respect les documents "justificatifs" du philosophe sur son engagement politique, leur vertueuse indignation allant jusqu'à effectuer l'amalgame entre les auteurs critiques de notre époque et les calomniateurs des années 30 et 40 qui conspiraient contre lui. A présent, l'historiographie ayant progressé, l'on dispose d'éléments permettant un examen plus objectif.

D'abord, à propos de son comportement durant la première guerre mondiale, Heidegger, dans les années 20, "n'a pas répondu aux questions de l'administration, allant jusqu'à présenter un bilan militaire fortement

---

[167] Cf. *supra*.

[168] Cf. HEIDEGGER, *Acheminement...*, *op. cit.*, p. 105 notamment.

[169] Cf. HEIDEGGER, *Questions III*, *op. cit.*, pp. 183 svv.

[170] Témoignage de K. Axelos : "Heidegger n'était pas un homme de discussion. Il discutait avec les textes de l'histoire de la pensée et de la poésie, mais il ne discutait pas dans son séminaire. J'ai assisté trois ou quatre fois à son séminaire en Allemagne ; il y avait une trentaine d'étudiants : il avançait une thèse et demandait l'avis à des étudiants dont certains avaient fait leur Dissertation, la première thèse – ce n'était donc pas des néophytes. Et il disait toujours : "Non. Non. Non", jusqu'à ce qu'on lui donne une réponse strictement conforme à ce qu'il attendait." (Cf. JANICAUD, *Heidegger en France*, *op. cit.*, T. 2, p. 20). Sur le caractère directif et "fermé" des séminaires du Thor, cf. aussi *ibid.*, T. 1, pp. 240-251.

retouché"[171]. Contrairement aux données fournies au *Führerlexikon* en 1933-34, il ne s'est pas inscrit comme volontaire en août 1914, pas plus qu'il n'a combattu au front en 1918 à Verdun[172].

S'agissant du Rectorat, les contre-vérités sont multiples. Le philosophe affirme que von Möllendorf "avait été contraint, sous l'injonction du ministre, de démissionner..."[173] ou qu'il "était relevé <de ses fonctions> par le ministre de l'éducation du *Land* badois"[174]. Or l'intéressé renonça de lui-même[175]. Heidegger soutient qu'il a "pris en charge le rectorat à contre-cœur et dans le seul intérêt de l'université"[176]. C'est plutôt dans l'intérêt du régime et porté par le projet de ses militants ("dans la coulisse, par la petite troupe nazie", écrit Ott[177]), puis par une nette majorité de professeurs non-juifs présents, qu'il a obtenu le pouvoir académique. Ses hésitations étaient liées à son évaluation de sa capacité administrative, non à des motifs idéologiques. Il affirme avoir présenté sa candidature "à la demande pressante de von Möllendorf" selon une source[178], ou de celui-ci et de Sauer selon d'autres[179]. Or les documents de l'époque démontrent que ce ne sont précisément pas eux qui prirent l'initiative ou le déterminèrent, mais des personnalités non citées, telles que Bäumler, Krieck, Aly et Schadewaldt[180].

---

[171] OTT, *op. cit.*, p. 161.

[172] Cf. *ibid.*, et aussi FARIAS, *op. cit.*, p. 59. "Heidegger est mobilisé le 10 octobre 1914, mais il est partiellement réformé en raison de ses problèmes de cœur. Il retourne à sa table de travail, et se plonge dans les subtils débats médiévaux sur le nominalisme." (SAFRANSKI, *op. cit.*, p. 88). En janvier 1918 seulement, il est incorporé comme soldat de l'armée de réserve ; il suit une préparation militaire à Heuberg, près de son village natal, est envoyé à Berlin, en juillet, puis à Sedan, fin août, pour des tâches de météorologiste (cf. pp. 128-129).

[173] HEIDEGGER, *Le Rectorat, Ecrits politiques*, *op. cit.*, p. 217.

[174] HEIDEGGER, *Réponses et questions...*, *op. cit.*, p. 11.

[175] Cf. OTT, *op. cit.*, p. 148. La seule "pression" sur Möllendorf fut un article très hostile de *Der Alemane*, cf. OTT, pp. 151-152 et SAFRANSKI, *op. cit.*, p. 342.

[176] HEIDEGGER, "Lettre au rectorat académique de l'université Albert-Ludwig", dans *Heidegger*, L'Herne, *op. cit.*, p. 394.

[177] OTT, *op. cit.*, p. 151. Cf. aussi p. 27.

[178] HEIDEGGER, *Lettre au rectorat...*, *op. cit.*, p. 394.

[179] Cf. HEIDEGGER, *Le Rectorat, Ecrits politiques*, *op. cit.*, p. 217. Cf. aussi HEIDEGGER, *Réponses et questions...*, *op. cit.*, p. 12.

[180] Cf. OTT, *op. cit.*, pp. 148-150 et SAFRANSKI, *op. cit.*, p. 339-340. Dans sa préface et ses notes des *Ecrits politiques*, Fédier insiste sur le semestre de congé, obtenu à l'automne 32, pour travailler sur Héraclite, ce qui accrédite l'idée que Heidegger n'a pas prémédité son rectorat et qu'il est étranger aux péripéties politiques. Mais cette retraite n'est nullement incompatible avec l'engagement, car tout se joue, en Heidegger, avec la prise de pouvoir de Hitler (30 janvier) et l'effervescence révolutionnaire qui s'ensuit et qui *transporte* véritablement le philosophe. De ce point de vue, mars 33 paraît le mois déterminant. "*Il faut s'engager*, avait dit Heidegger à Jaspers. Cet engagement débuta en mars 1933 avec l'entrée de Heidegger dans la "communauté de travail de politique culturelle des professeurs d'université allemands", une sorte de fraction nationale-socialiste de l'"Association de l'enseignement supérieur allemand", l'organisation officielle des professeurs d'université. Les membres de ce groupe se considéraient comme les cadres de la révolution nationale-socialiste

A la commission nationale d'épuration, le philosophe écrit qu'il n'a "jamais, ni avant ni après 1933, eu les moindres relations personnelles ou écrites avec les instances du Parti ou les activistes du mouvement"[181], ce qui est évidemment faux : "Heidegger, écrit Ott, était lié depuis longtemps au mouvement national-socialiste, notamment par le biais des groupuscules étudiants du *Nationalsozialistischer Deutscher Studentenbund*"[182]. Ses fréquentations des milieux nazis de la région étaient publiques, au moins depuis l'été 1932[183]. Farias a souligné l'importance des actes d'adhésion, et relevé plus particulièrement le paiement d'une cotisation jusqu'au bout, en 1945[184]. Pas plus qu'elle n'entama chez von Karajan son génie de chef d'orchestre, cette affiliation n'ôte rien au fait que Heidegger soit un philosophe considérable, mais avoir une carte de parti n'est pas qu'une formalité administrative ; elle implique une adhésion de la part du membre, mais aussi une acceptation, *une reconnaissance par le parti de la dignité de membre.*

---

dans les universités. Ils réclamaient la mise au pas de l'"Association de l'enseignement supérieur", l'introduction du *Führerprinzip* dans les universités et une orientation idéologique des enseignements, bien que ces revendications ne dissent pas l'objet d'un véritable consensus." (SAFRANSKI, *op. cit.*, p. 335). Ces orientations se retrouveront trait pour trait dans l'action du Recteur. Dans une lettre du 9 avril au Ministre de l'Education, Wolfgang Aly, "le plus ancien membre du NSDAP parmi les Professeurs de Fribourg et le promoteur de l'Organisation du parti" (...) annonçait que 'le professeur Heidegger [était] déjà en pourparlers avec le ministère de l'Education prussien' et qu'il jouissait de 'la plus grande confiance' du groupe national-socialiste de l'université." (SAFRANSKI, *op. cit.*, pp. 339-340).

[181] HEIDEGGER, "Lettre au président du comité politique d'épuration", dans *Heidegger*, L'Herne, *op. cit.*, p. 404.

[182] OTT, *op. cit.*, p. 28.

[183] Cf. OTT, *op. cit.*, p. 28. Selon Pöggeler, "Heidegger opta pour Hitler avant 1933, par exemple au printemps 1932, à l'occasion des élections présidentielles." (cité par WOLIN, *op. cit.*, p. 115). Il faut réfléchir au mot "opta". Tant Pöggeler que Farias et même Wolin (cf. pp. 107-108) semblent considérer l'adhésion comme un acte autonome de l'individu Martin Heidegger, comme si celui-ci avait fait un choix libre qu'il eût pu éviter, comme s'il s'était trouvé, à froid, devant un jeu d'options équivalentes. Il me semble que cette adhésion était probable ou largement prévisible compte tenu de l'ensemble du "bagage culturel" de l'intéressé, mais surtout qu'il importe, au moins fictivement, de la "désindividualiser", d'en modérer la dimension excessivement biographique : à travers les écrits et les propos philosophiques, dont il se fait que l'auteur (qui eût pu être un autre) s'appelait Martin Heidegger, s'est exprimé un certain moment de la Métaphysique par rapport auquel une certaine traduction politique était parfaitement cohérente. Réduire *S.u.Z.* à un ouvrage de la vulgate nazie est une sottise, mais il paraît excessif de voir dans les actes individuels de 33 une "rupture" ou une "résolution" par rapport à *S.u.Z.*. Il y a aussi du *collectif* à l'œuvre dès la publication de *S.u.Z.*, qui apporte une contribution, au sein d'une communauté intellectuelle, à la préparation idéologique au national-socialisme.

[184] FARIAS, *op. cit.*, p. 97. L'adhésion "initiale" selon Aubenque ne serait "pas un acte philosophique" (cité par JANICAUD, *L'ombre...*, *op. cit.*, p. 65). Cette position, fondée sur un prétendu apolitisme foncier de *S.u.Z.*, est difficilement tenable dès lors que le philosophe l'a lui-même justifiée – sauf à considérer que le statut d'acte philosophique est distribué sélectivement par des tiers infaillibles ou que la philosophie est toujours, *per se*, étrangère à la politique.

S'il n'est pas établi à ce jour que le Recteur ait ou non interdit de placarder les affiches antisémites des étudiants nazis, il est très douteux qu'une telle interdiction eût pu être prise, au printemps 1933, dans le cadre de premiers incidents qu'il aurait eus avec le pouvoir et qui auraient fait l'objet de rapports transmis à Berlin – ce que Heidegger affirme dans *Le Rectorat* – alors que ses relations avec les cadres du parti étaient dans une période extrêmement positive[185]. Il tend à minimiser ses responsabilités en tant que recteur, comme un homme faillible : il se décrit comme "un garçon qui rêve et ne sait pas ce qu'il fait" ou quelqu'un qui s'adonne à la "griserie du pouvoir"[186] alors que ses actions correspondaient là encore à un plan précis[187]. Il déclare (commission d'épuration) que, dès l'été 1933, l'évolution politique ne va pas dans le sens supposé et souhaité par lui, alors qu'à l'automne de la même année, il prononce les discours les plus ardemment pro-hitlériens, et singulièrement celui de Leipzig[188]. *Le Rectorat* contient de mystérieuses allusions à des interventions préventives de Heidegger en faveur de collègues qui, sans lui, auraient été vivement inquiétés par les autorités national-socialistes – mensonge par excès : aucun dossier ne permet d'étayer de telles menaces à l'époque[189]. Par ailleurs, la version officielle du philosophe à propos des conflits durant le "séminaire" de Todtnauberg est contredite par sa correspondance privée avec Stadelmann, qu'il a forcé à quitter le camp[190].

Il est inexact que le doyen nommé par Heidegger le 1er octobre 1933, Erik Wolf, l'ait été en tant qu'adversaire du national-socialisme, car celui-ci ne l'est devenu que beaucoup plus tard[191]. Inexact aussi que le conseiller ministériel Fehrle lui ait demandé, à la fin du semestre d'hiver 33-34, de solliciter les démissions de Wolf et von Möllendorf et que Heidegger aurait présenté la sienne pour refuser de satisfaire cette demande à fondement politique[192]. En fait le ministère ne reprochait rien à von Möllendorf et s'en prenait à Wolf en raison de sa personnalité, non pour des raisons politiques[193].

Heidegger laisse entendre qu'une conspiration était en route pour l'acculer à la démission, mais cette théorie est, à plusieurs égards, assez gratuite[194]. Il se défend avec véhémence contre les "calomnies" qui

---

185 Cf. OTT, *op. cit.*, p. 194-195.
186 Cf. OTT, *op. cit.*, p. 164.
187 *Ibid.*
188 Cf. OTT, *op. cit.*, p. 210.
189 Cf. OTT, *op. cit.*, p. 214.
190 Cf. OTT, *op. cit.*, pp. 234-237.
191 Cf. OTT, *op. cit.*, pp. 243-244.
192 Cf. HEIDEGGER, *Lettre au rectorat...*, *op. cit.*, p. 394, et FARIAS, *op. cit.*, pp. 208-209.
193 Cf. OTT, *op. cit.*, pp. 252-253.
194 Cf. OTT, *op. cit.*, pp. 241 svv. Dans ses lettres à la Commission politique d'épuration et au Rectorat de l'université de Fribourg, Heidegger ne dit mot du camp scientifique de Todtnauberg ni du sabotage par le groupe de Heidelberg – élément qui n'apparaît que dans

auraient pu être colportées quant à ses relations avec Husserl[195] avec une ligne de défense qui tombe dans la mesquinerie ou la naïveté (l'argument du bouquet de fleurs au moment où commencent les persécutions anti-juives). L'examen de la correspondance du philosophe, en particulier avec Jaspers, révèle que, dès 1923, Heidegger déconsidérait Husserl, celui-là même qui allait se battre pour le faire nommer à Fribourg en 1928, celui-là même qui fut exclu de la communauté universitaire de Fribourg à la fin de 1935 : "Heidegger s'associa à cet effacement de la mémoire de son maître, du moins il suivit les instructions sur ce point."[196]. Il fit retirer son portrait à l'université, ne le saluait plus, l'évitait dans la rue[197], se fit porter pâle le jour de son enterrement et, au début des années 1940, exécuta la demande de l'éditeur de supprimer la dédicace à Husserl qui figurait jusqu'alors sur la page de titre de *Sein und Zeit*[198].

La démission du Rectorat donne également lieu à de curieuses allégations. Pour appuyer l'idée que le régime ne le reconnaissait pas comme un des siens, Heidegger soutient que *Der Allemane* aurait, le 30 avril 1934, salué l'arrivée de Kern, son successeur, comme "premier recteur national-socialiste de l'université de Fribourg"[199], ce qui est absolument faux[200]. Il affirme qu'après la démission il a "montré publiquement son attitude à l'égard du parti"[201] notamment "en ne portant pas ses insignes"[202]. Mais en 1936, à Rome, Löwith en témoigne, la croix gammée ne le quitte pas et sa foi en Hitler reste entière[203].

Le *Discours de Rectorat* aurait fait l'objet, selon Heidegger, de violentes attaques et de l'ostracisme du régime dès 1934 ; à l'en croire, "en consultant les comptes de l'éditeur on peut constater que, dans les années

---

Le Rectorat (publié à titre posthume en 1983) (cf. HEIDEGGER, *Ecrits politiques*, *op. cit.*, pp. 229-230).

[195] Cf. HEIDEGGER, "Lettre au président du comité politique d'épuration", dans *Heidegger*, L'Herne, *op. cit.*, p. 404 et aussi HEIDEGGER, *Réponses et questions...*, *op. cit.*, pp. 29 svv.

[196] OTT, *op. cit.*, pp. 186 svv. Cf. aussi SAFRANSKI, *op. cit.*, p. 367. Sur la polémique relative au refus de permettre à Husserl l'accès à la bibliothèque de l'université pour cause de judéité, cf. WOLIN, *op. cit.*, p. 19 et MÜNSTER, *op. cit.*, p. 53.

[197] Témoignage donné par le professeur Jean LASSNER (*Le Monde* du 30.10.87) qui rendit visite à M. et Mme HUSSERL à la Noël 1934.

[198] Cf. SAFRANSKI, *op. cit.*, p. 368, MÜNSTER, *op. cit.*, pp. 53-54.

[199] HEIDEGGER, *Lettre au Rectorat...*, *op. cit.*, p. 396.

[200] Cf. OTT, *op. cit.*, pp. 256-257 et FARIAS, *op. cit.*, p. 209.

[201] HEIDEGGER, *Lettre au Rectorat...*, *op. cit.*, p. 400.

[202] *Ibid.*

[203] Cf. K. LÖWITH, *Mein Leben in Deutschland von und nach 1933*, publié en français chez Hachette en 1988. "Il ne laissa aucun doute (...) sur sa foi en Hitler (...). Il restait convaincu que le national-socialisme était une voie toute tracée pour l'Allemagne ; il s'agissait seulement de "tenir" assez longtemps." (Cf. *Le Monde* du 6.5.88). La lettre de P. AUBENQUE publiée à ce sujet par *Le Monde* du 6.7.88 n'infirme pas cette partie du témoignage. Cf. aussi OTT, *op. cit.*, pp. 140 et 298, SAFRANSKI, *op. cit.*, pp. 452-454 et MÜNSTER, *op. cit.*, p. 51.

qui ont suivi, on en vendit de moins en moins d'exemplaires"[204]. En vérité, le *Discours* franchit allègrement le cap de la censure pour être réédité trois fois, et tiré à 5.000 exemplaires en 1937[205]. Le penseur badois écrit aussi que *Hölderlin et l'essence de la poésie* fut interdit de publication[206], ce qui est inexact : il ne fut certes pas publié en tiré à part, mais bien en 1937, dans la revue connue *Das Innere Reich*, et reçut un accueil favorable[207]. Les autorités allemandes l'auraient empêché de participer à des congrès importants (Prague, 1934, et Paris, 1937)[208]. Si, pour Prague, le doute subsiste, pour Paris, il est à présent établi que Heidegger figurait sur la liste proposée par Hans Heyse et par le Ministre du Reich, mais refusa très vraisemblablement pour n'avoir pas été désigné comme "Führer" de la délégation allemande[209]. Les voyages de Zurich, Rome et Vienne (1936) furent autorisés sans problème ; à partir de 1940, les invitations les plus pressantes vinrent de pays tels que l'Espagne, le Portugal et l'Italie, mais elles furent différées par Heidegger lui-même ; ensuite la guerre seule empêcha de les concrétiser[210].

Heidegger affirme encore que dès 1938, son nom était obligatoirement tu, dans les journaux et revues, le commentaire de ses œuvres interdit[211], mais sa pensée était enseignée dans les universités, y compris en territoire occupé[212]. Il déclare que l'essai *La doctrine de Platon sur la vérité* fut interdit de tout commentaire[213], alors que seul l'*Amt Rosenberg* prit cette mesure et que le texte fut effectivement publié, avec l'appui de Goebbels, dans l'Annuaire de Grassi, puis commenté favorablement dans les *Kant-Studien*, alors conformes à la ligne du régime[214]. D'une manière générale, en dépit de la mise sous surveillance, "ses publications n'en subirent pas de préjudice et *Etre et Temps* put continuer à paraître sans difficulté chez Niemeyer-Halle, en plusieurs éditions, dont la cinquième en 1941 avec la suppression de la dédicace à Husserl."[215]. Il est également faux que la Gestapo ait, en 1943, enquêté dans le milieu heideggerien de Fribourg en

---

[204] HEIDEGGER, "Lettre au président du comité politique d'épuration", dans *Heidegger*, L'Herne, *op. cit.*, p. 403.

[205] Cf. FARIAS, *op. cit.*, p. 249.

[206] HEIDEGGER, *Lettre au rectorat...*, *op. cit.*, p. 399.

[207] Cf. FARIAS, *op. cit.*, pp. 249-251.

[208] Cf. HEIDEGGER, *Lettre au rectorat...*, *op. cit.*, p. 399 et *Le Rectorat 1933-34*, *Ecrits politiques*, *op. cit.*, p. 237 et *Réponses et questions...*, *op. cit.*, p. 37.

[209] Cf. FARIAS, *op. cit.*, pp. 262-265, SAFRANSKI, *op. cit.*, pp. 457-460, JANICAUD, *Heidegger en France*, T 1, *op. cit.*, pp. 49-50. Dans une lettre au Ministre, du 24/7/37, Heidegger, qui a reçu sa nomination officielle, évoque des "raisons de santé" pour ne pas se rendre au Congrès Descartes (cf. MÜNSTER, *op. cit.*, pp. 46-47).

[210] Cf. OTT, *op. cit.*, p. 270 et SAFRANSKI, *op. cit.*, pp. 451-452.

[211] Cf. HEIDEGGER, *Le Rectorat 1933-34*, *Ecrits politiques*, *op. cit.*, p. 237.

[212] Cf. FARIAS, *op. cit.*, pp. 269 svv.

[213] Cf. HEIDEGGER, *Lettre au Rectorat...*, *op. cit.*, p. 399.

[214] Cf. FARIAS, *op. cit.*, pp. 273-281.

[215] Cf. OTT, *op. cit.*, p. 272.

rapport avec les actions de la *Rose Blanche* à Munich et l'arrestation de Bollinger[216].

On sait maintenant que les déclarations de Heidegger au *Spiegel*[217] relatives à la célèbre phrase de l'*Introduction à la métaphysique* ne sont pas conformes à ce qu'il avait effectivement dit en chaire en 1935 : il parlait bien du national-socialisme et non pas de la rencontre de l'homme avec la technique[218] réglant ses comptes avec certains collègues ou idéologues du régime, et la phrase a été modifiée en 1953 et non en 1935 – gardant du reste une valeur indicative non équivoque pour qui sait lire.

Une telle accumulation, dans le chef du hérault de l'essence de la vérité, fait un peu négligé. Mais justement : de même que “le temps” heideggerien est l'opposé de celui des horloges, de même la Vérité en son essence n'a plus grand chose à voir avec la vérité factuelle[219]. D'où le contraste saisissant entre la hauteur de vues du grand penseur quant à la Vérité, et les petits mensonges et déformations des faits qui sont distillés lorsqu'il s'agit de sauver une position académique ou une réputation dans l'opinion des pays démocratiques (importante concession à l'univers inauthentique et à l'être-là-dans-la-moyenne !). Divorce également entre le culte du héros guerrier et l'absence de courage physique, tant au cours de la première guerre mondiale, que lors des événements de 1944-45 au pays de Bade.

---

[216] Cf. OTT, *op. cit.*, p. 288.

[217] Cf. HEIDEGGER, *Réponses et questions..., op. cit.*, pp. 40-41.

[218] Cf. OTT, *op. cit.*, p. 300, JANICAUD, *L'ombre…*, *op. cit.*, p. 13, FAYE, *op. cit.*, p. 35 et *supra*, mon chapitre II, § 4.

[219] L'explication proposée par Wolin est la suivante : “Le manque de discernement politique de Heidegger qui résulte de sa tentative de faire une analogie entre l'Etat (“l'œuvre étatique”) et la fonction fondatrice de vérité de l'œuvre d'art, a dans la dynamique interne de sa philosophie elle-même une origine plus fondamentale et potentiellement débilitante : à savoir une incapacité théorique profondément enracinée de différencier la *vérité* et la *non-vérité*.” (WOLIN, *op. cit.*, p. 186). S'ensuit une analyse brillante sur l'équiprimordialité de la vérité et de l'erreur, ancrée dans la vision heideggerienne de l'ontologie où “tout acte de dévoilement est simultanément un acte de dissimulation” (p. 187). Ce qui me paraît contestable dans cette analyse est qu'une telle vision entraînerait chez l'individu Heidegger une “incapacité” à distinguer le vrai du faux, un “manque de discernement politique”, une privation d'arguments face au mal radical qu'est le national-socialisme, qui l'aurait laissé sans défense, etc. L'adhésion au national-socialisme n'est pas le résultat d'un déficit d'argumentation, elle est au contraire logique du point de vue d'où elle part, en amont de l'éthique humaniste traditionnelle. Il n'y a rien de “dissimulé” qui aurait faussé le jugement de l'adhérent. La dichotomie me paraît moins entre vrai et non-vrai (au sens positif) qu'entre la vérité ontologique originaire (qui est à la fois arrivée-retrait, voilement-dévoilement, présence-absence, etc.) et le vrai factuel, vérifié, les faits établis. Contrairement à Wolin, je pense que Heidegger était parfaitement capable d'appréhender cette distinction *et* de maîtriser intellectuellement les deux registres ; mais entrer dans le second, s'y justifier, représentait, semble-t-il, un intolérable abaissement, une sorte de dérive anti-philosophique.

§ 4. L'idole renversée : signification philosophique

Indifférence au génocide, mensonges et dissimulations, dénonciations, orgueil immense, lâcheté physique et morale, autoritarisme dans l'inaptitude au commandement, absence d'humour : si l'on fait un instant abstraction de l'œuvre, on a du mal à comprendre qu'une personnalité si décevante[220] sur le simple plan humain, ait pu susciter l'engouement de l'intelligentsia philosophique internationale. Cela fait problème vraiment, dans le sens suivant : qu'à cet aspect “humain” du praticien de la philosophie (fût-ce comme “ontologie”), le milieu philosophique contemporain n'ait pas paru plus attentif : or à partir d'un certain niveau d'accumulation d'indices, il n'est plus seulement question de caractère, ou de moralité privée – il y a enjeu profondément éthique.

A l'ultime étape de la Métaphysique et jusque dans la mise en scène de son “dépassement”, il y a, comme on dit médiatiquement, une “affaire Heidegger”. Indique-t-elle que le plus grand philosophe occidental du vingtième siècle se révéla n'être qu'un “petit monsieur” quand ce dépassement conduisait à l'inhumanité à mesure qu'elle se resserrait sur son Centre ? Ce n'est peut-être pas pure coïncidence – non plus que le fait que cette petitesse *se révèle* précisément dans et autour de la chose politique et de la vérité, de la πολιτεια et de l'ἀληθεια : voilà qui devrait, *a fortiori*, donner à penser.

Tel serait aussi – mais on s'en apercevra plus tard – le sens profond de la polémique, surgie en France à partir de 1987, sur le “nazisme” de Heidegger, aux dimensions plus médiatiques et plus graves que celles des années 1946-48 (cf. contribution de K. Löwith et réactions dans la revue *Les Temps Modernes*), 1961 (cf. contribution de J.-P. Faye dans la revue *Médiations*) et 1966-67 (cf. contributions de F. Fédier, R. Minder, J.-P. Faye et réactions, dans la revue *Critique*)[221] : c'est la philosophie elle-même qui à travers ses principaux professionnels (français) s'est sentie interpellée, ébranlée plus sûrement que par le marxisme (évidemment), la psychanalyse, le structuralisme ou toute forme de néo-positivisme. Un philosophe spécialisé dans le langage totalitaire et la traduction de l'allemand (Faye), un historien spécialisé dans l'histoire religieuse (Ott), un sociologue frotté à la culture philosophique (Bourdieu), un philosophe de formation qui effectue un travail d'archiviste (Farias) (pour ne citer que ceux-là) : la fonction critique est à l'œuvre pour démonter ce qui n'appa-

[220] Nous touchons là à la frontière de l'homme privé, qu'il n'y a pas lieu de franchir ici. C'est la question de la fidélité et de la correction en amitié (Husserl, Krebs, Jaspers, ...). Le psychologue pourra investiguer toute une série de relations, par exemple à son unique frère Fritz, fidèle dactylographe de Martin (*Essais et Conférences* lui est dédié), la littérature facile s'intéressera aux amours de Martin et Hannah, etc.

[221] Pour une synthèse de ces débats, cf. JANICAUD, *Heidegger en France*, *op. cit.*, T. 1, pp. 120-127, pp. 188-199, FERRY/RENAUT, *op. cit.*, pp. 17-23 et WOLIN, *op. cit.*, p. 26.

raît plus alors que comme une “mythologie”[222]. A certains égards, la philosophie, en tant qu'ontologie, couronnement des sciences, a été découronnée. Même dans la radicalité ultime de son questionnement, même dans la hauteur sublime de son propos – ce qui donne ou quête le sens du sens – elle devient, non plus un texte pour la conviction ou le “bien vivre”, mais un texte pour l'analyse. Or c'est justement dans la mise à jour de son articulation finale avec le politique (le politique qui la produit, le politique qu'elle produit) que s'opère l'impossibilité future de l'ontologie *comme telle* et que tombe le masque[223].

S'il s'avère que le nazisme de Heidegger met en question, fût-ce partiellement, la philosophie[224], il vaut la peine d'observer rapidement les “soubresauts” au sein de la communauté intellectuelle, surtout en France. Le succès de librairie de *Heidegger et le nazisme* entraîne les réactions des derniers croyants (critiques ou non) ou de philosophes exigeants, qui stigmatisent l'inconsistance philosophique de l'ouvrage ou son caractère mystificateur ou diffamatoire (Fédier[225], Palmier[226], Derrida[227], Lacoue-

---

[222] Peu à peu, les langues vont se délier à propos du climat religieux ou partisan qui avait gagné les milieux heideggeriens de stricte observance. Ainsi, dans un entretien de 2000, N. Parfait décrit sans complaisance les séminaires de Fédier à la fin des années 60 : 'Parfois, il y avait des choses qui pouvaient paraître très bizarres. Par exemple, je me souviens que nous avions été invités à aller déclamer des poèmes de Hölderlin sur les falaises d'Etretat, à l'occasion de je ne sais plus quel anniversaire de la mort ou de la naissance du poète. L'idée m'avait semblée surréaliste, je n'y étais pas allée. Il y a eu aussi des incidents plus dramatiques : des gens exclus du cercle, des crises de désespoir... De fait, l'atmosphère qui entourait ces réunions et ces événements était une atmosphère de secte.” (cf. JANICAUD, *op. cit.*, T. 2, p. 258). Sur le climat passionnel et les manipulations éditoriales du clan Beaufret, voir aussi les témoignages de J.F. Courtine (p. 55), F. Dastur (pp. 66-67), Cl. Roëls (pp. 272-273).

[223] Autrement dit, la neutralité de l'ontologie fait problème. Soit le regard ontologique (radical) aboutit à une neutralisation (Lévinas) de l'impératif éthique, soit “ce n'est pas principalement l'ontologie qu'il faut mettre en cause en ce point ultra-sensible, mais le *destinal*. Quand ce dernier s'impose inconditionnellement, il vient prendre la place – et usurper le recours de l'impératif éthique.” (JANICAUD, *L'ombre...*, *op. cit.*, p. 174). Toute la question est de savoir si l'ontologie fondamentale (puis la pensée-originaire-de-l'Etre) pourrait éviter le caractère inconditionnel du destinal, qui entraîne l'évaporation de l'éthique, et si, après cet “accident” formidable, une ontologie est encore possible, comme discours “neutre” et/ou comme ancrage d'une éthique “humanitaire”. Cette question reste ouverte pour longtemps. Ce qui n'est plus tenable en revanche, c'est de disculper Heidegger par un aspect quelconque de *son* ontologie.

[224] Avec son acuité polémique habituelle, Revel évoque “l'affolement suscité par *Heidegger et le nazisme*, cette panique de vieilles bigotes découvrant que le curé titillait les petits garçons. Le nazisme du philosophe allemand a toujours été connu. Chaque fois qu'il resurgit à la surface, la tribu philosophique pousse les mêmes glapissements. Pourquoi ces cycles répétitifs ? Parce que le nazisme de Heidegger, non point accidentel, mais profondément inhérent à sa doctrine, met en question la philosophie même.” (J.F. REVEL, *La connaissance inutile*, Paris, Grasset, 1988, pp. 368-369 ; cf. aussi pp. 370-372).

[225] Cf. F. FEDIER, *Heidegger, anatomie d'un scandale*, Paris, Laffont, 1988 et *Le Monde* du 27.05.1988.

[226] Cf. PALMIER, *Postface* au livre de OTT, *op. cit.*, et Revue *Lignes* (n° 2, 1988).

[227] Interview au *Nouvel Observateur*, 6-12 novembre 1987.

Labarthe[228], Boutot[229], Panis[230]), quand elle ne prend pas comme ligne de défense les excès simplificateurs d'un emballement médiatique (Finkielkraut[231]). On retrouve les arguments de toujours : l'adhésion ne fut qu'un "épisode" qui se produit à un moment où Heidegger n'est pas encore assez dégagé de la métaphysique, les attitudes de ce genre ne saurait entacher l'œuvre de pensée (Aubenque[232], Rovatti[233]), les thèmes heideggeriens ne sont pas en eux-mêmes nazis (Legros[234]), la prudence et le mutisme ne signifient pas pour autant continuité de l'engagement ou complicité (Finkielkraut), Heidegger fournit lui-même l'antidote au totalitarisme (Vattino[235]), sa pensée est aux antipodes du nazisme (Panis), il a bien vu le génocide comme l'expression de la déviation vers la technique (Severino[236]) et s'il s'est tu sur l'holocauste, c'est qu'il n'était pas en état de prononcer une parole à la hauteur (Fédier[237]).

Pour d'autres, au contraire, l'attitude politique n'est pas extérieure à l'œuvre (Habermas[238]), elle est même d'une parfaite cohérence si on la comprend à travers une historiographie philosophique (Bourdieu[239], Jambet[240]) ou la psychanalyse – Heidegger fasciné par le fait historique que sa pensée prenait corps dans le nazisme (Sibony[241]) ou la transmutation de l'attente religieuse du salut (Pöggeler[242]). C'est l'occasion pour certains spécialistes de rappeler que Heidegger appartenait à la tendance dure du mouvement nazi (Faye[243]) et qu'il fit preuve d'une indécente supercherie quant à son passé (Augstein[244], Steiner[245]). Une attention particulière s'attache à son silence sur l'holocauste, présenté par lui comme "un détail du monde technologique" (Glucksmann[246]), mais explicable par son antihu-

---

[228] Cf. LACOUE-LABARTHE, *La fiction..., op. cit.*, pp. 175 svv.

[229] Cf. *Le Monde*, 30.10.1987.

[230] Cf. *Le Soir*, 12.08.1987.

[231] Cf. *Le Monde*, 5.01.1988.

[232] Revue *Le Débat*, n° 48, janvier-février 1988.

[233] Cf. *La Reppublica*, 28.10.1987.

[234] Cf. *Le Soir*, 12.08.1987.

[235] Cf. *La Stampa*, 24.10.1987 et 21.11.1987.

[236] Cf. *Panorama*, 8.11.1987.

[237] Si l'argument s'applique à Heidegger, il doit être aussi valable pour d'autres autorités spirituelles et morales (Pie XII, etc.).

[238] Cf. HABERMAS, *Profils..., op. cit.*, pp. 87-119 et aussi *La Reppublica*, 24.10.87.

[239] Cf. BOURDIEU, *op. cit.*, et, du même, l'interview accordée à *Libération* du 10.03.1988.

[240] Interview à la Revue *Art Press*, Paris, 1989.

[241] Cf. *Libération*, 16.02.1988.

[242] Cf. *Libération*, 7.12.1987.

[243] Cf. *Le Monde*, 25.03.1988.

[244] Directeur du *Spiegel*, mais aussi l'un de ceux qui recueillit l'interview posthume, AUGSTEIN s'exprime en ce sens dans le *Spiegel* du 23.11.87.

[245] Georges STEINER, de Genève, salue le grand penseur culturel mais parle de "cascade vertigineuse de petits mensonges sur sa conduite sous le nazisme" (*FR3*, 7.12.87).

[246] Interview à *FR 3*, 7.12.1987.

manisme (van Rossum[247]), la cession de l'éthique devant l'Etre (Guarini[248]), l'incapacité de penser l'Autre (le juif) à force de se centrer sur l'Etre (Lyotard[249]).

Si l'idée d'une parenté thématique profonde entre *S.u.Z.* et *Mein Kampf* reste très minoritaire (Goldschmidt[250], et dans une certaine mesure Faye et Jambet), ceux qui se tiennent dans une réflexion à la fois plus aiguë et plus nuancée conviennent que la démarche nationale-socialiste *authentique* serait au cœur de la philosophie heideggerienne. Ainsi Derrida fait-il la déclaration suivante (à laquelle souscrit "sans réserve" Lacoue-Labarthe[251]) :

> "Pourquoi l'archive hideuse paraît-elle insupportable et fascinante ? Précisément parce que personne n'a jamais pu réduire toute l'œuvre de pensée de Heidegger à celle d'un quelconque idéologue nazi. Ce "dossier" n'aurait pas grand intérêt autrement (...). La tâche, le devoir et en vérité la seule chose nouvelle ou intéressante, n'est-ce pas d'essayer de reconnaître les analogies et les possibilités de rupture entre ce qui s'appelle le nazisme, ce continent énorme, pluriel, différencié, encore obscur dans ses racines, et d'autre part, une pensée heideggerienne aussi multiple et qui restera encore longtemps provocante, énigmatique, encore à lire. Non parce qu'elle tiendrait en réserve, toujours cryptée, une bonne et rassurante politique, un "heideggerianisme de gauche", mais parce qu'elle n'a opposé de fait, à sa fraction dominante, qu'un nazisme plus "révolutionnaire" et plus pur !"[252]

Tout en se défiant du biographique, mais en abordant sans complaisance les textes politiques, Janicaud attribue le *leurre* heideggerien à "un *platonisme exacerbé*"[253] présent en germe dans *S.u.Z.*, c'est-à-dire le besoin de "construire une politique à partir de l'ontologie"[254], autrement dit une tendance à l'historialisme dont il se dégagera à partir de 1945, mais pas assez pour aller au bout de son autocritique. C'est pourquoi après 1945, Janicaud identifie une "seconde œuvre" bâtie "en prenant ses distances à l'égard de ce qui restait "métaphysique" dans *Etre et Temps*"[255]. Tout en admettant, comme Lacoue-Labarthe, que la lecture heideggerienne laisse son auteur démuni devant le nazisme et l'holocauste, Janicaud s'insurge contre le statut de "décision métaphysique" attribué à Ausch-

---

[247] Cf. *Die Zeit*, 2.11.1987.
[248] Cf. *La Stampa*, 31.10.1987.
[249] Cf. LYOTARD, *op. cit.*
[250] Cf. *Le Monde*, 13.01.1988. Voir aussi, du même : "La *pensée* de Heidegger n'est que l'ombre d'Auschwitz, qu'elle a contribué à préparer et qu'elle portera en elle jusqu'à la fn des temps comme son deuil." (*La Quinzaine littéraire*, 1-15 novembre1987, p. 10).
[251] LACOUE-LABARTHE, *La fiction..., op. cit.*, p. 188.
[252] Interview au *Nouvel Observateur*, 6-12 novembre 1987.
[253] JANICAUD, *L'ombre..., op. cit.*, pp. 72-73.
[254] JANICAUD, *L'ombre..., op. cit.*, p. 74.
[255] JANICAUD, *L'ombre..., op. cit.*, p. 97.

witz, statut de *césure* qui, par la voie longue, s'apparente à une justification quasi-grandiose. En esquissant ce que Heidegger aurait dû dire – nécessairement dans son registre spéculatif – Lacoue-Labarthe, selon Janicaud, demeure captif d'un historialisme destinal[256].

Quoi qu'il en soit, l'affaire a permis la ré-expression des thèses classiques du *lobby* heideggerien français : les attitudes subjectives, fussent-elles de nature politique, ne sauraient "entacher" une œuvre de pensée, auquel cas le *Discours de Rectorat* n'a absolument rien à voir avec les fastes de Nuremberg, ni *Sein und Zeit* avec la production industrielle de cadavres. Mais on admet aujourd'hui (et là, une brèche a été percée), que la biographie puisse éclairer l'œuvre. Pourtant, certains réduisent les options politiques à une période tellement courte qu'elle ne saurait déterminer l'œuvre – quand ils ne vont pas chercher une rétractation, qui en vérité, n'a jamais eu lieu, tandis que d'autres se focalisent sur la biographie au point d'amputer l'œuvre. Les travaux publiés depuis "l'affaire" ont répondu, d'une manière ou d'une autre, à cette exigence du milieu philosophique – plus exactement : *critique* – d'intégrer le pratique-historique dans la lecture du texte et de comprendre l'interaction philosophie/ politique (en France, Derrida, Lyotard, Lacoue-Labarthe, Ferry et Renaut[257] mais aussi la réimpression de l'essai de Bourdieu, puis les traductions des ouvrages de Ott, Wolin, etc.).

C'est également une approche critique, digne de ce nom, qui permet de comprendre l'opacité qui a été maintenue, en France notamment, pendant des décennies à propos des comportements politiques de Heidegger ou de certains de ses textes. Ainsi la conférence sur Abraham a Santa Clara n'aurait pas été portée à la connaissance du public français parce que trop difficile à traduire ! Beaufret, qui apparaît aujourd'hui comme un personnage troublant[258], a sciemment dissimulé la longue appartenance de Heidegger au nazisme. Des réseaux complexes, en France et ailleurs, ont maîtrisé la diffusion *et l'occultation* de la pensée de Heidegger pendant un demi-siècle, en privilégiant les travaux techniques et les considérations poétiques et bucoliques, en tardant sur la traduction de *Sein und Zeit*, en oubliant ou en minimisant les écrits et discours politiques, en contrôlant, autant que possible, la publication des traductions.

---

[256] JANICAUD, *L'ombre...*, *op. cit.*, pp. 123-134.

[257] FERRY/RENAUT, *op. cit.* Dans *Le Débat*, janvier-février 1988, pp. 172 svv., Renaut stigmatise le dogmatisme des heideggeriens français dont la ligne de défense s'écroule, à ses yeux, devant les faits. Sur les échanges impliquant, dans cette revue, entre autres, Granel, Aubenque, Deguy, etc., cf. JANICAUD, *Heidegger en France*, *op. cit.*, T. 1, pp. 358-365.

[258] Faurisson a publié des lettres de lui, dont l'authenticité ne fait plus de doute, et qui le confortent dans ses thèses révisionnistes. Cf. OTT, *op. cit.*, p. 15 et aussi M. KAJMAN, "Heidegger et le fil invisible", dans *Le Monde*, 20.01.1988. Sur les propos antisémites, qu'aurait tenus Beaufret en privé, voir JANICAUD, *Heidegger en France*, *op. cit.*, T. 1, p. 213 et T. 2, pp. 79-80 et 97-100.

"L'individu, où qu'il se dresse, ne vaut rien. Le destin de notre peuple dans son Etat vaut tout", a écrit le recteur Heidegger[259]. Est-il raccourci plus explicite et plus pénétrant quand on se mêle de comprendre à la fois le "totalitarisme" de l'Etre-étatisant, l'engagement politique du penseur de la vérité de l'Etre et l'indifférence complète à cette dimension éthique qui nous saisit pourtant tous, dans l'amour, dans l'amitié, dans la communication sociale et dans l'indignation face aux famines, à la purification ethnique et aux camps de la mort ?

[259] Cité par OTT, *op. cit.*, p. 246.

CONCLUSION

Il a péché et ne s'est pas repenti. Il a péché en pensées et en paroles, par action et par omission. Oui, il a vraiment péché : contre l'humanité, contre le peuple juif, contre la démocratie, contre (le) Dieu. Cela fait beaucoup. Quel salut est encore possible ? Car il a aussi cherché ce qui sauve – dans l'instant ou dans un a-venir infiniment différé.

Voici l'automne de sa vie, l'heure des vendanges très tardives, le grand soir : *Heidegger a quatre-vingts ans*. L'hommage est en chemin. Là-bas, de l'autre côté du monde, dans le pays où triomphant la superficialité, la puissance, la technique – car, cette année-là, l'homme marche sur la lune – une femme, une réfugiée, une rescapée de l'Injonction destinale, une "spécialiste" du totalitarisme, prend la plume.

Pour que dire ? De son parcours, elle n'ignore rien ; son Heidegger, elle le connaît sur le bout des doigts. La Muse qui se tint en retrait, la Judéité faite femme, ne peut ni n'ose vouloir le convertir ou espérer sa repentance. Alors, c'est l'heure du geste large que seul l'amour peut inspirer. Qu'elle le veuille ou non, elle parle de la part des démocrates, des ex-centrés, des déportés. Voici l'instant du grand pardon. Par où commencer ? Par ce professeur rebelle à la tradition, au confort des spécialisations et des répétitions universitaires, et qui rend Platon actuel : "La rumeur le disait tout simplement : la pensée est redevenue vivante, les trésors du passé que l'on croyait défunts redeviennent parlants, et voilà qu'ils proposent tout autre chose que ce que l'on en avait faussement présumé. "[260].

Voici le dérangeant majeur qui fore, qui sape, qui inlassablement reprend son étonnement. Voici sa fécondité de rebelle, qui renverse et mène à l'écroulement de la métaphysique dans des termes faisant honneur à la philosophie. Mais le geste politique, qu'en faire ? D'abord manifester une sorte de bienveillante compréhension pour les expéditions de Platon à Syracuse[261]. Puis présenter le Rectorat comme une faute unique, brève mais philosophiquement salutaire :

> "Or, nous savons tous que Heidegger aussi a cédé une fois à la tentation de changer son "séjour" et de "s'impliquer", comme on disait alors, dans le monde des affaires humaines. Et, en ce qui concerne le monde, cela a tourné pour Heidegger un peu plus mal encore que pour Platon, parce que le tyran et ses victimes ne se trouvaient pas outre-mer, mais dans son propre pays.

---

[260] ARENDT/HEIDEGGER, *op. cit.*, p. 179. Le texte a fait l'objet d'une allocution radiophonique de Hannah Arendt, enregistrée à New York le 25 septembre 1969, pour être diffusée par le *Bayerischer Rundfunk*, avant d'être publiée le cahier 10 de la revue *Merkur* la même année.

[261] Cf. ARENDT, *op. cit.*, p. 186.

> En ce qui le concerne lui-même, il en va, je crois, autrement. Il était encore assez jeune pour – à partir du choc résultant de la collision qui le rejeta, il y a trente-cinq ans, après dix courts mois de fièvre, au séjour qui lui était imparti – tirer leçon dans sa pensée, de ce dont il avait fait l'expérience. Ce qui s'ensuivit pour lui fut la découverte de la volonté comme volonté de volonté sous les espèces de la volonté de puissance."[262]

En opposant le vouloir et l'acquiescement, en plaçant la pensée (véritable) du côté de l'acquiescement, ou de la méditation sur la perversité intrinsèque du vouloir, la rédactrice ramène le séjour propre du philosophe en dehors de l'univers des humaines affaires, où règne la volonté de puissance, tout en hissant son Heidegger au niveau d'un Platon plus avisé. Mais pourquoi l'un comme l'autre jetèrent-ils leur dévolu sur des dictateurs plutôt que sur des dirigeants démocrates ?

La femme qui sauve et qui aime lève la plume. Elle pourrait questionner les arbitrages éthiques d'un homme libre. Non, elle *ose* l'esquisse d'une justification par la philosophie même :

> "Peut-être la cause n'est-elle pas seulement imputable, dans un cas comme dans l'autre, aux circonstances de l'époque, et moins encore à une prédisposition du caractère, mais plutôt à ce que les Français nomment une *déformation professionnelle*. Car le penchant au tyrannique peut se constater dans les théories de presque tous les grands penseurs (Kant constituait l'heureuse exception)."[263]

Elle s'arrête encore. Tous coupables... Voilà une vraie question pour l'ami de la sagesse. De quoi occuper une vie entière...

Mais il faut conclure... Pas vilaine, ma formule de la "déformation professionnelle" : heureusement que les Français y ont pensé... La déformation est une altération de la norme. Un travers, mineur, qu'il faut prendre avec l'éthicité foncière de la profession. Un à-côté à surveiller. Une manie possible, à tenir à l'œil. Une pathologie bénigne, périphérique. D'ailleurs, en actes, *ils* n'ont rien fait de grave. Je continue : "Et si ce penchant n'est pas constatable dans ce qu'ils firent (*ego te absolvo*...), c'est seulement ..."[264] ... Il faut trouver. Oui, il faudrait expliquer cette pulsion sans actualisation... Mais en termes heideggeriens le dire. J'y vais, je n'ai rien *résolu* : "(...) c'est seulement parce que très peu, même parmi ceux-là, étaient disposés, par-delà le 'pouvoir de s'étonner devant le simple', à 'accepter cet étonnement comme séjour'."[265]

Tour de force. Je suis restée en ligne avec lui. *Il y a* du tyrannique à s'étonner durablement devant le simple. Je ne pousse pas plus avant.

[262] ARENDT, *op. cit.*, p. 187.
[263] ARENDT, *op. cit.*, pp. 187-188.
[264] ARENDT, *op. cit.*, p. 188.
[265] *Ibid.*

D'ailleurs mon texte – pour ceux qui ne liront pas *à fond*, et ils sont légion – le sauve déjà. Mais, répétons-le, il faut conclure.

“Pour ce petit nombre...” : oui, ce petit nombre de ceux, parmi les pro-tyrans qui acceptèrent l'étonnement comme séjour – une minorité d'aventuriers radicaux.

“Pour ce petit nombre, peu importe finalement où peuvent les jeter les tempêtes de leur siècle”[266]. Je suggère qu'ils subirent des événements gravissimes, et, par là, minimise leur responsabilité individuelle, mais, séance tenante, je dois placer la philosophie en surplomb, productrice de tempêtes plus amples... Il est magnifique, intouchable, intemporel (je n'ai pas aimé n'importe qui) ... Péroraison :

> “Car la tempête que fait lever la pensée de Heidegger – comme celle qui souffle encore sur nous, après des millénaires, de l'œuvre de Platon, n'a pas son origine dans le siècle. Elle vient du fond des âges, et ce qu'elle laisse derrière elle est un accomplissement qui, comme tout accomplissement, fait retour au fond des âges.”[267]

Quand le fond des âges est atteint, la mort peut venir, en lettres capitales. Il lui écrit en remerciement : “C'est à toi qu'il est revenu de saisir mieux que quiconque le ressort interne de ma pensée et de mon enseignement.”[268].

Il ne survivra à son étudiante que durant quelques mois – *déformation professionnelle* ? Il fera placer une étoile, non une croix, sur sa propre tombe.

Déformation professionnelle ?

Revenons-y maintenant. L'argumentation d'Hannah Arendt se fonde sur une dichotomie entre le séjour propre du philosophe et le royaume des “affaires humaines”. Lorsque le philosophe se lance dans celles-ci, il quitterait le site de la philosophie ; mais quoiqu'il fasse, il y a toujours chez un philosophe un profil “pratique”, dont on ne peut faire décemment l'économie. Faisons donc comme si (mais une telle hypothèse est tenue par beaucoup pour une conviction) la philosophie était autonome. Distinguons un Heidegger philosophe-pur et un Heidegger politique/pratique (faits et gestes, écrits et paroles “non philosophiques”). Nous avons également identifié quatre périodes : des débuts au Rectorat, le Rectorat, de la démission à la fin de la guerre et de l'après-guerre à la fin. Soit au total huit Heidegger.

Il y a un consensus sur les éléments suivants, schématiquement récapitulés : le premier Heidegger philosophe entame une critique radicale de la Métaphysique traditionnelle, le deuxième Heidegger politi-

---

266 *Ibid.*
267 *Ibid.*
268 ARENDT/HEIDEGGER, *op. cit.*, p. 189.

que/pratique embrasse le nazisme et ses valeurs, le troisième Heidegger philosophe se nourrit surtout de Nietzsche et de la pensée pré-platonicienne (outre Hölderlin, etc.), le quatrième Heidegger philosophe considère de l'extérieur un ensemble incluant la pensée préplatonicienne et la Métaphysique (de Platon à Nietzsche).

Les points sur lesquels existent des divergences, parfois aiguës, dans la communauté philosophique, peuvent être résumés, très schématiquement, comme suit :

- le Heidegger politique/pratique de la deuxième période est-il à mettre en relation (et si oui, quelle est la nature de cette relation ?) avec les autres Heidegger : le Heidegger philosophe non seulement de cette période mais des autres périodes ? Les Heidegger politiques/pratiques des trois autres périodes ?
- le Heidegger politique/pratique de chacune des autres périodes est-il à mettre en relation (et si oui, quelle est la nature de cette relation ?) avec le Heidegger philosophe de chacune des autres périodes (pris comme tout, ou séparément) ?
- les réponses aux précédentes questions ont-elles un impact sur la "réception" de la Métaphysique et sur la Philosophie elle-même ?

Pour prétendre répondre à ces questions, il faut examiner les réponses données quant à la cohérence entre le Heidegger philosophe et le Heidegger politi-que/pratique. A ce sujet, il n'y a que trois options de base possibles.

La première option est celle de l'incohérence continue entre le Heidegger philosophe et le Heidegger pratique/politique. Elle asserte que les deux sont l'un vis-à-vis de l'autre dans un état d'aliénation du début à la fin de l'existence de l'individu Martin Heidegger. A supposer que l'on puisse tracer une ligne nette entre les écrits procédant de l'un et ceux procédant de l'autre, il reste à soutenir, point par point, que la distorsion est permanente, qu'il y a une sorte de dédoublement de la personnalité de la naissance à la mort. On s'aperçoit vite que cette hypothèse n'est pas longtemps défendable.

La deuxième option consiste, au contraire, à considérer que le Heidegger philosophe et le Heidegger politique/pratique ne sont pas arbitrairement séparables et qu'ils s'éclairent mutuellement du début à la fin. Cette option en vient à considérer les (rares) rétractations ou regrets de l'intéressé comme de pure opportunité. Elle implique un impact éthique et politique de la "production ontologique" et/ou une "contamination" de l'ontologie par la politique tout au long de l'œuvre et de la vie pratique. Pour que cette option puisse être validée, il faut aussi que la troisième option soit invalidée.

La troisième et dernière option possible est celle de la cohérence (ou de l'incohérence) *partielle*.

Nous avons ainsi à examiner deux types d'incohérence possibles entre le Heidegger philosophe et le Heidegger politique/pratique.

Le premier type d'incohérence partielle se produirait d'une période à l'autre ; selon ce type, le Heidegger philosophe et le Heidegger pratique/politique de la première période sont cohérents entre eux mais non par rapport à ceux (cohérents entre eux) de la deuxième période ; et ainsi de suite pour les troisième et quatrième périodes.

Le second type d'incohérence partielle se produirait, non d'une période à l'autre, mais au cours d'une même période, selon la *démarche* effectuée.

Examinons d'abord le premier type d'incohérence.

La deuxième période faisant problème d'un point de vue politique, éthique et/ou philosophique (que cela fasse problème est au moins l'objet d'un consensus général), l'argument de l'égarement temporaire (circonstancié) a été avancé ; mais il doit alors être assumé jusqu'au bout, c'est-à-dire que ce n'est pas seulement le Heidegger pratique/politique qui est infirmé, mais le Heidegger philosophe. Autrement dit, pour cause d'égarement, le deuxième Heidegger philosophe doit être "prélevé" hors du champ philosophique ; on lui dénie l'appartenance à la philosophie, sauf à modifier le statut du discours philosophique lui-même.

Ayant assumé que la deuxième période (*in globo*) est à "extraire" pour incohérence, il faut aussi justifier que chacune des trois autres ne doive pas subir le même sort.

Pour expliquer l'égarement temporaire, l'on peut avancer soit des raisons non philosophiques, soit des raisons philosophiques.

Dans la première hypothèse, la folie, la maladie ou l'asservissement dicte la conduite du Heidegger pratique/politique et la production du Heidegger philosophe durant cette période ; après quoi la situation normale se rétablit. Cette hypothèse est fantasque et personne ne l'a jamais soutenue.

La deuxième hypothèse fait appel à l'argumentation philosophique.

Deux théories ont été avancées de ce point de vue.

(1) Bien que le premier Heidegger ait entamé une critique radicale de la Métaphysique, le deuxième Heidegger est encore trop dépendant de celle-ci (voir notamment son platonisme exacerbé), ce qui le conduit à errer ; heureusement, par la fréquentation de Nietzsche et/ou des Présocratiques, par la méditation sur son expérience malheureuse, voire la poésie – le troisième Heidegger cesse d'errer et se libère définitivement de la Métaphysique, ce que confirmera le quatrième Heidegger.

(2) Au contraire, le premier Heidegger, qui a effectivement entamé une critique radicale de la Métaphysique, restait surinfluencé par Nietzsche (dont les thèmes récurrents s'apparentaient à ceux de l'idéologie nazie), ce qui le mena à l'erreur : heureusement, ce qui subsistait en lui de métaphysique (entendez : le libre arbitre rationnel) évite au troisième Heidegger d'errer davantage.

Pour apprécier chacune de ces théories, nous devons tenir compte de ce que, selon les écrits du troisième et du quatrième Heidegger philosophe, Nietzsche appartient à la Métaphysique et que, selon le quatrième Heidegger philosophe, sa propre philosophie (toutes périodes confondues) a dépassé la Métaphysique, celle-ci incluant *in fine* les Présocratiques.

A la première théorie, il est aisé de réfuter que, à supposer que la fréquentation de Nietzsche et/ou des Présocratiques soit la condition d'un dégagement par rapport à la Métaphysique, la première période est également marquée du sceau de l'errance et la deuxième période cesse d'être singularisée comme errance temporaire. De surcroît, ce n'est finalement que le quatrième Heidegger qui place pour de bon tant Nietzsche que les Présocratiques à l'intérieur de la Métaphysique et se considère lui-même (ou ce qui se pense à travers lui) comme externe à celle-ci ; aussi longtemps que le dépassement n'a pas été consommé, les conditions de possibilités de l'errance ne sont-elles pas réunies pour les trois premières périodes ? Mais alors le statut singulier de la deuxième période n'est pas expliqué philosophiquement.

Quant à la seconde théorie, elle fait bon marché de l'importance des Présocratiques et surtout de la conception évolutive de Heidegger lui-même à l'égard de la Métaphysique. Elle place, à tort, l'influence nietzschéenne en amont de la deuxième période alors qu'une telle influence est clairement repérable en aval. Finalement, cette théorie méconnaît le mot “métaphysique” au sens où Heidegger l'entend lui-même. Ou alors, c'est lui qui a mal compris la Métaphysique, et son errance est continue ; la spécificité de la deuxième période n'est pas non plus justifiée.

Examinons donc le second type d'incohérence partielle, c'est-à-dire selon la démarche effectuée, mais au cours d'une même période.

Dans ce cas, nous devons dissocier le Heidegger philosophe et le Heidegger pratique/politique, par exemple au cours de la deuxième période. Autrement dit, seul le Heidegger pratique/politique dans ses faits et gestes, écrits et paroles, serait en situation d'égarement. Mais une telle hypothèse ne nous mène pas très loin car ou bien le divorce entre les deux Heidegger est effectif durant les autres périodes et nous sommes renvoyés à la première option, ou bien nous devons expliquer que ce divorce ne se produit qu'au cours d'une période déterminée, et nous sommes renvoyés au premier type d'incohérence partielle, c'est-à-dire à l'élection d'une période déterminée. Mais à la limite, l'excuse de la “déformation professionnelle” pourrait se retrouver ici, comme une faute ponctuelle que la part non-philosophique (ou ultra-philosophique ?) d'un grand philosophe aurait produite sous la pression de circonstances politiques et dans un contexte personnel et historique précis. Or il saute immédiatement aux yeux que c'est en invoquant la philosophie elle-même que Hannah Arendt comprend le mouvement de sympathie au tyran, dût-il se révéler, à l'expérience, éphémère.

La deuxième option, celle de la cohérence interne tout au long de l'œuvre comme dans les actes posés est ainsi corroborée.

De cet exercice, je déduis, sans ambages, qu'il n'y a *pas d'errance* de Heidegger, ni en 33-34, ni avant, ni après. Prétendre mesurer le degré d'errance ou de non-errance en fonction de la distance de Heidegger par rapport au platonisme ou à la "métaphysique de la subjectivité" ne se révèle qu'un leurre, car c'est en deçà de celle-ci, dans la force centro-circulaire qui vient du fond des âges et dont s'abreuve mieux que jamais la critique de la métaphysique traditionnelle, qu'il faut chercher le déterminant politique.

Ce n'est qu'à l'extrême fin de l'œuvre que s'opère une forme de distance par rapport au discours préplatonicien, à la structuration ontologique centro-circulaire, et encore... Mais là réside la formidable magie : c'est dans l'après-Heidegger, plus exactement *dans l'après-Heidegger en Heidegger* que se joue l'émergence du lieu résolument non-dictatorial, non-nazi, et pas dans une époque déterminée, dans une critique d'auteur déterminée, et encore moins dans un séparation entre la pensée et la pratique ou entre l'œuvre et l'homme.

Sans Heidegger, cela peut *s'écrire*, pas de Lévinas, d'Arendt, de Gadamer, de Sartre, de Derrida, pas de philosophie de la déconstruction, pas de fertilisation croisée entre subtilité poétique et spéculation philosophique ("poésie pensante" *aboutie*). Quelle incomparable fécondité !

Oui, décidément, tout est cohérent en lui, le dire et le vivre, la théorie et l'action, du début à la fin, avant, pendant, après, magnifiquement, cela se tient, comme une croix, selon l'histoire humaine/occidentale/spirituelle, en phase avec la πόλις, cumulant chez un seul l'infiniment profond, l'infiniment grand et l'infiniment petit. Oui, tout cela se tient, sans erreur et sans errance, dans la marche du sens au vide, avec une clairvoyance et une duplicités inouïes. Là est la génialité : non dans le *pas en arrière* mais dans ce qui suit, dans le déval vers l'*après* de [la philosophie].

Mais est-ce encore lui, serait-ce son œuvre ? C'est le même et un autre. C'est la – *ou* une certaine – philosophie – *ou* une incertaine – qui se fait une fête, qui fête sa fin, qui fête son faîte, qui se fait défiler, qui se fie et se défie, qui se déifie et se défait, qui se délie en délirant, qui se purifie et se justifie, qui se lézarde, se hasarde et se bazarde, qui se retourne et se détourne, – et son œuvre est belle comme un océan noir où des vaisseaux superbes vont s'abîmer par des nuits glacées, inhumaine comme peut l'être l'homme, tragique là où elle semble sereine, et dangereuse quand elle paraît paisible, effrayante comme une aventure immense et incontrôlable qui finit mal.

Oui, vraiment, il est magnifiquement cohérent, il savait où il allait, lui, si peu sage, si essentiellement insensé, si pertinemment sensé, si résolument *passé*, si faussement passager, si passant de pas en pas et de passage en saccage, si pathétiquement représentatif de cette machine spirituelle qui étreint le destin de l'Occident, de cette *chose* qu'il nous a tous permis de voir enfin.

Oui, vraiment, quand bien même le démocrate le pointerait du doigt et le mettrait *à l'index*, il faut lire Heidegger, *tout* Heidegger de la première à la dernière ligne, du dépassement de départ à l'arrivée dépassée, et à la lumière du Heidegger le plus troublant, le plus politique qui soit, relire tous les philosophes, depuis Anaximandre et Héraclite, jusqu'à Husserl et Sartre (excusez du *peu*) et comprendre qu'il les repousse parce qu'il les contient tous, avant-coureur de l'après-coup, σφαίρος auto-centré, grand prêtre toujours *là*, archonte de l'archaïque et patriarche post-moderne.

Oui, vraiment, *salut l'Artiste* !

TABLE DES MATIERES

641371 - Février 2016
Achevé d'imprimer par